AF300560

GEORG WILHELM FRIEDRICH HEGEL

Jenaer Systementwürfe II

Logik, Metaphysik, Naturphilosophie

Neu herausgegeben von
ROLF-PETER HORSTMANN

FELIX MEINER VERLAG
HAMBURG

PHILOSOPHISCHE BIBLIOTHEK BAND 332

Die vorliegende Ausgabe beruht auf dem Text der kritischen Edition
»G. W. F. Hegel, Gesammelte Werke, Band 7«. Sie ersetzt die von Georg
Lasson besorgte Ausgabe der »Jenenser Logik, Metaphysik und Natur-
philosophie« (PhB 58). Die Verwendung des Textes der kritischen Edition
erfolt mit freundlicher Genehmigung der Rheinisch-Westfälischen
Akademie der Wissenschaften, Düsseldorf.

Im Digitaldruck »on demand« hergestelltes, inhaltlich mit der ursprünglichen Ausgabe identisches Exemplar. Wir bitten um Verständnis für un-
vermeidliche Abweichungen in der Ausstattung, die der Einzelfertigung
geschuldet sind. Weitere Informationen unter: www.meiner.de/bod

Bibliographische Information der Deutschen Nationalbibliothek

Die Deutsche Nationalbibliothek verzeichnet diese Publikation
in der Deutschen Nationalbibliographie; detaillierte bibliographi sche
Daten sind im Internet über ‹http://portal.dnb.de› abrufbar.
ISBN 978-3-7873-3998-3
ISBN eBook: 978-3-7873-26211

INHALT

Georg Wilhelm Friedrich Hegel
Logik, Metaphysik, Naturphilosophie

Der hier vorgelegte Band enthält die Hegelschen Texte, die im Rahmen der historisch-kritischen Ausgabe von *Hegels Gesammelten Werken* (Felix Meiner Verlag, Hamburg 1968 ff) als Band 7 unter dem Titel *Jenaer Systementwürfe II* (hrsg. v. Rolf-Peter Horstmann und Johann Heinrich Trede, Hamburg 1971) erschienen sind. Es handelt sich bei diesen Texten um das Reinschriftfragment einer *Logik, Metaphysik, Naturphilosophie* sowie um drei kürzere Texte, die thematisch und zeitlich mit dem genannten Fragment zusammenhängen und die als Beilagen abgedruckt werden. Da dieser Band als Studienausgabe des genannten Bandes der historisch-kritischen Ausgabe konzipiert worden ist, ist vor allem darauf geachtet worden, ihn von dem relativ umfangreichen textkritischen Apparat der historisch-kritischen Ausgabe zu entlasten und den Text so lesbar wie irgend möglich zu gestalten. Was darunter genauer zu verstehen ist, wird am Ende dieser Einleitung erwähnt werden. Die Einleitung wird, außer zu den editionstechnischen Fragen (V), Auskünfte zu geben versuchen (I) über die Situierung des hier abgedruckten Systementwurfs in der Entwicklung des Hegelschen Denkens in Jena, (II) über die Entstehungsgeschichte dieses Entwurfs, (III) über die Gliederung des durch Lücken stark entstellten ersten Teils der *Logik* der *Logik, Metaphysik, Naturphilosophie* und (IV) über die Entstehung und den möglichen systematischen Ort der als Beilagen abgedruckten Texte.[1]

I

Über die Entwicklung des Hegelschen Denkens in Jena und insbesondere über die Entwicklung seiner Systemkonzeption in den Jahren von 1801–1807 ist hauptsächlich in den letzten 10 Jahren einigermaßen ausführlich diskutiert worden.[2] Wenn auch diese Diskussionen eigentlich in keinem Punkt als abgeschlossen gelten können, so haben sich bestimmte Grundzüge der Entwicklung Hegels in Jena doch weitgehend klären lassen. Zu den Punkten, über die weitestgehend Konsens besteht, gehört sicher der, daß die Jenaer *Logik, Metaphysik, Naturphilosophie* als Systementwurf in ihrer Gliederung sehr genau der Konzeption entspricht, die Hegel schon ganz am Anfang seiner Jenaer Zeit in ihren Grundzügen entwickelt und dargelegt hat.[3] Diese Konzeption, die von Hegel aus mannigfachen Beziehungen und Abgrenzungen einerseits zur zeitgenössischen Philosophie, vor allem zu Kant, Jacobi, Fichte, Reinhold und Schelling, andererseits zur philosophischen Tradition, hier vor allem zu Platon, Aristoteles und Spinoza, entwickelt worden ist, geht davon aus, daß Philosophie Erkennen des Absoluten bzw. der absoluten Idee ist. Als was genau man Hegels *Absolutes* bzw. seine Vorstellung von *Idee* kennzeichnen kann, ist eine schwierige und immer noch kontroverse Frage. Für unseren Zusammenhang genügt der Hinweis, daß es sich dabei um ein nach Art einer bestimmten Subjektivitätsvorstellung gedachtes Einheitsprinzip handelt, von dem angenommen wird, daß es allen Bereichen der Realität, also der physikalischen und der gesellschaftlich-kulturellen Wirklichkeit, zugrundeliegt und sich im Zuge der Manifestation in jenen Bereichen so verwirklicht, daß es zu einem Wissen über sich selbst kommt, d. h. sich selbst erkennt.[4]

Die Erkenntnis dieses Absoluten, die Philosophie also, ist dieser Konzeption zufolge nur als System möglich. Dies aus verschiedenen Gründen: Zum einen ist es eine Folge der Reflexion auf Adaequatheitsbedingungen, die zur Forderung nach einem System der Philosophie führen. Wenn nämlich die Philosophie Erkenntnis des Absoluten ist und dieses durch jene angedeutete Struktur und deren Prozeß der Realisierung gekennzeichnet ist, dann ist dieses Absolute nur erkannt, wenn sowohl die Struktur als auch der Prozess adaequat erkannt worden sind. Da der Prozeß der Realisation geleitet sein soll von Vorgaben, die durch die Struktur des Absoluten festgelegt sind, ist die adaequate Erkenntnis von Struktur und Prozeß nur dann gewährleistet, wenn in diese Erkenntnis die Ordnung mit eingeht, in der dieser Prozeß sich vollzieht. Diese Ordnung bestimmt die Abfolge der Inhalte des Erkennens, die insofern als systematisch zusammenhängend auftreten. Philosophie muß System unter diesem Gesichtspunkt also daher sein, weil sie nur als System Erkennen des Hegelschen Absoluten ist.[5]

Ein anderer Grund für die Überzeugung, daß die Philosophie nur als System ihrer Aufgabe gerecht werden kann, ist für Hegel der, daß die Erkenntnis des Absoluten eine „objektive Totalität des Wissens" ausmacht. Eine Totalität aber kann nach Hegel nicht in einer unverbundenen Mannigfaltigkeit besonderer und daher beschränkter Wissensinhalte bestehen, sondern muß eine vernünftige Einheit darstellen. Die Behauptung von der Erkenntnis des Absoluten als einer objektiven Totalität des Wissens ist also nur dann einlösbar, wenn diese Erkenntnis als ein vernünftiges zusammenhängendes Ganzes, und d. h. als ein System dargestellt werden kann.[6]

Wie nun genau das durch die Bestimmung der Philosophie, Erkenntnis des Absoluten zu sein, geforderte System der Philosophie aufgebaut sein muß, um der gestellten Aufgabe zu genügen, dies hat Hegel in seiner Jenaer Zeit mehrmals programmatisch in kurzen Systemskizzen dargestellt. In einem mit den Worten „Die Idee des absoluten Wesens" beginnenden Fragment aus dem Manuskript einer Vorlesung, die er höchstwahrscheinlich 1801/02 gehalten hat, gibt er die folgende Übersicht über den Inhalt des Systems: „Das Erste nun ist, daß wir die einfache Idee der Philosophie selbst erkennen, alsdenn die Einteilung der Philosophie deduzieren. Die ausgedehnte Wissenschaft der Idee als solche wird der Idealismus oder die Logik sein, welche zugleich in sich begreift, wie die Bestimmtheiten der Form, die die Idee in sich schließt sich zu absoluten zu konstituieren versuchen; d. i. sie wird, wie [sie] als Wissenschaft der Idee selbst Metaphysik ist, die falsche Metaphysik der beschränkten philosophischen Systeme vernichten; alsdenn wird die Wissenschaft übergehen in die Wissenschaft der Realität der Idee, und zwar zuerst den realen Leib der Idee darstellen; als diesen Leib zuerst das System des Himmels erkennen; alsdenn wird sie auf die Erde herabsteigen, zum Organischen oder zur Individualität, nachdem sie die ideellen Momente des Begriffs des Organischen, nämlich das Mechanische, wie es an der Erde gesetzt ist, und das Chemische begriffen hat; die Idee des Organischen selbst wird sich im mineralischen System der Erde, dem vegetabilischen und animalischen realisieren; von hier aus aber aus der Natur wird sie als Geist sich emporreisen und als absolute Sittlichkeit sich organisieren; und die Philosophie der Natur wird in die Philosophie des Geistes übergehen".[7]

An die in dieser Übersicht angegebene Gliederung seines Systems in Logik und Metaphysik, Naturphilosophie und Philosophie des Geistes hat Hegel sich in den von ihm in Jena ausgeführten Systementwürfen wenigstens solange orientiert, bis er 1805 die *Phänomenologie des Geistes* als Einleitung in die Philosophie konzipierte.[8] Von diesen Systementwürfen sind drei fragmentarisch überliefert, die zusammengenommen alle die in der Übersicht angegebenen Teile des Systems mehr oder weniger gut ausgearbeitet enthalten.[9]

Die Jenaer *Logik, Metaphysik, Naturphilosophie* ist nun der einzige dieser Systementwürfe, der eine ausgearbeitete Logik und Metaphysik enthält, ein Umstand, der allein schon ein besonderes Interesse an ihr zu wecken vermag. Schon ein kurzer Blick zeigt, daß sie im Unterschied zu der in der oben skizzierten Systemskizze vorgetragenen Ankündigung nicht mehr als ein einheitlicher Teil des Systems, der zwei Aufgaben wahrzunehmen hat, ausgeführt ist. Spricht Hegel in der Systemskizze von einer Wissenschaft der Idee als solcher, die, indem sie Idealismus oder Logik ist, die Prätention von (ontologischen und logischen) Bestimmungen auf absolute Gültigkeit destruiert und in Einem damit die (wahre) Metaphysik etabliert, so zeigt sich in diesem Systementwurf, daß Hegel die Logik und die Metaphysik als verschiedene Teile des Systems darstellt, denen jeweils spezifische Aufgaben zugedacht werden.

Was zunächst die Logik betrifft, so hat sie hier neben der in der Systemskizze angedeuteten destruktiven Aufgabe die Funktion, auf einen Standpunkt zu führen, der die begrifflichen und operationalen Mittel bereithält, um das Absolute als Idee zu explizieren. Daß die Explikation des Absoluten als Idee eines sie vorbereitenden Ganges der Darstellung, eben der Logik, bedarf, liegt daran, daß die Möglichkeit dieser Explikation von Hegel an gewisse Voraussetzungen gebunden ist. Zu diesen Voraussetzungen gehört, daß so etwas wie die strukturelle Identität von Erkennen und Gegenstand (in Hegels früherer Terminologie: von Subjekt und Objekt) ausgewiesen wird. Die Logik unseres Systementwurfs hat genau

die Funktion, diesen Nachweis zu erbringen, und sie tut dies
mittels der Ausfaltung einer relationalen Struktur, die Hegel
mit dem Terminus „Unendlichkeit" beschreibt.[10]

Die Metaphysik nun als die Wissenschaft der Idee selbst
bringt wenn man so will, formal nichts Neues gegenüber der
Logik, wenigstens dann nicht, wenn man davon ausgeht, daß
die Logik den angegebenen Nachweis tatsächlich erbracht
hat. Sie geht aus von der in der Logik erreichten Einsicht in
die strukturelle Identität von Erkennen und Gegenstand und
hat nun zweierlei zu leisten: zunächst soll sie zeigen, daß
diese struktuelle Identität eine solche ist, die nicht nur tatsächlich besteht und als diese tatsächlich bestehende nur
von uns eingesehen werden kann, von denen also, die sich Gedanken über derartige Strukturen machen, — diese strukturelle Einheit soll vielmehr als eine solche ausgewiesen werden,
die von dem zum Gegenstand der Betrachtung gemachten Er-
kennung selbst erkannt wird. Sodann soll der Nachweis erbracht werden, daß der Grund dafür, daß das Erkennen selbst
seinen Gegenstand als strukturell identisch mit sich erkennt,
darin besteht, daß dieser Gegenstand in Wahrheit nichts anderes ist als das Erkennen selbst oder daß das Erkennen sich
selbst als nicht nur der Art nach, sondern als numerisch identisch mit diesem Gegenstand erkennt.[11]

Sind Logik und Metaphysik also als die Teile der Hegelschen Philosophie zu verstehen, die den erkenntnistheoreti-
schen und ontologischen Rahmen des Systems bereitstellen,
so sollen die anderen Teile des Systems, die Philosophie der
Natur und die Geistesphilosophie, wie die oben skizzierte
Systemskizze es nennt: Wissenschaft der Realität der Idee
oder Darstellung des Prozesses der Realisierung der Idee sein.
Daß im Zusammenhang eines Programmes, welches der Philosophie die Aufgabe der Erkenntnis des Absoluten zuweist, die
mit Logik und Metaphysik geleistete Etablierung der Idee als
jener Identität von Erkennen und Gegenstand dem Hegelschen Konzept gemäß noch der Realisierung bedarf, liegt an
einer Überzeugung, die Hegel bereits früh ausgebildet und
auch später nie aufgegeben hat. Diese Überzeugung läßt sich
als die These formulieren, daß man unterscheiden muß zwischen der Erkenntnis, daß für das Erkennen der Gegenstand
es selbst ist, und der Realisierung dieser Erkenntnis in der

Auseinandersetzung des Erkennens mit dem, was als Gegenstand auch immer auftreten mag. Letzteres erst ist es, was jene erste Erkenntnis in dem Sinne bewährt, daß das Erkennen sich als Realität und zwar als alle Realität und insofern als Absolutes verstehen kann. Die sogenannten realphilosophischen Teile des Systems, von denen im hier vorgelegten Systementwurf nur der erste Hauptteil der Naturphilosophie ausgeführt vorliegt, sind daher wenigstens von der Hegelschen Konzeption her systematisch voll gedeckt.

Der hier in seinen Grundzügen charakterisierte Systementwurf entspricht einer Konzeption, die, wie bereits erwähnt, für das Hegelsche Denken in Jena typisch ist. Diese Entsprechung sollte allerdings nicht davon absehen lassen, daß dieser Entwurf durchaus eigenständige Züge trägt, der ihn von den anderen erhaltenen Systementwürfen schon in der Anlage unterscheidet. Dazu gehört vor allem der hier im Rahmen der Metaphysik entwickelte Geistbegriff und die mit ihm im Zusammenhang stehende Theorie der Subjektivität. Diese für Hegels weitere philosophische Anstrengungen so zentralen Bestimmungen sind im Rahmen unseres Systementwurfs zum ersten Mal so ausgearbeitet worden, daß Hegel sich auch später zu grundsätzlichen Modifikationen nicht mehr veranlaßt sah.

II

Über den Zeitpunkt der Abfassung der *Logik, Metaphysik, Naturphilosophie* haben sehr lange Zeit falsche Vorstellungen vorgeherrscht, Vorstellungen, die z. T. Anlaß zu einiger Verwirrung bei der Einordnung dieses Manuskripts in Hegels Entwicklung gegeben haben. Die Entstehung der *Logik, Metaphysik, Naturphilosophie* wurde zunächst von Rosenkranz[12] und dann auch von Haym[13] auf das Ende der Frankfurter Zeit Hegels verlegt, also vor das Jahr 1801. Nohl war der erste, der sich in einer Anmerkung zu den Theologischen Jugendschriften[14] gegen diese Einordnung wandte und mit Verweis auf Diltheys Deutung der Jugendgeschichte Hegels[15] für einen späteren Zeitpunkt der Entstehung plädierte. Allerdings hat sich Nohl nicht auf eine bestimmte Zeitangabe eingelassen. Eine solche findet sich erst wieder bei dem ersten Herausgeber dieses Manuskripts, Ehrenberg,[16] der das Manuskript der *Logik, Metaphysik, Naturphilosophie* für eine Arbeit aus den Jahren 1801/02, also aus der frühen Jenaer Zeit, hielt. Dieser Datierung folgten auch Rosenzweig[17] und der zweite Herausgeber des Manuskripts, Lasson[18]. Haering und Glockner votierten für eine weitere Verschiebung in die Jenaer Zeit hinein. Haering will den Anfang der Arbeit an diesem Manuskript nicht vor den Sommer 1802 legen und nimmt das Ende des Jahres 1802 als Zeitpunkt der Beendigung dieser Arbeit an[19], Glockner läßt die *Logik* und die *Metaphysik* 1802, die *Naturphilosophie* 1803 entstanden sein[20].

Alle diese Angaben sind jedoch nach den Ergebnissen der Buchstabenkritik und auch Entwicklungsgeschichte unhaltbar. Es ist vielmehr anzunehmen, daß das Manuskript zwischen dem Sommer 1804 und dem Anfang des Jahres 1805 geschrieben worden ist.[21] Da das Manuskript den Charakter einer Reinschrift hat, kann vermutet werden, daß diese Arbeit von Hegel zunächst als Druckvorlage für eine Veröffentlichung seiner damaligen Systemkonzeption vorgesehen war, er aber dann auf die Ausführung dieses Planes im Laufe der Ausarbeitung verzichtet hat. Daß Hegel gerade zu dieser Zeit recht präzise Publikationspläne hatte, geht eindeutig aus einem Bewerbungsschreiben an Goethe vom 29. September 1804 hervor. Hegel schreibt: „Der Zweck einer Arbeit, die ich diesen Winter für meine Vorlesungen zu vollenden hoffe, eine rein wissenschaftliche Bearbeitung der Philosophie, wird es mir gestatten, sie Euer Excellenz, wenn dieselben es gütigst erlauben werden, vorzulegen".[22]

Hegel kündigte bereits im ersten Semester seiner Lehrtätigkeit in Jena (Winter-Semester 1801/02) eine Logik- und Metaphysikvorlesung an, und eben dieser Gegenstand war es, der sich in seinen sämtlichen Vorlesungsankündigungen mit Ausnahme der des Winter-Semesters 1805/06 durchhält.[23] Daß er sehr bald schon die Veröffentlichung eines Handbuches als Gurndlage seiner Vorlesungen zu diesem Thema geplant hat, geht ebenfalls aus den Vorlesungsankündigungen eindeutig hervor. So kündigt er schon zum Sommer-Semester 1802 eine Vorlesung über Logik und Metaphysik an, die er „secundum librum sub eodem titulo proditurum" halten wolle[24]. Diesen

Plan hat er auch bereits zu dieser frühen Zeit mit einem Verlag besprochen, denn in einem Verlagsrundschreiben vom Juni 1802 kündigt der Cotta-Verlag als zu erwartende Neuerscheinung an: *Hegel, Logik und Metaphysik*.[25] Auch für die Logik- und Metaphysikvorlesung des Winter-Semesters 1802/03 verweist Hegel in seiner Ankündigung auf ein Buch, das „nundinis instantibus"[26] erscheinen solle, und im Druckauftragsbuch von Cotta ist der ursprünglich vorgesehene Erscheinungstermin dieses Buches, nämlich die Michaelismesse 1802, in Ostermesse 1803 verbessert.[27] Später hat Hegel anscheinend seine ursprünglichen Publikationspläne geändert, denn für das Sommer-Semester 1803 verspricht er seinen Hörern ein Kompendium, nach dem er nicht mehr nur Logik und Metaphysik, sondern „Philosophiae universae delineationen" lesen wolle. Er kündigt auch dieses Kompendium für den Sommer im Verlag Cotta an.[28] Aus diesen Ankündigungen verschiedener Arbeiten läßt sich jedoch kein direkter Hinweis auf die Entstehung des hier edierten Reinschriftfragments entnehmen, sie lassen es nur als ziemlich sicher erscheinen, daß Hegel bei der Ausarbeitung vor allem der *Logik* unseres Manuskriptes sich auf zum Teil schon ausformulierte Vorlagen stützen konnte. Daß Hegel seine Vorarbeiten dazu benutzte, darauf verweisen verschiedene für Abschriften typische Verschreibungen hauptsächlich in der *Logik*.

Für das Sommer-Semester 1805 stellte Hegel wieder ein Lehrbuch in Aussicht, das neben Logik und Metaphysik auch die Natur- und Geistesphilosophie und wohl auch das Naturrecht behandeln sollte.[29] Daß es sich dabei wohl immer noch um das Buch handelte, welches er schon Goethe angekündigt hatte, ist recht wahrscheinlich. Für das hier vorgelegte Manuskript nun ist immerhin anzunehmen, daß es von Hegel in Hinblick auf eine Arbeit wie die angekündigte konzipiert worden ist. Da aber die Philosophie des Organischen und die ganze Geistesphilosophie einschließlich des Naturrechts in unserer Vorlage fehlen, muß weiter angenommen werden, daß Hegel die Absicht gehabt hat, auch diese Teile im Zusammenhang dieser Arbeit auszuführen. Für diese Annahme spricht eine Äußerung Hegels in dem Hauptentwurf zu einem Brief an Voss vom Mai 1805. Hegel schreibt hier von einer Arbeit, die er „auf den Herbst als ein System der Philosophie darlegen" will und in der das, was er in seinen „Vorlesungen über die gesamte Wissenschaft der Philosophie — spekulative Philosophie, Philosophie der Natur, Philosophie des Geistes, Naturrecht" —[30] sich erarbeitet hat, dargelegt werden soll. Denn da nicht angenommen werden kann, daß Hegel innerhalb weniger Monate zweimal die Logik, die Metaphysik und einen Teil der Naturphilosophie zu schreiben beabsichtigt hat, bleibt nur die Vermutung einer von Hegel geplanten Vollendung unseres Manuskriptes zu der genannten Darstellung des ganzen Systems, ein Plan, den er dann offensichtlich recht bald aufgegeben hat. Ob Hegel das Manuskript der *Logik, Metaphysik, Naturphilosophie* als Vorlesungsvorlage benutzt hat, kann nicht entschieden werden, da weder das Manuskript noch Äußerungen Hegels zur Bestätigung oder Verwerfung einer solchen Annahme beitragen.

Zusammenfassend läßt sich also sagen:

1. Das Manuskript der *Logik, Metaphysik, Naturphilosophie* entstand 1804/5.

2. Hegel äußerte sich zu jener Zeit sehr bestimmt zu einer bevorstehenden Publikation im Brief an Goethe, im Hauptentwurf zum Brief an Voss sowie in der Ankündigung seiner Vorlesung zum Sommer-Semester 1805.

3. Aufbau und Inhalt des hier vorgelegten Manuskripts widersprechen nicht dem, was Hegel im Brief an Goethe, im Hauptentwurf zum Voss-Brief und in der genannten Vorlesungsankündigung als Ziel seiner geplanten Darstellung angibt. Es spricht daher einiges für die Annahme eines Zusammenhangs zwischen dem Reinschriftfragment der *Logik, Metaphysik, Naturphilosophie* und der angekündigten Publikation.

4. Da das Manuskript von Hegel nie vollendet worden ist zu einer Darstellung seines ganzen Systems, ist anzunehmen, daß er, aus welchen Gründen auch immer, die Konzeption seines Systems entweder während oder kurz nach Beendigung der Arbeit an dem Manuskript der *Logik, Metaphysik, Naturphilosophie* in einer Weise geändert hat, die ihm die Weiterführung dieses Manuskriptes nicht mehr sinnvoll erscheinen ließ.

5. Einige der Randbemerkungen sind von Hegel später hin-

zugefügt worden. Über Anlaß und Zeitpunkt dieser Zusätze lassen sich keine Angaben machen.

III

Man kann das Manuskript der *Logik, Metaphysik, Natur-philosophie* als Fragment in doppeltem Sinne betrachten. Einmal nämlich ist es als Hegelsche Formulierung seines Systems ein Fragment, denn es fehlen die Philosophie des Organischen im Zusammenhang der Naturphilosophie und die ganze Philosophie des Geistes. Diesen Charakter eines Systemfragments hat das Manuskript aber schon bei seiner Abfassung erhalten: Hegel brach die Niederschrift beim Übergang zur Philosophie des Organischen ab. Zum anderen aber ist dieses Manuskript wegen der vorzufindenden Lücken ein Fragment, und dieser zweite Sinn von Fragment ist gemeint, wenn das Manuskript als Fragment einer Reinschrift beschrieben worden ist. Dieser zuletzt erwähnte fragmentarische Charakter des Manuskripts ist als das Ergebnis seiner Zerstörung *nach* seiner Abfassung anzusehen. Diese Feststellung ist deshalb wichtig, weil sich aus ihr die Frage nach dem ursprünglichen Zustand des Manuskripts, d. h. nach seiner ursprünglichen Gliederung ergibt.

Die Versuche, die ursprüngliche Gliederung zu rekonstruieren, sind so alt wie die Kenntnis des Manuskriptes selbst. Der fehlende Anfang und die großen Lücken im ersten Teil der *Logik*, nämlich der *Einfachen Beziehung*, machten vor allem diesen Abschnitt zum interessanten Objekt für Gliederungsversuche.

Im einzelnen sind in der Reihenfolge ihres Auftretens folgende Gliederungsversuche des ersten Kapitels der *Logik* zu erwähnen:

1. Rosenkranz[31] ging bei seiner Rekonstruktion wie selbstverständlich vom dreiteiligen Aufbau der Nürnberger *Wissenschaft der Logik* und deren Anfang mit der Kategorie des Seins aus. Er kam daher in einiger Entfernung von dem im Manuskript Ausgeführten zu einer Einteilung, deren Schema[32] hier folgt:

    I. Sein
       A. Qualität
       B. Quantität
          a. Numerisches Eins
          b. Vielheit der numerischen Eins
          c. Allheit
       C. Unendlichkeit.

2. Haym, der sich wie Rosenkranz bei seiner Untersuchung *Hegel und seine Zeit* auf den Hegelschen Nachlaß stützen konnte, gibt als erster eine Gliederung,[33] die sich weitgehend mit den Hinweisen deckt, die sich aus dem Manuskript entnehmen lassen. Er verweist auf die ohne Zweifel richtige Viergliederung des ersten Abschnittes der *Logik* und benennt als Obertitel dieses Abschnitts den Begriff der *Einfachen Beziehung*. Das von ihm entworfene Schema gliedert den ersten Abschnitt in

    I. Einfache Beziehung
       A. Qualität
       B. Quantität
          a. Eins
          b. Vielheit
          c. Allheit
       C. Quantum
          a. kontinuierliche und diskrete Größe
          b. Grad
          c. Zahl
       D. Unendlichkeit.

3. Diese Gliederung von Haym glaubten die bisherigen Herausgeber des Manuskripts, Ehrenberg und Link sowie Lasson, unberücksichtigt lassen zu können. Sie kehrten wieder zu dem dreigliedrigen Schema von Rosenkranz zurück, wenn sie auch die inhaltliche Anlehnung an die Gliederung der Nürnberger *Wissenschaft der Logik* aufgaben.

a) Ehrenberg und Link entschieden sich in der Frage des Obertitels des ersten Abschnitts zu keiner Angabe, erweiterten aber das Kapitel *B. Quantität* um das Unterkapitel *Dialektik des Quantums,* da sie eine Randbemerkung im Manuskript als nachträglich hinzugesetzte Überschrift auffaßten. Ihre Gliederung des ersten Abschnitts ist daher:

I.

   A. Qualität
   B. Quantität
     a) Numerisches Eins
     b) Vielheit der numerischen Eins
     c) Allheit
       Dialektik des Quantums
   C. Unendlichkeit.

b) Lasson ließ es bei der Gliederung von Rosenkranz bewenden, ersetzte nur den Rosenkranzschen Obertitel *Sein* durch die Bestimmung der *Einfachen Beziehung*. So kam Lasson zu folgender Gliederung:

I. Die einfache Beziehung
   A. Qualität
   B. Quantität
     a) Numerisches Eins
     b) Vielheit der numerischen Eins
     c) Allheit
   C. Unendlichkeit.

Gegenüber dieser von den ersten Herausgebern angenommenen Gliederung setzte sich H. Glockner[34] ohne Verweis auf Haym wieder für einen viergegliederten ersten Teil ein und stellte Vermutungen über die genauere Einteilung des verlorenen Anfangs an. Das Ergebnis ist ein Schema, welches den ersten Abschnitt einteilt in:

I. Einfache Beziehung
   A. Qualität
     Realität
     Negation
     Grenze
   B. Quantität
   C. Quantum
   D. Unendlichkeit.

Einen weiteren Gliederungsversuch unternahm Th. Haering. Er[35] versuchte, sowohl an der Dreigliederung festzuhalten als auch die verlorene Überschrift *C. Quantum* in seine Gliederung mit einzubeziehen. Er wurde dadurch allerdings gezwungen, das von Hegel im Manuskript eindeutig mit *D. Unendlichkeit* bezeichnete Kapitel zu einer Unterüberschrift von *C.*

Quantum zu machen. Für ihn gliedert sich also der erste Abschnitt der Logik in:

I. Einfache Bestimmtheit
 A. Qualität
  1. Realität
  2. Negation
  3. Grenze
 B. Quantität
  1. Einheit
  2. Vielheit
  3. Allheit
 C. Quantum
  1.
  2.
  3. Unendlichkeit.

Bei all diesen Gliederungsentwürfen zeigt sich eine gewisse Zurückhaltung in der Beantwortung der Frage, wie der fehlende Anfang genauer untergliedert war. Diese Zurückhaltung ist berechtigt, denn mit Sicherheit läßt sich nur sagen, daß irgendwo in den ersten drei Bogen die Überschriften *I. Die einfache Beziehung* oder etwas ihr entsprechendes und *A. Qualität* gestanden haben müssen und daß da, wo das Manuskript jetzt anfängt, Hegel in der Diskussion der letzten Form der Qualität, nämlich der Grenze, steht. Mit einiger Wahrscheinlichkeit gingen der Grenze die Formen Realität und Negation voraus. Wie Hegel jedoch die Kategorien Sein und Nichts und Einheit und Vielheit eingeführt hat, die er explizit an den Anfang stellt,[36] ist aus dem, was uns erhalten ist, nicht zu rekonstruieren. Die Rekonstruktion der Gliederung der verlorenen mittleren vier Seiten des Bogens 6 und des ganzen Bogens 7 ist deshalb einfacher, weil Hegel selbst im Text einige Hinweise auf das gibt, was in diesen Partien entwickelt worden ist. So hat es zunächst als sicher zu gelten, daß ziemlich am Anfang der mittleren vier Seiten des Bogens 6 die Überschrift *C. Quantum* gestanden hat. Als genauere Untergliederung dieses Kapitels läßt sich folgende Dreiteilung erschließen: a) Intensive und extensive Größe oder vielleicht auch a) Grad und extensive Größe,[37] b) kontinuierliche und diskrete Größe[38] und als drittes c) Zahl.[39]

Eine vollkommen gesicherte Gliederung kann also für den

Anfang und bzw. oder den ersten Teil der *Logik* nicht gegeben werden. Was erreicht werden kann, ist folgender Gliede-
rungsvorschlag, der wenigstens den Vorteil hat, den Hinweisen im Text nicht zu widersprechen:

  Einleitung (??)[40]
 I. Einfache Beziehung
  A. Qualität
   a) Realität (?)
   b) Negation (?)
   c) Grenze
  B. Quantität
   a) Numerisches Eins
   b) Vielheit der numerischen Eins
   c) Allheit
  C. Quantum
   a) Extensive und intensive Größe (Grad) (?)
   b) Kontinuierliche und diskrete Größe (?)
   c) Zahl (?)
  D. Unendlichkeit.

IV

Die hier als Beilagen wiedergegebenen drei kleinen Texte
stehen thematisch und zeitlich in einem engen Zusammenhang mit der *Logik, Metaphysik, Naturphilosophie*, wenn
auch keiner dieser Texte direkt zur *Logik, Metaphysik, Naturphilosophie* gehört. Sie geben Einblick in Hegelsche Überlegungen, die zum Teil nicht unmittelbar in den ausgeführten
Systementwurf eingegangen sind, zum Teil aber auch skizzen-
hafte Vorformen darstellen von dem, was Hegel dann in anderer Weise im Systementwurf ausgeführt hat.

Der erste der abgedruckten Texte, das Manuskript des
Gliederungsentwurfes zur Metaphysik ist wegen seiner Kürze
mit den Mitteln der Buchstabenstatistik nur ungenau zu datieren. Über den Zusammenhang seiner Abfassung lassen sich
keine Angaben machen, es ist aber mit Sicherheit auszuschließen, daß dieser *Gliederungsentwurf* zu der ausgearbeiteten
Metaphysik gehört, der er beigeheftet ist. Denn während die
Metaphysik der *Logik, Metaphysik, Naturphilosophie* von

1804/05 mit der Erörterung des *Erkennens* als eines *Systems von Grundsätzen* beginnt und neben der *Metaphysik der Objektivität* als einen dritten Teil die *Metaphysik der Subjektivität* enthält, sieht der *Gliederungsentwurf zur Metaphysik* weder ein *System der Grundsätze* noch eine *Metaphysik der Subjektivität* vor. Er diskutiert vielmehr die Idee des Erkennens als ein Verhältnis von Erkennen, Vorstellung und Ding an sich und hört auf mit einem Hinweis auf Gott als der wesentlichen Beziehung von Seele und Welt. Diese Beziehung tritt aber als höchstes Wesen in der *Metaphysik* der *Logik, Metaphysik, Naturphilosophie* innerhalb der *Metaphysik der Objektivität* als deren Abschluß auf. Ob in dem *Gliederungsentwurf zur Metaphysik* die *Metaphysik der Subjektivität* deshalb nicht thematisiert wird, weil Hegel zur Zeit der Abfassung dieses Entwurfes die systematische Unterscheidung zwischen Metaphysik der Objektivität und Metaphysik der Subjektivität noch nicht durchgeführt hat, oder ob diese Gliederung nur unvollständig ist, kann nicht entschieden werden. Da der *Gliederungsentwurf zur Metaphysik* nicht mit der Konzeption einer Metaphysik zu identifizieren ist, die Hegel als Metaphysik in der *Logik, Metaphysik, Naturphilosophie* entwickelt, und da Hegel die systematische Unterscheidung zwischen Logik und Metaphysik nach der Abfassung der *Logik, Metaphysik, Naturphilosophie* nicht mehr trifft, so ist mit einiger Wahrscheinlichkeit anzunehmen, daß der *Gliederungsentwurf zur Metaphysik* vor Beginn der Arbeit zur *Logik, Metaphysik, Naturphilosophie,* also bis spätestens zum Sommer 1804 abgefaßt worden ist. Buchstabenstatistische und inhaltliche Erwägungen scheinen außerdem auszuschließen, daß der Entwurf vor Ende 1803 entstanden ist.[41]

Was den zweiten Text, die *Zwei Anmerkungen zum System,* betrifft, so läßt sich der ursprüngliche Ort der beiden Anmerkungen innerhalb der Jenaer Systemkonzeption Hegels nicht mit Sicherheit bestimmen. Dies liegt nicht zuletzt daran, daß die Kürze dieses Manuskriptes eine Datierung mit den Mitteln der Buchstabenstatistik erschwert, und daß dem Text der *Anmerkungen* selbst keine direkten Hinweise auf seinen systematischen Ort zu entnehmen sind. Ein Datierungsvorschlag, der sich auf buchstabenstatistische Überlegungen stützt, kommt zu dem Ergebnis, daß die beiden Anmerkun-

gen auf das Jahr 1804 zu datieren sind unter anderem auch
deshalb, weil der Zusammenhang dieses Textes mit dem Manuskript der *Logik, Metaphysik, Naturphilosophie* von 1804
/05 völlig eindeutig sei.[42] Dagegen empfiehlt es sich, sich in
der Frage der Datierung nicht eindeutig auf einen bestimmten
Zeitpunkt festzulegen. Denn die Ergebnisse der Buchstabenstatistik[43] schließen weder einen früheren noch einen späteren Termin der Abfassung dieses Manuskriptes aus, da die in
den *Anmerkungen* verwendeten Buchstabenformen lediglich
erkennen lassen, daß das Manuskript in der Zeit von Ende
1803 bis 1804/05 abgefaßt worden ist.[44] Eine genauere Fixie-
rung innerhalb des angegebenen Zeitraums ist vor allem deshalb schwierig, weil auch auf Grund inhaltlicher Kritierien
eine Zuordnung zu verschiedenen Konzeptionen innerhalb
der Entwicklung der Hegelschen Systematik in jener Zeit
möglich ist. Vor allem drei Möglichkeiten scheinen sich an-
zubieten: (1) So verweist manches darauf, daß die beiden *Anmerkungen* ihren Ort innerhalb einer Konzeption haben, die
der ähnelt, welche von Hegel in der Natur- und Geistesphilosophie von 1803/04 entwickelt worden ist. Denn da innerhalb der Hegelschen Systemkonzeptionen bis 1804/05 der
Terminus Philosophie, wenn er in Abhebung gegen die
Logik oder andere Formen der Einleitung gebraucht wird,
gewöhnlich die Metaphysik bezeichnet,[45] ließe sich die Wendung „Anfang des philosophischen Systemes" als Anfang der
Metaphysik und die Rückverweise innerhalb der zweiten der
beiden *Anmerkungen* als ein Verweis auf eine vorausliegende
Logik verstehen. Da jedoch der Gedanke eines „einzigen"
Satzes der Philosophie als deren Anfang sich in der Meta-
physikkonzeption von 1804/05 nicht finden läßt, und da
diese Konzeption als die letzte angesehen werden muß, die
Hegel in Jena entwickelt hat, könnte es immerhin möglich
sein, daß die beiden *Anmerkungen* in den Kontext einer
Logik- und Metaphysikkonzeption von 1803/04 gehören.
Andererseits (2) ist aber nicht auszuschließen, daß die bei-
den *Anmerkungen* am Ende einer Einleitung zum gesamten
System von 1804/05, das uns als *Logik, Metaphysik, Naturphilosophie* nur teilweise erhalten ist, ihren Ort gehabt
haben. In einer solchen Einleitung könnte Hegel den in den
Zwei Anmerkungen behandelten Zusammenhang von Erken-

nen und Gegenstand des Erkennens als ein Problem der Erfahrung des natürlichen Bewußtseins mit seinem Gegenstand erörtert werden. Daß Hegel eine solche Thematik in Einleitungen zu seinen Jenaer Vorlesungen zur Logik und Metaphysik behandelt hat, darauf verweisen Rosenkranz und Haym.[46] Von daher wäre die Annahme zu rechtfertigen, daß die beiden *Anmerkungen* im unmittelbaren Zusammenhang[47] mit der Systemkonzeption von 1804/05 entstanden sind. (3) Der Randzusatz am Ende der zweiten Anmerkung sowie bestimmte Wendungen in den *Zwei Anmerkungen* scheinen sie mit der *Phänomenologie des Geistes* zu verbinden, die Hegel spätestens Ende 1804/Anfang 1805 auszuarbeiten begonnen hat. Insofern ist auch eine Datierung auf 1804/05 nicht mit Sicherheit auszuschließen.

Der letzte der als Beilagen abgedruckten Texte, das *Blatt zum System,* ist relativ schwer in die überlieferten Hegelschen Manuskripte einzuordnen. Alle Anzeichen deuten darauf hin, daß es sich bei diesem Text um ein Notizblatt handelt, das nicht im Zusammenhang mit der Ausarbeitung eines größeren Manuskriptes gestanden hat, sondern eher als vorläufige Skizze einer bestimmten Problematik angesehen werden kann. Die Thematik scheint es mit den *Zwei Anmerkungen* zu verbinden, doch lassen sich daraus keine Folgerungen über den Kontext seiner Entstehung ableiten. Das *Blatt zum System* ist wegen seiner Kürze nur ungenau mit den Mitteln der Buchstabenstatistik zu datieren. Immerhin ist es wahrscheinlich, daß es zwischen Ende 1803 und dem Sommer 1804 entstanden ist.[48]

V

Der hier vorliegende Band ist, wie anfangs erwähnt, textidentisch mit dem Band 7 von G.W.F. Hegel. *Gesammelte Werke.* Veränderungen wurden nur in bezug auf Rechtschreibung und Zeichensetzung vorgenommen. Was die Normalisierung der Rechtschreibung betrifft, so wurde so vorgegangen, daß der originale Lautstand des Hegelschen Manuskripts in der Regel beibehalten worden ist. Zur Regel erhobene Ausnahmen von dieser Regel sind eigentlich nur drei Fälle: (1)

die ss- bzw. ß-Schreibung Hegels wurde den heutigen Gepflogenheiten angeglichen, (2) bei Wörtern, bei denen Hegels Schreibweise zwischen verschiedenen Formen schwankt, wurde einheitlich die jeweils modernste gewählt, (3) eindeutig substantivisch gebrauchte Adjektive, Pronomina und Verben wurden immer groß geschrieben. Ansonsten wurde wie folgt verfahren: Wörter, die im Manuskript als Kürzel oder abgekürzt geschrieben worden sind, wurden stillschweigend in normaler Schreibweise wiedergegeben. Fehlende Endungen oder eindeutige Verschreibungen wurden ohne besondere Angabe ergänzt bzw. korrigiert. Alle diese Praktiken sind insofern unproblematisch als sie zum einen nichts an dem Hegelschen Sinn ändern und zum andern von an der Hegelschen Rechtschreibung interessierten Lesern anhand der historisch-kritischen Ausgabe, deren Text und Apparat den Manuskriptbefund genau wiedergibt, überprüft werden können.

Letzteres gilt zwar auch für die Zeichensetzung, doch warf sie, weil durch sie die Lesbarkeit des vorliegenden Textes beeinflußt wird, besondere Probleme auf. Diese betrafen vor allem zwei Punkte: die Hegelsche Verwendung des Semikolons und des Gedankenstrichs. Der Hegelsche Gebrauch des Semikolons ist sehr vielseitig. Neben der uns vertrauten Funktion der Abtrennung selbständiger Nebensätze hat es bei Hegel, wenigstens in seinen Manuskripten, sehr häufig auch die Funktion, die wir Gedankenstrichen, Punkten und Doppelpunkten zumuten. Semikola sollen bei Hegel also auch Einschübe kennzeichnen, das Ende von Sätzen markieren und, vor allem, auf thetische oder zusammenfassende Statuierung von Sachverhalten verweisen. Da in vielen Fällen eine Entscheidung darüber, in welcher Funktion Hegel ein Semikolon gebraucht, nicht mit Sicherheit getroffen werden kann, ergeben sich häufig Deutungsprobleme. Diesen Problemen ist in dieser Ausgabe dadurch ausgewichen worden, daß die Hegelschen Semikola auch dort stehen gelassen wurden, wo andere Satzzeichen den heutigen Erwartungen eher entsprechen würden. Mit anderen Worten: Semikola wurden nur äußerst vorsichtig normalisiert. Für Gedankenstriche gilt, daß sie abweichend von der Hegelschen Praxis nur dort eingefügt worden sind, wo der parenthetische Charakter einer Äußerung eindeutig war.

Im übrigen gilt, was F. Nicolin und O. Pöggeler im Zusammenhang ihrer Studienausgabe der *Enzyklopädie* so formuliert haben: „Generell sei hervorgehoben, daß in Schreibung
und Zeichensetzung überall dort, wo die vorgefundene Text-
gestalt eine mehrfache Auslegung (und sei es auch nur ab-
strakt-grammatisch) möglich scheinen läßt, auf editorische
Eingriffe grundsätzlich verzichtet wurde.“[49]
Der dieser Ausgabe beigegebene Anmerkungsteil besteht
aus den Sachanmerkungen des Bandes 7 der historisch-kritischen Ausgabe sowie aus einigen textkritischen Mitteilungen.
Von Erweiterungen bei den Sachanmerkungen wurde vor allem deshalb abgesehen, weil auch die hier vorgelegte Ausgabe
in gar keiner Weise einen Anspruch auf eine die Texte kom-
mentierende Funktion erhebt. Der einzige Unterschied zu
den Sachanmerkungen der erwähnten Ausgabe besteht darin,
daß hier die Schreibweise der fremdsprachigen Zitate der
unseren angeglichen worden ist. Auf die Anmerkungen wird
im Drucktest durch eine Kustos am Seitenrand, neben der
betreffenden Zeile, verwiesen.
Noch eine Bemerkung zur typographischen Wiedergabe der
Manuskripte: einfache Unterstreichung im Manuskript wird
durch l e i c h t e S p e r r u n g wiedergegeben, doppelte Unterstreichung im Manuskript durch KAPITÄLCHEN. Im Manuskript in lateinischer Handschrift geschriebene Wörter werden
durch Verwendung einer serifenlosen Schrift wiedergegeben.
Punkte am Ende von Überschriften wurden weggelassen. Die
Seitenzahlen auf dem Innenrand verweisen auf die Paginie-
rung des Bandes 7 von G.W.F. Hegel. *Gesammelte Werke,* ein
senkrechter Strich im Text auf den Beginn einer neuen Seite
in der genannten Ausgabe. Wörter in eckigen Klammern sind
Hinzufügungen des Herausgebers. Der Herausgeber ist für
Hilfe bei redaktionellen Arbeiten und beim Lesen von Kor-
rekturen Frau Gudrun Fischer, Frau Helene Hartwig und
Frau Ilse von Hunnius zu Dank verpflichtet.

Anmerkungen

1. Die Teile II—IV dieser Einleitung sind inhaltlich identisch mit den
   entsprechenden Passagen des Anhangs zu Band 7 der oben erwähn-

ten historisch-kritischen Ausgabe. Änderungen gegenüber Band 7 sind nur redaktioneller Natur.

2. Vgl. *H. Kimmerle: Das Problem der Abgeschlossenheit des Denkens. Hegels „System der Philosophie" in den Jahren 1800–1804.* Hegel-Studien Beiheft 8. Bonn 1970, *R. P. Horstmann: Probleme der Wandlung in Hegels Jenaer Systemkonzeption.* In: Philosophische Rundschau. Jg. 19. Tübingen 1972, S. 87–117, *J. H. Trede: Hegels frühe Logik (1801–1803/04).* In: Hegel-Studien. Band 7. Bonn 1972, S. 123–168, *J. H. Trede: Mythologie und Idee. Die systematische Stellung der „Volksreligion" in Hegels Jenaer Philosophie der Sittlichkeit (1801–1803).* In: *Das älteste Systemprogramm. Studien zur Frühgeschichte des deutschen Idealismus.* Hrsg. von R. Bubner. Hegel-Studien Beiheft 9. Bonn 1973, S. 167–210, und *K. Düsing: Das Problem der Subjektivität in Hegels Logik. Systematische und entwicklungsgeschichtliche Untersuchungen zum Prinzip des Idealismus und zur Dialektik.* Hegel-Studien Beiheft 15. Bonn 1976.

3. Diese Konzeption findet sich in noch stark an Schelling orientierter Weise zunächst in Hegels Schrift *Differenz des Fichteschen und Schellingschen Systems der Philosophie.* In: *G. W. F. Hegel. Gesammelte Werke.* Band 4: *Jenaer kritische Schriften.* Hrsg. von H. Buchner und O. Pöggeler. Hamburg 1968. Selbständiger wird sie von Hegel in seiner Arbeit *Über die wissenschaftlichen Behandlungsarten des Naturrechts, seine Stelle in der praktischen Philosophie und sein Verhältnis zu den positiven Rechtswissenschaften.* In: *G. W. F. Hegel. Gesammelte Werke.* Band 4. a.a.O., formuliert.

4. Vgl. dazu in diesem Band das Kapitel über die „Metaphysik der Subjektivität".

5. Diese Überlegung findet ihren kürzesten und deutlichsten Ausdruck in § 14 der *Enzyklopädie der philosophischen Wissenschaften im Grundrisse* (1830). Neu herausgegeben von F. Nicolin und O. Pöggeler. Hamburg 1975 (Philosophische Bibliothek Band 33).

6. Diese über die Totalität des Wissens laufende Überlegung ist am klarsten in der Schrift *Differenz des Fichteschen und Schellingschen Systems der Philosophie* ausgesprochen *(G. W. F. Hegel. Gesammelte Werke.* Band 4. a.a.O., S. 30.

7. Zitiert unter Angleichung an die heutige Schreibweise und mit freundlicher Genehmigung der Herausgeber, M. Baum und K. Meist, aus dem demnächst erscheinenden Band 5 von *G. W. F. Hegel. Gesammelte Werke.* Weitere Systemskizzen aus der Jenaer Zeit finden sich in *G. W. F. Hegel. Gesammelte Werke.* Band 4. a.a.O., S. 67–77 und S. 432 ff., sowie in *G. W. F. Hegel. Gesammelte Werke.* Band 8: *Jenaer Systementwürfe III.* Unter Mitarbeit von J. H. Trede hrsg. v. R. P. Horstmann. Hamburg 1976, S. 286.

8. Zur Entstehungsgeschichte und Funktion der *Phänomenologie des Geistes* vgl. den Überblick von *W. Bonsiepen.* In: *Hegel.* Hrsg. v. O. Pöggeler. Freiburg/München 1977, S. 59 ff., und die dort angeführte Literatur.

9. Neben der hier vorgelegten *Logik, Metaphysik, Naturphilosophie*

handelt es sich bei diesen Entwürfen um Fragmente aus einer Vorlesung über Natur- und Geistesphilosophie von 1803/04 *(G. W. F. Hegel. Gesammelte Werke.* Band 6: *Jenaer Systementwürfe I.* Hrsg. v. K. Düsing und H. Kimmerle. Hamburg 1975) und um ein Vorlesungsmanuskript zur Natur- und Geistesphilosophie aus den Jahren 1805/06 *(G. W. F. Hegel. Gesammelte Werke.* Band 8. a.a.O).

10. Vgl. in diesem Band die Zusammenfassung am Ende der *Metaphysik.*

11. Vgl. zur näheren Bestimmung von Verfahren und Ziel dieser Metaphysik *K. Düsing: Das Problem der Subjektivität in Hegels Logik.* a.a.O. und *R. P. Horstmann: Über das Verhältnis von Philosophie der Subjektivität und Metaphysik der Subjektivität in Hegels Jenaer Schriften.* In: *Hegel in Jena.* Hrsg. v. D. Henrich und K. Düsing. Hegel-Studien Beiheft 20. Bonn 1980. S. 181 ff.

12. *K. Rosenkranz: Hegels Leben.* Berlin 1844, S. 102 und 141.

13. *R. Haym: Hegel und seine Zeit.* Berlin 1857, S. 93.

14. *Hegels theologische Jugendschriften.* Hrsg. v. H. Nohl. Tübingen 1907, S. 345 Anm.

15. *W. Dilthey: Die Jugendgeschichte Hegels.* In: *Gesammelte Schriften.* Band 4. 2. Aufl. Stuttgart-Göttingen 1959.

16. *Hegels erstes System.* Hrsg. v. H. Ehrenberg und H. Link. Heidelberg 1915, S. XI.

17. *F. Rosenzweig: Hegel und der Staat.* Band 1. München 1920, S. 241 f.. Rosenzweig sieht in diesem Manuskript den Teil eines Systems, zu dem das sogenannte System der Sittlichkeit als Fortsetzung gehöre.

18. *Hegel: Jenenser Logik, Metaphysik, Naturphilosophie.* Hrsg. v. G. Lasson. Leipzig 1923 (Philosophische Bibliothek Band 58), S. XXXV.

19. *Th. Haering: Hegel. Sein Wollen und sein Werk.* Band 2. Leipzig und Berlin 1938, S. 4.

20. *H. Glockner: Hegel.* Band 2. Stuttgart 1940, S. 353. a.a.O.

21. Vgl. die Chronologie der Jenaer Manuskripte in *G. W. F. Hegel. Gesammelte Werke.* Band 8. a. a. O., S. 358 sowie *H. Kimmerle: Zur Chronologie von Hegels Jenaer Schriften.* In: Hegel-Studien. Band 4. Bonn 1967, S. 144 und 164 ff.

22. Vgl. *Briefe von und an Hegel.* Hrsg. v. J. Hoffmeister. Hamburg 1952—1960. Band 1 (Philosophische Bibliothek Band 235), S. 85.

23. *Dokumente zu Hegels Jenaer Dozententätigkeit (1801—1807).* Hrsg. v. H. Kimmerle. In: Hegel-Studien. Band 4. Bonn 1967, S. 53 ff.

24. A.a.O., S. 53.

25. A.a.O., S. 85 Anm. 39.

26. A.a.O., S. 53.

27. Diese *Logik und Metaphysik* sollte in einer Auflage von 1000 Exemplaren bei Frommann gedruckt werden. Vgl. a.a.O., S. 85.

28. A.a.O., S. 54.

29. A.a.O., S. 54.

30. Vgl. *Briefe von und an Hegel.* Hrsg. v. J. Hoffmeister. Band 1. a.a.O., S. 99.

31. *Hegels Leben.* a.a.O., S. 102 ff.

32. Diesem durch den Text nicht zu belegenden Schema folgt auch *A. Schmidt: Entwicklungsgeschichte der Hegelschen Logik.* Regensburg 1858, S. 15 ff.

33. *Hegel und seine Zeit.* a.a.O., S. 109 f.

34. *Hegel.* Band 2. a.a.O., S. 354 f.

35. *Hegel. Sein Wollen und sein Werk.* Band 2. a.a.O., S. 158 ff.

36. Vgl. z. B. in der *Logik* die Seiten 3 und 39 und in der *Metaphysik* die Seiten 136 f.

37. Vgl. *Logik*, S. 28 und 11 f.

38. Vgl. *Logik*, S. 12 f.

39. Vgl. *Logik*, S. 13 f.

40. (??) bedeutet, daß der Text selbst keinen Hinweis auf den genannten Abschnitt oder Titel gibt; (?) bedeutet sowohl, daß die Hinweise im Text nicht eindeutig den genannten Titel kennzeichnen, so daß auch andere Formulierungen denkbar wären, als auch, daß die hier angegebene Reihenfolge der Titel nur aus Hinweisen im Text erschlossen worden ist.

41. Vgl. die Chronologie der Jenaer Manuskripte in *G. W. F. Hegel. Gesammelte Werke.* Band 8. a.a.O., S. 357 sowie *H. Kimmerle: Zur Chronologie von Hegels Jenaer Schriften.* a.a.O., S. 164.

42. A.a.O., S. 163.

43. A.a.O., S. 163.

44. Vgl. die Chronologie der Jenaer Manuskripte in *G. W. F. Hegel. Gesammelte Werke.* Band 8. a.a.O., S. 357.

45. An den drei Stellen, an denen sich der Terminus Philosophie im Manuskript der *Logik, Metaphysik, Naturphilosophie* findet, ist damit ausnahmslos die Metaphysik gemeint. Vgl. S. . . . , vgl. auch *G. W. F. Hegel. Gesammelte Werke.* Band 4. a.a.O., S. 18 und *K. Rosenkranz: Hegels Leben.* a.a.O., S. 190–192. Eine Ausnahme bildet lediglich die Bezeichnung „philosophia speculativa" als Gesamttitel für den ersten Systemteil Logik und Metaphysik in den Vorlesungsankündigungen ab 1804/05. Vgl. *Dokumente zu Hegels Jenaer Dozententätigkeit.* a.a.O., S. 450.

46. *K. Rosenkranz: Hegels Leben.* a. a. O., S. 202: „Hegel entwickelte daher, zunächst in seinen Einleitungen zur Logik und Metaphysik, den Begriff der Erfahrung, welche das Bewußtsein von sich selbst macht. Hieraus entsprang seit 1804 die Anlage zur Phänomenologie." Auch *R. Haym: Hegel und seine Zeit.* a.a.O., S. 233, berichtet im Zusammenhang der Entstehung der *Phänomenologie des Geistes*, daß Hegel „sich als Lehrer wiederholt zu dem unphilosophischen Bewußtsein der Schüler herabgelassen und sich einleitungsweise damit abgegeben" habe, „die Schiefheiten und Vorurteile desselben hinwegzuräumen."

47. Die *Zwei Anmerkungen* gehören aber keinesfalls direkt zu dem Manuskript der *Logik, Metaphysik, Naturphilosophie*, da sie die

dort vorhandene, von Hegels Hand stammende Bogennumerierung nicht enthalten.

48. Vgl. die Chronologie der Jenaer Manuskripte in *G. W. F. Hegel. Gesammelte Werke. Band 8.* a.a.O., S. 357 sowie *H. Kimmerle: Zur Chronologie von Hegels Jenaer Schriften.* a.a.O., S. 163 f.
49. *G. W. F. Hegel. Enzyklopädie der philosophischen Wissenschaften im Grundrisse (1830).* Neu herausgegeben von F. Nicolin und O. Pöggeler. a.a.O., S. LI.

LITERATURHINWEISE

I. Ausgaben

Logik, Metaphysik, Naturphilosophie

1. G.W.F. Hegel: Hegels erstes System. Hrsg. v. H. Ehrenberg und H. Link. Heidelberg 1915.
2. G.W.F. Hegel: Jenenser Logik, Metaphysik und Naturphilosophie. Hrsg. v. G. Lasson. Leipzig 1923.
3. G.W.F. Hegel: Gesammelte Werke. Hrsg. im Auftrag der Deutschen Forschungsgemeinschaft. Bd. 7: Jenaer Systementwürfe II. Hrsg. v. Rolf-Peter Horstmann und Johann Heinrich Trede. Hamburg 1971.

Gliederungsentwurf zur Metaphysik

1. G.W.F. Hegel: Hegels erstes System. Hrsg. v. H. Ehrenberg und H. Link. Heidelberg 1915.
2. G.W.F. Hegel: Jenenser Logik, Metaphysik und Naturphilosophie. Hrsg. v. G. Lasson. Leipzig 1923.
3. G.W.F. Hegel: Gesammelte Werke. Hrsg. im Auftrag der Deutschen Forschungsgemeinschaft. Bd. 7: Jenaer Systementwürfe II. Hrsg. v. Rolf-Peter Horstmann und Johann Heinrich Trede. Hamburg 1971.

Zwei Anmerkungen zum System

1. G.W.F. Hegel: Jenenser Realphilosophie I. Hrsg. v. J. Hoffmeister. Leipzig 1932.
2. G.W.F. Hegel: Gesammelte Werke. Hrsg. im Auftrag der Deutschen Forschungsgemeinschaft. Bd. 7: Jenaer Systementwürfe II. Hrsg. v. Rolf-Peter Horstmann und Johann Heinrich Trede. Hamburg 1971.

Ein Blatt zum System

1. Dokumente zu Hegels Entwicklung. Hrsg. v. J. Hoffmeister. Stuttgart 1936.
2. G.W.F. Hegel: Gesammelte Werke. Hrsg. im Auftrag der Deutschen Forschungsgemeinschaft. Bd. 7: Jenaer Systementwürfe II. Hrsg. v. Rolf-Peter Horstmann und Johann Heinrich Trede. Hamburg 1971.

II. Weiterführende Literatur

Baum, Manfred: Zur Methode der Logik und Metaphysik beim Jenaer Hegel. In: Hegel-Studien. Beiheft 20: Hegel in Jena. Bonn 1980. S. 119–138.

Bonsiepen, Wolfgang: Der Begriff der Negativität in den Jenaer Schriften Hegels. Hegel-Studien. Beiheft 16. Bonn 1977.

Dilthey, Wilhelm: Die Jugendgeschichte Hegels und andere Abhandlungen zur Geschichte des deutschen Idealismus. Gesammelte Werke. Bd. 4. Leipzig und Berlin 1921 u.ö.

Düsing, Klaus: Idealistische Substanzmetaphysik. Probleme der Systementwicklung bei Schelling und Hegel in Jena. In: Hegel-Studien. Beiheft 20: Hegel in Jena. Bonn 1980. S. 25–44.

—: Das Problem der Subjektivität in Hegels Logik. Systematische und entwicklungsgeschichtliche Untersuchungen zum Prinzip des Idealismus und zur Dialektik. Hegel-Studien. Beiheft 15. Bonn 1976.

Fischer, Kuno: Hegels Leben, Werke und Lehre. 2 Teile. 2. Aufl. Heidelberg 1911 (Nachdruck Wissenschaftliche Buchgesellschaft. Darmstadt 1962.)

Fulda, Hans-Friedrich: Zur Logik der Phänomenologie von 1807. In: Hegel-Studien. Beiheft 3. Bonn 1966. S. 75–101.

Glockner, Hermann: Hegel. Bd. 2: Entwicklung und Schicksal der Hegelschen Philosophie. 2. verbesserte Aufl., endgültige Fassung. Stuttgart 1958 (= G.W.F. Hegels Sämtliche Werke. Jubiläumsausgabe, hrsg. v. H. Glockner, Bd. 22).

Haering, Theodor: Hegel. Sein Wollen und sein Werk. Bd. 1. Leipzig und Berlin 1929. (Nachdruck Scientia. Aalen 1963).

Haym, Karl: Hegel und seine Zeit. Berlin 1857. 2. vermehrte Aufl. hrsg. v. H. Rosenberg. Leipzig 1927. (Nachdruck der 1. Aufl. Wissenschaftliche Buchgesellschaft. Darmstadt 1962).

Briefe von und an Hegel. Bd. 1. Hrsg. v. Johannes Hoffmeister. 2. Aufl. Hamburg 1961.

Dokumente zu Hegels Entwicklung. Hrsg. v. Johannes Hoffmeister. Stuttgart 1936 u.ö.

Horstmann, Rolf P.: Probleme der Wandlung in Hegels Jenaer Systemkonzeption. In: Philosophische Rundschau. Jg. 19. Tübingen 1972. S. 87–117.

—: Über das Verhältnis von Metaphysik der Subjektivität und Philosophie der Subjektivität in Hegels Jenaer Schriften. In: Hegel-Studien. Beiheft 20: Hegel in Jena. Bonn 1980. S. 181–196.

Kaan, André: La pensée philosophique de Hegel à Jéna. In: Revue de Métaphysique et de Morale. Bd. 80. Paris 1975. S. 485–519.

Kimmerle, Heinz: Dokumente zu Hegels Jenaer Dozententätigkeit (1801–1807). In: Hegel-Studien. Bd. 4. Bonn 1967. S. 21–99.

—: Zur Chronologie von Hegels Jenaer Schriften. In: Hegel-Studien. Bd. 4. Bonn 1967. S. 125—176.

—: Das Problem der Abgeschlossenheit des Denkens. Hegels „System der Philosophie" in den Jahren 1800—1804. Hegel-Studien. Beiheft 8. Bonn 1970.

—: Hegels Naturphilosophie in Jena. In: Hegel-Studien. Beiheft 20: Hegel in Jena. Bonn 1980. S. 207—216.

Koyré, Alexandre: Hegel à Jéna. In: Ders.: Etudes d'Histoire de la Pensée Philosophique. Paris 1961. S. 135—173.

Krings, Hermann: Die Entfremdung zwischen Schelling und Hegel (1801—1807). Sitzungsberichte der Bayerischen Akademie der Wissenschaften. Philosophisch-historische Klasse. Jg. 1976, Heft 6. München 1977.

Lemaigre, Bernard N.: Hegel et le problème de l'infini d'après la Logique d'Iéna (1801—1802). In: Revue des Sciences Philosophiques et Théologiques. Bd. 49. Paris 1965. S. 3—36.

—: Hegel et la dialectique des idées transcendentales dans le Métaphysique d'Iéna. In: Revue des Sciences Philosophiques et Théologiques. Bd. 50. Paris 1966. S. 27—49.

Lugarini, Leo: Substance et réflexion dans la Logique et Métaphysique Hegelienne d'Iéna. In: Hegel-Studien. Beiheft 20: Hegel in Jena. Bonn 1980. S. 139—156.

Lenk, Hans: Kritik der logischen Konstanten. Philosophische Begründungen der Urteilsform vom Idealismus bis zur Gegenwart. Berlin 1968.

Merker, Nicolao: Le origini della logica hegeliana. Mailand 1961.

Michelet, Karl Ludwig: Einleitung in Hegels philosophische Abhandlungen. In: G.W.F. Hegel's Werke. Vollständige Ausgabe durch einen Verein von Freunden des Verewigten. Bd. 1. Berlin 1832. S. I—LI (auch als Einzeldruck erschienen).

Pöggeler, Otto: Hegels Jenaer Systemkonzeption. In: Philosophisches Jahrbuch der Görres-Gesellschaft. Jg. 71. Freiburg-München 1964. S. 286—318. Wiederabgedruckt in: Ders.: Hegels Idee einer Phänomenologie des Geistes. Freiburg—München 1973. S. 110—170.

Richli, Urs: Die Bewegung des Erkennens in Hegels Jenenser Logik und Metaphysik. In: Philosophisches Jahrbuch der Görres-Gesellschaft. Jg. 85. Freiburg—München 1978. S. 71—86.

Schmitz, Hermann: Hegel als Denker der Individualität. Meisenheim 1957.

—: Die Vorbereitung von Hegels „Phänomenologie des Geistes" in seiner „Jenenser Logik". In: Zeitschrift für Philosophische Forschung. Bd. 14. Meisenheim 1960. S. 16—39.

Siep, Ludwig: Hegels Fichtekritik und die Wissenschaftslehre von 1804. München 1970.

Trede, Johann Heinrich: Hegels frühe Logik (1801−1803/04). In: Hegel-Studien. Bd. 7. Bonn 1972. S. 123−168.

Ungler, Franz: Das Wesen in der Jenaer Zeit Hegels. In: Hegel-Studien. Beiheft 20: Hegel in Jena. Bonn 1980. S. 157−180.

Werner, Hans-Joachim: Spekulative und transzendentale Dialektik. Zur Entwicklung des dialektischen Denkens im deutschen Idealismus (Kant − Hegel). In: Philosophisches Jahrbuch der Görres-Gesellschaft. Jg. 81. Freiburg−München 1974. S. 77−87.

LOGIK, METAPHYSIK, NATURPHILOSOPHIE

Fragment einer Reinschrift
(1804/05)

[*I. Einfache Beziehung*]

[A. Qualität]

* seiende sind. Das eine der Entgegengesetzten ist notwendig
die Einheit selbst; aber diese Einheit ist ebendadurch nicht
die absolute, und indem sie zugleich nicht bloß als ein Entgegengesetztes, sondern an sich selbst sein soll, so kann sie
als Einheit ihrer selbst und des ihr Entgegengesetzten nur
Grenze sein; denn als Einheit beider hörte sie auf, selbst ein
* Entgegengesetztes zu sein. So hat die sogenannte Konstruktion der Idee aus den entgegengesetzten Tätigkeiten, der
ideellen und reellen, als Einheit beider schlechthin nur
die Grenze hervorgebracht. Die ideelle Tätigkeit ist schlechthin mit der Einheit gleichbedeutend, die Zweideutigkeit
dieser Einheit bestimmt sich als die Einheit des Gegensatzes
dadurch, daß sie als Einheit ihrer selbst und der reellen Tätigkeit, d. i. der Vielheit, noch außer sich als eine unvereinigte
Einheit und ihr gegenüber die Vielheit bleibt, so daß jede
solche Einheit Entgegengesetzter, als Moment des Ganzen,
20 ebenso auch als das Ganze, die höchste Idee selbst schlecht-
* hin nur Grenze bleibt. Um zu beurteilen, ob die Einheit nur
Grenze, oder absolute Einheit, ergibt sich unmittelbar daraus,
ob außer oder nach der Einheit die in ihr als Eins Gesetzten
noch für sich Seiende sind. In dem Begriff der Grenze selbst
sind so die Einheit und Vielheit, oder die Realität und Negation, noch für sich Bestehende, und ihr Prinzip, als das allgemeine Prinzip der Logik des Verstandes, wird anerkannt als
nicht für sich seiend, wodurch es in Wahrheit aufgehoben
wird, nicht daß es nur aufgehoben werden soll. Die Kon-
30 struktion aus entgegengesetzen Tätigkeiten, die sich Idealismus nennt, ist eben darum / selbst nichts anderes als die
Logik des Verstandes, indem die Stufen der Konstruktion
innerhalb dieses Prinzips entstehen, und dieser Idealismus
bleibt auch diese Logik, indem aus seinem absoluten Schlusse

sich ergibt, daß die ideelle Tätigkeit die Einheit, die als Anfang überhaupt unbestimmt und in der Zweideutigkeit ist,
ob sie wahre Einheit oder Einheit als Qualität sei, nur das
letztere ist, indem das absolute Einswerden nur ein Sollen
bleibt, d. h. ein Jenseits gegen die Einheit der Grenze bleibt,
und beide auseinanderfallen.

Dasselbe ist der Fall mit der Konstruktion der Materie aus *
entgegengesetzten Kräften, der Attraktiv- und Repulsivkraft, deren jene die (differente) Einheit, diese die
(differente) Vielheit bezeichnet; sie sind als entgegengesetzte, 10
so wie die entgegengesetzte Einheit und Vielheit, an sich
nichts; aber indem sie als Kräfte dargestellt werden, werden
sie als fürsichseiend, als absolute Qualitäten fixiert. Aber sie
so für sich betrachtet, erweisen sie sich als vollkommen
gleich, so weit Attraktivkraft ist, ist Repulsivkraft; es ist
durchaus keine Verschiedenheit zwischen ihnen als die der
Richtung, aber jede der entgegengesetzten Richtungen kann
ebenso gut als Wirkung der Attraktiv- wie als Wirkung der Repulsivkraft betrachtet werden; denn die Richtung ist die leere
Beziehung, die durch irgend ein fixiertes bestimmt ist; die 20
Entgegensetzung der Richtungen ist nichts als eine völlig leere
Entgegensetzung; dasjenige aber, wodurch die Richtungen
sich in Wahrheit unterschieden, ein gesetzter Punkt, wäre
schon das Einssein beider, in welchem alle Entgegensetzung
und sie selbst erlöscht sind; außer diesem ihrem Erlöschtsein
sind sie nichts, d. h. sie haben überhaupt gar keine Realität.
Die Materie ist schlechthin nur jenes Eins oder ihr absolutes
Gleichgewicht, in welchem sie weder Entgegengesetzte noch
Kräfte, und außer welchem sie ebenso wenig sind. Aber sie
sind einmal als für sich Seiende gesetzt, und die Differenz der 30
Materie soll eine Auflösung in diese Gedankendinge sein, oder
diese Kräfte sollen außer ihrem sie aufhebenden Gleichgewichte treten und außer diesem ein Sein haben. Aber die
Differenz der Materie ist wesentlich nur, daß die Materie, das
Gleichgewicht selbst sich gleichbleibt; die Differenz kann
nicht eine Differenz der Attraktiv- und der Repulsivkraft
[sein], / denn diese wäre ein Aufheben der Materie selbst.
Diese Differenz wäre ein Mehr der einen, und ein Weniger
der andern; aber sie haben schlechthin nur Bedeutung als
bezogene aufeinander, als entgegengesetzte Richtungen, um 40

so viel weiter die eine über die andere hinausginge, um so viel hörte sie selbst auf zu sein. In ihrem Gleichgewicht aber, innerhalb ihres Unterschiedes sind ebenso beide aufgehoben, sie sollen aber nicht als aufgehobene sein, sondern als Qualitäten, oder als für sich bestehende; und daß sie dies sein sollen, erhellt daraus, daß sie außer dem Gleichgewichte, ihrem Einssein noch sein sollen. Dieses Gleichgewicht ist hiedurch selbst nicht die wahre Einheit, denn ein Einssein solcher, die wesentlich nur sind als für sichseiende, ist nur das Nichts derselben; es ist hiemit nicht die Materie, nicht eine wahrhafte Realität, sondern nur eine Grenze gesetzt worden, das Nichts der Entgegengesetzten und das Sein derselben.

2. In der Grenze ist das Nichts der Realität und der Negation gesetzt und das Sein derselben außer diesem Nichts; die Qualität ist auf diese Weise selbst in ihr realisiert; denn die Grenze drückt den Begriff der Qualität als das Fürsichsein der Bestimmtheiten so aus, daß in ihr die beiden Bestimmtheiten, jede für sich, gleichgültig gegeneinander, außereinander bestehend gesetzt sind, und jede zugleich ihrem Inhalte nach nicht die Bestimmtheit überhaupt, wie im Begriffe, sondern sie als bestimmte Bestimmtheit, als Realität und Negation ausdrückt, oder an jeder selbst, was sie nur im Gegensatze, in Beziehung auf die andere, wäre; diese Beziehung auf die andere, in sich zurückgenommen, und da sie als Beziehung nur ein ihr Äußerliches ist, itzt an ihr selbst gesetzt: die eine selbst das Nichts der Qualitäten, die andere das Sein derselben.

Dieses gleichgültige Bestehen des Nichts und des Seins der Qualitäten erschöpft aber das Und der Grenze nicht; oder die Grenze ist nicht nur diese eine Seite der Realität, des Fürsichseins der in ihr enthaltenen Qualitäten; sie entspringt aus der / Negation, und diese ist nur das Außerihrsein der Realität, sondern auch die Beziehung darauf; durch diese ist die Grenze in der Form der Beziehung ihrem Inhalte gleich; die eine Seite ihres Inhalts ist die Realität, das Sein oder Bestehen der Bestimmtheiten; so bestehen ihre Bestimmtheiten, das Sein und das Nichts der Qualitäten; die andere Seite ist das Nichts derselben, und so sind sie bezogen, in der Beziehung aber sind sie Nichts; auf welche Weise immer nur das

Sein der Qualitäten und das außer das Sein fallende Nichts derselben gesetzt wäre, nicht ein Nichts, das so bezogen ist auf das Sein, daß beide bestehen. Die Beziehung des Nichts der Qualitäten auf ihr Bestehen ist aber eine solche, welche dies Sein ausschließt, d. h. nicht ein indifferentes Bestehen beider, sondern eine Negation, die sich auf sich selbst bezieht, in dieser Beziehung auf sich selbst aber, oder in dieser positiven Beziehung, nicht das Sein als solches aufhebt, sondern nur es in Beziehung auf sich selbst aufhebt, d. h. eine Negative Beziehung. Die Grenze ist erst insofern wahre Quali- 10 tät, als sie Beziehung auf sich selbst ist, und sie ist dies nur als Negation, die das Andere nur in Beziehung auf sich selbst negiert. Sie ist zugleich auf diese Weise erst Synthese, Einheit, in welcher zugleich beide bestehen, oder reale Qualität. Aber die Qualität, die zur Grenze werden muß, ist hiemit selbst das Gegenteil ihrer selbst geworden; ihr Begriff ist das Fürsichsein der Bestimmtheiten; indem dasjenige ausgesprochen wird, was in Wahrheit in der Negation gesetzt ist, wird sie Grenze; sie bleibt [zwar] der Begriff ihrer selbst, nämlich eine Negation, die sich auf sich selbst bezieht, aus 20 sich die Realität ausschließt; aber diese Qualität ist nicht mehr der Begriff der Qualität, denn die Negation ist in ihrem sich nur auf sich selbst Beziehen bezogen auf das, welches sie ausschließt; denn sie ist nicht absolut für sich, sondern so daß sie für sich ist, insofern ein Anderes nicht ist; der Begriff der Qualität aber ist, nur sich selbst gleich zu sein, ohne die Rücksicht auf ein Anderes. Die Qualität wird in der Grenze dasjenige, was sie ihrem absoluten Wesen nach ist, was sie aber ihrem Begriffe (gesetzten Wesen) nach nicht sein soll, und worein zugleich ihr Begriff übergehen muß, indem er gesetzt 30 wird, als das, war er sein soll; die Grenze ist hiemit die Totalität oder wahrhafte Realität, die mit ihrem Begriffe verglichen zugleich seine Dialektik enthält, indem er darin so sich aufhob, daß er das Gegenteil seiner selbst / geworden ist; die Qualität als ihr Begriff ist die Realität, aus welcher sie zum Gegenteil ihrer selbst, zur Negation, und aus dieser zum Gegenteil des Gegenteils ihrer selbst, zu sich selbst wieder als Totalität geworden ist, die selbst Qualität, zugleich auf einmal der aus dem Gegenteil derselben herkommende und es an sich ausdrückende Begriff der Qualität, und hiemit, indem er 40

zugleich ein Anderes, als er ist, an sich hat, das Gegenteil der Qualität geworden ist. Die Grenze, als die Totalität, als diese Negation, die sich in ihrem Beziehen auf sich selbst [als] ein Anderes ausschließt, hiemit sich auf ein Anderes, das Bestehen, bezieht, setzt dasjenige, was unsre notwendige Reflexion auf die Qualität war, daß nämlich die für sich seiende Bestimmtheit, was die Qualität sein soll, nicht ist, nicht eine wahrhaft beziehungslose Bestimmtheit, sondern in ihrer Beziehung auf sich selbst negativ sich auf ein Anderes bezieht, —
10 oder diese Grenze heißt Quantität.

B. Quantität

a. Numerisches Eins

1. Die Quantität ist ihrem Begriffe nach unmittelbar eine negierende Beziehung auf sich selbst. Was diese Negation aus sich ausschließt, ist das Bestehen der Qualitäten als unterschiedener, das Viele Sein. Diese einfache sich rein auf sich selbst beziehende Einheit, welche alles Viele aus sich ausschließt, von sich negiert, ist das numerische Eins; die Einheit als Sichselbstgleichheit überhaupt geht in das Eins, ein Sichselbst-/gleiches über dadurch, daß die Einheit diese Reflexion an ihr selbst ausgedrückt enthält, daß sie das Viele ausschließt; es ist die negative Einheit. Diese absolute Grenze, als ausschließend das Viele, ist als Beziehung auf sich selbst zugleich für sich, indifferent gesetzt; nicht ein Negieren des Vielen, sondern in ihrem Negieren nur auf sich selbst sich beziehend, das ist ein Negiert- oder Ausgeschlossensein des Vielen, so daß das Negieren, als die Totalität der Qualität, in sich reflektiert ist und nicht nach außen geht, und hiedurch eben die Form des absolut Qualitativen hat. Es erhellt hier
30 die wahre Bedeutung, wie die Qualität, die zur Grenze oder Quantität geworden ist, Totalität ist; sie ist Totalität, indem ihr Begriff, die Bestimmtheit als Beziehung der Bestimmtheit auf sich selbst, in sich zurückgekehrt ist; nicht bloß die sich auf sich selbst beziehende Bestimmtheit, sondern sie, wie sie das Gegenteil ihrer selbst, und aus diesem wieder sie selbst geworden ist, und wie dies zu ihrem Gegenteil und wieder sie

selbst Gewordensein nicht ein Vorbeigegangenes ist, sondern wie diese Bewegung den Inhalt der Qualität als einer Totalität ausmacht. Die Qualität, welche so als Totalität dies ihr Andersgewordensein in sich ausdrückt, ist ebendadurch zugleich, indem sie sie selbst ist, das Andre ihrer selbst; der Begriff ist nur das: sie selbst, ihre Beziehung auf sich selbst; der reale Begriff oder die Totalität aber das aus ihrem Anderssein sie selbst Gewordene, oder daß sie in ihrem Anderssein sie selbst ist. Dies ihr Anderssein als sie selbst ist die Seite ihres Gegensatzes, die Bestimmtheit der Qualität oder ihr 10 Inhalt, eine negative Beziehung; denn sie selbst ist die einfache Beziehung nur auf sich selbst. Aber der reale Begriff ist zugleich in diesem Inhalte das: sie selbst; und diese Qualität an diesem der Qualität entgegengesetzten Inhalte ist dies, daß der Inhalt, die negative Beziehung, nur auf sich selbst bezogen, nicht z. B. eine Kraft ist, eine Einheit, die different gegen das Andere ist, sondern sich selbst gleich, als ein Aufgehobensein des Andern ist, oder ein numerisches Eins.

2. Das aus dem numerischen Eins Ausgeschlossene ist die Vielheit überhaupt, das Sein der Qualitäten, das aber, da sie 20 nur als Beziehungen auf sich selbst, ohne Negation gesetzt sind, in die Einheit zusammenläuft, sich selbst gleich, das Sein, / das Positive ist, das ebenso in sich selbst zurückgekehrte Viele, das darum aufhört, ein Vieles zu sein, und nur die Möglichkeit des Unterscheidens ist, die Ausdehnung, die, sich selbst gleich, zugleich nicht die negative Gleichheit des Punktes ist, weil [an] ihr nichts Negatives gesetzt ist. Diese Einheit erhält erst diese Bestimmtheit einer positiven durch ihren Gegensatz gegen die negative oder numerische Einheit; diese ist aus ihr ausgeschlossen, aber sie ist damit 30 auch nur der Begriff dieses Negiertseins des gesetzten Unterschiedes, an ihr selbst drückt sich dies Negiertsein nicht als ein Negieren aus. Die Qualität der Negation hat sich hiemit als negative Einheit, die der Realität, oder Position, als positive Einheit bestimmt; dies Bestimmen ist nichts anderes als daß die Qualität als realer Begriff einen Inhalt erhalten hat, während sie selbst zur Form geworden ist. Indem das numerische Eins sich als Grenze durch den Gegensatz der beiden absoluten Qualitäten bestimmte und nur als die Ein-

heit derselben ist, aber als für sich seiend, als die Totalität
ihr Aufgehobensein ist, so bestimmt es sie dadurch, daß die
Grenze für sich ihr Begriff oder Quantität ist, so daß sie
selbst ihr Begriff werden, und nur sind als dem Begriffe der
Quantität Entgegengesetzte; dieser ist negatives Eins, sie
nichts als positives Eins; oder indem er sich auf sich selbst
bezieht, beziehen sie sich ebenso auf sich selbst, und sie werden darin Sichselbstgleichheit, und da sie eine ausgeschlossene Sichselbstgleichheit sind, die erste aber die negative, so
10 sind sie die positive; aber es ist auf diese Weise wieder nur ein
gefoderter, nicht ein wirklicher Unterschied gesetzt; denn der
Gegensatz des Positiven und Negativen drückt nichts aus als
die, aber nur gefoderte, absolute Entgegensetzung, die aber
nicht allein an den Gliedern gesetzt ist, sondern auch die Einheit als das Gemeinschaftliche beider [ist]. Diese gemeinschaftliche Einheit beider ist dieselbe positive Einheit, als
* die Möglichkeit der Vielheit, die vorhin der negativen Einheit
entgegengesetzt wurde, von der es sich aber gezeigt hat, daß
sie vielmehr das ist, worin sich die beiden Glieder gleich sind.
20 In dieser positiven Einheit ist sich Positives und Negatives
entgegengesetzt, die aber für sich keine Bedeutung haben und
nichts ausdrücken als dies, daß das eine nicht das andere ist,
oder daß sie sich ausschließen, also beide numerische Eins
[sind,] oder es ist in Wahrheit gesetzt: Vielheit der numerischen Eins. /

b. Vielheit der numerischen Eins

1. Die negative Einheit ist ausschließend, setzt sich als für
sich seiend gegen das Andere, aber in diesem Ausschließen bezieht sie sich unmittelbar darauf; und wird dies Ausgeschlos-
30 sene als Vielheit begriffen, so ist die negative Einheit selbst
unmittelbar ein ebenso Vieles, denn so vielfach das Viele ist,
so vielfach ist es negiert von der Einheit, ein so vielfach Negierendes, oder ein so Vielfaches ist die Einheit selbst; und es
ist die negative Einheit vielmehr ihr Gegenteil, positive Einheit, und als diese Vielheit, die in sich selbst different, als
Menge der numerischen Eins gesetzt ist.

2. Diese Menge der Unterschiedenen schließen sich gegenseitig aus; ihre Beziehung, die positive Einheit, das gemeinschaftliche, ruhige Medium derselben, oder ihr Bestehen, ist ein durch und durch negatives Beziehen, ein absolutes Entfliehen, eine Repulsion aller Teile gegeneinander, oder das Gleichgewicht des Nichts, eine ununterschiedene Einheit, an der ebenso die Unterscheidung von positiver und negativer Einheit verschwindet.

Anmerkung. Die Unüberwindlichkeit des Seins befestigt sich noch mehr durch die Form, die es als negatives Sein, als numerisches Eins sich gibt; das Sein als solches erscheint für sich selbst wenigstens als leer und eines Andern bedürftig, aber das numerische Eins absolut für sich, indem es das Andere, dessen das Sein bedarf, aus sich ausschließt, und absolut ohne Mangel, und als etwas Unzerstörbares gesetzt ist. Aber dadurch, daß es negative Einheit ist, ist es Bestimmtheit und hebt sich durch das Übergehen in sein Gegenteil auf; das Negative bezieht sich schlechthin auf ein Anderes und als diese Beziehung ist es das Andre seiner selbst, oder es ist ideell, aufgehoben. Die bloße Einfachheit des Eins ist selbst das Nichts, aber die negierende Einfachheit desselben soll gerade seine Sichselbstgleichheit erhalten, indem sie das Anderssein von sich ausschließt; aber in diesem Ausschließen ist es selbst eins mit dem Anderssein / und hebt sich auf. Diese Sichselbstgleichheit ist die absolute Quantität, oder dasjenige, was in Wahrheit die Quantität ist, d. h. das Aufgehobensein ihrer selbst, und dasselbe, was sie absolute Qualität ist, d. h. ebenso das Aufgehobensein der Qualität; das Sichselbstgleiche.

c. Allheit[1]

1. Diese Sichselbstgleichheit aber ist selbst bestimmt dadurch, daß sie absolute Quantität ist, oder daß sie entspringt aus der Vielheit des numerischen Eins; sie ist nicht für sich

---

[1] *Am Rande:* Ein Unterschied des Eins und des Vielen, der auch kein Unterschied, oder ein Beziehen des Eins und des Vielen, das auch ein Nichtbezogensein derselben ist.

gesetzt, sondern als das Nichts dieser bestimmten Vielheit. Als das Eins, welches in sein Gegenteil, das Viele Eins, übergegangen und hiemit diesem gleich ist, ist es Allheit.

2. Aber diese Allheit ist nicht die absolute Gleichheit, sondern bestimmt: die Gleichheit dieses Eins und des Vielen, der negativen und positiven Einheit; sie ist nur das Aufgehobensein derselben, insofern sie selbst sind, oder sie ist bedingt durch sie; aber da sie die Einheit derselben ist, so ist sie nur, insofern sie das Sein derselben aus sich ausschließt, und sie ist selbst Quantität; eine negative Einheit, welche das Gleichsein des Eins und des Vielen ist, und ihr Ungleich- oder ihr Fürsichsein aus sich ausgeschlossen hat. Es ist hiemit gesetzt ein Bezogensein des Eins und des Vielen und ein von ihm ausgeschlossenes Nichtbezogensein des Eins und des Vielen.

Diese Allheit ist die Totalität der Quantität; ihr Begriff ist die negative Einheit, welche sich als Menge des Vielen ein Anderes, und als Allheit wieder sie selbst wird; aber die Quantität überhaupt ist in dieser ihrer Totalität selbst ein Anderes geworden als sie ist, und in ihrer Rückkehr in sich selbst in ihr Gegenteil übergegangen; sie selbst, oder ihr Begriff, war die einfache negative Einheit, welche die Vielheit ausschließt; / sie in sich reflektiert, oder ihr realer Begriff, ist negative Einheit, welche selbst Einheit der negativen und positiven Einheit ist, und beide ebenso ausgeschlossen hat; sie ist, was dasselbe ist, eine begrenzte positive Einheit, denn sie ist als die Einheit beider Einheiten die Möglichkeit der Vielheit, welche in ihr als aufgehoben gesetzt ist; ihre Einheit ist hiemit die Gleichheit als Gemeinschaftlichkeit; und sie ist begrenzte Gemeinschaftlichkeit oder Ausdehnung, denn außer ihr [ist] auch das Nichtbezogensein der beiden Einheiten; diese reale Quantität ist e i n e Quantität, oder

[C. Quantum]

sich in der Einfachheit der Kraft auf; aber es bleibt das Bedürfnis eines Größenunterschiedes, um sie als ein Quantum zu bestimmen, d. h. eine Verschiedenheit an ihr zu setzen, welche nicht eine Verschiedenheit ihrer selbst wäre. Der Grad der einfachen Kraft drückt als Größe schlechthin ihre Beziehung auf anderes aus; und zugleich soll er als Intensität, reine Beziehung auf sich selbst, sie ausdrücken, wie sie absolut für sich selbst, in sich einfach ist; er soll die absolute Vielheit der Atomistik, so wie dies beseitigen, daß die Verschiedenheit der Materie bloß äußerlich und eine Verschiedenheit der Figur und dadurch der äußeren Stellung und Trennung der Atome durch verschiedene leere Räume sei. Die dynamische Physik hingegen will diese Verschiedenheit, nicht wie sie eine äußerliche, sondern an und für sich selbst in der Materie sei, erkennen. Daß die zu begreifende Verschiedenheit aus einem verschiedenen Verhältnisse von Kräften gegeneinander zu erklären, sich widerspreche, ist oben gezeigt worden; es bleibt nichts übrig, als Eine Kraft in / Verschiedenheit des Grades zu setzen; der Grad aber dadurch, daß er Größe ist, hebt er so wenig die Vielheit und Äußerlichkeit auf, daß er vielmehr wesentlich dies ist. Eine größere oder geringere Menge von Massen- Wärme- u.s.w. Teilchen in eine größere oder geringere Intensität der Masse, oder Wärme u.s.w. verwandelt, hebt freilich den Schein der atomistischen Vielheit in diesem auf, was als Masse oder Wärme erscheint; aber wenn nun diese wirklich als eine bestimmte Größe ausgedrückt werden soll, so kann dies nicht anders geschehen als durch Beziehung auf die Zahl; der 40ste 100ste u.s.f. Grad drückt freilich immer noch nicht an ihm selbst eine Vielheit, sondern seine Einfachheit aus; aber diese Verschiedenheit hat schlechthin nur eine Bedeutung in Beziehung auf ein anderes; diese bestimmte Intensität ist dies gar nicht, wenn sie es nicht für ein Äußerliches ist, und ist schlechthin nichts, was für sich selbst wäre; was es als dynamisches sein soll. Das Einfache selbst, z. B. die Geschwindigkeit, die spezifische Schwere, Wärme u.s.w. entflieht der Größebestimmung; und insofern es als Größe überhaupt bestimmt ist, ist es als ein Vielfaches, Äußerliches gesetzt; so entreißt die Form der Einfachheit derselben, der intensiven Größe, es nicht der

ierliche Größe; umgekehrt die Vielen Eins der Teilung als das Wesentliche gesetzt, für welche die Beziehung das Äußerliche sei, eine diskrete Größe. Die kontinuierliche Größe hat ihre Grenze ganz außer ihr, nicht an ihr selbst als eine äußerliche gesetzt; sie muß notwendig, daß sie für sich selbst Quantum sei, sich selbst als wesentlich begrenzt oder als absolut in ihr unterschieden setzen, oder eine bestimmte Menge von sich unterscheidenden, negativen Einheiten. Die Zahl ist erst das realisierte Quantum, worin es sich ausdrückt als das, was es ist; der Grad ebensowohl als eine kontinuierliche Größe müssen, um als Quantum bestimmt zu / sein, zur Zahl ihre Zuflucht nehmen. In dem Quantum ist das Bezogensein überhaupt numerisches Eins, und die Vielen Bezogenen ebenso; in der Zahl ist dieser Begriff des Quantums nicht die Form eines Andern, sondern die Vielen sind jedes ein numerisches Eins; und das Ganze ebenso, denn das numerische Eins[1] hat die Doppelsinnigkeit an sich, negatives ausschließendes zu sein, aber als Einheit zugleich positive Einheit zu sein, oder die Beziehung der Vielen numerischen Eins. Der Teil dieses Ganzen ist auf diese [Weise] vollkommen durch sich selbst bestimmt, indem er numerisches Eins ist, und der Form des Ganzen, das selbst Eins ist, gleich, aber nicht seinem Inhalte, durch welchen es Quantum ist.

3.[2] Das Quantum hebt nicht nur sich selbst auf, insofern es sich auf sich selbst bezieht oder die Einheit eines Ganzen und der Teile ist, sondern auch insofern es ausschließend, für sich das Bezogensein des Eins und des Vielen ist, außer welchem das Nichtbezogensein des Eins und des Vielen wäre.

Es ist von dem Verhältnisse des Ganzen und der Teile gezeigt worden, daß das Ganze als Eins und die Teile als Viele Eins in Wahrheit auseinanderfallen und nicht bezogen sind; das Quantum ist nur als ausschließend von sich; dieses Ausgeschlossene wäre das Nichtbezogensein des Eins auf das Viele Eins; aber in ihm selbst ist das Eins und das Viele Eins gleichgültig gegeneinander, es ist also selbst demjenigen gleich, was es von sich negiert, und ist in Wahrheit nicht ausschliessend. Das Quantum sollte, besonders als Zahl, die Grenze, das Anderssein als an sich selbst seiend setzen; es zeigt sich aber, daß sie keine Grenze hat, sondern dem Ausgeschlossenen gleich ist. Dies Ausgeschlossene, dem sie gleich ist, ist das

---

[1] *Am Rande:* absolutes Maß
[2] *Am Rande:* Dialektik des Quantums

Nichtbezogensein des Eins und des Vielen; das Quantum formal als das betrachtet, was es sein soll, aber nicht ist, ein Begrenztes, und das Ausgeschlossene ebenso nur als ein ihm Gleiches, so ist ebenso nur das Formale oder die Foderung gesetzt, daß das Begrenzte, Negative sich dem Ausgeschlossenen, dem es gleich ist, gleich mache, oder es ist vielmehr dies gesetzt: daß das Negative [sich] demjenigen, das es von sich negiert, dem / es sich als absolut ungleich setzt, gleich setzt. In ihm selbst ist das vorhin nur als indifferent auseinanderfallend Betrachtete ebenso das sich dem Gleichsetzen, 10 dem es sich absolut ungleich setzt. Die Zahl als numerisches Eins ist positive Einheit, welche die vielen Eins bezieht, aber indem sie als negative Einheit sich den Vielen Eins gleich setzt, setzt sie sich ihnen gleich nur als ihnen ungleich, nämlich als positive Einheit. Sie ist Quantum nur als negatives Eins, als bestimmte Menge der in sich fassenden Eins, aber in diesen hat sie ebenso wenig eine Grenze, denn diese als Eins sind ebenso Einheit, eine Beziehung numerischer Eins. Sie setzt sich also, indem sie eine bestimmte Menge bezieht, wodurch sie allein Quantum ist, in der Tat nur als eine un- 20 bestimmte Menge, denn die bezogenen Eins sind selbst sich gleiche Einheit, oder nicht begrenzte, als Begrenztes dem nicht Begrenzten auch auf diese Weise gleich. Das Quantum setzt sich demjenigen gleich, was es aus sich ausschließt, und schließt es also in Wahrheit nicht aus; und insofern es betrachtet wird als ein für sich selbst seiendes, aus welchem anderes ausgeschlossen sei, so ist ebenso an ihm selbst die positive Einheit oder die Nichtbegrenzung, das nicht Ausgeschlossensein; das ins Unendliche über die Grenze Hinausgehen und das unendliche sich in sich Teilen ist beidem ein 30 und ebendasselbe, daß die an ihm gesetzte Grenze, Bestimmtheit, keine Grenze oder Bestimmtheit ist; es ist im Quantum der absolute Widerspruch oder die Unendlichkeit gesetzt.

Anmerkung 1. Aus dem Dialektischen des Quantums ergibt sich, daß der quantitative Unterschied, insofern er ohne diese notwendige Reflexion ein schlechthin äußerlicher, zufälliger ist, eine Begrenzung [ist], welche in der Tat keine Begrenzung ist; denn eine absolut äußere ist darum nicht an dem und für das, dessen Begrenzung sie sein soll. Es kann aber darum scheinen, als ob diese Form eines bloß quantitativen Unterschiedes ebendarum die Weise richtig ausdrücke, in welcher die Differenz überhaupt in Beziehung auf / das Absolute oder an sich sei, nämlich als eine äußere, das Wesen selbst durchaus nicht affizierende. Indem das absolute Wesen so dasjenige ist, in welchem die Differenz schlechthin aufgehoben ist, so ist der Schein zu vermeiden, als ob die Unterschiede selbst außer ihm wären und ebenso das Aufheben derselben außer ihm vorginge, es selbst nur das Aufgehobensein, nicht eben so absolut das Sein und Aufheben des Gegensatzes wäre. Der Gegensatz ist überhaupt das Qualitative, und da Nichts außer dem Absoluten ist, so ist er selbst absolut, und nur dadurch, daß er absolut ist, hebt er sich an sich selbst auf, und das Absolute ist in seiner Ruhe des Aufgehobenseins ebenso absolut die Bewegung des Seins oder Aufhebens des absoluten Gegensatzes. Das absolute Sein des Gegensatzes oder, wenn man will, das Sein des Gegensatzes im absoluten Wesen selbst, macht ihn so wenig zu einem außereinander, indifferenten Bestehen seiner Momente, daß es dies gerade allein ist, worin er sich aufhebt, d. i. dadurch, daß er kein quantitativer oder äußerlicher ist. Die Bestimmtheit des absoluten Wesens aber einzeln betrachtet, kann ebensowenig durch das Mehr oder Weniger des einen oder des andern Moments, das Überwiegen dessen, was der eine oder der andere Faktor genannt wird, erkannt werden, denn dies Vereinzelte ist nur dadurch, daß wesentlich es unter dieser Bestimmtheit ist, oder daß diese als an ihm selbst seiend gesetzt ist; indem es ein Reales, die Einheit Entgegengesetzter, ist, sind diese unmittelbar gleich groß, sie haben keine Bedeutung, als nur insofern sie sich entgegengesetzt sind, und sie sind dies wesentlich, oder es ist kein quantitativer Unterschied an ihnen. Durch diesen würde dasjenige, was sie wesentlich als bestimmte sind, ein Äußeres für sie sein; und ebenso würden sie nicht absolut an ihnen selbst, d. h. die Bestimmtheit selbst Aufhebende sein, wenn die Bestimmtheit eine absolute äußere, quantitative, auch insofern sie für sie selbst ist, wäre; für sie selbst wäre schlechthin nur das Zufällige der Bestimmtheit, das Aufgehobensein derselben aber außer ihnen.

Wenn der Gegensatz nur dadurch sich aufhebt, daß er an

sich selbst und nicht quantitativ oder äußerlich ist, so ist er überhaupt, er mag mit welcher besondern Bestimmung es sei, vorkommen, wahrhafte Bestimmtheit nur als eine qualitative; / und die Einsicht in die Natur einer bestimmten Sache ist allein darin, daß ihre Bestimmtheit als eine Bestimmtheit an sich selbst, nicht als eine zufällige d. h. quantitative erkannt wird. Die Bestimmtheit des Quantums ist eine nicht durch die Sache selbst gesetzte, oder nicht eine solche, wie sie an der Sache selbst ist; indem es so die Bestimmtheit der Sache selbst nur als eine äußerliche aus- 10 drückt, so ist es nur das Zeichen der Bestimmtheit der Sache selbst, welche durch dieses Quantum, aber auch durch ein anderes ebenso gut bezeichnet werden kann.

Wir betrachten diese Äußerlichkeit des Quantums, wie sie an seinen verschiedenen Seiten erscheint.

αα) Die Bestimmtheit des Quantums als eine Grenze des Vielen ist überhaupt keine Bestimmtheit der Sache selbst; es wird dadurch ihr Begriff nicht affiziert; die Realisierung des- selben ist ein an ihm selbst und durch sich selbst gesetztes. Anderssein, worin er bleibt was er ist, oder welches ebenso 20 absolut in ihm aufgehoben ist; das Anders seines Quantums läßt ihn wohl auch was er ist, aber es ist nicht an ihm selbst gesetztes Anderssein, und darum ist ebenso das Aufgehoben- sein nicht für und durch ihn selbst, oder er ist die einfache Gleichheit, nur die Gleichheit eines Toten. Es wird daher nicht ein Anderswerden, es sei des Raumes, oder der Zeit, oder der Masse, oder der Wärme, Farbe u.s.w. oder auch der Sensibilität, Irritabilität u.s.f. oder der Subjektivität und Ob- jektivität u.s.f. gesetzt, sie mögen so groß oder so klein, und beides extensiv oder intensiv gesetzt werden, als sie wollen. 30 Die Grenze des Quantums ist etwas, das sie gar nicht berührt, und das, wo es bestimmt wird, ebenso gleichgültig weiter her- eingerückt als weiter entfernt werden kann. Im absolut Kleinen verschwindet die Sache ebenso wenig als sie im absolut Großen über sich selbst hinausgeht; das Verschwinden wird nicht durch Vermehrung oder Verminde- rung begreiflich; weil die Größe wesentlich dies ist, daß sie nicht eine Bestimmtheit der Sache selbst sei. „Das Ver- *
schwinden des Bewußtseins, als einer Kraft, die einen be-

stimmten Grad habe, als erfolgend aus einer allmählichen Verminderung dieses Vermögens der Apperzeption" ist ein leerer Ge/danke, der in das Wesen des Geistes vors erste die Größebestimmung bringt, d. h. die Bestimmung, daß eine Bestimmtheit absolut als eine äußere [an] ihm sei, da sein Wesen vielmehr dieses ist, daß keine Bestimmtheit eine äußere, sondern eine in ihm schlechthin aufgehobene sei; alsdenn soll die Verminderung in ein Verschwinden des Bewußtseins übergehen, das Aufheben der Größe würde

10 freilich dasjenige, dem sie zugeschrieben wird, selbst aufheben, wenn sie ihm wesentlich wäre, aber die Größe ist ihrer Natur nach dies, daß sie ein Zufälliges sei, ein Ausschließen, das aber in Wahrheit nicht ausschließt, eine Grenze, die aber in Wahrheit keine Grenze ist. Indem dieses an sich Zufällige einer Größe verschwindet, so ist soweit gefehlt, daß dasjenige, an dem sie gesetzt war, verschwinde, daß dies itzt vielmehr rein als das, was es an sich selbst in Wahrheit ist, hervortritt. Das Bewußtsein, das keinen Grad hat, ist erst wahrhaftes Bewußtsein. Dies ist zugleich der wahre Sinn der

20 verschwindenden Größen der Analysis; das unendlich Kleine soll nicht nichts sein und doch keine Größe mehr

 * haben. Nach hundert Jahren des Gebrauchs dieses Begriffs ist es zu einer Preisaufgabe gemacht worden, ob er wirklich einen Sinn habe, und man sieht, daß die Beantwortungen über ihn nicht im klaren gewesen sind. In dem unendlich Kleinen verschwindet in Wahrheit die Größe gänzlich; das unendlich Kleine ist nicht bloß ein relativ Kleines, wie

 * Wolf (Anfangsgründe der Algebra §. 6) die Sache begreiflich macht, daß bei der Messung eines Berges ein Sandkörnchen,

30 das der Wind von der Spitze wegwehe, ihn in der Tat niedriger mache, aber in Ansehung der Größe des Berges für nichts zu achten sei. Es ist nicht von demjenigen aus der Acht lassen eines relativ sehr Kleinen die Rede, das mit einer ungenauen Größebestimmung zufrieden ist, die Ungenauigkeit sei so klein sie wolle; sondern des Außerachtlassens des Kleinen ungeachtet wird die Bestimmung in dem Gebrauch der Rechnung des Unendlichen absolut genau. Indem man nämlich eine gesetzte Größe, in einem Systeme von Größen, absolut verschwinden läßt, so tritt eben dadurch der Begriff des zu

Bestimmenden rein heraus,[1] als absolutes Verhältnis, um das
es allein zu tun ist, nicht um bestimmte Größen; daher fallen /
die unveränderlichen Größen, welche nicht bloß dies ausdrükken, wie sie in einem Verhältnisse, sondern wie sie außer dem
Verhältnisse, für sich sind, ganz hinweg; die Produkte, in welchen ebenso das Verhältnis der Faktoren verschwindet, stellen sich zu Summen her u.s.f. Die Differentiale sind Scheine
von Differenzen der Größe, die sogleich wieder aufgehoben
werden; sie werden gebraucht, wo ein System gegenseitig
sich bestimmender Momente zu dem Behuf verdoppelt wor- 10
den ist, um es als eine Gleichheit verschiedener Momente auszudrücken; in der Verdopplung erscheint ein Moment in verschiedener Größe; aber diese beiden verschiedenen Größen
sind dem Begriffe nach vollkommen dasselbe, und indem die
Verschiedenheit als ein Differential dargestellt wird, so geschieht nichts als die Vertilgung der verschiedenen Größe und
die Herstellung des Begriffs. So um auszudrücken, daß die
Subtangente in einer krummen Linie durch die Abszisse und
Ordinate, der sie angehört, vollkommen bestimmt sei, wird
die Abszisse und Ordinate verdoppelt, um die Bestimmtheit 20
dieses einzelnen Moments durch die übrigen als eine Gleichheit zweier Verhältnisse der Subtangente zur Ordinate auszudrücken; in der hiedurch erlangten Bestimmung wird nicht
eine Größe weggelassen, wodurch sie ungenau würde, sondern
die Verschiedenheit der Größe, die Zweiheit der Ordinate
und Abszisse ganz vernichtet, und hiedurch ist die Bestimmung eine reine Beziehung durch ihr Verhältnis, nicht durch
ihre Größen als solche oder durch sie als Begriffe. Jenes
Verdoppeln ist dasselbe, welches Euklid gleich braucht, um *
seine einfachen Sätze [zu beweisen], daß in einem Dreiecke 30
durch drei Stücke das übrige (wenn eine Linie unter jenen ist,
nicht nur als im Verhältnisse, sondern auch als bestimmte
Größen, wenn keine darunter ist, also nur die Winkel, das
heißt die reinen Verhältnisse der Linien gesetzt sind, auch nur
die Verhältnisse der Linien) vollkommen bestimmt ist. Das
Aufeinanderlegen der beiden Dreiecke ist das Verschwinden
des Differentials, oder ihrer nicht als einer Größe, denn sie
[sind] nicht von verschiedener Größe, sondern ihrer ganz

---

[1] *Am Rande:* 2 Abszissen

formalen Zweiheit; das Verschwinden des Differentials
hingegen ist ein Verschwinden einer Größe, aber diese Differenz ist ebenso nur ein Schein einer Verschiedenheit als die
Zweiheit der Dreiecke, denn in dem Verhält/nisse ist es allein
um den Begriff zu tun. Das Bedürfnis jener Trennung eines
Systems liegt in der Aufgabe der Mathematik, die Momente
eines geschlossenen Systems als für sich seiend oder als
Quanta zu behandeln. Ein System von Momenten ist eine
Einheit Entgegengesetzter, die nichts außer dieser Entgegen-
10 setzung, außer diesem Verhältnisse sind, nicht gleichsam noch
einen Überschuß über einander haben, wodurch sie für sich
wären, sondern so gleichsam aufeinanderpassen, daß, indem
sie in der Tat bei ihrer Entgegensetzung als ein System oder
als Einheit dargestellt werden, sie sich aufheben; das System
so als Ganzes, das, wie es muß, sich in seinen Momenten
vernichtet, ist die Darstellung der Gleichung als auf Null
reduziert. Die Momente aber sollen als Quanta als bestehend
sich darstellen, und die Einheit derselben im Systeme
verwandelt sich dadurch in die Gleichheit; das System als
20 ein Ganzes ist in sich selbst eine Zweiheit seiner selbst,
welche als eins gesetzt ist; die Einheit der Entgegengesetzten
ist selbst jedes dieser Entgegengesetzten; und sie zerfällt in
dieser Darstellung als eine Gleichheit ihres gedoppelten Seins,
* oder ihres Seins überhaupt, denn wie bei der Qualität gezeigt
worden, ist die Realität eine Verdopplung der Einheit, oder
die Einheit ist nur als Einheit und Vielheit, welche beide
dasselbe oder sie selbst sind. Das System nun, das, wenn es
ein System ist, in der Form der Einheit gesetzt sich auf Null
reduziert, wird zu einer Gleichheit Verschiedener; und das
30 Setzen der Differentiale der Momente ist eine Form der
Verdopplung, um die Bestimmtheit der Momente durch das
Ganze und hiemit durcheinander als eine Gleichung auszudrücken; indem jedes einzelne Moment als Differential den
Schein verschiedener Größe erhält, so kann, indem die beiden
Ganzen dem Wesen (ihrem innern Verhältnisse der Momente)
nach dieselben sind, eine Gleichheit von Verhältnissen gesetzt
werden, in welchen die Momente als Größen sind, welche
Größenbestimmung aber verschwindet, indem sie in Beziehung auf das innere Verhältnis keine Bedeutung hat, welches
40 die wesentliche Bestimmtheit des Moments an ihm selbst,

nicht als die äußerliche quantitative, sondern sein Begriff ist; und es resultiert die Bestimmung als eine Bestimmung in diesem / innern Verhältnis. In diesem haben die Momente keine Größe für sich, sondern rein nur eine Größe als Verhältnis, und das Bestimmte ist nicht ihre Größe als einzelner, sondern nur ihr Verhältnis zueinander; d. h. das Moment ist als Quantum in Wahrheit in der unendlichen Verminderung aufgehoben, und hat eine Größe nur im Systeme, eine absolut relative, oder wie es durch das Ganze an ihm selbst bestimmt ist; die Hypotenuse als $a = \sqrt{(b^2 + c^2)}$, die Ordinate z. B. als $y = \sqrt{(px)}$ u.s.f. sind auf diese Weise dargestellt, wie sie an ihnen selbst sind, — nämlich nicht eine Linie, außer dem rechtwinklichten [Dreieck], außer der bestimmten krummen Linie u.s.w., dies sind sie eben als Quanta — sondern wie sie wesentlich Hypotenuse, Ordinate u.s.f. sind.

Aus dieser Natur der verschwindenden Größe ergibt sich auch die Grenze ihres Sinnes und ihres Gebrauchs; wie in dem gebrauchten Beispiele der verdoppelten Abszisse nur die eine Abszisse an der Abszisse selbst verschwindet, aber die Abszisse als solche schlechthin bleibt, so ist überhaupt, daß das innere Verhältnis und seine Momente schlechthin als solche bleiben. Wenn die Abszisse (z. B. der Ellipse, ihr Anfangspunkt im Mittelpunkte genommen) verschwindet, so wird die Ordinate der kleinen Achse gleich, und wenn man will, kann man die Abszisse ebensogut = Null als der großen Achse gleich sagen; aber dies ist unnützer Geist; das Verhältnis von Abszisse und Ordinate ist in Wahrheit aufgehoben und nur noch ihr formaler Ausdruck übrig. Wo aber die Ordinate als Ordinate bleibt, bleibt die Abszisse, und es bleibt ihr bestimmtes Verhältnis zueinander dasselbe in ihrer unendlichen Verminderung, durch welche es gar nicht affiziert wird. In der absoluten Verminderung sie einander gleich werden lassen, heißt nicht sie vermindern oder sie als Größe aufheben, sondern sie als das, was sie wesentlich sind, oder ihren Begriff zerstören, mit welchem ihr Verhältnis und das ganze System aufgehoben ist, woraus schlechthin nicht wieder dasselbe und eine Bestimmung desselben hervorgehen kann. So ist es der absolute Mißbrauch des Verschwindens, wenn im unendlich Kleinen Newton selbst den Bogen, Sinus und Sinus Versus einander gleichsetzt; das heißt nicht ihre Größe,

sondern sie selbst und ihr System aufheben; in diesem alsdenn aus dem Grunde / dieses Verschwindens die eine Bestimmtheit an die Stelle der andern setzen und damit meinen,
daß dasselbe und seine Verhältnisse doch noch bleiben, ist für
einen vollkommenen Mißverstand zu halten.

*　　2. Es ist gezeigt worden, daß das Quantum als Grenze des
Vielen an sich unbestimmt ist, und wie diese äußerliche, zufällige Bestimmung zu einer Bestimmtheit der Sache selbst
durch das Vernichten derselben als eines Quantums in der
10　Differentialrechnung wird. Ebendies ist auch sonst an den
Dingen als Systemen von Momenten notwendig, oder die
Entgegensetzung der Momente ist nicht als diese äußerliche
quantitative, sondern als Entgegensetzung, d. i. als qualitative,
als Bestimmtheit, wie sie an sich selbst ist, zu betrachten. Die
quantitative Differenz des Moments eines Dings affiziert
nicht den Begriff des Moments und den Begriff des Dinges;
aber das Ding ist nur das System seiner Momente, und diese
sind nur, was sie sind, im Verhältnisse zueinander, und das
Ding selbst ist dies Verhältnis; indem das einzelne Moment
20　sich verändert, verändert es sein Verhältnis zu den andern,
das ganze Verhältnis, das Ding selbst wird ein anderes. Und es
ist in Wahrheit nicht eine Änderung des Moments, die vorgeht, sondern der Lebenslauf der Sache selbst drückt sich aus,
denn das Moment ist nicht für sich, und seine Veränderung ist
ganz nur durch sein Verhältnis, durch sein Sein in der Sache
selbst bestimmt. Die Verschiedenheit als eine quantitative berührt aber gerade diesen Begriff des Moments, die Bestimmtheit, wie sie in der Sache selbst, wie sie an sich ist, nicht; und
das Auf- und Absteigen an der Leiter der Grade oder der ex-
30　tensiven Größe ist nur als ein äußeres Bezeichnen zu betrachten; der Unterschied des innern Verhältnisses macht den Unterschied des Quantums als eines solchen zu etwas ganz anderem, als er ausdrückt.

An dem Zahlensystem selbst drückt sich diese Verschiedenheit als eine verschiedene Betrachtungsart der Zahlen gegeneinander aus; sie sind für sich reine Quanta, aber in ihrem Verhältnisse zueinander werden sie nach qualitativer Weise gesetzt. Die Addition ist das rein quantitative Verändern, in
welchem sich die Verschiedenheit als eine bloß äußerlich hin-

zukommende darstellt und sie für sich selbst läßt, nicht als eine Bestimmtheit, die in Wahrheit nur in einem Systeme als Moment ist; das Quantum durch den Schein seines Fürsichseins, in welchem es absolut eine Menge, Verschiedenheit ist, ist eben dadurch nicht für sich, ein äußerliches, will/kürliches. Das Verhältnis der Zahlen drückt sie, wie [sie] in der Bestimmtheit auf ein Anderes, d. h. wie sie an sich sind, aus; aber die Zahlen selbst bestimmen über dieses Verhältnis, das ein ganz äußeres oder selbst ein Quantum ist, nichts; dagegen werden sie an ihnen selbst auch Verhältnisse, 8, 9 ist jenes 2^3, dies 3^2; jede ist sich selbst gleich und ihre Grenze zugleich ein inneres Verhältnis des Begriffs, der sich selbst produziert, wodurch die Beschränkung ihr Gesetz an ihr selbst ausdrückt; das Hinzukommen von 1 zu 8 wandelt das 2^3 in 3^2 um, was das Hinzukommen des 1 zu einer andern Zahl nicht tut, oder die quantitiative Veränderung drückt die Veränderung, die an der Zahl, als ein System an ihr selbst darstellend, vorgeht, nicht aus.

Ebendiese Verschiedenheit des bloß quantitativen Unterschiedes und der Veränderung der Sache selbst wird durch das Beispiel der Temperatur des Wassers deutlicher werden. Schon das Auf- und Absteigen an der Skala der Wärme läßt an die Stelle der Wärme das gerade Gegenteil derselben, Kälte treten. Bei der Temperatur des Wassers aber wird der quantitative Unterschied vollends ein ganz oberflächlicher, der durch sich selbst gar nicht bezeichnet, was sich an der Sache selbst verändert. Die Temperatur von 80° Fahrenheit um 30° vermindert, zeigt eine Veränderung der Ausdehnung am Wasser, nämlich eine Verminderung derselben, aber eine weitere Verminderung der Temperatur vermindert die Ausdehnung des Wassers nicht; sie bis auf 32° herabgesetzt, so vermehrt sich die Ausdehnung, und es geht aus dem tropfbar flüssigen [Zustand] in den festen über; und der Schnee, durch hinzugegossenes Wasser von sehr hoher Temperatur verändert, behält denselben Grad der Temperatur; so wie die Temperatur des Siedepunkts einer Veränderung widersteht, während im Gegenteil das Wasser eine elastischflüssige Form annimmt; so daß die Bestimmtheiten der Temperatur, welche sich quantitativ darstellen, durchaus nur Bezeichnungen der Veränderung der Sache selbst, sie aber nicht selbst ausdrük-

ken; das Qualitative unterbricht allenthalben die quantitative
Skala; und die Veränderung der Sache selbst oder des innern
Verhältnisses, der Temperatur, wie sie real am Wasser ist, ist
ein ganz anderes als das Gedankending von Temperatur, das
für sich selbst, rein einfach sein soll und in dieser Sichselbstgleichheit nur eines quantitativen Fortgangs fähig wäre; das
Quantitative der Ver/änderung setzt sie ebenso sich selbst
gleich in ihrem Fortgange, aber als diese Abstraktion des
Sichselbstgleichen wird die Veränderung gerade ein Äußeres
für sie, und dieser äußerlich gesetzten, sich selbst gleichen
Veränderung widerspricht aber immer dies, daß die Temperatur nicht dies Sichselbstgleiche, sondern nur ein Moment
eines Verhältnisses ist und die hiedurch erfolgende innere,
jenen gleichmäßigen Fortgang bald hemmende, bald beschleunigende Veränderung. Wenn die Abszisse das gleich-
förmige Quantum der Veränderung ausdrückt, so wird die
wirkliche Temperatur immer eine Ordinate sein, deren Veränderung als Quantum sich auf die Abszisse bezieht, aber
deren absolute Bestimmtheit durch die Natur der krummen
Linie, der sie angehört, gesetzt ist, und die sich allein immer
gleich bleibt und hinwiederum das bloß quantitative Äußerliche verändert.

3. Das Quantitative drückt so wie in seiner Vielheit ebenso
als das Eins, [sich] als das an sich Unbestimmte oder als Bestimmtheit Zufällige aus. In der Form des numerischen Eins
ist die negative Einheit, wie sie an sich selbst ist, gesetzt, und
die Zahl ist das äußere willkürliche Zusammensetzen derselben. Aber das Quantum als eine Bestimmtheit hat einen Inhalt, dessen Bestimmtheit es ist; am reinen Quantum ist das
numerische Eins selbst Einheit und dadurch ein Unbestimmtes, und so existiert es, indem es an einer Qualität als die an
ihr als äußerlich gesetzte Bestimmtheit ist. Das Eins, der Maßstab, ist an sich ein durchaus Unbestimmtes, und es ist ebenso
absolut unmöglich den höchsten oder niedrigsten Grad für ein
intensiv, als das Größte oder Kleinste für ein extensiv Großes
anzugeben, denn was als Eins gesetzt ist, ist dadurch, daß das
Eins Einheit ist, selbst ein Vielfaches und der Verminderung
so wie der Vermehrung fähig; oder es ist als negatives Eins
wesentlich dem gleich, was es ausschließt, es als reines Eins,

dem Vielen, und ist schlechthin kein reines Eins, es ist eine Foderung, deren Erfüllung an und für sich unmöglich ist. Wenn in Ansehung des Grades, der die Form des Einfachen hat, sich auch eher ein erster darstellen lassen zu können scheint, so ist dies eine Täuschung, denn wie das Extensive an sich selbst absolut teilbar ist, so ist das Intensive von außen absolut einschränkbar; der Grad ist ebenso wesentlich eine Größe als das Extensive, die kleinste Größe des Grades ist ebendarum noch ein nicht Einfaches, sondern gesetzt als eine äußer/liche Beziehung. Diese Ausbreitung ist schlechthin 10 selbst eine mannigfaltige und eine in sich teilbare, zufällige, und ebenso zu vermindernde als zu vermehrende. Die Möglichkeit, den kleinsten Grad oder die kleinste extensive Größe, eine Größe als absoluten Maßstab zu haben, [wird] wohl darum geglaubt, weil die Größe selbst als solche ganz vernichtet werden kann, und die vernichtete Größe, wenn das Vernichten nicht aufgefaßt ist, immer noch für eine Größe gehalten wird.

4. So wenig die Größenbestimmung die Bestimmtheit, wie sie an der Sache oder an sich selbst ist, ausdrückt, so ist [sie] 20 noch weniger fähig, sie als verschiedene Bestimmung entgegengesetzter Qualitäten auszudrücken. Solche entgegengesetzten Qualitäten können durchaus nicht aus ihrer absolut-qualitativen Beziehung und Gleichheit heraus kommen; oder insofern sie unterschieden und als Größen bestimmt werden, sind sie durchaus inkommensurabel; denn sie sind wesentlich als einander entgegengesetzt. So ist z. B. Zeit und Raum einer absoluten Bewegung einander schlechthin gleich, dasselbe absolute Verhältnis drückt sich als Raum und als Zeit aus; die Geschwindigkeit ist ihr absolutes Verhältnis zueinander, und 30 die Größe drückt sich an beiden nach der Natur dieses Verhältnisses aus; die Geschwindigkeit ist diese ihre Momente als absolut Eins gesetzt; aber sofern sie ihren Gegensatz ausdrücken, die Zeit Wurzel, der Raum aber Quadrat ist, so ist dies nicht eine Größebestimmung der Zeit als solcher und des Raumes als solchen, sondern ihre Bestimmtheit, wie sie an sich selbst ist, oder wie Raum gegen Zeit und Zeit gegen Raum jedes nur in Beziehung auf das andere ist. Aber jedes für sich gesetzt, so ist Zeit und Raum als eine bestimmte

Größe Wurzel und Quadrat eines bestimmten Quantums; und wenn 9 Raumquanta in 3 Zeitquantis durchlaufen werden, so sind diese Größen: 9 Räume und 3 Zeiten, durchaus inkommensurabel; 135 Fuß sind ebensowenig weder kleiner noch größer als 3 Sekunden, als die Entfernung eines Fixsterns; sondern wenn der Fuß als die willkürliche Raumeinheit, die Sekunde als die ebenso/willkürliche Zeiteinheit und die Bewegung als freier Fall an der Erdoberfläche [genommen wird], so sind den ersten 3 Sekunden 135 Fuß

10 vollkommen gleich; oder die Geschwindigkeit dieses Falls in diesen drei Sekunden ist eine Größe, die sich an der Zeit als 3 Sekunden, an dem durchlaufenen Raume als 135 Fuß ausdrückt; die Größe selbst ist wieder für sich das Zufällige; daß der Körper in einer Sekunde etwa 15 Fuß durchläuft, ist nur ein Zeichen dafür, daß die Bewegung als Fall an der Oberfläche der Erde gesetzt wird; der Ausdruck der Größe aber, wie sie als eigentlich einfache Größe an Raum und Zeit sich verschieden ausdrückt, hat zum Grunde die absolute Einheit der Zeit und des Raumes in der Bewegung, welche unter-

20 schieden absolut entgegengesetzte Momente sind und diese ihre Bestimmtheit oder ihr Wesen, d. h. ihr Sein in dem Verhältnisse so ausdrücken, daß das eine Wurzel, das andre Quadrat ist.

Ebenso ist Attraktiv- und Repulsivkraft einander schlechthin gleich; keine größer als die andere, keine hat eine Bedeutung außer in ihrem Eins-, d. h. in ihrem Aufgehobensein; es geht nie keine über die andere hinaus, oder wenn sie unterschieden und als Größen ausgedrückt und verschieden bestimmt sind, so sind sie durchaus inkommensurabel, und so

30 wenig gesagt werden kann, daß eine Zeit größer als ein Raum sei, so wenig kann es gesagt werden, daß das, was eine Attraktivkraft genannt wird, größer sei als das, was eine Repulsivkraft genannt wird. Sie können so wenig aus ihrem Gleichgewicht herauskommen als das, was sie wesentlich sind, Einheit und Vielheit. Die Anziehung, welche als Kohärenz, Trennbarkeit und Verschiebbarkeit der Teile erscheint, schwebt dem Gedanken leicht vor, wenn von größerer und geringerer Attraktivkraft die Rede ist; aber die Kohärenz hat keinen Gegensatz an der Repulsivkraft, sie ist als eine reine Qualität ge-

40 setzt, und ihre Größe wird nicht mit der Größe von Repulsiv-

kraft, sondern mit größerer und geringerer Kohärenz verglichen, und es ist daher sie nicht, die gemeint ist, wenn von
einer Attraktivkraft gesprochen wird, die größer oder kleiner,
stärker oder schwächer als die Repulsivkraft sei. Indem die
Materie das absolute Gleichgewicht der Attraktion und Repulsion [ist], was nichts anders ist, als [das] der differenten
Einheit und der / differenten Vielheit, so sind sie rein ideell,
reine Gedankendinge, Bestimmtheiten, die, an und für sich
aufgehoben, keine Realität haben, nicht die eine als einzeln
erscheinen kann; sie sind die Momente des Erkennens der
Materie, aber die Materie ist gerade in der Totalität des Erkennens das Moment ihres Eins- oder Nichtseins, und dieses
Einssein ist die erste Realität, die Differenz der Materie selbst
bleibt immer in jenem Eins, und wenn sie eine Trennung,
Verschiedenheit der Attraktion und Repulsion wäre, so wäre
sie selbst aufgelöst. Das Quantitative ist ein ganz Äußeres,
nicht eine Analyse des Eins oder ein inneres Verhältnis; der
dem Begriffe des Quantitativen absolut widersprechende
Versuch, es als ein Inneres, als ein Verhältnis der Sache selbst
zu begreifen, so daß es als dieses Verhältnis quantitativ bleiben soll, hat den Größenunterschied der Materie zu einem
Auseinandertreten ihrer ideellen Momente gemacht. Die spezifische Schwere hat nur zu ihren Momenten das Reelle des
Gewichts und das Ideelle des Rauminhalts; ihr Quantum
aber ist rein ein verschiedenes Quantum des Einfachen, der
Ausdehnung, oder des absolut Gemeinschaftlichen, des Sichselbstgleichen, und dies, was so äußerlich bestimmt gesetzt
wird, ist nichts als das einfache Einssein dieser beiden Momente, die spezifische Schwere selbst.

Es ist derselbe Fall mit dem Auseinandertreten der Zentrifugal- und Zentripetalkraft; diese beiden sogenannten Kräfte
sind an und für sich nichts; die Zentripetalkraft ist wesentlich
nichts als die Erscheinung der Wiederherstellung der aufgehobenen Einheit; sie hat gar keinen Gegensatz an einer Zentrifugalkraft, einem für sich selbst seienden Aufheben dieser
Einheit, und die Art, sie als eine für sich seiende Kraft zu erweisen, geht bis zur Albernheit. Sie zeigen sich schlechthin,
wo sie unterschieden werden sollen, immer gleich groß, sodaß es immer gleichgültig ist, die Größe einer Erscheinung
durch die sogenannte Zentripetalkraft oder Zentrifugalkraft

zu bestimmen. Es ist immer das Einfache, das als Quantum
bestimmt wird, und dies Einfache ist die Bewegung, nicht
ihre Größe als ein Resultat der verschiedenen Größen differenter Kräfte. Wo die eine größer als die andere angegeben
wird, wie bei dem Begreifen der größern Geschwindigkeit
der Bewegung in der Sonnen- oder Erdnähe und der geringern
in der Sonnen- oder Erdferne, ist es ebenso durchaus gleichgültig, an der einen Stelle die eine oder die andere als größer
zu setzen, das heißt sie werden immer beide immer gleich
10 groß [gesetzt], / indem so, wie die eine größer gesetzt worden
  * ist, auch die andere vergrößert werden muß; es ist dies derselbe Fall bei der Gesetzten Verschiedenheit derselben zum
Behufe, die verschiedenen Geschwindigkeiten der Pendelbewegung unter verschiedenen Breiten zu begreifen; was in
Wahrheit verschieden gesetzt ist, ist ein und ebendasselbe,
die Bewegung, hier größer dort geringer, nicht zweierlei
Kräfte, die eine größer als die andere, die ganz inkommensu-
  * rabel sind; — wovon weiter unten noch mehr die Rede sein
wird.
20 Die Anwendung hievon auf die verschiedene Größe der
Sensibilität und Irritabilität gegeneinander ergibt sich aus
dem Bisherigen; diese steigen und fallen ebenso nur gemeinschaftlich; es stört sich ihr Gleichgewicht nicht; ihre gemeinschaftliche Größe ist nicht eine Summe, die sich erhält, und
welche sie, indem jede von ihrem Normalgrad abwiche,
[unter] sich ungleich verteilten, und die eine sänke, indem
die andere stiege. Als entgegengesetzt sind sie absolute Bestimmtheiten, welche eben damit aufhören, Größen gegeneinander zu sein; die Größenbestimmung affiziert nur ihr Ge-
30 meinschaftliches, ihr Einfaches, d. h. sie, insofern sie nicht
unterschieden sind; oder sie ist kein Verhältnis derselben gegeneinander; insofern das Einfache, begriffen als Verhältnis,
gesetzt ist, so ist es ein inneres, und hört ganz auf, der Größebestimmung fähig zu sein. Die Sensibilität ist ebenso die Beziehung auf sich selbst, als es die Attraktivkraft, und gedacht
als negative Beziehung, Repulsion, Irritabilität, beides differente Einheit.

5. Das Quantum, als eine Beziehung der Einheit auf die
Vielheit, welche begrenzt ist, das heißt, das Nichtbezogensein

der Einheit auf die Vielheit von sich ausschließt, setzt sich als
dies, was es seinem Begriffe nach ist, in der extensiven Größe;
aber es ist von dieser gezeigt worden, daß, indem sie an ihr *
selbst die bezogene Vielheit darstellt, sie in Wahrheit der
nichtbezogenen Vielheit sich gleichsetzt und, statt begrenzt
zu sein, unbegrenzt ist, das was sie ausschließt, vielmehr an
ihr selbst hat; es ist nicht mehr unsere Reflexion, daß das
Andere von ihr ausgeschlossen sei, indem sie ihrem Begriffe
gemäß ist, sondern dies Ausschließen ist in ihrem Begriffe
selbst, und deswegen ist in Wahrheit an ihr selbst der absolute 10
Widerspruch, die Unendlichkeit gesetzt.

D. Unendlichkeit

1. Die einfache Beziehung realisierte sich im Quantum, indem ihr Begriff, die Qualität, als Grenze das sich Ausschlies-
sen der Bestimmtheiten, zum Gegenteil ihrer selbst in der
Allheit, nämlich zum Beziehen der Bestimmtheiten wurde
und aus diesem Gegenteil zu sich selbst zurückkehrte und als
diese Totalität Quantum, nämlich unter die Grenze resumierte Allheit ist, ein Beziehen der Einheit und Vielheit, welches
zugleich sich auf ein Nichtbeziehen der Einheit und Vielheit 20
bezieht und es von sich ausschließt, aber eben darin an ihm
selbst absoluter Widerspruch, Unendlichkeit ist und hierin
also ihre wahrhafte Realisierung hat. Indem die einfache Beziehung in Wahrheit Unendlichkeit ist, so ist jedes ihrer Momente, in welchem sie sich darstellt, selbst die Unendlichkeit,
und die Qualität und Quantität ebenso als das Quantum; oder
die einfache Beziehung, indem sie sich in sich selbst reflektiert, wird Unendlichkeit und setzt sich erst selbst, was sie
ihrem Wesen nach ist, da vorhin das Dialektische ihrer Momente nur unsre Reflexion war; daß sie in ihrem Wesen sich 30
widersprechen, dies ist itzt als Rflexion der einfachen Beziehung in sich selbst, als absolut dialektisches Wesen, als Unendlichkeit gesetzt. Aber diese Unendlichkeit ist nur rein und
für sich selbst, als ihr eigener Begriff wahrhaftig das, was sie
ist; nicht wie sie an der Bestimmtheit ihrer Momente erscheint; Qualität, Quantität und Quantum sind Qualität oder
einfache Beziehung, jedes hat zu seinem Wesen den Begriff

dieser ganzen Sphäre, und indem dieser Begriff der ganzen Sphäre wahrhaftig als Unendlichkeit erkannt worden ist, so ist jedes selbst unendlich, aber diese Darstellung der Unendlichkeit ist ebendarum eine unreine. Diese, welche wir die schlechte Unendlichkeit nennen wollen, an einer Bestimmtheit, die als bleibend gesetzt ist, erscheinend, kann nur das Bestreben, sie selbst zu sein, aber nicht in Wahrheit sich selbst ausdrücken, denn ihr Wesen ist das absolute Aufheben der Bestimmtheit, der Widerspruch, daß die Bestimmtheit nicht ist, indem sie ist, und ist, indem sie nicht ist; was ebenso die wahrhafte Realität der Bestimmtheit ist, / — denn das Wesen der Bestimmtheit ist, sich zu vernichten, — als ebendamit unmittelbar die wahrhafte Idealität ist.

a. Die Unendlichkeit an der Qualität, als dem einfachen Begriffe der Beziehung oder der Bestimmtheit als sich rein auf sich selbst beziehend, soll die Qualität als solche bestehen lassen und zugleich ihr Gegenteil, die Beziehung auf Anderes, die Vielheit, an ihr darstellen; sie ist also eine Menge von Qualitäten, und zwar eine reine, absolut sich nicht auf sie selbst beziehende oder nicht qualitative, sondern eine unbestimmte Menge von Qualitäten, welche darum eine unendliche ist, weil sie zugleich reine Bestimmtheit als Qualität und reine Unbestimmtheit ist; die Qualität ist als die Vielheit oder verglichen mit andern in der Form der Grenze, als ausschließend, und damit als numerisches Eins gesetzt, und die Menge ist eine unendliche Menge von Eins, welche Qualitäten sich auf sich selbst beziehende Bestimmtheiten sind.

b. An der Quantität die Unendlichkeit gesetzt, so ist sie als Allheit zugleich bestehend und zugleich in der Form ihres Entgegengesetzten, der Grenze, Quantum, aber bestehend als Allheit, die sich selbst gleiche Beziehung oder die reine Einheit, welche als solche sein soll, und die reine Einheit der Qualität, deren eine unendliche Menge ist, kann ebenso gesetzt werden; indem sie begrenzt, ein bestimmtes Quantum wird, soll sie zugleich reine Einheit sein, also muß über die Grenze, welche eine Ungleichheit, Negation ist, hinausgegangen, dieses Aufheben der Grenze oder die wiederhergestellte Einheit ebenso wieder begrenzt werden; es ist schlechthin der

Widerspruch gesetzt, daß eine Grenze und daß die reine Einheit und beide aufeinander bezogen und doch nicht aufgehoben seien, also die schlechte Unendlichkeit, und nur ein Abwechseln des Setzens und des Aufhebens der Grenze und der sich selbst gleichen Einheit; indem an jedem unmittelbar die Foderung des andern ist, geht beides ins unendliche fort.

Der Widerspruch, den die schlechte Unendlichkeit sowohl der unendlichen Menge als der unendlichen Ausdehnung ausdrückt, bleibt innerhalb des Anerkennens seiner selbst stehen; es ist wohl ein Widerspruch vorhanden, aber nicht der Widerspruch oder die Unendlichkeit selbst; beide gehen bis zur Foderung des Aufhebens der beiden wechselnden Glieder, aber auch nur bis zur Foderung; es wird eine Grenze / gesetzt, also die reine Einheit aufgehoben, es wird die reine Einheit wieder hergestellt, also die Grenze aufgehoben, in der unendlichen Menge ebenso über jede Bestimmtheit hinaus eine andere, und über diese wieder ebenso. Das Bestehen der vielen Qualitäten, so wie der vielen Quantorum hat schlechthin das Jenseits einer Einheit, welche nicht in sie aufgenommen ist, und welche, in das Bestehende aufgenommen, es aufheben würde; um zu bestehen, darf die Menge nicht dieses Jenseits in sich aufnehmen, aber ebensowenig kann sie sich von demselben befreien und aufhören, über sich hinauszugehen. Indem die Bestimmtheiten oder Grenzen die Einheit außer sich setzen, als ein Jenseits, so scheinen sie sich zu erhalten; aber indem ihnen zu ihrer Erhaltung oder ihrem Bestehen dies Jenseitssein der Einheit notwendig ist, so sind sie wesentlich darauf bezogen, und ihr Ausschließen derselben oder ihre eigene Erhaltung ist in Wahrheit ein Einssein mit ihr, oder was gesetzt ist, ist die wahrhafte Unendlichkeit oder der absolute Widerspruch.

Anmerkung. Diese schlechte Unendlichkeit ist das Dritte der schlechten Realität und der schlechten Idealität, die in ihr zu sich selbst kommen oder reflektiert sind, aber selbst in der Form der schlechten Realität oder so, daß die schlechte Realität und Idealität in ihr bestehen. Die schlechte Realität bleibt bei dem Begriffe der Qualität stehen, als einer gesetzten, sich nur auf sich selbst beziehenden Bestimmtheit, ebenso die schlechte Idealität bei dem Begriffe der Quantität, dem

Ausschließen der Grenze, und die schlechte Unendlichkeit bezieht diese Begriffe auf ebendiese Weise aufeinander, indem sie beide bestehen läßt; die schlechte Realität bleibt, indem über sie hinausgegangen, oder indem an ihr die Idealität gesetzt wird; und die Idealität ist nur dieses Hinausgehen, ein Negieren, außer welchem noch das Negierte besteht, oder was dasselbe ist, reine Einheit, für welche ebenso die Notwendigkeit des Begrenzens eintritt. Oder indem die schlechte Unendlichkeit nur bei dem Begriffe der einfachen Beziehung stehen
10 bleibt, so ist sie selbst nur die Grenze, das Und der Beziehung auf sich selbst und der Beziehung auf Anderes, mit der Reflexion darauf, daß diese beiden Beziehungen ebenso sich setzen als sie sich ausschließen; eine formale Rückkehr der einfachen Beziehung in sich selbst, in welcher sie zur Negation nur übergeht, indem sie die Realität zurückläßt, und darum ebenso / die Negation, indem sie zur Realität übergeht; oder indem sie aus dem Quantum, der bestimmten Menge, zur Einheit wird, jenes hinter sich, und indem sie von der Einheit zum Quantum, ebenso die Einheit als ein Jenseits hat;
20 also nichts als die Bewegung des Und der Grenze, durch welches hindurch sie von dem einen nur zum andern geht, in keinem stehen bleiben kann, sondern, indem jedes von dem Und affiziert ist, durch dasselbe hindurch wieder zum andern getrieben wird; da die absolute Unendlichkeit hingegen das absolute Und, die absolute Rückkehr der einfachen Beziehung in sich selbst, oder das einfache unmittelbare Aufheben der Entgegengesetzten an ihnen selbst [ist].

Die schlechte Unendlichkeit ist die letzte Stufe, zu welcher die Unfähigkeit, den Gegensatz auf eine absolute Weise zu
30 vereinigen und aufzuheben, fortgeht, indem sie nur die Foderung dieses Aufhebens aufstellt und sich an der Darstellung der Foderung begnügt, statt sie zu erfüllen; sie meint sich am Ende, indem sie im Anschauen über das Beschränkte hinausgeht und über das unermeßliche Zahllose etwa der Gestirne oder der mannigfaltigen Organisation in ein vernunftloses Staunen gerät, oder indem sie in der Rückkehr aus der Anschauung die Tätigkeit, als reine Einheit gegen das Beschränkte, in einem unendlichen Progresse rettet, in beidem ohne Gegenwart ist, dort das positive, seiende Quantum erweitert,
40 es als beschränktes erkennt und in dem Hinausgehen darüber

nur bis zur Foderung des Aufgehobenseins seiner Beschränkung, oder in dem Aufheben desselben ebenso nur zum
leeren Nichts und wieder nur zur Foderung der Erfüllung
des Nichts gelangt, beides, das Beschränkte und das Leere
außereinanderliegen hat, eins als das Jenseits des anderen,
im Setzen noch so vieler Beschränkten noch ein Leeres außer
sich hat, in welchem noch das Beschränkte nicht gesetzt ist,
und in das Beschränkte selbst durch seine Erweiterung doch
die Unbeschränktheit nicht hereinbringt. — Hier ist jene Unfähigkeit ebenso ohne Gegenwart, indem sie das negative / 10
Quantum erweitert; die Negation ist schlechthin nur Negation
dieses Bestimmten, oder die absolute Negation ist eben jene
Leerheit selbst, der gegenüber die absolute Menge der Bestimmtheit ist; indem diese Negation, Leerheit oder Freiheit
zum Positiven gemacht ist, so ist die der vorigen umgekehrte
Foderung vorhanden; dort wird die Erfüllung des Leeren,
Sein des Beschränkten im noch vorhandenen Nichts, hier das
Sein des Leeren und das Aufgehobenwerden des immer
noch vorhandenen Beschränkten gefodert, und indem diese
Leerheit für sich ist, so ist nur die leere Möglichkeit, daß das 20
Beschränkte, außerhalb der ideellen Tätigkeit Vorhandene
aufgenommen werden könne, und das Aufgehobensein ist
der unendliche Progress, d. i. ein Aufgehobensein, das schlechthin nicht realisiert ist, und die Erhabenheit dieser Tätigkeit
ist ebenso vernunftlos als jene Erhabenheit jenes Seins, und
begnügt [sich] ebenso an der Darstellung der nichterfüllten
Foderung.

2. Die wahrhafte Unendlichkeit ist die realisierte Foderung,
daß die Bestimmtheit sich aufhebt; $a - A = O$; sie ist nicht eine
Reihe, die ihre Vervollständigung immer in einem Andern, 30
aber dies Andere immer außer sich hat, sondern das Andere
ist an dem Bestimmten selbst, es ist für sich absoluter Widerspruch, und dies ist das wahre Wesen der Bestimmtheit, oder
nicht daß ein Glied des Gegensatzes für sich ist, sondern daß
es nur in seinem Entgegengesetzten, oder daß nur der absolute Gegensatz ist, das Entgegengesetzte aber, indem es nur in
seinem Entgegengesetzten ist, vernichtet sich in ihm, so wie
dieses Andere, so [sich] selbst; der absolute Gegensatz, die
Unendlichkeit ist diese absolute Reflexion des Bestimmten in

sich selbst, das ein Anderes als es selbst ist, nämlich nicht ein Anderes überhaupt, gegen das es für sich gleichgültig wäre, sondern das unmittelbare Gegenteil, und indem es dies, es selbst ist. Dies ist allein die wahrhafte Natur des Endlichen, daß es unendlich ist, in seinem Sein sich aufhebt. Das Bestimmte hat als solches kein anderes Wesen als diese absolute Unruhe, nicht zu sein, was es ist; es ist nicht Nichts, indem es das Andere selbst, und dies Andre ebenso das Gegenteil seiner selbst, wieder das erste ist; denn das Nichts oder die Leerheit
10 ist dem reinen Sein gleich, welches eben diese Leerheit ist, und beide haben darum unmittelbar an ihnen den Gegensatz des Etwas oder des Bestimmten, und ebendarum sind sie nicht das wahre Wesen, sondern selbst / Glieder des Gegensatzes, und das Nichts oder das Sein, die Leerheit überhaupt, ist nur als das Gegenteil ihrer selbst, als die Bestimmtheit, und diese ist ebenso das Andre ihrer selbst oder das Nichts. Die Unendlichkeit als dieser absolute Widerspruch ist hiemit die einzige Realität des Bestimmten und nicht ein Jenseits, sondern einfache Beziehung, die reine absolute Bewegung,
20 das Außersichsein in dem Insichsein; indem das Bestimmte mit seinem Entgegengesetzten eins ist und beide nicht sind, so ist ihr Nichtsein oder das Anderssein derselben ebenso nur in der Beziehung auf sie, und es ist unmittelbar ebenso das Gegenteil seiner selbst oder ihr Sein; beides setzt sich ebenso unmittelbar als es sich aufhebt.

Die Unendlichkeit ist in dieser Unmittelbarkeit des Andersseins und des Andersseins dieses Anders- oder wieder das erste Seins, der *duplicis negationis*, die wieder *affirmatio* ist, einfache Beziehung, in ihrer absoluten Ungleichheit sich
30 selbst gleich; denn das Ungleiche oder das Anders ist ebenso unmittelbar als seinem Wesen nach ein Anderes das Andere seiner selbst. Das Einfache und die Unendlichkeit oder der absolute Gegensatz machen keinen Gegensatz als selbst nur den, daß sie absolut bezogen und, insofern sie entgegengesetzt, ebenso absolut eins sind. Es kann von keinem Herausgehen des Absoluten aus sich selbst die Rede sein, denn nur dies kann als ein Herausgehen erscheinen, daß der Gegensatz sei, aber der Gegensatz kann sich nicht bei seinem Sein aufhalten, sondern sein Wesen ist die absolute Unruhe, sich
40 selbst aufzuheben; sein Sein wären seine Glieder, aber diese

sind wesentlich nur als bezogen aufeinander, das ist sie sind
nicht für sich, sie sind nur als aufgehoben; was sie für sich
sind, ist: nicht für sich zu sein. Wenn der absolute Gegensatz
getrennt wird von der Einheit, so ist diese ebenso für sich als
jener außer sich, aber dann hat der Gegensatz selbst nur seinen Ausdruck verändert, und das Einfache, welches nicht unendlich, ist selbst eine Bestimmtheit, aber ganz entfernt, das
Absolute zu sein; nur das unendlich Einfache, oder daß die
Einheit und Vielheit Eins ist, ist das Absolute. Wenn nach einem Grunde des Gegensatzes gefragt wird, so setzt diese Frage 10
eben jene Trennung des Grundes, dieser werde nun gesetzt
wie er wolle, und des Gegensatzes voraus, sie bringt wohl
beide in eine Beziehung, aber in eine so mangelhafte, daß
jedes von beiden auch noch für sich ist, d. h. da beide nur in
Beziehung aufeinander sind, was sie sind, beide bestimmte, so
ist weder das Eine noch das Andere für sich selbst, und die
Frage nach einem Grunde hebt sich selbst auf, denn es wird
gefragt nach einem, das an und für sich wäre, und das zugleich ein Bestimmtes, nicht an und für sich sein soll. /
Es erhellt, daß das Dialektische der Momente — der Quali- 20
tät, Quantität und des Quantums — und ebenso der Momente
dieser nichts anderes gewesen ist, als daß sie unendlich gesetzt wurden, jedes zeigte sich notwendig als ein Unendliches,
aber an ihnen noch nicht das Unendliche selbst, oder dies
war nicht selbst gesetzt; und es [ist] erinnert worden, daß sie *
darum nur unendlich, nicht das Unendliche selbst waren, weil
sie nicht an ihnen selbst die notwendige Beziehung auf ihr
Entgegengesetztes ausdrückten, oder daß das Unendliche nur
der Grund ihrer Idealität war. Aus der Qualität ist das Entgegengesetzte ausgeschlossen, sie ist ganz für sich, nur auf sich 30
selbst bezogen; die Quantität ist für sich, aber ausschließend,
und das Entgegengesetzte, welches sie ausschließt, ist ebensowenig an ihr selbst gesetzt; an dem Quantum hingegen ist das
Ausgeschlossene selbst gesetzt, es ist selbst die Beziehung der
Einheit und Vielheit, und das, was nun ausgeschlossen wird,
ist das Nichtbezogensein der Einheit und Vielheit; es sind an
ihm die beiden Glieder des Gegensatzes selbst, und was in
ihm in den Gegensatz treten soll ist die Beziehung derselben
selbst; indem so jede Seite den ganzen Gegensatz in ihm
selbst hat, so ist das aus dem Quantum ausgeschlossene Eine 40

und Viele an ihm selbst, und es fehlt ihm nur noch die Reflexion, daß dies Ausgeschlossene als ein aufeinander Nicht-
bezogenes ebenso in ihm selbst ist, und dadurch wird es das
Unendliche; oder die einfache Beziehung des Einen und Vielen
ist sich selbst ein anderes geworden und in sich zurückgekehrt; sie hat sich realisiert; es ist auf diese Weise das Unendliche, indem das, was in jedem Gliede ist, auch in dem andern
ist, oder in jedem selbst sein Einssein mit dem andern gesetzt
ist, jedes denselben Inhalt hat. Dies ist, um es hier vorläufig
10 zu erinnern, das wahre Erkennen des Absoluten, nicht daß
bloß erwiesen wird, daß das Eine und Viele Eins ist, dies sei
allein absolut, sondern daß an dem Einen und Vielen selbst
das Einssein eines jeden mit dem andern gesetzt ist. Die Bewegung jenes Erweisens, das Erkennen des Einsseins, oder
der Beweis, daß nur Eine Substanz ist, geht gleichsam außer
dem Einen und Vielen und ihrem Einssein vor, wenn diese
Einheit nicht aus dem Gegensatze selbst begriffen wird, das
heißt, wenn sie nicht Einheit als das Unendliche ist. Im Unendlichen aber ist diese Bewegung des sich Entgegensetzens
20 oder Anderswerdens und des Anderswerdens dieses Anders
oder des Aufhebens des Gegensatzes selbst, indem das Unendliche dieses Einssein seines Andersseins an ihm selbst ist, da
jener Erweis, in welchem die Substanz nur Eine, nicht das
Unend/liche ist, gleichsam für sich die Bewegung des Unendlichen, das Anderswerden des Einfachen und das Anderswerden dieses Anders hat, oder er, nicht die Eine Substanz selbst,
diese absolute Reflexion ist.

3. Die Unendlichkeit ist ihrem Begriffe nach das einfache
Aufheben des Gegensatzes, nicht das Aufgehobensein; dies ist
30 das Leere, dem der Gegensatz selbst gegenübersteht; der absolute Widerspruch des Unendlichen vertilgt im Einfachen das
Entgegengesetzte, aber das Einfache ist nur insofern Einfaches, als es dies Entgegengesetzte aufhebt und aus seinem
Anderswerden es selbst ist; aber ebenso absolut ist darum das
Anderssein oder der Gegensatz; indem das Einfache ist, so ist
dieser ihm gegenüber, und das gegen den Gegensatz gleichgültige Fürsichsein des Einfachen wäre ebenso ein gleichgültiges Fürsichsein des Gegensatzes; aber das Einfache und der
Gegensatz sind selbst wieder ebenso der Gegensatz; denn je-

des ist wesentlich, nicht zu sein was das Andere ist, oder absolut entgegengesetzt nur im Andern und sich selbst aufhebend. Die vernichtende Unruhe des Unendlichen ist ebenso
nur durch das Sein dessen, das es vernichtet; das Aufgehobene ist ebenso absolut als es aufgehoben ist; es entsteht in
seinem Vergehen, denn das Vergehen ist nur, indem etwas
ist, das vergeht. Was also in Wahrheit im Unendlichen gesetzt
ist, ist, daß es das Leere sei, in dem sich alles aufhebt, und
dies Leere ebendarum zugleich ein Entgegengesetztes oder ein
Glied dessen, das aufgehoben wird, die Beziehung des Einen 10
und Vielen, die aber selbst der Nichtbeziehung des Einen und
Vielen gegenübersteht, aus diesem Gegenüberstehen aber in
absoluter Unstetigkeit in die Einfachheit zurückgenommen
und nur als dies Zurückgenommene, Reflektierte gesetzt ist;
oder die Unendlichkeit ist

II. Das Verhältnis

Die Unendlichkeit als die Realität der einfachen Beziehung
ist die Totalität derselben; die einfache Beziehung ist als Unendlichkeit selbst das Andre ihrer selbst / geworden; nämlich
eine vielfache Beziehung und die Beziehung eines Vielfachen; 20
denn α) dasjenige, was bezogen wird in der Unendlichkeit, ist
nicht das einfache Eine und Viele, sondern eine Beziehung
des Einen und Vielen und die Nichtbeziehung des Einen und
Vielen, oder das einfachgesetzte Eine und Viele und das viel-
fachgesetzte Eine und Viele; β) ebenso ist die Beziehung
selbst dieser beiden Glieder eine vielfache; nämlich die reine
sichselbstgleiche Beziehung oder ihr Nichtsein, das Leere,
worin sie aufgehoben sind; zweitens das: Und derselben,
oder dieselbe Einheit als ihr Bestehen; denn sie sind ebensowohl nicht in der Unendlichkeit als sie sind. Die einfache Be- 30
ziehung ist also, indem sie Unendlichkeit geworden ist, selbst
nur Ein Glied, ihr entgegengesetztes ist ebenso wieder die
ganze einfache Beziehung, und ihre Reflexion oder Totalität
die Beziehung ihrer Verdopplung und selbst ein in sich Verdoppeltes; einmal absolute Idealität ihrer beiden Gestalten,
das andremal selbst eine Idealität, die der Realität entgegen-

gesetzt ist, oder nur die Grenze, das: Und ihrer beiden Formen, welche außer ihr bestehen.

Die Unendlichkeit so auseinandergelegt ist das Verhältnis, und dies Ganze, das sie ist, muß ebenso sich selbst ein anderes werden und sich in sich reflektieren; obzwar in sich geteilt und unterschieden, aber ihre Unterschiede ebenso aufhebend, ist sie ein Einfaches, das sich selbst unendlich werden muß; oder dem Unendlichen muß das Unendliche selbst gegenübertreten und dieses, was es in sich reflektiert, selbst das
10 Unendliche sein.

Indem das Verhältnis sich selbst gegenübertritt, bleibt es einfach, oder die Differenz, als welche es sich setzt, ist nicht eine Analyse seiner, was nichts anderes als ein Rückgang durch die vorhergehenden Momente zur einfachen Qualität sein würde; es bleibt in allem Folgenden einfach zusammen; und seine Geteiltheit in ihm selbst, die wir erkannt haben, ist überhaupt zusammengehalten, und es ist allein darum zu tun, dieses Einssein des Geteilten näher zu bestimmen; es ist in dem Begriffe der Unendlichkeit zunächst nichts als dies sich
20 gegenseitige Aufheben und Setzen, Sein und Verschwundensein. Es ist selbst nur der Begriff der Unendlichkeit, nicht das Unendliche an ihm selbst als unendlich gesetzt; denn weder das, was ein Anderes ist, ist das Unendliche selbst, noch ist das Unendliche ein aus sich selbst Gewordenes, sondern es ist aus einem Andern geworden als es selbst ist, nämlich aus der einfachen Beziehung, seine Arme sind nicht selbst Unendliche, sondern das bezogene Eine und Viele, und das nichtbezogene Eine und Viele; das Unendliche / ist also nicht aus sich hergekommen, und nicht ein zu sich zurückgekehrtes;
30 es ist nur sein Begriff, nicht seine Realität gesetzt.

An dem Unendlichen unterscheidet sich seine Einheit und sein Getrenntsein, sein absolutes sich Selbstgleichsein und sein sich absolut Ungleichsein; beides ist an ihm gesetzt worden, oder in seinem Begriffe; beides muß ein durch es selbst Gewordenes sein, eine zurückgekehrte Einheit und zurückgekehrte Vielheit, und indem es so selbst zu diesen beiden wird, ist es das Andere selbst; es ist in ein Bestehen seiner selbst als eines gedoppelten auseinandergefallen, seine Natur aber ist, das Einssein der Entgegengesetzten, und [das] sich als dies gedoppelte, oder sich selbst als das Andere selbst Aufheben, und so ist es aus sich selbst geworden.

A. Verhältnis des Seins

Wir nehmen das Verhältnis unmittelbar auf, wie sein Begriff bestimmt worden ist; die Glieder desselben haben durchaus nur Bedeutung in Beziehung aufeinander, sie sind nur als dies dem andern Entgegengesetzte, und ihre Einheit ist die gedoppelte, die positive, welche ihr Gemeinschaftliches ist, oder das reine Sein, und ebendarum so sehr das, worin sie bestehen, als in welchem sie aufgehoben sind, indem sie in ihr bestehen, ist [sie] nur die Form derselben; insofern sie für sich ist, ist sie das leere Und derselben, außer welchem beide sind. Als dieses beziehende Und ist sie damit unmittelbar ausschließende negative Einheit, den Gliedern des Gegensatzes entgegengesetzt, und selbst ein Glied, dessen anderes der Gegensatz als solcher oder an ihm selbst ist.

Das Verhältnis als dieser sein Begriff ist /

AA. Das Substantialitäts-Verhältnis

1. Das Substantialitätsverhältnis drückt unmittelbar den Begriff des Verhältnisses aus, und die Unterscheidung sowohl des Verhältnisses überhaupt als eines Verhältnisses des Seins, als daß der Begriff des Verhältnisses als Substantialitätsverhältnisses andern Formen desselben entgegensteht, ist eine antizipierte Reflexion, deren Inhalt sich im folgenden erst selbst erzeugt, und die sich allein daran rechtfertigt, für itzt nur die Bedeutung eines Zeichens hat.

Die Momente des Verhältnisses, da es seinem Wesen nach unendlich ist, sind selbst nur wie sie in dem Unendlichen sind, oder sie sind nur als aufgehobene gesetzt, oder schlechthin nur als solche, wie sie an dem andern sind.

a. Die positive Einheit ist zuerst gleichsam der Raum, in welchem die Momente des Gegensatzes bestehen, oder sie ist das Sein, das Bestehen derselben selbst; in diesem Sein ist

das eine so gut als das andere, sie sind beide gleichgültig gegeneinander, und außereinander; der Raum der positiven Einheit oder die Gemeinschaftlichkeit des Seins ist zugleich das Und derselben, das ihnen aber nicht gegenüber, sondern als Und nicht für sie vorhanden ist; hiemit auch nicht die negative Einheit, welche das ihnen gegenübertretende Und wäre, gesetzt, und die Substanz hat nur die Bedeutung des Seins oder Bestehens; es sind eigentlich nur verschiedene Qualitäten gesetzt, mit der Reflexion, daß ihr Sein das gemeinschaftliche
10 Gleichgültige derselben ist.

Aber indem so die Eine Bestimmtheit ist ebenso als die andere, so ist ihr Wesen zugleich, nur zu sein als nicht gleichgültig gegeneinander, sondern als schlechthin nur in der Beziehung auf die andere, und das Sein einer jeden ist das Nichtsein der andern; es sind schlechthin nicht beide bestehend, sondern als sich aufhebend kann die Eine nur bestehen, insofern die andere nicht ist; aber ebenso ist nicht die eine nur bestehend, sondern auf gleiche Weise ist jede seiend, insofern die andre aufgehoben ist. Jede ist aber eben-
20 so absolut nicht, insofern die andere nicht ist; denn es ist jede nur in Beziehung auf die andere, oder jede ist nur, insofern die andere nicht ist; aber sie ist nur als wesentlich bezogen auf die andere; insofern also diese nicht ist, ist sie selbst nicht, und insofern sie ist, ist unmittelbar die andere ebensowohl als auch nicht. /

* Das Sein oder das Subsistieren, das vorhin gesetzt wurde, ist also ein solches, daß die Bestimmtheit nur ist, insofern die andre nicht ist, aber insofern die andere nicht ist, ist sie selbst nicht; ihre Substanz ist also nur eine solche, daß die Be-
30 stimmtheit als eine aufgehobene ist, und diese Substanz heißt die Möglichkeit. Das Sein der Qualität, durch die Unendlichkeit hindurchgegangen, ist das geworden, was es an sich ist; die Bestimmtheit ist nur als eine aufgehobene, oder als eine Mögliche; das Sein selbst ist zur Substanz oder zur Möglichkeit geworden, einem Sein der Bestimmtheit, das nur als ein Gesetztsein derselben, als ein Aufgehobensein [ist]. Diese Substanz für sich ist das Nichts, das Leere oder die reine Einheit; die Bestimmtheit ist in ihm nicht verschwunden, so daß nur das Nichts wäre, — das Nichts wäre selbst nur ein Glied
40 des Gegensatzes gegen die Bestimmtheit, eine Form des Ge-

gensatzes, die schon aufgehoben worden ist; — sondern die
Bestimmtheit bleibt, was sie ist, aber ihr Sein ist die Substanz
als ihre Möglichkeit; der Inhalt ist derselbe, aber die Form,
die vorhin Sein war, ist das, was das Sein der Bestimmtheit an *
sich ist, nämlich die Möglichkeit; — der Inhalt drückt nichts
anderes aus als die Bestimmtheit selbst, die Form das Einssein
aber der auseinandergehaltenen Bestimmtheiten oder das
Gemeinschaftliche, welches die so bestimmte Substanz ist.

b. Diese Substanz, das Sein als ein Aufgehobensein, ist damit unmittelbar ein in sich selbst entzweites; sie ist das Nichts 10
der Bestimmtheiten und das Bestehen derselben; als das
Nichts derselben ist sie negative, sie ausschließende Einheit,
der leere Punkt, und zugleich die Möglichkeit beider oder
das Sein derselben als aufgehobener. Der leere Punkt aber,
indem er zugleich positive Einheit, ihnen entgegengesetzt und
auf sie bezogen ist, ist er selbst ein Bestimmtes; das Nichts ist
nicht mehr für sich, sondern das Aufgehobensein der Bestimmtheit und dadurch selbst ein bestimmtes Aufgehobensein oder das Sein der Bestimmtheit als einer aufgehobenen.
Bestimmt als das Aufgehobensein beider, ist er immer ein Be- 20
stimmtes, welches das andere Glied des Gegensatzes außer
sich hat. Es ist gleichsam die verengte Substanz, welche nur
als Eine Bestimmtheit gesetzt ist und als negative Einheit die
andere von sich ausschließt, die Bestimmtheit in der Form
des numerischen Eins. Und die Substanz, die nicht reines numerisches Eins ist, sondern bestimmtes ist, ein bestimmtes
Sein mit Ausschließung des andern, so daß aber die seiende
Bestimmtheit / selbst auch nur eine mögliche ist, eine solche,
an deren Stelle ebenso die andere sein kann, oder die unmittelbar auch nicht mehr Kraft des Bestehens hat als die andere, 30
diese Substanz ist die Wirklichkeit. Die Quantität oder das
ausschließende Beziehen, durch die Unendlichkeit hindurchgegangen, ist die negative Substanz oder eine Bestimmtheit,
welche sich nur so auf sich selbst bezieht, daß sie die andere
ausschließt, wie die Quantität, aber als die ausschließende,
selbst nur als eine mögliche gesetzt ist; es ist nur ein Mögliches, das das andere Mögliche ausschließt, und das gesetzte
Mögliche ist die Substanz; die Substanz entzweit in der
Wirklichkeit das, was sie als Möglichkeit ist, und tritt gegen

sich selbst auf die Seite oder wird ein anderes als sie selbst ist; sie ist Wirklichkeit als das Gesetztsein ihrer als negativer Einheit, welche itzt eine Ungleichheit in das Gesetztsein beider bringt, und das eine Mögliche als ein gesetztes, aber das andere als ein nichtgesetztes hat; dies Nichtgesetzte, die der Wirklichkeit gegenüberstehende Möglichkeit, ist das Ausgeschlossene, nicht Bestehende geworden.

c. Die Dialektik der Möglichkeit, das Sein der Bestimmtheiten als ein Aufgehobensein derselben, macht die Substanz 10 zur negativen Einheit oder zur Wirklichkeit; aber die Wirklichkeit hat ebenso ihre Dialektik an sich selbst und kann nicht bei sich selbst bleiben.

Die Substanz als Wirklichkeit ist ein gesetztes Mögliches, die eine Akzidenz als seiend; aber dies Gesetztsein derselben hebt ihr Wesen nicht auf, nur als Aufgehobenes gesetzt zu sein; sie ist schlechthin auf die andere bezogen, und die Substanz, das Sein, ist in Wahrheit nicht das Sein der Einen, sondern das gleiche Sein beider, das Und beider als aufgehoben gesetzter; und eins ist so sehr Wirkliches als das An- 20 dere, und ebenso sehr sind beide Mögliche. Ihre Substanz ist dies, daß jede auf gleiche [Weise] wirklich als möglich ist, in seinem Sein, oder in seiner Beziehung auf sich selbst als Wirklichkeit, seinem Wesen nach nur als ein Aufgehobenes oder als ein Mögliches ist. Oder insofern sein inneres Wesen als Möglichkeit, als sein Aufgehobenwerden ihm entgegengesetzt wird, so muß es in diese Möglichkeit / schlechthin übergehen oder sein Wesen darstellen; und seine Möglichkeit, als das Entgegengesetzte seiner selbst, muß vielmehr das Wirkliche sein; und die wahrhafte Substanz ist dieser Widerspruch, 30 daß das Wirkliche ein Mögliches, oder das Mögliche das Wirkliche ist, das differente Und der Entgegengesetzten, das unmittelbare Umschlagen in sein Entgegengesetztes, oder die Substanz ist die Notwendigkeit.

Der Begriff des Verhältnisses oder die Unendlichkeit ist in der Notwendigkeit gesetzt als dasjenige, was es wahrhaftig ist. In der Möglichkeit sind die Momente des Gegensatzes nur als aufgehobene, sie selbst ist die Idealität, ohne es an sich selbst zu sein; sie muß sich setzen als die Idealität, in welcher sie nicht als aufgehobene, sondern aufgehoben sind; diese numerische Einheit aber ist selbst eine bestimmte, und ist so als Wirklichkeit gesetzt, in welcher das Verhältnis als die Idealität des Gegensatzes sich vielmehr das Gegenteil seiner selbst, nämlich selbst in ihm bestehend oder bestimmte Substanz ist, welche, als mit der entgegengesetzten Bestimmtheit eins, nur unendlich oder Notwendigkeit ist; sie drückt die Unendlichkeit, als die sichselbstgleiche Einheit der Entgegengesetzten, als absolute Möglichkeit aus, zugleich die Möglichkeit als eine gedoppelte, deren eine bestimmt ist als seiende, die andere als mögliche in der Wirklichkeit, aber in der Notwendigkeit schlechthin beide auf gleiche Weise so wirklich als möglich.

2. Die Substanz oder die Notwendigkeit ist hiemit nichts anderes als die Darstellung der Unendlichkeit, wie sie in sich, in ihren Momenten ein als Möglichkeit in der Wirklichkeit anders Gewordenes und aus dieser in die Möglichkeit Reflektiertes ist, aber so daß diese Momente nicht selbst das Unendliche sind; es ist nicht, wie gefodert, das sich im andern Aufhebende selbst als ein Seiendes gesetzt, und es muß so sein, denn das Aufheben, die Idealität der Unendlichkeit ist selbst nur als insofern es Seiende aufhebt oder die, welche es aufhebt, Seiende sind. Aber in diesem Substantialitätsverhältnisse ist nur die Notwendigkeit oder die Substanz das Seiende. Indem ihr aber zu ihrem Sein als Aufheben gleichsam ihre Nahrung, das Sein der Momente noch fehlt, so ist sie selbst nicht wahrhaftig. Sie sind in Wahrheit selbst Seiende, das Wirkliche ist an ihm selbst seinem Wesen nach ein Mögliches; ebenso die aus dem Wirklichen ausgeschlossene Möglichkeit ist in der Notwendigkeit ebensogut eine gesetzte, eine wirkliche; das Unendliche ist als Substanz oder Not/wendigkeit in Wahrheit das Gegenteil ihrer selbst, ein nicht Einfaches, sondern die Beziehung solcher, welche selbst die Einheit der Möglichkeit und Wirklichkeit, Notwendige oder Substanzen sind, und es ist gesetzt

BB. Kausalitätsverhältnis

1. Es ist die Substanz oder Notwendigkeit als eine Beziehung Entgegengesetzter, welche selbst Notwendige oder Substanzen sind. Die Substanz als Notwendigkeit ist das Verschwinden der Wirklichkeit; das Wirkliche, dem Möglichen entgegengesetzt, geht in der Notwendigkeit unter, oder sein Wesen ist in ihr untergegangen; wir sehen, wenn es bestehen soll, so kann es nur im Gegensatze gegen ein Wirkliches bestehen, und die Substanz zerfällt in entgegengesetzte Substanzen; und das Wirkliche rettet sich vor der Notwendigkeit nur durch Aufheben derselben als Einheit und das Teilen derselben in eine gedoppelte Notwendigkeit; das Wirkliche als ein notwendiges, in dem nicht mehr das Notwendige ist, bezieht sich auf sich selbst und ist in sich unendlich, oder seine Möglichkeit ist nicht außer ihm, sondern an ihm selbst, und es ist dadurch frei; es bezieht sich aber nur so auf sich selbst, indem es dies, daß seine Möglichkeit außer ihm ist, aus sich ausschließt, also das, was es von sich ausschließt, ein Wirkliches ist; indem es dies ausschließt, bezieht es sich darauf, es ist also nur wahrhaft Wirkliches, indem es an sich unendlich, sich auf ein Wirkliches ausschließend bezieht, es ist so eine Sache, und zwar eine Ursache.

Die Ursache hat ihre Möglichkeit nicht außer sich, sondern in sich selbst; sie ist selbst ein Wirkliches und bezieht sich auf ein Wirkliches. Indem beide Wirkliche sind, ist die Notwendigkeit nur die gleiche Wirklichkeit beider, d. h. sie ist und die Wirklichkeit, oder die Sichselbstgleichheit ist außer ihnen; dies daß beide Wirkliche sind, ist eine Reflexion, die nicht an ihnen selbst gesetzt ist; an ihnen selbst ist nur ihr Fürsichsein, nicht diese Beziehung oder dies dem andern Gleichsein; nicht nur ein Wirkliches ist außer der für sich seienden Ursache, sondern die Wirklichkeit selbst als die Einheit beider, und die Ursache wäre so in Wahrheit nicht wirklich. /

Die Ursache, als Unendlichkeit, die aber selbst nur in der Form der Möglichkeit ist und ihre Wirklichkeit außer sich hat, heißt Kraft; sie ist die in ihrem sich als Wirklichkeit Setzen aufgehaltene Substanz. Die Notwendigkeit ist wohl in zwei Wirkliche zerfallen, aber diese Verdopplung der Wirklichkeit, betrachtet als dasjenige, was sie in Wahrheit ist, erweist das

Wirkliche, das seine Möglichkeit in sich selbst hat, als ein solches, das ein anderes Wirkliches von sich ausschließt; und dies Ausschließen ist ihm schlechthin wesentlich. Diese Beziehung ist eine differente Beziehung oder sie ist Verhältnis; das Ausgeschlossene ist seinem Wesen nach nur dies, das Gegenteil des Gesetzten zu sein; indem beide Wirkliche sind, ist scheinbar wohl die Unendlichkeit oder Notwendigkeit aufgehoben, jedes ist für sich gesetzt. Aber diese, welche so als sich nur auf sich selbst beziehend gesetzt sind, sind in Wahrheit oder ihrem Wesen nach nicht für sich. Das wirkliche Gesetzte, die Ursache, ist es nur dadurch, daß sie Ursache ihrer selbst ist oder ihre Möglichkeit absolut in sich selbst hat; die Bestimmtheit, wodurch sie, als auf sie in der Unendlichkeit bezogen, aufgehoben wird; und diese ihre Idealität ist an ihr selbst; sie ist das Eins ihrer selbst und ihres Gegenteils; aber so ist ihr Gegenteil nicht wirklich dasjenige, was sie aus sich ausschließt, und wir wären zum Substantialitätsverhältnisse zurückgeworfen. Indem dieses aber wirklich ist, so ist die Ursache selbst nur als eine mögliche bestimmt. Jedes der beiden bezieht sich so auf sich selbst als unendliche Einheit der Wirklichkeit und Möglichkeit, und jedes ist Substanz, aber jede ist zugleich schlechthin gesetzt als ausschließend, negativ sich auf die andere beziehend; beide sind auf gleiche Weise ein Wirkliches gegen die andere, und die andere so als Mögliches bestimmt, und dadurch in ihrer Wirklichkeit zugleich als eine Möglichkeit bestimmt. Die Ursache ist Substanz, nur insofern sie das von ihr ausgeschlossene Mögliche selbst als ihre Wirklichkeit bestimmt, oder indem sie wirkt. Als dies Wirkende, oder das Ausgeschlossene als ihre Wirklichkeit bestimmend, ist [sie] selbst schlechthin entgegengesetzt dem Ausgeschlossensein aus ihr; denn sie ist nur für sich als ausschließend, negierend, und sie ist hiemit, indem dies Ausgeschlossensein wirklich und das Gegenteil ihrer selbst ist, bestimmt als nur Mögliches oder als Kraft, die um zu sein, oder als Ursache zu sein, sich äußern oder diesen Gegensatz aufheben muß.

In dieser Häufung der Widersprüche ist jedes Moment nur, indem es festgehalten wird, ehe es in sein Gegenteil übergeht, aber indem es so festbehalten nur ist als / bezogen auf sein Gegenteil, so ist sein Bestimmen als ein Festgehaltensein

selbst die Darstellung seines in sein Gegenteil Übergegangen-
seins.

Die Ursache ist das an sich selbst Notwendige, das nur dadurch dies an sich selbst Notwendige [ist], daß es ein Anderes
von sich ausschließt, aber sich so darauf bezieht, daß dies Andere nur ein von ihr Bewirktes ist, das heißt, daß sie in ihm
sich als sich selbst als Wirklichkeit setzt; aber auf diese Weise
ist dies Andere, die von ihr getrennte für sich seiende Substanz, schlechthin aufgehoben, denn diese andere Substanz
ist nur dasjenige, in welchem die erste Substanz sich als Wirkliches setzt, diese andere ist ganz nur die erste wirkliche Substanz. Sollte die erste Substanz für sich sein und die andere,
auf welche die Wirkung geschieht, ebenso, so wäre jene nicht
Ursache, es geschähe in der Tat gar keine Wirkung; es wäre
kein Verhältnis, nur eine Mehrheit absolut für sich seiender
Substanzen. Aber solche mehrere für sich seiende Substanzen
wären ebendarum nicht Substanzen, nicht in sich Unendliche,
in sich Notwendige, denn sie bezögen sich nicht auf ein Anderes als sie selbst sind, indem sie gleichgültig für sich sind,
sie wären nur numerische Eins, deren Dialektik sich früher
dargestellt hat. Die Ursache also ist absolut nur in der Wirkung, aber indem sie nur als wirkend ist, bezieht sie sich auf
eine andere Substanz, aber zugleich als wirkend tut sie dies
nicht, denn diese andere Substanz ist in der Tat sie selbst als
die wirkliche Substanz; indem diese festgehalten wird als eine
andere als sie, so ist dies Andere als sie sie als wirkliche Substanz, und das, was sie selbst als nicht dies Andere ist, ist sie nur
als die mögliche wirkliche Substanz, oder sie ist nur als Kraft.

Man sieht, daß die Kraft eigentlich das ganze Kausalitätsverhältnis in sich ausdrückt, oder die Ursache, wie sie mit der
Wirkung eins und in Wahrheit wirkliche Substanz, aber auch
das Kausalitätsverhältnis aufgehoben ist; oder indem Ursache
von der Wirkung untrennbar und der Unterschied ein nichti-
ger ist, so ist ihre Einheit als Kraft die wirkliche Substanz, da
sie nur, indem sie sich außer sich als eine wirkliche setzt, ausser sich selbst nur ein Mögliches [ist]; und es bleibt in der
Kraft der Gegensatz als ein ganz ideeller; er bleibt, denn diese
wirkliche Substanz ist schlechthin nur eine wirkliche als ausser sich seiend, er ist ein idealer, weil die außer sich seiende
Substanz, eine für sich selbst nur mögliche, das Ganze und

dasselbe ist, was sie ist, als sich selbst gleich seiend. Die Kraft als die bloß mögliche wirkliche Substanz hat gegen sich wieder die Form der Wirklichkeit; indem die Ursache sich zur wirklichen Substanz wird, [wird] sie vielmehr nur eine / mögliche, nur Kraft; ihr sich Außersichsetzen in einer andern ist, indem sie damit ihrem Begriffe erst entspricht, vielmehr ein Insichsein der wirklichen Substanz oder ihr Begriff, und sie ist durch dies Außersichwerden nicht ihre Realität, sondern ihre eigene Idealität oder nur ihre Möglichkeit geworden, und diese Möglichkeit hat an ihrer Wirklichkeit ihren Gegensatz; aber diese ihre Wirklichkeit ist nun nicht mehr eine eigene Substanz, sondern nur Form als jene Möglichkeit, oder die Kraft ist das Aufgehobensein der gedoppelten Substantialität, sie ist dasjenige, was die Ursache in Wahrheit ist, aber ihr selbst steht ein rein Ideelles oder nur aufgehoben Gesetztes, die bloße Bestimmtheit der Wirklichkeit entgegen; und so ist die Ursache in der Kraft selbst nicht realisiert, sondern die Kraft muß, daß sie wirklich sei, in ihre entgegengesetzte Bestimmtheit, die Wirklichkeit übergehen; sie muß sich äußern.

Der Äußerung der Kraft bleibt nichts für die Veränderung übrig, oder für das Anderswerden in ihrem Realisieren, als die Form der Wirklichkeit. Wäre die Kraft wesentlich nur eine Möglichkeit, so würde sie aufhören zu sein, indem sie sich Wirklichkeit gibt; die Kraft, die als Möglichkeit sich schlechthin auf ihre Wirklichkeit bezieht, wäre schlechthin nur als Wirklichkeit, aber zugleich indem sie dies ist, hört sie auf zu sein, was sie ist. Das Wesen der Kraft ist also ihr Inhalt, die Substanz oder das Einssein der Wirklichkeit und Möglichkeit, und der Gegensatz, daß dieses Einssein selbst wieder als Möglichkeit gesetzt, [ist] der reinen Bestimmtheit der Wirklichkeit gegenüber ein völlig leerer; ein Gegensatz, der nur reine Bestimmtheiten zu Gliedern hat, und sich an sich selbst in Nichts auflöst. Es ist in der Äußerung der Kraft nichts, was nicht in der Kraft selbst ist; es ist ein vollkommen leerer Unterschied, der Unterschied zwischen Kraft und ihrer Äußerung, oder Innerem und Äußerem überhaupt; und da die Kraft nur als die wirkliche Substanz unter der Bestimmung der Möglichkeit entgegengesetzt der Wirklichkeit ist, so ist das Setzen der wirklichen Substanz oder des Substantialitätsverhältnisses als einer Möglichkeit, oder die Kraft etwas ebenso vollkommen nichtiges. Die Dialektik, welche das Kausalitätsverhältnis an ihm selbst hat, treibt notwendig über dasselbe hinaus; aber die Realität, welche die Wirklichkeit der Ursache in der Kraft erhält, ist eine ebenso überflüssige Bestimmung derselben als sie nichtig ist. /

Anmerkung 1. Das Kausalitätsverhältnis als dasjenige, in welchem in der Verdopplung der Substanzen das Verhältnis überhaupt bestimmt fixiert und in sich beides zu vereinigen scheint, — das Fürsichsein der mehrern numerischen und zugleich ihr Beziehen aufeinander, also das empirische Anschauen oder das Sein der Natur und den Begriff, — bietet sich ebenso am nächsten dem sich auf die Natur beziehenden Bewußtsein dar als seine dialektische Natur zum Widerspruche gegen sich reizt.

Der oberflächliche Begriff, der nicht zur Unendlichkeit wird, legt das ABSOLUTE FÜRSICHSEIN DER SUBSTANZEN zum Grunde und bezieht dann diese aufeinander, er setzt sie als eins miteinander, aber nur ein wenig, so daß ihr Fürsichbleiben nicht darunter leidet. Die Beziehung solcher absolut für sich Seiender aber kann vielmehr gar keine sein; denn jede noch so geringe Beziehung wäre ein Aufheben der Substantialität. Indem so jedes für sich ist, so kommt in Wahrheit auch keine Entgegensetzung, keine Differenz heraus, denn diese wäre eine solche Beziehung, nach welcher jedes nur in seiner Beziehung auf das Andere und nicht für sich wäre, aber die Substanzen sollen schlechthin für sich sein. Es ist in der Tat gar kein Verhältnis überhaupt gesetzt, und weder Ursache noch Wirkung. Es soll die Ursache etwas anderes sein als das, was sie als Wirkung ist, aber es bleibt schlechthin beides dasselbe, und das Getrennte ist nicht etwas, das Ursache, und etwas, welches das Bewirkte ist, sondern nur die Eine Substanz, welche sich als Ursache und Bewirktes unterscheiden sollte, aber dasselbe bleibt, ist das einemal ganz äußerlich von einer andern getrennt gesetzt, zwei Dinge, die einander gar nichts angehen und ganz zufällig für einander sind und dann miteinander verbunden werden, aber ebenso äußerlich, und in der Verbindung ebenso für sich bleiben, so daß sie weder vor der Verbindung sich aufeinander beziehen noch als verbunden, und durch etwas ganz anderes als sie sind verbunden werden. So wird z. B. der Regen als Ursache der Nässe des Bodens gesetzt, die Nässe als Wirkung; und das Kausalitätsverhältnis hat die Form A: a+B, wenn A den Regen, B den Boden bedeutet. Der Regen ist das einemal Ursache, dann aber auch als Wirkung nicht mehr Regen, sondern Nässe, eine Eigenschaft oder Beschaffen/heit des Bodens; und der trockene Boden ist durch die Einwirkung des Regens ein anderes geworden als er vorher war; beide, Regen und Boden, sind und bleiben in diesem Verhältnisse Substanzen; der Regen ist aber das Wirkliche, das sich als Wirklichkeit setzt, indem es seine Möglichkeit, die außer ihm ist, die Trockenheit aufhebt, und damit erst in Wahrheit Regen als Ursache der Feuchtigkeit ist. Aber es [ist] hier in Wahrheit nicht ein Verhältnis, sondern nur der Schein desselben gesetzt; der Regen wird sich darin nicht wahrhaftig wirkliche Substanz oder Unendlichkeit. Seine Entgegensetzung als Regen und als Feuchtigkeit ist durchaus nichtig, es ist immer eins und dasselbe, was in Regen und Nässe getrennt sein soll; es ist in Wahrheit keine Trennung vorhanden; und das Wirken des Regens, die Nässe hervorzubringen, ist eine vollkommen leere Tautologie. Oder wird die Entgegensetzung so begriffen, daß auf einer Seite Regen, auf der andern Trockenheit absolut entgegengesetzte sind, so ist eins die Möglichkeit des andern, aber der Regen macht sich in seinem Wirken nicht so unendlich, daß er seine Möglichkeit, die Trockenheit in sich selbst setzte, sondern er hebt sie nur an dieser Stelle, diesem bestimmten Boden auf; dieses Aufheben wäre ein reines Negieren der Trockenheit, immer nicht ein Setzen seiner Möglichkeit in ihn selbst, nicht eine wahrhafte Verwirklichung. Aber es ist auch nicht einmal ein Aufheben, sondern eine reine Ortsveränderung der Trockenheit und des Regens oder der identischen Nässe; denn die Trockenheit ist nur, um es so auszudrücken, dahin gegangen, wo vorhin der Regen war. Der Regen selbst ist zu der andern Substanz hinzugetreten; dies ist aber vollkommen zufällig für beide; die Nässe konnte Feuchtigkeit der Luft bleiben, wie sie itzt Feuchtigkeit des Bodens ist, so wie der Wind, der Ursache einer Bewegung des Blattes ist, auch es nicht bewegen, der Boden trocken, das Blatt ruhig bleiben konnte; noch weniger ist an diesem bestimmten Boden, oder diesem bestimmten Blatte — und Boden und Blatt sind nichts,

wenn sie nicht: die se sind, — die Notwendigkeit oder die notwendige Beziehung auf Nässe und den Wind gesetzt. So zufällig für beide das Verbundenwerden ist, ebenso zufällig sind sie füreinander in der Verbindung selbst; die feuchte Substanz und die an sich trockene Substanz müssen schlechthin bleiben, was sie sind, denn sie sind beide als für sich seiende / gesetzt. Es ist in allen Momenten dieser Veränderung nichts vom Wesen des Verhältnisses, das Sein in Beziehung auf ein Anderes, oder die Bestimmtheit, wie sie an sich [ist], nämlich
10 unendlich, gesetzt.

Das häufig sogenannte Erklären ist nichts anderes als das Setzen eines solchen sogenannten Kausalitätsverhältnisses. Es liegt in der Foderung des Erklärens, daß die so gesetzte Bestimmtheit als eine andere, als das Gegenteil ihrer selbst aufgezeigt werde; aber das Erklären durch dieses Kausalitätsverhältnis tut in Wahrheit nichts als dieselbe Bestimmtheit in einer andern ganz zufälligen Form aufzeigen, wie Nässe als Regen. Statt der Unendlichkeit, oder dem Übergehen in das absolut Entgegengesetzte, ist vielmehr absolutes Prinzip, daß
20 das zu Erklärende, schon vorher, ehe es da [ist], wo es erscheint, in seiner ganzen Bestimmtheit vorhanden gewesen ist, und das Erklären ist nichts als die Produktion einer Tautologie; die Kälte kommt vom Entweichen der Wärme, die Wärme vom hinzu- oder heraustretenden Wärmestoff, der Regen vom Wasser, das Oxygen nur vom Oxygen u.s.f.; die Bewegung vom Stoße, einer immer vorher schon da seienden Bewegung; die Frucht des Baumes von öligten, wässerigen, salzigen u.s.w. Teilen, oder gelehrter auch wieder: von Kohlenstoff, Sauerstoff, Wasserstoff u.s.f., kurz nur von dem her, was
30 sie selbst [ist]; ebenso entsteht das Animalische aus Stickstoff, Kohlenstoff u.s.f., es selbst ist wesentlich nichts anderes als dieses; und die Ursachen, welche es konstituieren, sind dieselben Dinge, welche es selbst ist, zu deren einzelnen nur äußerlicherweise anderes sich beimischt, anderes sich absondert; der ganze Prozeß ist Ortsveränderung der Teile, aber die Bestimmtheiten sind das absolute an und für sich selbst Seiende und Unzerstörbare, sich schlechthin selbst Gleichbleibende, das an einem Körper Erscheinende ist immer schon entweder in ihm, nur verborgen gehalten gewesen und tritt itzt aus ihm
40 hervor oder außer ihm, und tritt itzt zu ihm hinzu, und die

Erklärung ist nichts anderes als das Verfolgen dieser Identität oder die Darstellung der Tautologie. Die Differenz oder Entgegensetzung, das Wesen der Bestimmtheit, wird vielmehr eine bloß äußerliche, ein anderswo, ein mit Anderem zusammengewesen zu sein, und es ist in Wahrheit kein Verhältnis, keine Unendlichkeit gesetzt.

Diese Verhältnislosigkeit dieses Kausalitätsverhältnisses ist es, wodurch Hume berechtigt war, die Notwendigkeit, welche doch darin liegen soll, zu leugnen, und sie für eine bloße Täuschung zu erklären. In der Tat ist die Notwendigkeit nur die Substanz als Verhältnis, oder als das Einssein entgegengesetzter Bestimmt/heiten, welche nicht wie jene Stoffe absolut für sich selbst, absolute Qualitäten oder Substanzen sind, sondern solche, die an sich selbst dies sind, daß sie sich auf ein anderes beziehen, oder wesentlich das Gegenteil ihrer selbst. Die Identität, welche in der Tautologie der Erklärung ist, daß das Nasse die Ursache des Nassen, das Warme die Ursache des Warmen ist, ist freilich das Einssein, aber nicht das Einssein der Notwendigkeit, die von einem Bestimmten zu dem entgegengesetzten Bestimmten übergeht; es erscheint in diesem Kausalitätsverhältnisse auch ein anderes, es sind zwei Substanzen, diese machen die Seite der Entgegensetzung aus, aber sie geht jene Identität nichts an; sie sind nicht im Verhältnisse miteinander, sie bleiben für sich, außereinander und äußerlich verbunden; jene Identität bleibt die einfache Tautologie, diese Verschiedenheit ein besonderes Fürsichsein der Substanzen, und beide, die Identität und Verschiedenheit, fallen auseinander; die Beziehung der verschiedenen Substanzen ist keine Notwendigkeit, weil sie nicht an ihnen selbst bezogen sind. Kant hat dasselbe, was Hume ausgesprochen, die Substanzen Hume's, die aufeinanderfolgen oder nebeneinander, überhaupt für sich gleichgültig gegeneinander sind, bleiben dies ebenso bei Kant; daß ihm das, was Hume Dinge nennt, Empfindungen, Wahrnehmungen, sinnliche Vorstellungen, oder wie er sonst will, sind, macht zur Sache gar nichts, es sind verschiedene, für sich seiende; die Unendlichkeit des Verhältnisses, die Notwendigkeit ist ein von ihnen Getrenntes; jenes Fürsichsein der Verschiedenen nennt er als objektiv eine zufällige Zusammenstellung, und das Notwendige bleibt ein subjektives; jenes Erscheinen ist für sich, und die Notwendigkeit als ein

Verstandesbegriff ebenso für sich. Die Erfahrung ist wohl die Verknüpfung des Begriffs und der Erscheinung, das heißt das Mobilmachen der gleichgültigen Substanzen, Empfindungen oder wie man sonst will, wodurch sie Bestimmte, nur im Gegensatze Seiende werden; aber dies Verhältnis ist selbst, es ist eigentlich schwer zu sagen, was, es ist wenigstens nicht, was die Dinge an sich sind; es ist, um einen Namen zu haben, ein bloß subjektives; denn an ihnen selbst soll das Bezogene außer der Beziehung, die Empfindungen einzelne für sich Seiende
10 sein, und ebenso die Unendlichkeit der Beziehung, der Verstandesbegriff, an und für sich selbst außer dem Bezogenen sein; und doch sollen jene für sich Seiende nur Erscheinungen, nicht das sein, was sie an und für sich sind, ebenso die unendliche Beziehung in keiner andern Beziehung als auf jene getrennte einer Bedeutung und eines / Gebrauchs fähig, also getrennt leere Gedankendinge ohne Wahrheit sein. In Wahrheit sind die Auseinanderfallenden, — Empfindungen, Gegenstände der Erfahrung oder wie man sie nennen will, — bloße Erscheinungen, und wenn das Wort Erscheinung nicht sinnlos
20 sein soll, so wird es nichts bedeuten, als daß jene Verschiedenen so für sich gesetzt nicht an sich selbst, ihrem Wesen nach sind, sondern sie sind an sich schlechthin Unendliche, Identische als das Gegenteil ihrer selbst; — ebenso ist das, was Verstandesbegriff genannt worden ist, die Unendlichkeit der Beziehung, als Beziehung, die nichts bezieht, deren Glieder nicht jene absolut relativen wären, die reine Einheit, eine vollkommen leere Identität oder das Nichts an ihm selbst; und an sich sind jene Empfindungen, Gegenstände, so wie dieser Begriff, das absolute Verhältnis, beides ein und ebendasselbe; nur die
30 Erscheinung der Empfindungen oder Gegenstände ist das Objektive, so wie nur das Gedankending des leeren Begriffs das Subjektive; aber ebendarum ist jenes Ojektive wie dies Subjektive ein Nichts, und das Ansich ist nur das unendliche Verhältnis; es wäre gleichgültig, dieses Erfahrung zu nennen, und die Erfahrung hiemit als das Ansich des Gegensatzes zu erkennen, wenn nur die Erfahrung nicht eigentlich selbst das Verhältnis wieder in der Form des subjektiven, statt des bloßen Verhältnisses ausdrückte und gewöhnlich vielmehr das Gegen-
* teil desselben bedeutete, nämlich eben den oben dargestellten
40 Kausalzusammenhang, in welchem die Verschiedenen nicht

Entgegengesetzte, nicht Glieder eines Verhältnisses, und ebenso die Beziehung nicht die unendliche, nicht die Beziehung des Verhältnisses ist.

Anmerkung 2. Über den soeben erläuterten Kausalzusammenhang erhebt sich der Begriff der Kraft; die Kraft vereinigt in sich die beiden wesentlichen Seiten des Verhältnisses, die Identität und das Getrenntsein, und zwar jene als Identität des Getrenntseins oder der Unendlichkeit. Die Substanz, welche als Ursache und Wirkung gesetzt wird, ist dies nicht an und für sich selbst, sie ist es nur in der Beziehung auf ein Anderes, und diese Beziehung ist ihr schlechthin zufällig, ein anderes als sie, nicht an ihr selbst; das Wasser kann Regen sein, aber auch nicht; es ist vollkommen frei, ohne die Notwendigkeit naß zu machen; die Bedingung, daß es netzt, liegt ganz außer ihm und damit dies, daß es Ursache und Wirkung ist. Als Kraft hingegen ist die Substanz an ihr selbst Ursache; die Substanz als Ursache bezieht sich wohl auf ein Anderes, aber es ist ihr nicht wesentlich, Ursache zu sein. Die Kraft aber ist wesentlich die Bestimmtheit, welche die Substanz zu dieser / bestimmten Substanz macht, und zugleich gesetzt als sich beziehend auf die entgegengesetzte, oder ihr Gegenteil an ihr selbst habend, also nicht zufällig Ursache, sondern durch sich selbst. Die bewegende Kraft z. B. ist nicht ein Körper, der als Masse gleichgültig gegen Ruhe und Bewegung ist, sondern die mit der Bewegung schlechthin als eins gesetzt an sich selbst Ursache der Bewegung ist; sie ist das Ganze, die ganze Größe der Bewegung, das Produkt der Masse in die Geschwindigkeit, da hingegen nach dem Kausalzusammenhang die Masse für sich und es ihr gleichgültig ist, ob die Bewegung mit ihr verknüpft ist und sie sich durch dieselbe auf andere Substanzen beziehe und Ursache sei oder nicht. So ist die anziehende Kraft nicht eine Substanz, welche für sich ist, und zu der die Bestimmtheit des Anziehens als einer Beziehung auf andere äußerlich hinzugefügt sein kann oder auch nicht, sondern die anziehende Kraft ist an sich selbst zugleich das Beziehen auf Anderes. Indem so die Kraft die Idee des Verhältnisses selbst ausdrückt und das in dem Kausalzusammenhang Auseinanderfallende aufgehoben ist, so fällt auch die Zweiheit der Substanzen hinweg, die Kraft selbst ist nur die Substanz, welche

als Verhältnis die Notwendigkeit an sich selbst hat, sich an
sich selbst gleich und als dies Gleichsein die Einheit Entgegengesetzter ist; die bewegende Kraft ist an ihr selbst Produkt
der Masse in die Geschwindigkeit, sich selbst gleiches Produkt,
und zugleich Masse, die durch sich als eins mit der Geschwindigkeit die Veränderung der Bewegung an ihr selbst ist. So die
anziehende Kraft ist sich selbst gleich und in sich unendlich
als an ihr selbst die Beziehung von Einem auf ein Anderes,
und dieses Eine sowie das Andere umfaßt sie selbst, beides ist
10 in ihrer Einfachheit enthalten; wie die bewegende Kraft nicht
nur wie die Bewegung auch die Entgegengesetzten des Ortes
in sich faßt, sondern die Bewegung und Masse zugleich als
Eines in sich begreift. Ebenso die magnetische, elektrische
u.s.w. Kraft ist nicht eine Substanz, welche das magnetische,
elektrische außer sich hätte, sondern es ist an ihr selbst als
Eins mit ihr gesetzt, so daß dies Sein nicht zufällig, sondern
seinem Wesen nach magnetisch, elektrisch ist; und indem die
Substanz als solche nur möglich wäre, wie die Bewegung, so
das Elektrische, Magnetische an sich, aber die Wirklichkeit
20 desselben außer sich zu haben, so hat sie als Kraft ihre Wirklichkeit in ihrer Möglichkeit unmittelbar; da hingegen die
Substanz, die Ursache ist, an ihr selbst nur möglich ist, Ursache zu sein, und die Wirklichkeit außer sich hat. /
Indem die Kraft so in Wahrheit das Verhältnis ausdrückt,
so ist es nicht zu verwundern, daß die sogenannte Entdeckung
der anziehenden Kraft oder der allgemeinen Schwere, der
Reizbarkeit des Organischen, oder der Verwandschaftskraft
des Chemischen für eine solche Bereicherung des Wissens
überhaupt gegolten hat, und daß auch in anderes, was Ver-
30 hältnis ist, z. B. das Verhältnis der Masse zum Volumen, die
Dichtigkeit, das Dynamische als eine Energie und die Größe
dieses Einfachen, der Kraft, als eine intensive Größe einge-
drungen ist. Wie die anziehende Kraft nichts ist als die an sich
selbst gesetzte Beziehung des Einen auf ein Anderes, so ist
ebenso die Reizbarkeit dies Unendliche, das sich an sich selbst
auf ein Anderes bezieht, indem hier gleichsam die Beziehung
auf ein Anderes zuerst erscheint als eine gesetzte Einwirkung
eines Andern, die aber in sich selbst reflektiert wird oder sich
darstellt als ein Beziehen nicht auf ein Anderes, sondern auf
40 sich selbst. Ebenso ist die chemische Verwandschaftskraft

dies, daß es das Wesen dieses Körpers [ist] nicht für sich selbst
zu sein, sondern in der Beziehung auf einen andern sein Wesen zu haben. So die dynamische Dichtigkeit ist das einfach
gesetzte Verhältnis des Raumes zur Masse, so daß diese beiden eins und ihre Differenz in sich reflektiert ist, wie die Reizbarkeit das, was der Körper für sich ist und das was er durch
ein Anderes ist, zusammenfaßt und sein Sichselbstgleichsein
herstellt; so die Dichtigkeit, [die] das Gewicht der Masse gegen die Idealität derselben als reiner Raum, der jene Realität
vernichtet, rettet, das Gewicht herstellt, [das] in der Unend-   10
lichkeit des einfachen Einsseins der Masse und des Raumes
die Beziehung auf sich selbst gegen das Anderssein als Raum
erhält. Die Verwandschaftskraft ist ebenso die Beziehung der
Bestimmtheit auf ihre entgegengesetzte, aber so daß diese
beiden Entgegengesetzten in dem Verhältnisse eins, und die
nur in Beziehung auf Anderes, oder nur als außer sich seiende
Bestimmtheit in ihrem Außersichsein zugleich auf sich selbst
bezogen sich erhält als das, was sie ist.

Die Kraft [drückt] also das Verhältnis selbst und die Notwendigkeit, in seinem Außersichsein zugleich in sich, sich   20
selbst gleich zu sein, oder die Unendlichkeit aus. Aber daß sie
wahrhaftig die Unendlichkeit ausdrückte, müßte sie sich vors
erste nicht mehr von der Substanz oder dem Dinge, wie man
das Bestehen der einen Bestimmtheit nennen will, unterscheiden, denn die Substanz ist in Wahrheit nichts mehr besdon-
ders, sondern die Notwendigkeit oder die Kraft selbst; diese
ist nicht eine Möglichkeit, der noch die Wirklichkeit als ein
substantielles Sein ent/gegensteht. Alsdenn müßte die Kraft,
daß sie in Wahrheit unendlich sei und die Unendlichkeit, das
Verhältnis nicht bloß formell ausdrücke, ihre innere Entgegen-   30
setzung wahrhaft an sich, ihre Bestimmtheit in diesen ihren
ideellen Momenten ausdrücken und nur die Beziehung dieser
sein; nicht wieder in eine Identität zusammengehen und somit sich ihrer Wirklichkeit, der Äußerung entgegensetzen,
und die Differenz, die sie an ihr selbst hat, nicht wieder, wie
der gemeine Kausalzusammenhang, eine Verschiedenheit von
für sich bestehenden Substanzen sein. Aber beides ist es, was
in der Kraft liegt; sie steht ihrer Wirklichkeit gegenüber, sie
muß, um zu sein, sich erst äußern; sie inhäriert als ein solches
bloßes Mögliches oder Gedankending einer Substanz, welche   40

nicht sie selbst, sondern von ihr unterschieden ist, die sie auch als Kraft ohne ihre Äußerung als Träger nötig hat; indem sie so einfach ist, ein Mögliches und als diese Identität eine Beziehung Entgegengesetzter, aber eine einfache, nur die reine Beziehung, so fallen die Bezogenen außer ihr; es sind gegen sie und gegeneinander Fürsichseiende, sie sind nicht die Idealitäten des Unendlichen, sondern Substanzen.

Die Kraft muß sich äußern, denn das Verhältnis als Kraft ist nur ein mögliches; es hat die Wirklichkeit sich entgegengesetzt; es ist aber gezeigt worden, was es mit diesem Gegensatze auf sich hat, er ist nämlich der reine inhaltsleere Gegensatz, die Kraft selbst ist in Wahrheit das ganze Verhältnis, und es ist ganz unnützer Unterschied, das Verhältnis als Kraft zu bestimmen und es seiner Äußerung entgegenzusetzen, es ist in der Tat nichts als das Verhältnis selbst, es unterscheidet sich von sich selbst nicht als ideales Verhältnis, Kraft, und als reales, existierendes Verhältnis. Die Äußerung der Kraft, das Verhältnis als eine Wirklichkeit, z. B. die wirkliche Anziehung, die wirkliche Reizung, der Magnetismus, Elektrizität u.s.w., ist durchaus immer das Verhältnis selbst, in seiner Äußerung sich selbst gleich. Das Verhältnis erscheint als ein Mannigfaltiges von Äußerungen; aber diese Mannigfaltigkeit ist nichts als die Vielheit der Momente des Verhältnisses selbst; denn es ist nicht ein rein Einfaches, eine leere Identität, sondern eine Unendlichkeit oder Einheit Entgegengesetzter, und die Vielheit, welche in der Äußerung gesetzt ist, ist in der als nicht sich äußernd gesetzten Kraft dieselbe. Wenn das Verhältnis ein beschränktes ist, so hängt seine Wirklichkeit freilich von Bedingungen ab, die nicht in ihm selbst sind, oder die Kraft kann als eine sich nicht äußernde gesetzt werden; der Magnetismus, Elektrizität, Bewegung und so fort erscheinen, oder sind nicht notwendig wirklich am einzelnen Körper; und die Äußerung oder die Wirklichkeit trennt sich von der Möglichkeit. Aber diese Wirklichkeit geht das Verhältnis, das / Unendliche selbst als solches nichts an; es ist schlechthin nur, indem die Bestimmtheiten, welche seine Momente sind, gesetzt sind; für ein Verhältnis, das im Systeme der Verhältnisse selbst nur Moment ist, ist seine Bedingung das ihm entgegengesetzte Verhältnis; es ist aber wirklich im absoluten Systeme der Verhältnisse; seine Vereinzelung aber und die Gewalt, welche ihm in dieser Vereinzelung angetan werden kann, betrifft es nicht als Verhältnis. So ist z. B. die Elektrizität ein Verhältnis, in sich unendlich; sie ist zugleich ein bestimmtes Verhältnis, ein Moment im System der Verhältnisse oder der absoluten Unendlichkeit. Als dies Moment hat sie absolute Wirklichkeit, ist immer und äußert sich immer. Aber ihre isolierte Darstellung durch Reibung einer Glasplatte ist nicht ihre absolute Wirklichkeit, so wenig als der Magnetismus des Magneterzes oder des Eisens. Für diese einzelnen Bestimmtheiten kann sie sich äußern oder auch nicht, sie ist frei von denselben; aber ihre Existenz in diesen Einzelheiten ist unmittelbar eine zufällige, was im Begriff der Sache liegt, denn es ist nur von dem einzelnen Gesetztsein die Rede, dieses aber ist ein zufälliges, willkürliches, äußerliches. Ein solches einzelnes Gesetztsein ist aber gar nicht die absolute Wirklichkeit des Verhältnisses; es ist wirklich auch ohne diese Äußerung an solchen Einzelnen; das von solchen einzelnen Äußerungen unterschiedene Verhältnis ist darum nicht eine Kraft oder das als nur möglich gesetzte Verhältnis; sondern umgekehrt, es ist das absolute Wirkliche und Mögliche zugleich oder das schlechthin Notwendige, und jene einzelne Wirklichkeit, jenes Sein als eine bestimmte Erscheinung ist vielmehr an sich selbst ein Gedankending, etwas, das nicht ist, indem es ist; von dieser vereinzelten Wirklichkeit wird nachher sogleich die Rede sein; das Verhältnis, das in ihr seine Äußerung und Realität hätte, müßte ihr an sich entgegengesetzt und als Möglichkeit in Beziehung auf sie bestimmt werden, und dies ist es wohl, was damit gesagt werden sollte, wenn die Verhältnisse als Kräfte bestimmt worden sind. Aber dieser Wirklichkeit ist es als absolut Wirkliches nur so entnommen, daß sie erkannt wird als die Idealität oder das Nichts an ihm selbst, und sie ist auch so in der Tat für das, was Kraft genannt wird, gesetzt, denn die ganze Unendlichkeit des Verhältnisses ist in die Kraft verlegt; die Bestimmtheit aber desselben als Kraft, als Möglichkeit gegen eine Wirklichkeit ist etwas ganz Leeres.

Das Verhältnis aber so seiend als Kraft, nur als Möglichkeit, muß seine Wirklichkeit zugleich an ihm haben, denn sie ist nur als bezogen auf sie; aber da es schlechthin als Möglichkeit fixiert ist und in seiner Beziehung auf die Wirklichkeit nicht / aufhören soll, Möglichkeit, Kraft zu bleiben, nicht mit ihr eins,

worin sich die Möglichkeit vernichten würde, nicht Notwendigkeit sein soll, so ist ihre Beziehung auf die Wirklichkeit nur eine schlechte äußere Verbindung, in welcher sie immer noch getrennt davon bleibt, und die Kraft sowohl als die Wirklichkeit jedes für sich ist. Dies wird so ausgedrückt, daß die Kraft einer Substanz inhäriere. Dieses Sein der Kraft würde nichts als das Substantialitätsverhältnis selbst wieder sein, oder die Notwendigkeit, in welcher sich eine Bestimmtheit auf die andere bezieht; aber die einer Substanz inhärierende Kraft ist nicht in
10 sich selbst oder in der Substanz beschlossen, sondern ist zum Kausalverhältnisse übergegangen, indem dieses Ganze der mit der Substanz verbundenen Kraft sich auf ein anderes an sich Notwendiges bezieht oder der Äußerung entgegengesetzt ist.

Daß nun in dieser Verbindung Substanz und Kraft äußerlich gegeneinander, jedes in Wahrheit für sich [ist], wird so ausgesprochen, daß man die Natur der Materie, welche eben das Substantielle ist, nicht kenne, daher nicht wisse, ob die Kraft zum Wesen der Materie gehöre oder ob sie ihr nur von außen her eingepflanzt sei. Bestimmter wird die Verbindung
20 der Kraft mit der Substanz auch als eine Mitteilung derselben begriffen, und, um diese Mitteilung deutlicher zu machen, die Kraft noch lieber als eine von der allgemeinen Substanz oder Materie wieder besondere Substanz oder Materie gesetzt und die Verbindung als eine Vermischung derselben, wie etwa des Weins mit dem Wasser, so daß sich z. B. die magnetische Substanz in die Eisensubstanz, die repellierende Substanz in die Lichtsubstanz oder in die Substanz der Himmelskörper übergegossen, kurz, es sei durch Einpflanzen, Eingiessen, Sammeln, Anhäufen, Einstoßen, die Kraft auf eine völlig
30 lig äußerliche Weise sich in der Substanz einfinde.
* Diese von der Kraft getrennte Substanz ist aber, wie gezeigt, nichts als die der Kraft, weil diese das in der Bestimmtheit der Möglichkeit gesetzte Verhältnis ist, entgegengesetzte Wirklichkeit; aber diese leere Wirklichkeit ist eine reine Bestimmtheit, mit der reinen Möglichkeit durchaus dasselbe, überhaupt reine Einfachheit. Aber das unendliche Verhältnis ist selbst dieses sich selbst gleiche Einfache, und diese / seine Sichselbstgleichheit ist die wahrhafte Substanz, aber durchaus nicht der Form, den sich vernichtenden Bestimmtheiten ent-
40 gegengesetzt, sondern gerade das Eins ihres Nichts, nicht et-

was, das vom Verhältnisse getrennt, sondern vielmehr das Wesen desselben ist. Ist das Verhältnis selbst ein beschränktes, so ist es als Bestimmtheit selbst Moment, wie z. B. die Qualität, Quantität in sich Unendliche, Reflektierte und zugleich Momente sind, und nicht die absolute Einheit selbst, sondern nur ein formaler, d. i. in einer Bestimmtheit gesetzter Ausdruck der Unendlichkeit, wodurch diese als solche aber nicht affiziert wird; sondern die Bestimmtheit ist gleichsam die Farbe der Einheit des Verhältnisses, das [sich] als unendlich in diesem Sichselbstgleichen der Bestimmtheit ungedrückt und ungehindert darstellt. Das Verhältnis so als Moment bezieht sich nicht auf sich selbst, sondern auf seine ihm entgegengesetzte Bestimmtheit, es bezieht sich nicht nach seiner Unendlichkeit, sondern nach seiner Bestimmtheit, und als einzelnes Moment ist es vom Ganzen unterschieden, dessen Moment es ist. Aber dieses Ganze ist selbst das Unendliche, das Verhältnis, es ist die Substanz, dem aber das untergeordnete, nur Moment seiende Verhältnis nicht als ein Zufälliges verbunden, sondern dessen wesentliches Moment ist, und als Moment nicht ein fixiertes Fürsichseiendes, wie die Kraft bestimmt ist, sondern schlechthin nur Bestimmtheit, die als dies ganze Verhältnis nur in der Beziehung auf sein entgegengesetztes Verhältnis ist, indem ihre Substantialität nur diese Einheit mit ihrem entgegengesetzten Momente ist; und so wenig die Substanz als leere Einheit, so wenig ist die Kraft weder etwas von der Substanz Getrenntes und gegen sie, noch gegen andere Formen des Verhältnisses, welche in derselben Einheit befaßt sind, für sich Seiendes. Die Bestimmtheit als Kraft fixiert sich noch mehr als die Qualität überhaupt, weil die Bestimmtheit als Verhältnis in sich unendlich ist, wovon sogleich bei der Betrachtung des Dialektischen des Kausalverhältnisse selbst die Rede sein wird; denn die zwei Substanzen desselben sind nichts anderes als zwei Notwendige oder zwei Verhältnisse, die in ihm in Eins zusammengehen.

Das Verhältnis, wie es, bestimmt als Möglichkeit, einer Substanz inhärieren soll, also an sich selbst nicht die absolute Substantialität sein soll, ist für sich getrennt von der Substanz, welche seine an ihm selbst seiende Wirklichkeit ist, aber als Kraft bezieht sich das Verhältnis auch auf seine Wirklichkeit als ein ihm Entgegengesetztes, auf welche es sich äußert; die

mit [ihm] verbundene Wirklichkeit ist sein Positivsein; als
seinem Wesen nach unendlich muß es sich negativ auf eine
Wirklichkeit beziehen, sie hiemit außer sich haben, und in der
Beziehung, sie etwa zum / Teil, aufheben. Die Kraft wird hiedurch eine Beziehung einander entgegengesetzter, für sich seiender, ihr als Identität entgegengesetzter Substanzen, sie wird
ein rein formales; die Differenten sind außer ihr, es sind nicht
die Momente ihrer selbst als eines Unendlichen; sie, da sie diese Momente außer sich hat, hört selbst auf, unendlich zu sein;
10 sie ist, leer von ihren Momenten, ein bloß Identisches, in dessen Form irgend eine Bestimmtheit gesetzt [ist], und sie hört
damit auf, etwas anderes zu sein als dieselbe leere Tautologie,
welche der Kausalzusammenhang ist, und dient nur für denselben Unfug der tautologischen Erklärungsweise. Anziehungskraft verschiedener Substanzen, Verwandschaftskraft u.s.f.
drücken eine Beziehung aus, aber das, was bezogen wird, sind
nicht absolut Entgegengesetzte, nicht Momente des Unendlichen, sondern für sich seiende Indifferente, und die Beziehung selbst hiemit nicht eine unendliche, sondern identische,
20 sich selbstgleiche, außer welcher die Entgegensetzung ist. Verschiedene Substanzen aufeinander bezogen enthalten den Widerspruch des Fürsichseins, indem sie Substanzen, und des
nicht Fürsichseins, indem sie bezogen sind. Indem sie absolut
für sich sind, so ist die Beziehung ihnen das absolut Fremde,
und die Frage nach der Erklärung, die eintritt, setzt selbst
voraus, daß der aufzuzeigende Grund der Beziehung außer
den Substanzen sei, und verlangt die Aufzeigung desselben.
Was aufgezeigt wird, ist die Anziehungs-, Verwandschaftskraft, das heißt nichts anderes als die Beziehung selbst. Es
30 muß ein anderes sein als die Substanzen, was sie bezieht,
denn sie selbst beziehen sich nicht durch sich selbst aufeinander, im Gegenteil, sie sind nur für sich das sich nur auf sich
selbst Beziehen. Dies andere, was sie bezieht, was ist es? es ist
nichts als die Beziehung selbst. Es ist, jenes Fürsichsein der
Bezogenen als Substanzen vorausgesetzt, gar keine Antwort
möglich als diese Tautologie; denn daß sie nicht eine Tautologie wäre, müßte die Beziehung eine unendliche sein, so daß
also die Bezogenen das Gegenteil ihrer selbst wären; aber die
Substanzen sind nur sich gleich, der Beziehung bleibt hiemit
40 nichts als ihre reine Sichselbstgleichheit oder die Tautologie

ihres Wesens. Die Substanzen sind durch die Beziehungskraft bezogen, heißt nichts anderes als: sie sind bezogen, weil sie eben bezogen sind. Das absolut Unbegreifliche ist die Verbindung für sich seiender Substanzen mit ihrer Beziehung, welche sie mehr [oder] minder als eines setzt und aufhebt; und das absolut Unbegreifliche läßt weiter nichts zu als zu sagen, daß es eben einmal so ist. Das Begreifen oder das Setzen der Notwendigkeit wäre nichts anderes, als daß die / Substanzen durch sich selbst aufeinander bezogen, d. h. absolut nicht für sich selbst, absolut nicht Substanzen, sondern an ihnen selbst nur in ihrem Entgegengesetzten, außer sich, das Gegenteil ihrer selbst [wären]. Aber diese Notwendigkeit ist bei vorausgesetztem absoluten Fürsichsein nicht möglich; es ist hiemit gar keine Notwendigkeit, sondern die Beziehung ist für sich, getrennt von den Substanzen, so wie diese von ihr und voneinander, und der Grund ihrer Beziehung ist die Tautologie, daß sie eben bezogen sind. Das reine Sein des: es ist so, ist die leere Identität, das Notwendigkeitslose, der Raum der absoluten Zufälligkeit, in welchem alles ruhig und indifferent nebeneinander, ohne sich zu beschädigen Platz hat; besondere Substanzen, die für sich bleiben, was sie sind; daneben dann auch ein Beziehen, d. h. ein Aufheben derselben; aber jenes für sich Bleiben und dies nicht für sich Bleiben sind außereinander, berühren sich nicht, haben ruhig Platz nebeneinander; es ist alles Verhältnis verschwunden.

Die Tautologie, welche die bestimmte Beziehung erklärt, ist durch das Bedürfnis des Erklärens, das auf Notwendigkeit geht, oder das Sein des Einen in seinem Entgegengesetzten, zu einem Gegensatze getrieben und [dazu,] seine Tautologie sich zu verbergen; der Gegensatz, den es dann in seine identisch gemachte Bestimmtheit legt, ist eben der formale der Möglichkeit und Wirklichkeit, der Kraft, des Innern, und ihrer Äußerung. Dieser Gegensatz aber ist nicht an dem Verhältnisse selbst gesetzt, so daß es in Wahrheit an ihm selbst sich so teilte und die unendliche Beziehung desselben wäre, sondern das Verhältnis ist das zum rein Einfachen des Namens Gemachte und als Mögliches bestimmt, die Kraft genau dasselbe, was sie als Erscheinung, als sich äußernd ist, Unterschiede, welche die Kraft an ihr selbst, nämlich als Verhältnis nichts angehen, nicht Momente ihrer selbst. Daher hat jenes

Erklären in seinen Tautologien wohl auch eine Entgegensetzung, aber sie ist nur ein Schein, denn sie geht das Wesen der
erklärenden Beziehung so wie der Bezogenen nichts an. Davon daß der Stein auf den Boden fällt, d. h. sich mit dem Boden als Eins setzt, lautet die Erklärung nicht so, daß er sich
darum als eins mit ihm setze, weil er sich als eins mit ihm setze, sondern weil eine Kraft in ihm ihn als eins setze, nämlich
die Kraft, ihn als eins mit dem Boden zu setzen. Die Erklärung der Richtung der Magnetnadel nach Norden und Süden,
10 oder die Anziehung des Eisen/feilstaubs an den Polen des
Magnets, oder das Abstoßen der gleichnamigen Pole, lautet
nicht so: daß sich der Magnet nach Norden und Süden richte,
weil er sich dahin richte, den Eisenfeilstaub anziehe, weil er
ihn anziehe, die gleichnamigen Pole sich abstoßen, weil sie
sich abstoßen, sondern weil in der Substanz, an der sich solches
ches zeigt, etwas anderes noch als sie ist, nämlich eine magnetische Kraft, und diese magnetische Kraft hat die Kraft, die
Substanz so zu richten, solchen Staub an sie zu ziehen, gleich-
namige Pole abzustoßen. Ebenso die Elektrizität, die Irritabi-
20 lität erklärt als Kraft sich selbst, wie sie erscheint. Der Inhalt
der Erscheinung und der Kraft ist als dasselbe; das Ganze der
Äußerungen wird zusammengefaßt in der Kraft; so in sich getrennt das Verhältnis sei, so gilt es für ein Eins des Namens,
ein einfaches Zusammen, und die Trennung, die an ihm gesetzt wird, ist eine dem Verhältnisse selbst fremde, der Kraft
als eines möglichen und eines wirklichen, wodurch die Tautologie der Erklärung dieselbe bleibt. Es folgt hieraus, daß es für
das Erkennen, welches an sich unendlich, nur auf das Unendliche und das Notwendige geht, keine Kraft gibt, daß es nicht
30 die bewegende, beschleunigende Kraft, sondern die Bewegung, Beschleunigung u.s.w., nicht die magnetische, elektrische u.s.w. Kraft, sondern den Magnetismus, Elektrizität
u.s.w. betrachtet, ebensowenig die Einbildungs-, Gedächtnis-
kraft, oder das Vermögen der Einbildung, Gedächtnisses, des
Verstandes, der Vernunft u.s.w., sondern die Einbildung, das
Gedächtnis, den Verstand, die Vernunft selbst; am allerwe-
nigsten aber die Anziehungskraft, oder Verwandschaftskraft;
denn wenn die elektrische, magnetische, verständige Kraft
u.s.w. nichts als reine Identitäten und für die Differenz des
40 Erklärens Tautologien sind, so bezeichnen diese Namen doch

diese Bestimmtheit der elektrischen, der magnetischen Beziehung. Aber die Anziehungskraft, die Verwandschaftskraft sind vollkommen leer, sie drücken gar nichts als das Beziehen überhaupt aus, und es ist sonderbar genug, die Untersuchungen zu finden, ob die Anziehungskraft nicht eine ganz allgemeine Kraft der Natur, etwa auch der geistigen selbst sei; dies ist sie in der Tat, denn sie ist das Beziehen überhaupt, und wohl gibt es keine allgemeinere Kraft als die Kraft des Beziehens. Die Verwandschaftskraft wie die Anziehungskraft sind in der Tat gar zu leer; das Kali verbindet sich mit der Säure, weil es verwandt mit ihr ist, heißt doch wahrhaftig nichts als sie setzen sich beide als Eins, weil sie sich als eins setzen; die Schwefelsäure verbindet sich mit dem Kalke eines kohlen-/ sauren Kalks und jagt die Kohlensäure aus, weil die Schwefelsäure mehr, näher mit dem Kalke verwandt ist als die Kohlensäure, heißt doch in der Tat nichts als weil sich mit der Schwefelsäure der Kalk vorzugsweise vor der Kohlensäure verbindet. Der figürliche Ausdruck Verwandschaft läßt sich durch Verbindungstrieb oder auch Freundschaft u.s.w. ganz gut ersetzen, und dann wird man sagen: ein Kali verbindet sich vorzugsweise mit einer Säure, weil es einen vorzüglichen Verbindungstrieb mit ihr hat. — Es ist schon erinnert worden, daß die Kraft ausdrückt, daß die Beziehung einer Substanz auf eine andere an ihr selbst sei, oder daß sie im Verhältnisse sei, daß es die Natur der Säure sei, sich auf das Kali zu beziehen; die Erklärung durch Verwandschafts-, Anziehungskraft drückt also auch aus, daß die Beziehung nicht eine zufällige, sondern eine notwendige sei. Aber der Ausdruck: die Säure bezieht sich auf das Kali, bezeichnet unmittelbar diese Notwendigkeit, da hingegen die Kraft es noch frei läßt, ob nicht die Säure oder das Kali etwas von ihrer notwendigen Beziehung Getrenntes — als ob jene Beziehung nicht die Definition derselben wäre — und eine Säure wohl auch ohne diese Kraft, so wie ein Magnet ohne Magnetismus u.s.f. sein könnte. Die chemische Verwandschaft steht höher in der Bezeichnung des Verhältnisses, denn die Verwandten sind in der Tat sonst nichts als diese relativen, oder gesetzt an ihnen selbst das Gegenteil ihrer selbst. Aber eben darum trennt sich die Äußerung, die Neutralisation des Kali durch die Säure z. B., in Wirklichkeit nicht von der Möglichkeit oder der Kraft; es ist

nur schlechthin eine und dieselbe Notwendigkeit, und es kann
an keine Verschiedenheit der Wirklichkeit und Möglichkeit,
an ein Besondersein der Äußerung und der Kraft gedacht werden, auch nicht in Beziehung auf die gemeine Wirklichkeit
oder die Wirklichkeit des Einzelnen; das Eisen ist begreiflich
ohne Magnetismus, aber die Säure nicht ohne Kali, d. h. das
Eisen ist zu setzen als sich selbst gleich, ohne die Differenz
der magnetischen Pole, als neutral; aber Säure oder Kali sind
schlechthin nicht neutral; oder sind sie als Salz, verbunden,
10 neutral, so sind sie wie das Eisen ohne Pole, so sie ohne Kali-
tät und Säure. Aber eben so soll ihre Verwandschaft wieder
nicht genommen werden; fixiert als Säure und Kali, durch ihre Natur, bestimmt eins das Gegenteil des andern, und darum
als notwendig bezogen, das Gegenteil seiner selbst zu sein,
soll die isolierte Bestimmtheit doch substantiell, für sich
schlechthin seiend bleiben, und indem sie ihre Natur erfüllen,
sich als das darstellen, was sie ihrem Wesen nach sind, nämlich sich selbst aufhebend, / in der Neutralisation zu neutris
zu werden, so daß weder das Eine noch das Andre ist, so sol-
20 len doch beide bleiben, was sie isoliert sind. Oder die Verwandschaft wird in der Tat ihrem Wesen als fremde, und sie
durch ein Fremdes bezogen, auch in der Neutralisation diese
Beziehungen noch außer sich habend und für sich bleibend
gesetzt. Die chemische Verwandschaft, welche das unendliche, das Verhältnis unmittelbar ausdrückte, wird so selbst
wieder zu einer indifferenten, verhältnislosen Beziehung, zum
Quantum, der Beziehung eines Ganzen und der Teile.

2. Die Kraft, ihrer überflüssigen Bestimmtheit entkleidet,
ist das Kausalverhältnis, in welchem die Substanz oder das
30 Notwendige sich verdoppelt und sich darin als Wirklichkeit
setzt. Die Substanz als Ursache bezieht sich durch ihre Wirkung auf eine andere, und diese ihre Beziehung ist ihre Wirklichkeit selbst; diese Beziehung ist dieselbe Unendlichkeit,
dasselbe Verhältnis, welches jedes der Glieder ist; und sie ist
selbst unendlich. Indem die Substanz Ursache ist, — und sie
ist es durch ihr Wesen, sich durch sich selbst als Bestimmtheit
auf ein Anderes zu beziehen, — ist dieses Andere selbst Substanz, denn die Unendlichkeit der Substanz, die Ursache ist,
ist nur unendlich, Aufheben des Andersseins, indem das An-

dere ist. Die Beziehung der Ursache aber auf die andere Substanz ist nichts anderes, als daß die Ursache ihre Bestimmtheit in die entgegengesetzte Substanz als Wirkung setzt, aber
eben dadurch ihre eigne Bestimmtheit so wie die der andern
aufhebt und beide als Eins, nur als Aufgehobene setzt. Es
verschwindet darin die Substantialität der beiden Notwendigen als ein Fürsichsein; denn wesentlich ist jede die unendliche in sich reflektierte Bestimmtheit; das in eins Setzen beider ist das Aufgehobensein beider Bestimmtheiten und das
Einswerden des gedoppelten Seins. Die Wirklichkeit des Not-   10
wendigen als ein Gesetztsein der Bestimmtheit desselben ist
das Einssein der gedoppelten Notwendigkeit; die Substanz
realisiert sich nur als außer sich gehend, und nur außer sich
gehend auf sich selbst, als sich absolut Entgegengesetztes; die
andere Substanz ist nichts als diese substantiierte entgegengesetzte Bestimmtheit, und die Wirkung nicht die Abtrennung
der Bestimmtheit von der Ursache, sondern der Übergang ihres Wesens, das die Bestimmtheit ist, in ihr Entgegengesetztes,
nicht in irgend unbestimmtes anderes Sein. Was sich ganz vernichtet, ist die leere Gedoppeltheit des getrennten Seins; die   20
Bestimmtheit selbst mit ihrer entgegengesetzen als Eins ist
nicht vernichtet, sie ist nur aufgehoben als für sich seiend;
aber eins mit / der andern ist ihre gegenseitige vollkommene
Durchdringung so, daß sie gesetzt sind, denn jede war unendlich, in sich selbst reflektiert, sie waren nicht reine Bestimmtheiten, aber sie sind gesetzt als aufgehobene; die Wirklichkeit
ist das Produkt, dieses Einssein, an welchem nur die Möglichkeit der getrennten für sich seienden Bestimmtheiten ist, worin sie aber aufgehört haben, als diese Bestimmtheiten zu existieren.[1]   30
Es bestimmt sich hiedurch der Charakter der in dem Kau-

---

[1] *Auf einem hier eingelegten Blatt:* Das ist grün, bewegt; dies kommt
von einer grünmachenden Ursache, Stoß; es ist Wirkung. Von der Ursache, Kraft kennen wir Wirkungen; d. h. wir kennen nichts als das
Grün, Bewegte. Also auch nicht, daß es Wirkung ist.

Mit Recht sind hieher die Grenzen der Vernunft verlegt worden; daß
wir nicht ins Innere der Materie, der Kraft, der Materie dringen; denn   *
die Vernunft geht hier aus; es ist ganz unvernünftig, das Grün, das Bewegte, zu einem von sich Unterschiedenen als Ursache und Wirkung zu
machen, da beides immer nur ein und dasselbe Grün, Bewegte ist.   40

salitätsverhältnis begriffenen Substanzen; beide sind gesetzt als unendliche oder notwendige; aber sie sind sich zugleich entgegengesetzt; die eine als passive, sich auf sich selbst beziehende, den Begriff der Notwendigkeit an ihr selbst ausdrückend; die andere aber als mögliche, die Ursache, welche ihre Wirklichkeit außer sich hat, hiemit als Kraft, aber so, daß ihre Wirklichkeit darin besteht, sich auf ihre entgegengesetzte Bestimmtheit an sich selbst, aber als auf eine andere Substanz, zu beziehen, alsdenn ihre Wirklichkeit nur in dieser Bezie-
10 hung zu haben, d. h. in der Aufhebung der außer ihr gesetzten, für sich seienden Wirklichkeit; sie ist die sich auf ein anderes Unendliches beziehende Unendlichkeit, die Einheit, die nur unendlich ist, indem sie nicht eine Bestimmtheit, sondern eine unendliche Bestimmtheit aufhebt, für sich ist, sich auf sich selbst bezieht, aber nur durch das Aufgehobensein eines Unendlichen. Die Wirklichkeit, welche so wird, ist nicht die im Begriffe der Unendlichkeit gesetzte Wirklichkeit, welche formal ein Gesetztsein ist, das an sich nur möglich ist oder in seinem Gesetztsein das Andere ausschließt, aber in Wahrheit
20 nicht ausschließt, sondern sich darauf bezieht, hier in Wahrheit es ausgeschlossen hat, indem es eine andere Substanz ist und zugleich sich darauf wahrhaftig bezieht, als auf ein solches, / das in ihm, und so sein Ausschließen selbst aufgehoben worden ist. Das Unendliche hört somit auf, ein Sein zu sein; es ist an ihm selbst diese Bewegung gegen eine andere Substanz, die passiv ist, aber sich auf sich selbst bezieht; das Wesen beider ist die entgegengesetzte Bestimmtheit, und die Wirklichkeit, das Kausalverhältnis selbst ist die Einheit dieser Bestimmtheiten, welche nur als aufgehobene sind.
30 Die Wirklichkeit, welche so zu sich selbst aus unendlichen Bestimmtheiten oder aus dem Aufheben von Substanzen gekommen ist, ist schlechthin nur Eine Substanz, Eine Notwendigkeit; wie [sie] sich von dem Begriffe der Notwendigkeit
* unterscheidet, ist gezeigt, indem für diesen das sich Aufhebende nur einfache Beziehungen, das Bezogensein des Einen und Vielen und Nichtbezogensein des Einen und Vielen, nicht Unendliche waren, oder die Möglichkeit nur als eine einfache ruhige Einheit, ein gleichgültiges Sein der Entgegengesetzten, die Wirklichkeit das negative bestimmte Sein des Einen mit
40 Ausschließung des Andern.

In dieser Wirklichkeit des Kausalitätsverhältnisses fällt aber das Fürsichsein der Unendlichen zusammen. Das Produkt, und es ist nur das Produkt, ist die Einheit derselben, ihr Getrenntsein ist aufgehoben; das Verhältnis ist schlechthin nur als dieses Aufgehobensein oder als das Produkt, denn die für sich seienden Substanzen sind ihrem Wesen nach Bestimmtheiten, notwendige, unendliche, aber nur in sich selbst reflektierte Bestimmtheiten, und sie haben darin in Wahrheit kein Bestehen. Was das Kausalverhältnis an sich ist, ist dieses Produkt, dies Verschwundensein der für sich seienden Be- 10 stimmtheiten, das Dritte, in dem sie so vereinigt sind, daß sie sich nicht mehr unterscheiden, und außer ihm liegt ihr sich unterscheiden; es ist das Quantum wieder entstanden, aber so [,daß] das Produkt, die Beziehung, eine vollkommen einfache, nicht in Ganzes und Teile unterschiedene ist, und daß das Ausgeschlossene das Unterschiedensein der im Produkt Ununterschiedenen ist, hiemit die Unterschiedenen außer dem Produkt, sich nicht gleichsam in diesem fortsetzen, sondern daß die Kontinuität ganz unterbrochen ist, der Unterschied nicht dieser äußerliche der Grenze des Quantums ist, sondern 20 der absolute, daß sie im Produkt wie außer ihm Aufgehobene sind, in jenem ihre Einheit als Wirklichkeit ist, eine Einheit, die ein Gesetztsein ist, ein sich rein Selbstgleiches, und nicht ein Leeres, sondern ein solches, das aus der Unendlichkeit hergekommen, oder das an ihm selbst bestimmt ist als ein Aufgehobensein der Entgegengesetzten; diese selbst, als getrennte außer dem Produkte, sind nur aufgehobene, rein mögliche, sich absolut ungleiche; / es steht also das absolute Sein der absoluten Möglichkeit, und unbezogen entgegen. Das Produkt ist fertig in sich geschlossen; und es ist im Kausalitätsverhält- 30 nis vielmehr sein Gegenteil, nicht verschiedene Substanzen, nicht eine Ursache und ihre Wirkung in einer andern Substanz, nicht eine Entgegensetzung und unendliche, sich erzeugende Beziehung, sondern eine einfache als Substanz.

CC. Wechselwirkung

1. Das Unendliche, statt in dem Kausalitätsverhältnisse sich zu realisieren, ist in demselben vielmehr auseinandergefallen;

an sich ist es die Beziehung der Nichtbezogenen; das Einfache, das sich ein Anderes wird, welches ebenso das Andre seiner selbst und hiemit das erste Einfache ist. Im Kausalitätsverhältnisse ist das Anderswerden aufgehoben, das Einfache nur das aufgehobene Anders, und die Entgegensetzung vernichtet, die im Unendlichen ebenso ist. Es ist aber das Wesen des Einfachen des Kausalitätsverhältnisses, ein Aufgehobensein der Bestimmtheiten zu sein, seine Einfachheit ist nur die Abstraktion von ihrem Fürsichsein, aber ihr Sein ist ebendarum we-
10 sentlich für dasselbe. Die einfache Substanz, gesetzt nur als das Aufgehobensein derselben, ist selbst eine Bestimmtheit, der die andere, von welcher sie abstrahiert, gegenübersteht; sie bezieht sich nicht darauf, sie sind durch das Leere getrennt; aber darum ist ihr Wesen nicht weniger auf die Entgegensetzung bezogen, und als diese Abstraktion stellt sie nicht an sich selbst dar, was sie ihrem Wesen nach ist; ihre Substantialität, ihr Fürsichsein, als welches sie gesetzt ist, widerspricht diesem Bedingtsein durch die Entgegensetzung, welche vielmehr, statt an dem Einfachen zu sein, gänzlich außer ihm ist.
20   Es wird für das Einfache durch dieses Isoliertsein das Andere außer ihm erst ein wahrhaftes Fürsichsein, eine absolute Substanz; im Kausalitätsverhältnisse realisiert sich die Substanz nur als Eine, hier ist die Mehrheit schlechthin durch ihr Nichtbezogensein gesetzt. Das Ausgeschlossene aus dem einfachen Produkte ist das Trennen der Entgegengesetzten; es ist aber selbst ein Fürsichsein und als solches sich selbst gleich wie das Produkt, oder es ist in Wahrheit ein ebensolches Einfaches. Es ist die / reine Möglichkeit des ersten und umgekehrt dieses ebenso für sich, und das erste seine reine Möglich-
30 keit, und sie sind sich auf diese Weise gleich, eigentlich ununterschieden und ununterscheidbar; denn in der zweiten als dem Getrenntsein der Bestimmtheiten fällt dies ebenso weg, und die Bestimmtheiten zusammen; denn sie sind bezogen, nicht auf die erste Substanz, sondern auf sich selbst, und sie sind bezogen, da sie für sich sind; das Fürsichsein heißt auf sich selbst Bezogensein oder ein Aufgehobensein der Entgegensetzung; d. h. es ist außer der ersten ebenso eine einfache Substanz gesetzt; und es ist wieder außer dieser ebenso das Getrenntsein, das zusammenfällt in einfache Substanz; es ist
40 dieses sich Setzen und Außersichsetzen oder Anderssein und

das Aufheben dieses Andersseins die Unendlichkeit, aber die schlechte Unendlichkeit, da das Anders eines jeden Gesetzten außer ihm ist, hiemit jedes Gesetzte besteht; es würde in Wahrheit nichts als die schlechtunendliche Vielheit numerischer Eins gesetzt. Die Substanz aber als die Einfachheit entgegengesetzter Bestimmtheiten ist an sich selbst bestimmt als Einfachheit, und das ihr entgegengesetzte Getrennte ist an ihm selbst bestimmt als Getrenntes, oder in der gleichen Einfachheit beider sind sie entgegengesetzt, der Gegensatz fällt nicht als schlechte Unendlichkeit außer ihnen; denn es ist überhaupt 10 der Boden der Quantität, die der Vielheit fähige Einheit gesetzt, die in der schlechten Unendlichkeit als außer den Vielen fallend gesetzt wird, und damit in Wahrheit auch die Entgegensetzung. Durch dies Sein, das ein gemeinschaftliches, d. h. sie trennendes ist, ist die Entgegensetzung an ihnen selbst gesetzt, und dem einfachen Produkte steht es selbst zunächst als ein in sich getrenntes gegenüber; sie sind, aber als reine Möglichkeiten füreinander; sie sind beide unbezogene Substanzen. Das Einfache als selbst bestimmtes drückt darum an ihm selbst die Bestimmtheit aus, oder in seiner Einfachheit 20 dieser Entgegengesetzten ist es äußerlich in Vergleichung mit einem Andern ebenso die Trennung, Bestimmtheit als sein Wesen an ihm habend; das Andere ist ebenso einfach, beide auf gleiche Weise einfach und in ihrer Einfachheit bestimmt, entgegengesetzt gegeneinander. Indem die Bestimmtheit gegeneinander, so in die Einfachheit aufgenommen, jedes für sich substantiiert, so ist sie doch unter der Form der Äußerlichkeit, des Quantums gesetzt, und die Unendlichkeit als negative Einheit ist außer ihnen; an ihnen selbst ist die schlechte Unendlichkeit, das Bestehen der Bestimmtheit, die 30 gegeneinander ebendadurch unbestimmt, als Quantum ist. Die absoluten Bestimmtheiten sind als Einfaches in den Substanzen, die diesen selben Inhalt haben; / die Einfachheit ist dieser selbe Inhalt, ist zugleich ein äußerlich, quantitativ bestimmter, und die reine Neutralität des Einfachen ist eine Kontinuität bis zu ihrer Trennung, oder als Bestimmtheit eine unbestimmte Kontinuität des Übergangs in ihr absolut Entgegengesetztes. Die absolut Entgegengesetzten sind dieselben Beziehungen der Bestimmtheiten; sie sind in dem Medium einer Gemeinschaftlichkeit dieses Inhalts gleichgültig gegen- 40 einander, ihre Beziehung ist eine Kontinuität, und ihre Entgegensetzung die äußerliche des Quantums, nach welchem jene Kontinuität ins unendliche teilbar ist, weil sie als Kontinuität und bestimmt durch Quantum schlechthin keine immanente Grenze, nicht die Negation, absolute Entgegensetzung an sich selbst, sondern als eine äußerliche, unbestimmte, nur als Grenze überhaupt hat; sie ist als äußerliche nur eine gefoderte.

Die Wirklichkeit ist auf diese Weise eine unendliche, wo ein Quantum gesetzt wird, innerhalb dieses Quantums teilbare, und ebenso außerhalb desselben unendlich fortsetzbare; sie geht durch unendliche Vermittlungen zu dem Entgegengesetzten über, und dieses ist selbst nicht; denn als absolut Entgegengesetztes hätte es seine Grenze, Bestimmtheit an ihm selbst, nicht als eine äußerliche.

Die sich realisierende Unendlichkeit ist auf diese Weise wieder in das Quantum zurückgefallen; paralysiert in dem Produkte des Kausalverhältnisses, hört sie auf, Vernichten des entstehenden Getrennten zu sein, und ist das Aufgehobensein derselben; wodurch sie eine äußerliche rein mögliche, leere negative Beziehung, die Einheit eine bestehende Kontinuität unendlich geteilter Unterschiede, nicht leere Einheit, sondern die Einfachheit Entgegengesetzter [ist], welche Einfachheit selbst den Unterschied als einen äußerlichen ausdrückt. Diese erfüllte Kontinuität ist die Einheit des Unendlichen, das Sein seiner Entgegengesetzten ist das Bestehen solcher Unterschiedener, und das Aufgehobensein derselben als gegeneinander bestimmter ist, daß jede einzelne Bestimmtheit die ihr entgegengesetzte rein außer sich hat; ihr Aufgehobensein ist nur das gleiche Sein dieser andern. Im Kausalitätsverhältnisse ist die eine Substanz, als sich auf sich selbst beziehend, gegen die andere, welche sich auf diese passive bezieht, ein Aufzuhebendes; sie ist bestimmt als die entgegengesetzte dieser, und die Ursache ist hiedurch ebenso bestimmt durch die, auf welche sie wirkt; aber sie nur ist als das Bestimmen gesetzt oder als das Beziehen entgegen/gesetzter Bestimmtheiten; hier ist jede auf gleiche Weise sich auf sich selbst beziehend, und nicht als zu negierend durch die andere gesetzt, und jede als bestimmt durch die andere; dieses Bestimmtsein aber als die Wechselwirkung der Substanzen hebt ebendamit das Negative

der Beziehung auf, indem jede der andern hierin gleich und
ihr Unterschied an ihnen wohl gesetzt, aber als ein indifferenter sich nur auf sich selbst beziehender ist, keine sich in der
andern setzt, für sich nicht auf die andere bezieht. Die Wechselwirkung, statt die wahrhafte Bewegung, das gegenseitige
Sein einer jeden in der andern hervorzubringen, setzt sie vielmehr in die Ruhe des Gleichgewichts, indem sie den Unterschied an ihnen selbst aufhebt, [so daß] jede ihrem Wesen
[nach] der andern gleich, jede dieselbe Einfachheit der Entgegengesetzten, und der Unterschied, der ebenso gesetzt sein   10
muß, nur ein äußerlicher ist.

Anmerkung 1. Die Tätigkeit im Kausalitätsverhältnisse
zeigt sich zu unmittelbar als vielmehr eine Nichttätigkeit, als
daß nicht zur Wechselwirkung übergegangen werden müßte;
denn wenn die Tätigkeit das Setzen der Bestimmtheit der
einen Substanz in die andere und hiemit das Aufheben der
Bestimmtheit dieser Substanz ist, so ist sie ebenso unmittelbar das Aufheben der ersten und die erste ist gerade, insofern
sie tätig ist, nicht tätig; und die Tätigkeit als das Aufheben
beider Bestimmtheiten ist das Einfachsein derselben, sie ist   20
in Wahrheit dasjenige, was wir Produkt genannt haben. Die   *
Bestimmtheit der als tätig gesetzten Substanz wird ebenso
aufgehoben, und hiemit ist die andere in Wahrheit ebenso tätig; und statt einer Wirkung der ersten auf die zweite ist vielmehr die Wechselwirkung die gleiche Tätigkeit beider absolut
entgegengesetzter Bestimmtheiten, ein verdoppeltes Tätigsein
gesetzt; aber die gedoppelte Tätigkeit ist nichts als der Ausdruck davon, daß auf gleiche Weise jede der beiden Bestimmtheiten aufgehoben werden; es kann nicht die eine die andere
gleichsam an eine andere Stelle treffen, als diese andere tätig   30
ist, so daß jede in eine tätige und in eine leidende Seite sich
teilte; denn die Tätigkeit ist schlechthin nur die Beziehung
der Bestimmtheit auf die entgegengesetzte Bestimmtheit; und
nur dies Entgegengesetztsein und die Negation, die Idealität
des Gegensatzes an sich selbst, ist die Tätigkeit; also ist keine
auf etwas anderes tätig, das ihr nicht entgegengesetzt, oder
das nicht die Tätigkeit selbst der andern wäre, d. h. es ist nur
Eine Tätigkeit, oder was dasselbe ist, nur ein Produkt, keine
Wechselwirkung, die beiden Bestimmtheiten reduzieren / zu

einer einfachen Einheit; und nur indem diese selbst eine Bestimmte ist, hat sie jedoch äußerliche Bestimmtheit, Gegensatz gegen andere, und diese ihre Wechselwirkung, welche ein
Bestimmtsein beider in Beziehung aufeinander ist, ist ein indifferentes Fürsichsein derselben, eine verhältnislose Ruhe,
ein positives, nicht negatives Setzen der Bestimmtheiten, oder
die Vielheit verschiedener Substanzen. Das Verhältnis, die absolute Tätigkeit ist schlechthin nicht in dem Sein desselben
Ganzen, desselben Einfachen, das gedoppelt wäre und die
10 äußere Form der Entgegensetzung an ihm haben sollte; es
kommt nur zu dieser paralysierten Unendlichkeit.

Anmerkung 2. Sowenig diese Wechselwirkung eine Lebendigkeit ist, ebenso wenig ist sie als das, was sie in Wahrheit
seiend sich darstellt, nämlich als eine unendliche Vermittlung
des Übergehens, ein vernünftiges Erkennen. Das Erkennen ist
ebenso nur Erkennen als unendlich, in der absoluten Entgegensetzung; die Natur als das Anderssein des Geistes hat die
Unendlichkeit nur auf diese äußerliche Weise der Vermittlungen an sich; indem sie dieselbe einfache Einheit Entgegenge-
20 setzter ist, stellt sie nicht diese Entgegensetzung selbst als an
sich unendlich seiend, sondern einfach, und als Trennung nur
äußerlich, als eine Bestimmtheit [dar], die im Mehr und Minder des Hervortretens und Überwiegens des einen oder des
andern der Entgegengesetzten ist. Das Erkennen muß diese
Einheit erst absolut zerreißen und die Extreme rein und einfach darstellen und sie so als qualitativ entgegengesetzt aufheben. Das ins unendliche vermittelte Übergehen hat die Momente des Gegensatzes schon gegeben; in dem Einfachsten,
wo solches Erkennen anfängt, sind wenigstens die Spuren des
30 nachher weiter hervortretenden und sich ausbildenden Gegensatzes; dasjenige, was das Wesentliche der Idee ist, das Verhältnis der Bestimmtheiten, kommt nicht als Verhältnis, als
unendlich in Betracht, sondern als ein Erscheinen der Bestimmtheiten, die hier dieselben wie in allen Formen der vermittelten Übergänge sind, und sich allein durch das Mehr oder
Minder der einen und der andern unterscheiden. Und so wie
hier gerade das Wesentliche, nämlich das Verhältnis nicht in
Betracht kommt, ebenso kommt es auch in Beziehung auf
seine verschiedenen Bestimmtheiten, welche selbst wieder un-

ter sich das Verhältnis sind, nicht in Betracht, sondern das Qualitative reduziert sich auf ein Quantitatives; die Metamorphose, welche ein System ihrer Zustände bildet, ist nur eine Reihe der verschiedenen quantitativen Mischung und des stärkern und schwächern Hervor/tretens; die Identität der Bestimmtheiten, welche so eine Verschiedenheit der Mengen gegeneinander sein sollen, im Verhältnisse, und die allein das Vernünftige ist, sowohl derselben als innerer, d. h. Momente des Verhältnisses selbst, als seiner, wie es als Ganzes in ihnen erscheint, wird vielmehr eine Sichselbstgleichheit der abge- 10 sonderten Materien, die sich nur mehren und mindern, übrigens aber schon ursprünglich jede für sich als vorhanden vorausgesetzt ist. Das Unterbrechen des gleichförmigen Fortfließens der wachsenden und abnehmenden Menge durch das Qualitative der reinen Momente des Verhältnisses, über welches das quantitative Formale der Natur nicht Meister werden kann, macht Lücken in die Reihen und Leitern, welche diese geschichtliche Ansicht des bloßen Vorhandenseins weiter nichts angehen.

2. In der Wechselwirkung realisiert sich das Verhältnis, in- 20 dem seine Momente ein Bestehen erhalten, selbst Notwendige, Unendliche, Verhältnisse sind; aber diese Realität ist zugleich das Aufheben desselben, die Verhältnislosigkeit. Das Verhältnis als paralytische Unendlichkeit oder als Wechselwirkung, indem es die Realität des Verhältnisses ist, muß sich an jedem seiner Momente, oder den beiden Formen desselben, des Substantialitäts- und Kausalitätsverhältnisses, ebenso als diese schlechte Unendlichkeit darstellen, nicht an ihrer unmittelbaren Bestimmtheit des Verhältnisses, denn diese ist noch nicht die Totalität desselben, sondern insofern sie Ver- 30 hältnisse überhaupt, diese Totalität unter dieser Bestimmtheit, indem sie als Verhältnisse selbst nur sind, indem die Realität sich an ihnen ausdrückt, welche zugleich nicht diese Indifferenz der Wechselwirkung, sondern sie nur unter der Bestimmtheit der Form des Verhältnisses sein kann. Oder die Substanzen des Wechselverhältnisses selbst als Bestimmtheiten ihrem Wesen nach sind selbst nur unter der Form des unvollständigen ideellen Verhältnisses, und das in sich als Wechselwirkung zurückgegangene Verhältnis stellt an sich selbst

die Momente seines Rückgehens in sich dar oder sich selbst
als formale Wechselwirkung. Indem sie so unter ihre ideellen
Momente zurückkehrt, erhält sie dadurch gleichsam das ihr
fehlende Moment der Idealität, aber dies selbst affiziert mit
dem Bestehen der Substanzen.

a) Das Substantialitätsverhältnis, als der Begriff der Notwendigkeit, ist das Gesetztsein der Substanz als einer Bestimmtheit mit Ausschließung der entgegen/gesetzten, und es
[ist] für die Notwendigkeit, indem sie die absolute Möglichkeit zugleich [ist], gleichgültig, unter welchen der entgegengesetzten Bestimmtheiten die Substanz sei. Durch das Kausalitätsverhältnis hebt sich diese Gleichgültigkeit auf; die Substanz ist als wirkliche der andern als möglichen entgegengesetzt; aber in der Wechselwirkung ist wieder jede von gleicher
Wirklichkeit. Diese gleiche Wirklichkeit widerspricht dem
Substantialitätsverhältnisse; in diesem Wirklichen ist das Wesen, die Einfachheit der Entgegengesetzten dieselbe; diese
Einfachheit ist in dem Substantialitätsverhältnisse selbst nur
die leere Einheit, bezogen auf beide, nur die Möglichkeit derselben; die Erfüllung der Möglichkeit sind die getrennten Akzidenzen; aber so ist die Einheit, die Möglichkeit, die reine
Substanz selbst erfüllt, das Einfache der Entgegengesetzten,
und die Möglichkeit gegen diese gesetzte Einfachheit dieselbe
Einfachheit in einer andern Bestimmtheit oder Stufe des
Übergehens als die gesetzte; die Beziehung ist, daß die eine
Substanz nur ist, indem die andere nicht ist, und zugleich die
gleiche Notwendigkeit beider. Im Substantialitätsverhältnisse
ist das Gesetztsein jeder Bestimmtheit nur ein hypothetisches,
mögliches; wenn die Substanz in einer Akzidenz ist, so ist sie
nicht in der andern. Hier ist sie als Einfachheit beider an sich
selbst notwendig, als bestimmte Substanz; das Akzidenz ist
nicht in der gleichen Möglichkeit, der leeren Einheit der beiden Entgegengesetzten, sondern an sich selbst zugleich das
Gegenteil seiner selbst, also das Ganze selbst des Substantialitätsverhältnisses, nicht bloß innerhalb seiner Einheit Eine
Seite. Diese Wirklichkeit der bestimmten Substanz ist zugleich nur eine Möglichkeit der wirklichen, auf die entgegengesetzte Weise bestimmten Substanz, und umgekehrt: diese
ist ebenso notwendig. Und sie hören auf, indifferent neben-

einander zu sein, indem die erfüllte Einheit beider dieselbe
ist; es ist auf diese Weise wieder nur eine Möglichkeit für sich.
Die Reflexion auf diese Einheit ihres Wesens oder ihrer Erfüllung ist es, welche wieder das Substantialitätsverhältnis in
die Wechselwirkung setzt, wodurch die Substanzen als solche,
die eine wirklich gegen die andere, mögliche, wird. Da jede
gleich notwendig ist, so ist das Sein der Einen das Nichtsein
der andern, und das Sein jeder ist so notwendig als ihr Nichtsein; d. h. sie muß vergehen und die andere entstehen. Die
Entgegensetzung beider ist unendlich vermittelt; und das Ver- 10
gehen so wie das Entstehen ist dieses unendlich vermittelte
Übergehen selbst, nicht als ein Übergegangensein, wie / in
dem Begriffe der Wechselwirkung selbst, sondern negativ gesetzt. Dieses Übergehen, die Vermittlung selbst, ist auf diese
Weise die Einheit, die sich in der Form der substantiellen Einheit in die entgegengesetzten Akzidenzen des Entstehens und
Vergehens trennt und sich so realisiert. Die Wechselwirkung
ist der Begriff des Übergehens oder der Vermittlung, eine Einheit, in welcher auf eine unbestimmte, äußerliche Weise ein
Anderssein gesetzt [ist], das kontinuierlich, nach einer abso- 20
lut willkürlichen Einheit addierend, d. h. eben äußerlich hin-
zutretend fortgeht; DAS ÜBERGEHEN ist in Wahrheit die Substantialität, die Bestimmtheit des Bestehens selbst; in dem reinen Substantialitätsverhältnisse ist das Bestehen, das reine
sich selbstgleiche Sein; als Übergehen ist es dieses an sich
selbstbestimmte, differente Sein, aber different nur als ein indifferentes, als ein verschiedenes, vieles, nur als Richtung gegen die Entgegensetzung, d. h. als allenthalben nur die Foderung derselben ausdrückend. Das negative Setzen dieser Foderung, die ausschließende Wirklichkeit, ist selbst so eine nur 30
gefoderte Wirklichkeit, sie ist nur als eine entstehende, sich
auf ihr Nichtgewesensein beziehend, d. h. ohne Zeit, ein Sein
der bestimmten Substanz, indem die andere derselben aufhört zu sein, und vergehend, ein Nichtsein der gesetzten, indem die ihr andre ist. Das Übergehen, die Vermittlung teilt
sich, setzt sich selbst entgegen; es ist die Wirklichkeit der bestimmten Substanz bezogen auf ihre Möglichkeit; diese Beziehung ist ebensowohl die Möglichkeit als das erste, das sich
setzt als Wirklichkeit, das Entstehen, als das Gegenteil, die
Wirklichkeit, die sich setzt als Möglichkeit, das Vergehen, — 40

eine Trennung, welche allein in der Wechselwirkung ist, indem in ihr das Notwendige als Eins, oder es selbst unter der Entgegengesetztheit der Bestimmungen ist, also ist als mögliches Notwendiges und wirkliches Notwendiges; das mögliche Notwendige aber muß sich auf die Wirklichkeit beziehen, entstehen; das wirkliche Notwendige auf die Möglichkeit, vergehen; in dem Substantialitätsverhältnis selbst ist diese Beziehung nur eine beiden äußerliche, die Notwendigkeit nicht an sich selbst der Gegensatz des Möglichen und Wirklichen,

10 sondern jedes nur ebenso möglich als wirklich, das eine entweder wirklich und dann das andre möglich, oder umgekehrt: hier jedes selbst beides und zugleich beides getrennt.

Die Entgegensetzung ist aber eine formale, nur gefoderte, indem das Entstehen / und das Vergehen ein absolut vermitteltes ist, ein den Substanzen äußerliches; das Entstehende hat das Andere seiner selbst absolut gesetzt, als ein außer ihm Sein, als eine andere, nicht an ihm selbst reflektierte Bestimmtheit. Die Einfachheit, in welcher sie in sich zurückgekehrt ist, ist der indifferente Boden derselben, welcher das Sein der Be-

20 stimmtheit als entgegengesetzter außer sich hat, und nur Eine als wirklich; die Negation ist ein Ausgeschlossen-, ein Nichtwirklichsein, nur ein Vergangensein, oder eine Möglichkeit des Entstehens, und die Unbestimmtheit des Gegensatzes macht das Entstehen und Vergehen zu einem absolut vermittelten.

b. Das Entstehen und Vergehen aber ist wesentlich allein durch das Ansich, das notwendige Bezogensein der Bestimmtheiten aufeinander, durch ihre Idealität an ihnen selbst oder durch ihre absolute Entgegensetzung, obzwar nur formale, d.

30 h. das Kausalitätsverhältnis; und das vermittelte Entstehen und Vergehen ist es durch dieses. Die bestimmte Substanz entsteht, tritt in die Wirklichkeit als die Möglichkeit einer andern, welche aufhört zu sein; aber sie tritt in die Wirklichkeit, heißt nichts anders als sie schließt nicht die andere aus, sondern sie ist tätig, sie hebt die entgegengesetzte Bestimmtheit als ihre Möglichkeit, ihre Idealität auf, und nur so als wirkend ist sie wirklich. Ihr Entstehen ist durch sie selbst, durch ihre Tätigkeit, das Sichselbstgleichsein, das unendlich ist, d. h. welches seine Möglichkeit, sein Andres in sich zurücknimmt,

d. h. wirkt. Indem aber so die Substanz durch sich selbst entsteht, so ist dies unmittelbar ihr Untergehen, denn sie ist dies diese bestimmte; indem [sie] sich der entgegengesetzten gleich setzt, wirkt, wirklich wird, hebt sie sich an sich selbst [auf], sie vergeht durch sich selbst; und wie vorhin nur der * Begriff des Entstehens und Vergehens gesetzt war, so ist es hier an der Substanz selbst. Dieses Übergehen ist aber unendlich vermittelt, es ist zugleich als ein äußerliches an den Substanzen gesetzt; an ihnen selbst und ihnen äußerlich, heißt: sie sind geteilt; sie sind durch das Wesen der Wechselwirkung 10 getrennt, jede für sich, und in ihrer Wirklichkeit zugleich bezogen; sie sind es nur zum Teil und trennen sich bestimmt in einen unveränderlichen und in einen veränderlichen Teil; dieser ist nicht die reine Akzidenz; denn in den entgegengesetzten Substanzen ist die Bestimmtheit als in sich reflektiert das Wesen selbst, nicht das Leere der Einheit, zugleich aber die Substanz auch bestehend, also ein in sich schlechthin Geteiltes mehrerer Substantialitäten.

Die Substanz vergeht in ihrem Wirklichwerden, oder ihr Wirklichwerden ist vielmehr das Entstehen einer andern Sub- 20 stanz, obzwar ein Teil als vergehend an der tätigen und leidenden Substanz; diese entstandene ist aber ebenso nur wirklich / in der Tätigkeit; sie ist eine Bestimmtheit, entgegengesetzt unmittelbar dem Getrennten, dessen Einfachheit sie ist; eine in sich reflektierte Bestimmtheit, aber als ein Reflektiertsein, nicht durch sie selbst, durch ihre Tätigkeit; sie muß ebenso die ihr entgegengesetzte für sich negativ haben, sie aufheben, sich verwirklichen, und so in ihrer Verwirklichung vergehen, eine andere Substanz werden als sie ist. Wenn sich das Vergängliche so zu vermindern scheint, indem nur ein Teil 30 vergeht, in die neue Substanz eingeht, und immer ein Teil niedergeschlagen, ausgeschieden wird als getrennt, für sich seiend, unvergänglich, so ist doch dieser ebenso nur eine Bestimmtheit und nun wirklich wie der andere. Die Linie des Entstehens und Vergehens geht vor und rückwärts fort ins unendliche, und es sind ebenso unendlich viele Linien und unendlich viele Teilungs- und Ausgangspunkte. Diese unendliche Verwirrung und Durchkreuzung des Entstehens und Vergehens macht die Wirklichkeit zu einem entstehenden und darin vergehenden Sein der Substanzen. Das Wesen ihrer Be- 40 wegung ist die sich selbst gleiche Einfachheit der Entgegengesetzten; aber diese ist das Verborgene, in dieser Verwirrung nicht Gesetzte; und da diese — erfüllte — Einheit außer ihr ist, fällt sie ganz in die schlechte Unendlichkeit; und es erscheint überhaupt diese einfache Einheit der Entgegengesetzten als die Substanz, das erfüllte sich selbst gleiche Sein, und neben ihr eine Vielheit von entstehenden und vergehenden Substanzen. Aber das Entstehende und Vergehende ist in der Tat nichts als die Bestimmtheiten. Die Reflexion der Bestimmtheit in sich selbst, die einzelne Substanz ist nur so unendlich, daß zwar in der Einfachheit sie als bestimmte ist, und als bestimmte aufgehoben oder das Gegenteil ihrer selbst. Aber dies Gegenteil ihrer selbst ist nur in der Einfachheit ein Aufgehobenes, sie selbst ein ebenso Aufgehobenes, aber ein gesetztes, wie die andere nicht. Diese Ungleichheit gleicht sich durch ihr Aufgehobenwerden [aus], in welchem sie selbst die ebenso Aufgehobene wird, und in welchem sie eine gesetzte wie die andere ist. Aber obzwar hier beide auf gleiche Weise gesetzt und aufgehoben werden, so fällt ihr Aufgehobensein, die Einfachheit der Entgegengesetzten, außer ihrem Wechseln; sie ist als die Substantiierung der Bestimmtheiten selbst vervielfältigt; ob sie gleich in allen dieselbe ist, so ist sie der getrennten Bestimmtheiten numerisches Eins, nicht die unendliche Einheit oder das Aufheben derselben. Indem das Einfache so in der Form des numerischen Eins gesetzt ist, so fällt es außer der Einheit des Aufhebens, es ist vielmehr die Vielheit desselben. Aber in der Tat ist es vielmehr die Gleichheit aller dieser als Substanzen gesetzten Bestimmtheiten, das erfüllte Sein, und in diesem ist durchaus / kein Unterschied. Die Bestimmtheiten unterscheiden sich nur als solche gegeneinander; und ihr Unterscheiden ist nicht ein Bestehen der einen und Nichtsein der andern, sondern sie sind an ihnen selbst unmittelbar aufgehoben, gesetzt als aufgehobene, ideelle; nicht nichtgesetzte, in der Einfachheit verschwindende, sondern was sie an sich sind, ein auf gleiche Weise Gesetztes, aber als aufgehobene, in Einer sichselbstgleichen einfachen Einheit derselben, die ihr Nichtgesetztsein ist.

Die Wechselwirkung so an sich selbst zurückgekehrt ist das Aufgehobensein der getrennten Substanzen; es ist schlechthin nur eine, aber absolut erfüllte Substanz, die Indifferentiierung aller Bestimmtheiten, die in ihr als aufgehobene gesetzt sind. Das Verhältnis hat seinen Begriff erfüllt, es ist nicht aus sich herausgetreten; und die Erfüllung seines Begriffs ist, daß es sich setzt als das, was [es] an sich selbst ist, ein erfülltes Einssein der entgegengesetzten Bestimmtheiten, und in diesem Aufgehobensein zugleich ein Gesetztsein derselben als aufgehobener. Es ist aber damit das Gegenteil seiner selbst geworden; denn in seinem Begriffe waren die Entgegengesetzten Seiende, das Einssein derselben selbst ein Differentes, auf sie negativ bezogen; hier aber sind jene nur gesetzt als aufgehobe- 10 ne; dies ist sichselbstgleich, rein auf sich selbst bezogen, das Bezogensein der ideellen, oder ihre Idealität an ihnen. Es ist in das Verhältnis des Denkens, in Allgemeines und Besonderes übergegangen.

B. Verhältnis des Denkens

Das Unendliche ist als realisierte Wechselwirkung paralysiert worden; es ist das erfüllte Einssein, d. h. ein Einssein solcher, die nicht als Entgegengesetzte sind, und zugleich ein Einssein derselben, daß sie als solche sind, aber als Aufgehobene, und ihre Beziehung, ihre einfache Einheit ist ebenjenes 20 Einssein. Dies ist es, was entstanden ist; der Widerspruch oder die Unendlichkeit, die in einem Einssein Entgegengesetzter [besteht], worin sie gar nicht als solche gesetzt sind, und worin sie als ideelle zugleich unterschieden sind, ist das Dialektische dieses Verhältnisses, das als / unsre Reflexion sich in seiner Realisierung selbst zu setzen hat, unmittelbar hier geht uns nichts an als dies notwendig so Entstandene, und wie die Unendlichkeit an ihm beruhigt ist, so müssen wir gleichsam ebenso unsere Reflexion beruhigen und nur nehmen, was da ist; unsere Reflexion wird die Reflexion dieses Verhältnisses 30 selbst werden.

Das Allgemeine ist, wie gezeigt, nicht reine Einheit, son- *
dern erfüllte, das sich selbstgleiche Einssein der Entgegengesetzten; das Besondere ist nicht eine Substanz, sondern das Unterschiedene ist ein als aufgehoben Gesetztes, seiend als nichtseiend; eine Bestimmtheit, aber nicht Bestimmtheit überhaupt, sondern sie an sich selbst, unendlich, oder gesetzt

als solche; sie ist so an sich selbst, indem sie aus dem Fürsichsein in sich selbst reflektiert ist, und gesetzt selbst als die Identität des Nichtseins und Seins; sie ist nicht, d. h. sie ist nicht rein auf sich selbst bezogen; sie ist nicht nichtseiend, aufgehoben, gar nicht, sondern die Einheit von beidem; sie ist auf sich selbst bezogen, aufgehoben, und in diesem das Gegenteil ihrer selbst Gewordensein auf sich selbst bezogen, sich selbst gleich. Dieses Sichgleichsein in ihrem Aufgehobensein, ihre Form, ist die Substantialität als allgemeines; aber dieses ist
10 nicht bloß diese Form, sondern es ist das Erfüllte, das Einfache der so gesetzten Bestimmtheiten als in ihrem Ideellsein unterschiedener. Das Allgemeine als diese Beziehung des Unterschiedenen ist seine Idealität und negative Einheit, aber als das Aufgehobensein dieses Entgegengesetzten, also die gleichgültige Beziehung derselben, die nicht negativ gegeneinander sind, indem sie es an ihnen selbst sind. Ebenso ist das Allgemeine nicht dem Besondern entgegengesetzt, sondern es ist unmittelbar die Form des Besondern, die Bestimmtheit ist als aufgehobene in sich reflektiert, und es ist diese seine Refle-
20 xion

A. Bestimmter Begriff

Die soeben bestimmte Beziehung des Allgemeinen und Besondern, das einfache Ineinandersein derselben ohne Gegensatz, ist der bestimmte Begriff. Die Bestimmtheit ist nicht mehr Substanz, nicht Gesetztes als positives numerisches Eins, sondern als allgemeines, in sich reflektiertes; und das bestimmte Sein hat eine ganze andere / Bedeutung erhalten; es ist selbst in Wahrheit nichts anderes als der bestimmte Begriff, das realisierte Sein, so wie das Verhältnis des Sein eigentlich
30 das Realisieren desselben ist; dasjenige was unter bestimmtem Sein gewöhnlich verstanden wird, ist vielmehr der bestimmte Begriff. Das Akzidens der Substanz, das ein wirkliches ist, hat seine Beziehung, sein Anderssein außer sich, und ist darum nicht, es ist nur ein mögliches, nicht an sich seiendes; erst das reflektierte Akzidens, der bestimmte Begriff, ist in sich; es ist ein bestimmtes, und dadurch selbst nur ein mögliches, eins nur in Beziehung auf ein anderes; aber als dies mögliche ist es

gesetzt; es ist nicht dadurch, daß es ein mögliches ist, im Gegenteil dies ist sein Aufgehobenwerden, sondern es ist erst, durch dies Gesetztsein seiner als ein mögliches; das Bestimmte zerfällt an sich in der Unendlichkeit, ist ein Nichts; daß es ein Nichtseiendes ist, ist eine ihm fremde Reflexion; es ist an sich nur dies Nichtseiende; und es gesetzt als Aufgehobenes, als bestimmter Begriff, ist es gesetzt, wie es an sich ist; oder es ist erst. Dies Sein ist die einfache beruhigte Unendlichkeit; das Existieren des Bestimmten; sein Sein ist gleichbedeutend mit Allgemeinheit; es ist ein bestimmtes, aber als besonderes; als bestimmtes, welches ebenso, indem es außer sich ist, Beziehung auf anderes an ihm selbst ist; da im Verhältnisse des Seins die Bestimmtheit nicht zugleich in sich reflektiert, an ihr selbst ist, sondern nur nach außen geht.

In dem bestimmten Begriffe ist die Bestimmtheit und die Reflexion schlechthin eins, einfach; die Bestimmtheit ohne die Reflexion ist nicht das Besondere, sondern sie wäre Nichts; ebenso ist die Reflexion für sich selbst das Leere, denn sie ist nur als das Zurückgekommensein aus der Entgegensetzung, d. h. aus der Bestimmtheit. Der bestimmte Begriff ist aber in Wahrheit nicht dies Einfache, dessen Begriff festgesetzt worden; er mag von der Seite betrachtet werden, daß er das Zurückgekommensein aus der Entgegensetzung, aus dem Verhältnisse ist, so löst er sich wieder in dasselbe auf; aber dies Verhältnis als einfach, wie es geworden ist, so muß diese Einfachheit diese Bestimmtheit des Bedingtseins als Spur auf eine andre Weise an sich tragen; es hat die Form der Freiheit, aber daß es sie in der Tat nicht absolut hat, wie wir einsehen, obschon die Brücke durch seine Einfachheit abgebrochen ist, so muß es dies an sich selbst darstellen.

Der bestimmte Begriff ist derselben Dialektik unterworfen, der es die Qualität ist, welche eine Bestimmtheit in der Form des reinen Seins ist, an dessen Stelle hier das reflektierte Sein, das Ansichsein getreten ist; es ist in der Tat ein Wider/spruch zwischen der Bestimmtheit und dem Reflektiertsein vorhanden, jene ist nur Eine Seite des Gegensatzes, dieses die Einheit beider. Das Kausalitätsverhältnis war das negative, das Moment des sich in sich Reflektierens, in welchem die Bestimmtheit sich aufheben sollte; aber es war nur ein formales Aufheben; das Reflektierte blieb ebenso zwar nicht die an-

fangende [Bestimmtheit], diese wurde mit seinem Entgegengesetzten eins, aber dies Eins ist selbst ein ebenso bestimmtes und hat hiemit das Ansichsein nur als Form an sich, der es in Wahrheit nicht gleich ist; es kann ebenso mit seinem Entgegengesetzten wieder als eins gesetzt werden, aber es bleibt ebenso ein bestimmtes; denn als ein solches reflektiertes ist es für sich und einfach, aber ebendadurch entgegengesetzt denen, deren Einheit es ist. Es existiert selbst auf die gedoppelte Weise; das einemal ein bestimmtes zu sein und hiedurch
10 sich auf die negative Einheit zu beziehen, die seine Unendlichkeit ist; aber als in sich reflektierte Einheit ist es selbst negative Einheit; aber eine solche in der das Negierte aufgehoben ist; es ist die negative Einheit, in der Form der positiven Einheit gesetzt, als einfache, positive Einheit, oder als Allgemeinheit. Durch diese ist sie selbst in jener Beziehung erhalten, deren Unendlichkeit dadurch formal, entgegengesetzt, statt negativer Einheit, negatives Eins ist; diese Substanz als das negative Eins ist es auf diese Weise von in sich reflektierten, bestehenden Bestimmtheiten; sie ist das getrennte Für-
20 sichsein derselben, aber wie die Bestimmtheiten. Aber ihr totes Eins als dieses Eins ist in Beziehung auf das Fürsichsein der Bestimmtheit, oder ihre Allgemeinheit, das Bestimmte, und zwar das absolut Bestimmte, das Negative, das Besondere, das dem Allgemeinen zufällig ist; die Allgemeinheit, als Reflexion ist das Nichtsein der Besonderheit, und die Einzelnheit der Substanzen ist das akzidentelle bloß Mögliche; und das Einzelne, oder die Substanz, ist ein besonderes, nicht bloß einzelnes, in der positiven Beziehung auf das Allgemeine, in ihm als seinem allgemeinen Raume seiend, in
30 dem es sich ausschließend bezieht. Umgekehrt ist ebenso die Substanz das Allgemeine als (negative) E i n h e i t, in welcher außer der Bestimmtheit, die das Allgemeine ist, auch anderes gesetzt ist, oder in welcher dieses Allgemeine ebenso als bestimmtes sich negativ bezieht, anderes aus sich ausschließt, aber seinesgleichen, solches, das ebenso in der Form des Fürsichseins / der positiven Allgemeinheit ist, wie in ihm das negative Eins, andere Eins. Das Allgemeine ist eine EIGENSCHAFT der Substanz, neben andern; die Substanz ist ein Besonderes, ein in dem Allgemeinen Gesetztes, neben andern
40 Besondern. Jedes ist subsumiert unter der andern; aber diese

beiden Subsumtionen sind auf entgegengesetzte Weise; das
Besondere ist negatives Eins, und die Eigenschaften sind
nach ihrer Bestimmtheit und entgegengesetzt; das Allgemeine
ist die positive Einheit numerischer Eins.

Diese unsere Reflexion über das, was wesentlich in dem bestimmten Begriffe ist, an ihm selbst entwickelt, ist seine Realisierung oder die Reflexion desselben in sich selbst. Der bestimmte Begriff ist die sich begreifende oder die in sich selbst
reflektierte Bestimmtheit; die Reflexion als das Einfache oder
das Allgemeine ist in der Form der Bestimmtheit, und diese 10
ist das Fürsichseiende, und das Aufgehobensein der Bestimmtheiten, die negative Einheit das bloß Mögliche, selbst nur als
möglich Gesetzte; die Substanz ist darin absorbiert; insofern
sie gesetzt ist, ist das Allgemeine das Wesentliche und diese
gesetzt als eine aufgehobene; oder das negative Eins ist subsumiert unter das Allgemeine. Umgekehrt ist die Substanz,
das Besondere, das Subsumierte, auf das Allgemeine Bezogene, in ihm als aufgehoben Gesetzte, selbst ebenso positive
Einheit, Allgemeines, und der bestimmte Begriff ist durch
seine Bestimmtheit nur ein als aufgehoben Gesetztes und hie- 20
mit vielmehr als das Subsumierte gesetzt; denn sie kann, selbst
ein in sich Reflektiertes, dem nicht sich entziehen, ebenso
dieser Reflexion entgegengesetzt, auf ihr Entgegengesetztes
bezogen [zu sein], und somit auf die negative Einheit, — in
ihrem Fürsichsein selbst nur zu sein als die Beziehung auf die
negative Einheit an sich habend. Der Widerspruch des bestimmten Begriffs in ihm selbst ist also, daß er diese gedoppelte entgegengesetzte Subsumtion an sich [ist]; die Bestimmtheit ist der Reflexion in sich selbst widersprechend, und das
Setzen des bestimmten Begriffes ist dies $\pm \sqrt{-1}$. Sein Setzen 30
ist sein Quadrat, seine Realität, sein Begriff ist diese entgegengesetzte Möglichkeit.

Der bestimmte Begriff dies ausdrückend, was er an sich ist,
nicht die in sich selbst reflektierte Bestimmtheit, sondern daß
sie ebenso darin [sich] aufhebt, und daß er ein Eins ist, welches sie zugleich als aufgehoben setzt, aber zugleich ein Allgemeines, welches dies sein Aufgehobensein als aufgehoben
setzt, ist das Urteil.

B. Das Urteil

1. Das Urteil ist das Moment des Andersseins des bestimmten Begriffes, oder seine (schlechte) Realität, worin das, was in ihm als eins gesetzt ist, auseinandertritt und unterschieden für sich ist. Es ist in dem bestimmten Begriff die reflektierte Bestimmtheit, sie als in sich selbst zurückgenommen aus dem Anderssein; aber sie ist dies in Wahrheit nicht, sondern sie ist noch Bestimmtheit und noch im Anderssein, und die Reflexion in sich selbst ist das negative Eins oder die gesetzte Seite
10 des Aufgehobenseins der Bestimmtheit.

Das Urteil als der Ausdruck dessen, was der Begriff in Wahrheit [ist], schließt daher in sich ein negatives Eins, eine Substanz, die aber nicht mehr als solche für sich gesetzt, wie im Verhältnisse der Substantialität, sondern das in sich selbst Reflektierte [ist,] selbst bezogen auf die Reflexion in sich selbst, auf die Allgemeinheit, subsumiert unter dasselbe, gesetzt als nur eine aufgehobene, oder die Substanz ist ein Besonderes, oder Subjekt. Aber so wie [sie] durch das Allgemeine gesetzt ist als aufgehoben, ebenso hinwiederum setzt sie als ne-
20 gative Einheit dies Allgemeine, das zugleich eine Bestimmtheit ist, als ein Aufgehobenes, es ist nicht gesetzt als an sich selbst seiend, sondern nur als an einem andern als dem Subjekte, und sie ist Eigenschaft desselben; ein anderes, als es selbst ist; dies Anderssein, oder das Sein in einem andern, ist notwendig der Ausdruck ihrer als einer Bestimmtheit, das Entgegengesetzte gegen entgegengesetzte Bestimmtheiten, deren negative Einheit das Subjekt ist; sie hat [sie] als andere Eigenschaften überhaupt neben sich, nicht als solche, welche sich aufeinander durch sich selbst beziehen, nur sind als das
30 Negative der andern, sondern als reflektierte, für sich selbst seiende, gleichgültige gegeneinander, die sich nicht wie ihre Möglichkeiten gegeneinander verhalten, sondern jedes gegen die andere für sich ist, nur ein anderes als die andere ist, Qualitäten, deren Fürsichsein aber als Subjekt ebenso ihnen entgegengesetzt ist, als es auch an ihnen, sie in der Form desselben sind.

Dieser Subsumtion des Allgemeinen unter das Besondere, das Subjekt, ist die entgegengesetzte verknüpft, und diese Eigenschaften sind allgemeine, positive / Einheiten; ein sich selbstgleiches Fürsichsein, in welchem die negative Einheit aufgehoben ist, oder insofern sie gesetzt ist, sich mit dieser Bestimmung bezeichnet, gesetzt zu sein nur als aufgehoben, oder nicht als Substanz, sondern als Subjekt. Wie das Prädikat von der Seite des Subjekts aus betrachtet auch nur als ein aufgehobenes gesetzt war, und dies sich so ausdrückte, daß es andere neben ihm hatte, so drückt sich dies Gesetztsein des Subjekts als ein aufgehobenes durch das Prädikat ebenso an ihm aus, und von der Seite des Prädikats aus hat das Subjekt ebenso andere, gegen die es [entgegengesetzt], so wie gegen die es gleichgültig ist, neben sich; seine Beziehung auf sie ist außer ihm, wie die Beziehung der Eigenschaften außer ihnen ist, nämlich in dem Subjekt, oder dieses vielmehr diese Beziehung selbst. So ist die Beziehung dieser Subjekte ein anderes als sie, nämlich das Prädikat; es ist ihre Gleichheit, dasjenige was in diesem seinem Anderssein, den verschiedenen Subjekten, als in sich Reflektiertes sich selbst gleich bleibt, und dieses sein Anderssein hiemit nur als ideelles, als aufgehobenes setzt.

Diese beiden entgegengesetzten Subsumtionen sind in dem Urteil vereinigt; in dem Begriffe sind sie in einfacher Einheit; das was das Urteil ausdrückt, ist eine dem Begriffe selbst fremde Reflexion. Das Subjekt und das Prädikat sind die in den entgegengesetzten Subsumtionen Wesentlichen, in der, in welcher das Eine das Wesentliche ist, ist das Andere als das Ideelle oder Aufgehobene gesetzt. Die Einfachheit des Begriffs ist verschwunden, sein Reflektiertsein der Bestimmtheit hat sich geteilt oder unter entgegengesetzten Bestimmungen verdoppelt; und die Einfachheit der Beziehung dieser verdoppelt, ist nicht der Begriff, sondern: ist, (**Copula**) das leere Sein, das nicht reflektierte Beziehen; und das Urteil erfüllt vielmehr nicht das Realisieren des Begriffes, sondern dieser ist in ihm außer sich gekommen; daß er sich im Urteil erhalte, müßten das Subjekt und Prädikat sich in ihrem Gegensatze selbst gleichsetzen, beide den bestimmten Begriff, ein einfaches In-einssein des Allgemeinen und Besondern an sich ausdrücken; es ist die Frage, wie das Urteil dies an sich vermag, und wie diese Notwendigkeit an ihm sich selbst darstellt, und es in der Unvermögenheit, den Begriff an ihm selbst zu haben, aus sich selbst treibt. /

2. Die im Urteil Verbundenen, das Subjekt und Prädikat, jenes das Besondere, dies das Allgemeine, widersprechen sich durch ihren Gegensatz an ihnen selbst und durch die entgegengesetzte Subsumtion, welche sie gegeneinander ausüben; jedes ist für sich, und jedes bezieht sich in seinem Fürsichsein auf das Andere und setzt gegenseitig dasselbe als ein Aufgehobenes. Eins ebenso gut als das Andere muß sich darstellen als diese Idealität in dem Andern setzend; wie sie im Begriffe des Urteils sich aufeinander beziehen ist das widersprechende Für-
10 sichsein eines jeden gesetzt; jedes ist aber nur für sich, indem das Andere nicht für sich ist; wie sie im Urteile sind, ist jedes für sich; das Fürsichsein des Einen muß also das Andere zu etwas anderem machen als es unmittelbar im Urteil gesetzt ist; diese Selbsterhaltung durch Bezwingung des Andern unter sich ist daher unmittelbar das Anderswerden dieses Andern, aber ebenso zugleich muß die Natur des Urteils sich in dieser Veränderung geltend machen und das Anderssein zugleich aufheben; es ist also der Weg [der] Reflexion dieses Andern in sich. Die Realisierung der Glieder des Urteils ist auf
20 diese Weise eine gedoppelte, und beide zusammen vollenden die Realisierung des Urteils, das in dieser seiner Totalität aber selbst ein Anderes geworden ist, indem die dem Urteile wesentliche Bestimmtheit der Glieder durch ihre Reflexion in sich selbst sich aufgehoben hat und vielmehr die leere Beziehung sich erfüllt.

a. Fürsichsein des Prädikats, und Reflexion des Subjekts
in sich selbst

Daß das Prädikat für sich im Urteile, nicht subsumiert unter die negative Einheit des Subjekts sei, macht es aufhören,
30 eine Eigenschaft zu sein, macht es zu dem Fürsichseienden, und das Subjekt zu dem als aufgehoben Gesetzten.

α) Das Subjekt, unmittelbar in seiner Bestimmtheit der Besonderheit als aufgehoben gesetzt, ist selbst ein Allgemeines, nicht ein numerisches Eins, sondern selbst ein Positives, ein bestimmter Begriff. Es muß zuerst so gesetzt werden, denn es soll für / sich sein, und nicht als Substanz, als Wirklichkeit;

sondern das Fürsichsein, wie es itzt geworden ist, an sich haben, d. i. die Allgemeinheit. Daß aber das Urteil nicht aufhöre Urteil zu sein, muß es gegen das Prädikat noch das Verhältnis der Besonderheit gegen sein Allgemeines erhalten; es müssen neben dem Subjekte andere bestimmte Begriffe im Allgemeinen enthalten sein. A ist A, oder: die Materie ist schwer, ist kein Urteil, denn: das Schwere ist die Materie, oder A ist A, ist ebenso richtig, d. h. die Möglichkeit der Umkehrung des Verhältnisses erweist, daß das vorhin als das Besondere Gesetzte ebenso das Allgemeine ist, und das Allge- 10 meine, indem es [als] das Besondere gesetzt wird, doch nichts von seiner Allgemeinheit verliert; daß der Unterschied von Subjekt und Prädikat für diese Glieder ganz ein äußerer ist, der nicht an ihrem Wesen ausgedrückt ist.

Das Subjekt als dieser bestimmte Begriff, der das Verhältnis der Besonderheit gegen das Prädikat erhält, bleibt hiemit doch zugleich negatives Eins, das Eins aber in die Allgemeinheit aufgenommen, drückt sich als Allheit aus; und das Urteil: Alle A sind B; oder noch bestimmter die negative Einheit herausgehoben, jedes A ist B, bestimmt das Subjekt ebenso- 20 wohl als negatives Eins als auch als Allgemeines.

Diese Wiederherstellung der Besonderheit in der Allgemeinheit selbst aber ist nicht ein Setzen desjenigen, was das Subjekt als solches ist; es soll für sich sein, und zwar als Subjekt; aber als Allheit ist es in der Tat nicht Subjekt, sondern hat die Allgemeinheit des Prädikats und ist ein Besonderes schlechthin nur in dieser Beziehung auf dieses. Und das Prädikat erhält sich nicht in seiner Allgemeinheit, sondern das Subjekt ist ebenso ein Subsumierendes, ein Allgemeines wie es. Das Prädikat bleibt nur das Allgemeine, indem das Sub- 30 jekt ein negatives Eins wird und als solches überall gesetzt ist. Die Allgemeinheit des Subjekts hebt das Subsumieren des Prädikats auf; daß dieses sei, muß jene eingeschränkt werden und an sich dies Subsumiertwerden ausdrücken.

β. Das Urteil, wie in ihm die Allgemeinheit des Subjekts eingeschränkt ist, ist das partikuläre: Einige A sind B; das Subjekt ist hier nicht mehr als allgemeines, nur in Beziehung auf das Prädikat besonderes, sondern drückt an ihm selbst die Negativität aus.

Aber das partikuläre Urteil hört in der Tat auf ein Urteil zu sein; es ist durchaus nur ein problematisches Urteil; denn das Subjekt: einige A, ist ein völlig unbe/stimmtes; es ist [in] der Sphäre, dem allgemeinen A, ein Unterschied gemacht, aber nur ganz ein Unterschied überhaupt, der ohne alle Bestimmtheit ist; und das entgegengesetzte Urteil: einige A sind nicht B, ist ebenso richtig. Die Beziehung des B auf A, indem sie auf die ganz entgegengesetzte Weise möglich ist, ist eben darum eine unbestimmte, ebenso gut positive als negative; es ist bezogen und auch nicht bezogen. Würde aber die Negation auf das Prädikat bezogen, und dieses als NichtB bestimmt, so hört es ganz auf, ein bestimmter Begriff zu sein, es wäre vielmehr ein völlig Unbestimmtes; ein Aufgehobenes, statt daß es das sein soll, welches sich erhält. Indem die Beziehung des Subjekts im partikulären Urteile überhaupt, unabgesehen von der Möglichkeit des Entgegengesetzten oder der Negativen betrachtet wird, so ist das Prädikat in Wahrheit nicht auf einige A, sondern überhaupt auf A, (teils positiv, teils negativ, wovon hier abstrahiert wird) bezogen, das heißt, wir hätten wieder das vorherige allgemeine Urteil, das nur durch die Foderung der Einschränkung verändert; das partikuläre Urteil sagt nur aus: B soll nicht das A als Allgemeines subsumieren, denn das Subsumierte ist unmittelbar dadurch ein Besonderes, daß es ein Subsumiertes ist; aber es ist auch nichts als das bloße Sollen ausgesprochen, die Foderung, daß das Subjekt als ein negatives Eins gesetzt sei, ist in der Tat nicht erfüllt.

γ. Das bloße Sollen des partikulären Urteils hebt sich auf, und sein problematisches bestimmt sich, indem das Subjekt ein numerisches Eins, ein Einzelnes ist, im singulären Urteil: Dieses ist B. Ein Dieses ist für sich selbst ein Besonderes, ein negatives Eins, es ist dem Allgemeinen entgegengesetzt und von ihm befreit; aber ebendadurch ist es vielmehr nur ein Einzelnes, nicht ein Besonderes, denn das Einzelne als Besonderes ist zugleich gesetzt als auf das Allgemeine bezogen; und indem so das Subjekt sich für sich setzt, was es ist gegen das Allgemeine des Prädikats, nur subsumiert unter dasselbe zu sein, so ist seine Beziehung auf dasselbe in der Tat an ihm aufgehoben; es ist nicht mehr, wie es sie an sich ausdrükken muß, ein Besonderes. Wie das Subjekt als Allgemeines die

Einzelnheit in sich vertilgt hat, es nicht als Besonderes gesetzt ist, so ist es dies als Einzelnes ebensowenig, indem die Allgemeinheit hier vertilgt ist; die Mitte zwischen beiden, die Partikularität, ist die negative Einheit von beidem, ein bloß gefodertes Ineinssetzen der Allgemeinheit und Einzelnheit. /

δ. Die wahre Vereinigung von beidem ist, daß die Einzelnheit gesetzt sei, aber als eine aufgehobene; als eine bloß mögliche. Das Subjekt drückt auf diese Weise seine Natur aus, indem sein Inhalt, eine Substanz, eine numerische Einheit ist, und diese zugleich als nur mögliche sich von seiner Möglich- 10 keit zugleich unterscheidet, und zugleich darauf bezogen also selbst als Satz ausgedrückt ist. So das Subjekt im Urteil gesetzt, ist dieses das hypothetische Urteil: Wenn dieses ist, so ist B. Das Diese des singulären Urteils ist das Subjekt des Urteils aber so, daß zugleich dies Dieses, diese Wirklichkeit des numerischen Eins, nur als eine mögliche, als eine aufgehobene gesetzt ist. Das Prädikat B beherrscht das ganze Urteil; es ist das Allgemeine, welches dies Subjekt unter sich subsumiert, so daß das Subjekt nicht ein positives, sondern als nur mögliches ist; oder daß es, indem es ein Dieses ist, zu- 20 gleich sein Bestimmtsein durch die Allgemeinheit ausdrückt, und die Natur der Besonderheit an sich ganz entwickelt darstellt.

In dem hypothetischen Urteil hat sich die Erhaltung des Prädikats festgesetzt; im allgemeinen Urteile ist es dem Subjekte gleich, und das Verhältnis ist verloren, so wie das Subjekt auf seiner Seite, indem es nur seine Beziehung auf das Prädikat, sein Sein im Allgemeinen ausdrückt, nicht als Besonderes, sondern dies nur relativ auf das Prädikat ist; es ist so Subjekt bloß für dies Verhältnis, was es im Verhältnisse an 30 sich ist; und sein Anderswerden ist sein Fürsichselbstwerden. — Im partikulären Urteile ist das Prädikat wohl das Allgemeine, aber es entbehrt des Subjekts, es bezieht sich sowohl auf diese Subjekte, als auch nicht auf diese; nämlich auf einige diese, und auf andre diese nicht; und das worauf es sich überhaupt bezieht, durch die Gedoppeltheit hindurch, oder wogegen es nicht diese Gleichgültigkeit hat, ist in der Tat das A, oder das Subjekt als ein allgemeines. Das Subjekt in dieser Partikularität ist ein anderes als dies wie es nur im Verhält-

nisse ist, bezogen auf das Allgemeine, aber es [ist] nur ein Anderssein äußerlich, formal an ihm gesetzt, ein gesolltes, ein nichtallgemeines, nicht ein Dieses. — Im einzelnen Urteile ist das Prädikat zwar das Allgemeine das Subjekt Subsumierende, aber es selbst ist noch Eigenschaft des Subjekts, ein bestimmtes, und seine Subsumtion des Subjekts unter sich ist nicht an dem Subjekte ausgedrückt. Erst im hypothetischen Urteile ist dies ausgeführt; aber das Urteil ist dadurch überhaupt ein problematisches, denn das Diese ist als aufgehoben
10 gesetzt, und das Prädikat ist durch die entwickelte Besonderheit nicht aus seiner / Subsumtion unter das Subjekt getreten; das Subjekt ist wohl für sich als das gesetzt, was es in dem Verhältnisse ist, aber das Allgemeine, für welches das Subjekt als aufgehoben gesetzt ist, würde dadurch selbst zur negativen Einheit, wenn das Subjekt durch das Prädikat ideell gesetzt würde. Aber so ist das Subjekt des hypothetischen Urteils für sich als ein nur mögliches gesetzt; es ist nach der Seite seines Dieses auf das Prädikat bezogen, aber nicht als Aufgehobenes, oder Dieses ist nicht seine Substanz, dessen Akzidens es
20 wäre, seine Notwendigkeit. Die Bedingung ist eine mögliche Ursache; aber eben durch diese Nichtidentität hört sie auf, Ursache und notwendig zu sein; beide sind wohl bezogen, aber so daß, indem das Subjekt nur als mögliche Ursache, als ideelle Ursache, das heißt, es in Wahrheit als Getrenntes ist; die Beziehung des Allgemeinen und Besondern ist ein einfaches Sein des Besondern im Allgemeinen; im Urteil trennt sich beides; die Beziehung muß wieder die differente des vorhergehenden Verhältnisses werden; die Realisierung des Urteils wird dazu, indem das Auseinandergetretene sich bezieht;
30 aber sie wird notwendig eine solche, welche nicht die der Ursache, sondern die der Bedingung ist, daß nämlich nicht das Subjekt sich in dem Prädikate ein Anderes wird, und sein Anderssein nur darin bestünde, identisch, es selbst zu bleiben, und nur mit einem Andern verbunden zu sein, worin sein einfaches Fürsichsein als Ursache dieser Verbindung seiner selbst mit einem Andern, als der Wirkung, gegenübertritt; sondern die Ursache bleibt als Subjekt für sich selbst, und ihre Beziehung auf das Andere ist nicht eine Verbindung seiner selbst mit dem Andern, worin die Beziehung ein reelles Hinübertre-
40 ten wäre, sondern dieses Identische, das in dem Andern ist,

fällt weg, die Ursache ist ideell gesetzt; die Notwendigkeit ist eine nicht als Identisches sich ausdrückende Beziehung; das Kausalitätsverhältnis ist A: a + B; das der Bedingung A:B.

Hiedurch ist das hypothetische Urteil eine Foderung der Notwendigkeit, die bisher in diesem Verhältnisse als solche, nämlich als die Identität Entgegengesetzter zugleich für sich Seiender, verschwunden war und im hypothetischen Urteile erst wieder eintritt, da hier wieder für sich Seiende gesetzt sind. Aber sie tritt schlechthin nur als eine gefoderte auf, als eine negative, denn in dem Fürsichsein des Subjekts, das sich realisiert hat, und dem des Prädikats, zu dessen Erhaltung dies geschah, ist an ihnen selbst nicht ein Positives der Identität ausgedrückt, daß das A im B, oder B in A wäre, eins oder das andere eine Vereinigung beider, sondern das Identische ist / nur das Negative, daß wie das Prädikat ein Allgemeines, das als aufgehoben gesetzt ist, so auch das Subjekt, das als Einheit der Wirklichkeit und Möglichkeit die aufgelöste Allgemeinheit ist, die Realisation des vorigen Verhältnisses selbst als ein bezogenes, oder als Ein Glied der Beziehung. Dieses Verhältnis des Verhältnisses der Wirklichkeit und Möglichkeit zum Allgemeinen, dem Prädikate, ist eine gesollte Notwendigkeit; die Glieder sind als ideelle gesetzt; sie sind das Schwankende, Unstäte, und es ist die Mitte, die ihre ausgedrückte Notwendigkeit,,ihre gesetzte Identität wäre, gefodert; diese Foderung ist das letzte der Realisierung des Subjekts, sie kann nur durch das Realisieren des Prädikats, des Allgemeinen erfüllt werden.

β. Fürsichsein des Subjekts, und Realisierung des Prädikats

αα. Das Subjekt erhält sich als gesetztes Besonderes, indem es die Subsumtion des Prädikats unter sich realisiert, oder dieses darstellt als subsumiert unter das Subjekt nach seiner Bestimmtheit, wie es vorhin als das Gegenteil hievon, nämlich als in sich Reflektiertes, Allgemeines, als das [sich] erhielt, das schon für sich das Aufgehobensein entgegengesetzter Bestimmtheiten wäre. Die Darstellung des Prädikats als eines an sich bestimmten, wie es als eine Eigenschaft des Subjekts an sich ist, kann nichts anderes sein als sein sich Aufheben, und sich mit der entgegengesetzten Bestimmtheit als Eines Setzen, wodurch eine neue Einheit, ein höheres Allgemeines entspringt.

Die unmittelbare Darstellung des Urteils: B ist A, daß A, das Prädikat, ein Bestimmtes und ein unter das Subjekt B Subsumiertes, oder durch seine negative Einheit Aufgehobenes ist, ist das Setzen des A als Nicht=A; der Ausdruck des negativen Urteils, in welchem das Prädikat nach diesem Momente gesetzt ist, daß es als Bestimmtes, in der Tat ein nicht
10 an sich selbst Seiendes, sondern durch die negative Einheit in seinem Entgegengesetzten Untergehendes ist.

Das negative Urteil ist aber ebendadurch, wie das partikulare, problematisch; denn das Subjekt ist nicht auf ein Allgemeines bezogen; es ist nur die allgemeine Form des Urteils, nicht ein Urteil selbst gesetzt, oder es ist problematisch, ob ein Urteil sei; das Prädikat ist Nicht=A; dies Allgemeine ist so, wie es ist, ein absolut leeres, eine nicht in sich reflektierte Bestimmtheit; aber dies NichtA kann auch die dem A entgegengesetzte Bestimmtheit, als in sich reflektiert, als positiv sein;
20 das Negative ist das Doppelsinnige, das Nicht überhaupt, das reine Nichts oder Sein, oder das Nicht dieses bestimmten A, wodurch es selbst ein bestimmtes Nicht, das dem A / Entgegengesetzte als positives ist; ist jenes gemeint, so ist das Urteil ein völlig unbestimmtes in seinem Prädikate; es ist kein Urteil; ist dieses, so ist es ein bestimmtes; was aber sei, ist ganz problematisch und so, daß das eine ebenso sehr als das andere und das eine so wenig als das andere allein gemeint sein muß.

Indem NichtA selbst ein Positives wäre, so wäre das Urteil: B ist NichtA, in der Tat ein positives: B ist C, und da C nicht als
30 C, sondern als NichtA ausgedrückt ist, so bezöge sich das Subjekt auf C als ein solches, welches dem A entgegengesetzt, und damit auf die dem A und C gemeinschaftliche Einheit, das höhere Allgemeine, welches A und C auf gleiche Weise in sich faßt, und ihre negative Einheit, oder ihre Allgemeinheit ist.

Durch das negative Urteil, da B sich doch durch A hindurch auf eine höhere, aber noch nicht gesetzte Sphäre bezieht, ist das Gefoderte, das Aufgehobensein des Prädikats als einer Bestimmtheit, nicht erfüllt; wie gezeigt kann sie nur realisiert [werden] oder das Prädikat vollkommen als ein vernich-
40 tetes sich darstellen [dadurch], daß diese Zweideutigkeit des

NichtA aufhört und es als das Nichts gesetzt wird, und dies
nur geschehen [dadurch], daß die Beziehung des B auf die
höhere, dem A und C gemeinschaftliche Sphäre D ganz wegfällt.

$\beta\beta$. Im negativen Urteile ist eine nicht ausgedrückte, aber
versteckte Beziehung des B nicht auf das A, aber durch A
selbst auf das dem A entgegengesetzte NichtA, als C, und die
höhere Sphäre des A und C; B ist nicht grün, es hat nicht diese Farbe, darunter ist gemeint, α) es hat irgend eine andere   10
bestimmte Farbe β) und es hat Farbe überhaupt. Daß das Prädikat als aufgehoben gesetzt sei, muß eben so die andere Farbe, als die Farbe überhaupt wegfallen, und mit der Farbe
überhaupt fällt auch jede andere bestimmte Farbe hinweg;
und das negative Urteil ist ein unendliches geworden; das
Gefühl hat nicht eine rote Farbe, der Geist ist nicht sechs Fuß
lang, und was dergleichen Widersinnigkeiten sind. Es ist nämlich allein darum zu tun, daß die Beziehung des Subjekts auf
das aufgehobene Prädikat zugleich ein Aufheben der Sphäre
sei, die als Einheit das negierte Prädikat zu einem ihr entge-   20
gengesetzten negierten Gliede hat; das Prädikat als solches
wird negiert; im negati/ven Urteil hat das Subjekt nicht dieses
Prädikat, im unendlichen hat es kein Prädikat. Der negative
Ausdruck des unendlichen Urteils muß daher so beschaffen
sein, daß nicht durch diese Bestimmtheit noch die Beziehung
auf das Allgemeine derselben [besteht], sondern daß dieses
ebenso, also das Prädikat überhaupt aufgehoben sei.
Ein solches unendliches Urteil bietet sich darum unmittelbar als eine Ungereimtheit dar, weil, indem das Prädikat ganz
negiert ist, überhaupt kein Urteil statt findet, sondern nur ein   30
leerer Schein desselben, ein Subjekt und eine Beziehung auf
ein Prädikat gesetzt, der sich in Nichts auflöst. Das unendliche Urteil entspricht, wie das negative dem partikulären, dem
einzelnen Urteile, dessen Subjekt ganz für sich gesetzt ist,
aber eben darin aus der Subsumtion tritt, und in der Tat in
seinem Nichtsubsumiertsein, nicht Reflektiertsein unter die
Allgemeinheit nicht für sich, und auch kein Urteil ist.[1] So ist

---

[1] *Am Rande:* Subjekt im partikulären geht dem Sein der Wirklichkeit, das Prädikat im unendlichen dem Nichts zu.

im unendlichen Urteile das Prädikat vom Subjekte vollkommen negiert, dadurch ist es zugleich außer der Subsumtion unter ein Subjekt getreten und ganz für sich, so wie das Subjekt; aber ebendadurch zerfällt das Urteil und ist nicht mehr.

Aber die Negation, das Nichts ist überhaupt nicht ein leeres, es ist das Nichts dieser Bestimmtheit und eine Einheit, welche das Negative entgegengesetzter Bestimmtheiten ist; es muß so an dem Prädikate gesetzt werden, wie es bei dem negativen Urteil durch uns bestimmt worden ist.

10   γγ) Das negierte Prädikat, oder die, wie es im Verhältnisse für das Subjekt ist, als Bestimmtheit nur als aufgehoben gesetzte Eigenschaft, ist eine solche, die, bestimmt als A, sich schlechthin auf ihre entgegengesetzte Bestimmtheit bezieht und ein NichtC ist, so wie C ein Nicht=A, und die Beziehung, ihre negative Einheit, ist, indem sie beide als in sich Reflektierte sind, ebenso ein in sich Reflektiertes, ein Allgemeines, das Gemeinschaftliche beider, die für sie Besondere sind; aber nicht als negative Eins, sondern selbst als allgemeine; denn jede für sich ist nicht das Eins entgegengesetzter Bestimmthei-
20   ten, sondern ein solches formales Eins, in sich Reflektiertes: die Bestimmtheit, daß außer ihrer eigenen Reflexion ebenso eine Reflexion in sich selbst [sei]. Ihre Sphäre ist wohl ein solches Eins, aber es ist auch zugleich dem / Subjekte entgegengesetzt; es ist die positive Einheit, das Bestehen der Entgegengesetzten, es ist eben ihre gemeinschaftliche Reflexion oder ein Allgemeines. An dem Subjekte als solchem bestehen in der Tat die entgegengesetzten Bestimmtheiten nicht; es ist ihre negative Einheit; die Eigenschaften des Subjekts sind völlig gleichgültige gegeneinander, es ist als das Sein seiner Eigen-
30   schaften ein formal Allgemeines, nicht negative Einheit, sondern Einheit; die Eigenschaften sind nur andere füreinander, nicht differente gegeneinander; es ist das leere Eins, die paralysierte Substantialität, oder die bestimmte Substanz, die, als nicht Besonderes, nicht im Allgemeinen selbst Gesetztes, ihre Bestimmtheit unendlich auf die andere bezieht und ihre Wirklichkeit aufhebt; das Subjekt hingegen als in sich selbst reflektiertes Eins, ist besondere Substanz, oder das Wesen dieses in der Form des negativen Eins Gesetzten ist die Allgemeinheit, und so ihre Bestimmtheit in sich selbst reflektiert, sich als

Wirklichkeit nicht aufhebend. Das höhere Allgemeine ist in
der Beziehung auf ihre Bestimmtheiten die negative Einheit
derselben, aber dem Subjekt entgegengesetzt, das Sichselbstgleiche in diesen Besonderheiten; dem Subjekt entgegen ist
sie Allgemeines und erscheint nicht als negative Einheit, sondern die Bestimmtheiten ebendarum in ihr nicht als sich aufhebende, sondern als aufgehobene, und hiemit außer, unabhängig von ihr, und sie nur der gemeinschaftliche Raum derselben; sie sind nicht ihre Akzidenzen, sondern ihre Besondern; sie ist in diesem ihrem Anderssein das Sichselbstgleiche,   10
aber die Bestimmtheiten, als dies ihr Anderssein, sind ebenso
solche in ihrer Bestimmtheit für sich seiende.

Das Prädikat auf diese Weise im Urteil gesetzt, daß das Subjekt sich auf dasselbe und sein Entgegengesetztes, und dadurch auf das Allgemeine dieser beiden bezieht, ist ein sein
Entgegengesetztes Ausschließendes, und dies ebenso und so
beide auf gleiche Weise Bestehende. Das Subjekt, das sich auf
das Eine bezieht, kann sich nicht auf das [Andere] beziehen,
aber es muß sich auf diese Weise auf beide beziehen; es bezieht sich auf beide zugleich so, daß die Beziehung auf das   20
eine, die auf das andere ausschließt, also auch zugleich auf
beide nicht, und positiv nur auf ihr Allgemeines; dies Urteil
heißt das disjunktive. Es ist das Gegenbild zu dem hypothetischen, wie in diesem das Subjekt, so ist in ihm das Prädikat zu seiner Totalität gelangt, das als in sich reflektierte Bestimmtheit hier entwickelt ist; es ist Bestimmtheit, und dadurch zugleich mit seiner entgegengesetzten, und hiedurch
ist [es] auch das Allgemeine derselben. Das Urteil, in welchem
das Prädikat so entwickelt ist, ist disjunktiv, das / Subjekt
entweder auf A oder C bezogen, d. h. das Prädikat schließt   30
sein Entgegengesetztes der Bestimmtheit aus, aber es wird
ebenso von ihm ausgeschlossen, und eins nicht mehr und
nicht weniger als das andere. Das Subjekt ist auf jedes so bezogen, daß es in dieser Beziehung das andere ausschließt, aber
in ihr auch auf dies andere zugleich so bezogen ist.

Durch diese Totalität des Prädikats hat sich das Subjekt
wahrhaft erhalten, oder das Prädikat zu dem gemacht, was
es in diesem Verhältnisse in Wahrheit ist, nämlich eine Bestimmtheit, ein in der negativen Einheit des Subjektes als aufgehoben Gesetztes; dies ist itzt an dem Prädikate, indem nicht   40

es die ausschließende Bestimmtheit des Subjekts ist, sondern sein Entgegengesetztes auf gleiche Weise auf das Subjekt bezogen ist; sie sind beide zugleich nicht Nichts, wie im unendlichen Urteile, welches gar kein Urteil ist, sondern ebensowohl beide am Subjekte, als weder das Eine noch das Andere, und durch sie hindurch ist das Subjekt bestimmt nur auf ihre unentwickelt vorhandene Sphäre bezogen.

So ist das Urteil durch die beiden entgegengesetzten Subsumtionen, des Subjekts unter das Prädikat, des Prädikats unter das Subjekt vollendet.

a. In der ersten erhielt sich das Prädikat als allgemeines, und das Subjekt wurde an ihm selbst gesetzt, als das, was es nicht außer diesem Verhältnisse, sondern was es ist, in demselben, oder es machte den Weg der Reflexion in sich selbst durch, stellte sich dar als Bestimmtsein der negativen Einheit durch die Allgemeinheit; so in der [zweiten] Subsumtion blieb das Subjekt, Besonderes unentwickelt, und das Prädikat entwickelte sich als das durch die negative Einheit des Subjekts bestimmte. Das Bestimmende, in der ersten das Prädikat, in der andern das Subjekt, war als dasjenige gesetzt, was bliebe, was es sei, als das für sich Seiende; aber in der Tat ist das andere, das seine Reflexion in sich selbst darstellt vielmehr das Fürsichseiende, Reelle; denn es stellt die Totalität des Verhältnisses an sich dar, das andere aber erhält sich nur als das fixierte Glied des Verhältnisses; und die schlechte und wahrhafte Realität stehen im umgekehrten Verhältnisse; das Subjekt ist vielmehr in der ersten Subsumtion, worin es sich bestimmt durch das Prädikat, in sich reflektiert, reell, so wie das Prädikat / in [der] zweiten; in dieser ihrer wahrhaften Realität hören beide auf, ein Positives zu sein, sie sind im hypothetischen Urteile das Subjekt als ein aufgehobenes gesetzt, so das Prädikat im disjunktiven, und so sind sie gesetzt, was sie in Wahrheit an sich selbst sind. An sich selbst ist das Subjekt nicht ein besonderes, für sich seiendes, sondern ein einzelnes, das nur als ein mögliches gesetzt ist; das Prädikat nicht ein allgemeines als Bestimmtheit, oder nicht die Bestimmtheit als in sich reflektiert, als für sich seiend, sondern es ist an sich, nur als das Entweder Oder; das gleiche Sein oder die Zufälligkeit entgegengesetzter Bestimmtheiten.

Hier ist es also zum erstenmal geschehen, daß, was wir bisher entgegensetzten, die schlechte und die wahrhafte Realität, und was beides in der Darstellung auseinanderfiel, nämlich das eine als die Bestimmtheit des Begriffes, das andere als seine Totalität, hier in einem und demselben Verhältnisse sich entgegensetzt. Aber zugleich fällt die gedoppelte Subsumtion auseinander, und die wahrhafte Realisierung des Subjekts und Prädikats ist selbst eine schlechte Realisierung des Urteils, denn es ist aus seiner Verdoppelung nicht in sich zurückgekehrt; in ihr nur außer sich gekommen, denn dies gedoppelte Urteil ist ein problematisches; das hypothetische als die nur gefoderte Notwendigkeit, an welcher die Identität der Notwendigkeit nicht gesetzt ist. Ebenso ist das disjunktive Urteil problematisch, denn mit dem gesetzten Prädikate und seinem Gegensatze ist das Subjekt in der Tat nicht verbunden, sondern das, worauf es notwendig bezogen ist, nämlich die Sphäre beider, ist das Nichtgesetzte; es ist also in ihm ebenso die Notwendigkeit [das Gefoderte]; im hypothetischen ist das Prädikat das Notwendige, aber das Subjekt ist dieser Notwendigkeit zufällig und es fehlt das andere; ebenso ist umgekehrt im disjunktiven das Subjekt als ein Glied der Notwendigkeit gesetzt, aber es fehlt ihr das andere, das Prädikat. In beiden ist das als wesentlich Gesetzte nicht auf das selbst bezogen, mit welchem es in Beziehung steht, sondern Dieses als ideell, als aufgehoben gesetzt, sondern durch dieses auf ein anderes, das noch nicht gesetzt; das Subjekt des hypothetischen Urteils ist ideell wie das Prädikat, und zugleich ein Dieses; aber das Diese ist nicht gesetzt. Im disjunktiven ist das Prädikat ideell, aber die Bestimmtheit ist ebenso nicht gesetzt. Dadurch daß dort das Subjekt mit dem Prädikate, hier das Prädikat / mit dem Subjekte identisch ist nach Einer Seite, ist das Prinzip der Notwendigkeit vorhanden; und im hypothetischen Urteile ist das Prädikat durch seine Identität mit dem Subjekte, das zugleich auch ein bestimmtes, einzelnes ist, verbindbar mit dem Einzelnen Gesetzten, das ebenso mit diesem Subjekte identisch ist; ebenso das Subjekt ist im disjunktiven Urteile identisch mit dem Prädikate, das nach der Seite seiner Bestimmtheit gesetzt ist, und

dieses Prädikat ist zugleich ein allgemeines, und das Subjekt
also verbindbar mit einem solchen, durch das realisierte Prädikat. Für das Subjekt und Prädikat ist die Form der Notwendigkeit der Beziehung auf ein noch nicht Gesetztes vorhanden. Dies aber muß gesetzt werden; das hypothetische
und disjunktive Urteil sind problematisch, es muß aber ein
Urteil sein, und es kann itzt nur, daß im hypothetischen das
Besondere außer diesem Subjekte, in dem es als aufgehoben
ist, für sich seiend gesetzt ist, wie im disjunktiven, daß das
Subjekt des hypothetischen sich auf das für sich seiende Subjekt beziehe und mit ihm selbst ein Urteil ausmache, was es
vermag, da es selbst ein allgemeines ist; ebenso daß das Prädikat des disjunktiven sich auf seine Sphäre beziehe, oder vielmehr diese Beziehung nur setze, und mit ihr selbst ein Urteil
ausmache, was es vermag, da es selbst ein bestimmtes ist, also
das im hypothetischen Urteile für sich seiende Allgemeine
aufnehme. Auf diese [Weise] sind diese beiden Urteile, das
disjunktive und hypothetische, vereinigt, das für sich seiende
Subjekt von jenem und das für sich seiende Prädikat von diesem sind gesetzt, und das realisierte Prädikat von jenem und
das realisierte Subjekt von diesem sind beide eins und dasselbe, die Mitte zwischen den Extremen, dem für sich seienden
Prädikate und Subjekte; es ist hiemit ein in sich entzweites
Urteil, dessen Mitte erfüllt [ist], die entwickelte Allgemeinheit, die Einheit des Besondern und Allgemeinen gesetzt, und
Subjekt und Prädikat hören auf, durch das leere: ist des Urteils verbunden zu sein, sie sind durch die erfüllte Mitte, die
ihre Identität ist, und hiemit durch die Notwendigkeit zusammengeschlossen und das Urteil ist zum Schlusse geworden. /

C. Der Schluß[1]

1. Das Subjekt und das Prädikat erhalten sich in der Realisierung des Urteils als das, was sie in der Bestimmtheit gegeneinander sind, und zugleich, indem jedes sich an sich selbst
realisiert, sich als die Totalität des Verhältnisses an ihm selbst

---

[1] *Am Rande:* Begriff des Schlusses

konstituiert, so fallen beide zusammen, es drückt jedes an
sich die Entwicklung der Allgemeinheit an sich [aus], das Besondere ebenso als das Allgemeine, denn es ist ebenso eine in
sich selbst reflektierte Bestimmtheit. Das in seiner Bestimmtheit bleibende Subjekt bezieht sich nicht bestimmt auf ein so
entwickeltes Prädikat, sondern durch dasselbe auf die Sphäre
desselben, als ein bestimmtes; ebenso umgekehrt das bestimmt
bleibende Prädikat nicht auf das so entwickelte Subjekt, sondern durch dasselbe auf ein bestimmtes; und beide Urteile
sind Ein Schluß, denn das entwickelte Subjekt und Prädikat   10
sind dieselbe Entwicklung. Die so zusammengeschlossenen
Subjekt und Prädikat sind es auf diese Weise nicht unmittelbar wie im Urteil, sondern durch diese Entwicklung, die an
die Stelle des leeren: ist, des Urteils getreten, und wodurch
das Urteil ein notwendiges geworden ist; denn die Mitte ist
die gesetzte Mitte der Extreme. Sie ist allgemein und besonders zugleich; sie ist α) eine Bestimmtheit, dadurch dem Subjekte, ein Allgemeines, dadurch dem Prädikate gleich; und β)
ihre Beziehung des Verhältnisses ist die umgekehrte dieser
Gleichheit, denn diese ließe kein Verhältnis zu; gegen das   20
Subjekt ist sie das Allgemeine und subsumiert dasselbe; gegen das Prädikat ist sie das Besondere, und wird unter dasselbe subsumiert. Diese beiden Subsumtionen als Urteile ausgedrückt, sind gewöhnliche einfache Urteile, und eben die Zusammenschließung des Subjekts und Prädikats; aber diese
letztere hat als Urteil gar keine Bedeutung mehr, sondern ihr
Wesentliches ist nicht ihre Beziehung überhaupt, sondern ihre
Beziehung durch eine Mitte, oder die Notwendigkeit der Beziehung; das Urteil ist nicht als solches für sich, sondern es ist
in den Begriff zurückgekehrt, und unter ihn subsumiert. Der / 30
bestimmte Begriff hat im Schlusse seine Realität erhalten; er
ist als die Mitte das einfache Einssein des Allgemeinen und
Besondern, denn die Entwicklung erhält sich in der Einheit;
und seine Momente sind zugleich als die Extreme auseinan-
dergesetzt, und gegeneinander bestimmt; als Verhältnis der
Extreme zu der Mitte ist das Urteil realisiert als ein
verdoppeltes, aber es ist zugleich gesetzt als aufgehoben, denn was in der einen dieser beiden Subsumtionen Subjekt ist, ist in der andern Prädikat, also die
Bestimmtheit des Urteils selbst durch die entgegengesetzte   40

vertilgt.[1] Es ist aber die Idealität nicht bloß durch diese
entgegengesetzte Verdopplung, sondern unmittelbar gesetzt,
indem die Zusammenschließung des Subjekts und Prädikats,
als der Extreme, nicht die Bedeutung eines bestimmten Urteils hat, sondern vielmehr, nicht ein Urteil, [sondern] die
Identität des Mittelbegriffes zu sein, dessen Ausstrahlungen
die Extreme, und nur als solche in ihm befaßte sind. Der einfache Kreis des Begriffes hat sich in die Linie verengt und
auseinandergeworfen, deren Mitte der verengte in
10 einen Punkt zusammengezogene Kreis selbst ist, und dessen
Extreme das Allgemeine, und das Besondere sind.

2. Der Begriff ist in dem Schlusse durch das Urteil zurückgekehrt[2], indem er dieses Auseinanderwerfen durch das Urteil, seines Gegensatzes ist, aber die wesentliche Mitte desselben. Aber der Schluß hat unmittelbar zugleich den höhern
Standpunkt, daß er das in sich zurückgekehrte Verhältnis überhaupt, die Identität des Verhältnisses des Seins und
des Denkens ist. Das Verhältnis ist sich in seiner ersten Realisation ein anderes geworden, das realisierte andere Verhält-
20 nis aber ist das Anders dieses Anders und die Rückkehr zu
ihm; und in dem sich realisierenden Urteile, im hypothetischen, tritt die ganze Allgemeinheit unterschieden von der
Besonderheit auf die Seite; aber diese wird eben dadurch rein
negative Einheit, numerisches Eins. Das Subjekt des Schlusses
ist in der Tat nur besonders in Beziehung auf seine / Subsumtion unter die Mitte, oder als in den Kreis der Allgemeinheit
eingeschlossen; aber es ist ebenso dieser Mitte entgegengesetzt, und für sich reine Einzelnheit der Substanz. Aber sie ist
nicht mehr die bloße Substanz selbst, sondern als hindurch
30 durch den Begriff gegangen und aus ihm hervorgekommen,
ist der Wechsel der Akzidenzen beruhigt, die nicht
sich aufhebende entgegengesetzte, sondern nur andere für
einander sind, und daher nach der schlechten Unendlichkeit
andere; oder diese Substanz ist eine UNENDLICH BESTIMMTE.

[1] *Am Rande:* Auseinanderfallen der Realisierung des Subjekts und Prädikats in dem hypothetischen und disjunktiven Schlusse.
Idealität beider
[2] *Am Rande:* Subjekt des Schlusses ist die in sich zurückgekehrte
Substanz.

Sie ist in sich zurückgekehrt, indem sie als die negative
Einheit von absolut ändernden Akzidenzen dieses Eins, dies
Sichselbstgleichsein derselben ist. Sie ist ebenso dem Besondern als dem Allgemeinen entgegengesetzt; dieses ist das Prädikat, jenes ist die Mitte des Schlusses, indem es als Besonderes selbst die Einheit der Einzelnheit und Allgemeinheit, seine Einzelnheit hiemit Besonderheit ist; Allgemeines gegen das
Subjekt, und Einheit der Einzelnheit und Allgemeinheit, oder
Besonderheit, gegen das Allgemeine.

[1]Das Subjekt, als ein Dieses, zu welchem das Verhältnis des
Allgemeinen und Besondern zurückgegangen ist, ist durch das
Besondere auf das Allgemeine im Schlusse bezogen, nicht
durch sich selbst; es steht nur in unmittelbarer Verbindung
und Subsumtion mit dem erstern. Es sind drei Stufen hiemit
des AUF- oder NIEDERSTEIGENS gesetzt; ein rein Dieses, absolut Einzelnes, ein Besonderes, Dieses und Allgemeines zugleich, oder das in die positive Einheit aufgenommene negative unendlich bestimmte Eins, und ein rein Allgemeines. Wie
die beiden Extreme des rein Dieses, und des rein Allgemeinen, α) in der Mitte befaßt sind, β) so sind sie ihr auch
entgegengesetzt, sie sind für sich; der Bestimmte Begriff der Mitte ist als solcher die einfache Einheit des Allgemeinen und Einzelnen, und als solche ist seine gedoppelte Beziehung eine für ihn äußerliche; es ist unsere Reflexion, die ihn in diese Extreme entwickelt hat; er ist die allgemeine Einheit beider, aber es steht ihm auch das rein Allgemeine gegenüber, das ebenso, wie das Dieses nicht mehr das
Besondere ist, so nicht mehr bestimmter Begriff, sondern rein
Allgemeines, und da dieses außer der Mitte getreten ist, so ist
die Mitte ebendarum zugleich nicht die wahrhafte beides subsumierende Mitte. Ihre Einheit beider, und / ihre Trennung
beider Extreme sind nicht selbst wieder vereinigt; in der
Trennung ist sie nur das Mittel, das nicht für sich
selbst ist, sondern der Übergangspunkt im Aufsteigen
des Einzelnen zum Allgemeinen, oder im Niedersteigen des Allgemeinen zum Einzelnen. Was sich im Begriffe des Schlusses entgegengesetzt ist, ist also, dies Subsu-

___

[1] *Am Rande:* Widerspruch im Schlusse α) Subsumiertsein der Extreme unter die Mitte β) nicht Subsumiertsein

miertsein der beiden Extreme unter die Mitte, und das Fürsichsein beider, und ihr Verhältnis aufeinander, nach welchem das eine als rein Allgemeines beide positiv subsumiert, so wie umgekehrt das Subjekt beide negativ. Die Mitte ist das Gemeinschaftliche einmal, daß es unter beide subsumiert ist auf die entgegengesetzte positive und negative Weise, und das andremal, daß es sie beide subsumiert; in jener verhalten sich die Extreme ebenso als die entgegengesetzt einander Subsumierenden und Subsumierten. Der Schluß muß seinen Begriff realisieren, indem er diesen Widerspruch an sich darstellt; die Mitte sich darstellend als beide subsumierend, wäre das Allgemeine selbst, und die Realisation von jener fällt mit der von diesem zusammen; ihr gegenüber steht die Realisation des Einzelnen, das sich darstellt als das Besondere und Allgemeine in negativer Einheit aufhebend. Beide Wege sind die entgegengesetzten; in dieser entgegengesetzten Strömung aber werden sich beide durchdringen, und das Gleichgewicht beider wird die Realisation ebenso jedes einzelnen sein.[1]

α. Die Realisation des Subjekts als einzelnen

Das Subjekt als dieses unendlich Bestimmte, was auch das Individuelle genannt wird, tritt hier nicht bloß in Wirklichkeit auf, sondern das Wirkliche selbst als Allgemeines. Das Wirkliche als Dieses ist die negative Einheit, welche sich durch die Bestimmtheit schlechthin nur auf die entgegengesetzte bezieht; im Besondern ist diese Beziehung, die ihre Wirklichkeit zur Möglichkeit macht, vertilgt, und die Bestimmtheit ist in der Form der Allgemeinheit in sich reflektiert gesetzt; aber auch nur in der Form des Fürsichseins; denn diese Form ist als das Allgemeine dem Besondern entgegengesetzt, und Dieses hat sich nicht von dieser Beziehung befreit; / als Subjekt im Schlusse[2] tritt es aus der Idealität, in der [es] noch im hypothetischen Urteile gesetzt ist, heraus und ist als negatives

---

[1] *Am Rande:* Entgegengesetzte Realisation des Subjekts und des Allgemeinen.
[2] *Am Rande:* Subjekt im Schlusse

Eins an und für sich selbst als absolut bestimmt, oder in
seiner Bestimmtheit absolut;[1] die Einheit vieler und
zwar unendlich vieler Bestimmtheiten; denn als negative
Einheit ist es die Einheit entgegengesetzter Bestimmtheiten;
aber DIE ALLGEMEINHEIT an sich selbst, ALS SUBSUMIERT
habend, sind diese Bestimmtheiten nur andere für einander,
und jede ist von der, für die sie nur eine mögliche ist, befreit.
Das Subjekt hat nicht nur die Besonderheit, die Mitte, sondern die Allgemeinheit, das andre Extrem unter sich subsumiert; es ist allgemeines, aber so daß seine negative Einheit
das Wesentliche, die Allgemeinheit an ihm nur an ihm als eine
aufgehobene gesetzt, als dies, daß es unendlich viele Eigenschaften hat; sie ist eben dies Anihmsein derselben; und zwar
derselben nur als anderer, und nach der schlechten Unendlichkeit, denn ihr Fürsichsein, ihre Einheit, ist eben nicht das
Aufgehobensein derselben, sondern sie ist außer ihnen, als
das Eins, und sie also unendlich viele, ihre Vielheit ist nicht
durch die Einheit bestimmt. Diese sogenannte Individualität
soll Realität haben; sie ist, ist das was von ihr gesagt wird, indem das im hypothetischen Urteile nur mögliche Sein als
wirklich ausgesprochen wird,[2] womit der hypothetische
Schluß gesetzt ist, indem das Subjekt von jenem sich zu
einem positiven Satze macht. Dies ist dieses Subjekt ist aber
nichts als das ganz leere Sein, welches dem Nichts vollkommen gleich ist; dieses C ist, oder C ist ein Dieses, ist gleichbedeutend; das Dieses ist das zum Subjekt als Prädikat ge-
schlagene ïst. Die Realität des Subjekts bleibt die leere Dies-
heit; es soll nur Realität haben, insofern es ein Dieses ist,
nicht insofern es die Einheit dieser Bestimmtheiten ist, denn
diese Realität wäre eine ganz andere, eine innere Notwendigkeit, Einheit der positiven und negativen Einheit, in welcher
das numerische Eins in der positiven Einheit sich ganz verliert.

Die Einfachheit des Dieses ist es, was als absolutes Sein
und als absolute Gewißheit / sich im gemeinen Erkennen als

---

[1] *Am Rande:* Einzelnes oder Subjekt ist Einheit absolut
Vieler Bestimmtheiten, als allgemeines
[2] *Am Rande:* Das ist dieses Subjekt spricht der hypothetische
Schluß aus.

absolute Wahrheit geltend macht;[1] es ist der Begriff der unendlichen Bestimmtheit; das reine: Dieses löst sich unmittelbar in Nichts auf; das Dieses ist nicht dies Leere, sondern die Reflexion in sich selbst, die Bestimmtheit als Totalität, deren Form eben das Dieses, das numerische Eins ist; aber es hat als Totalität einen Inhalt, es ist die in dem Entgegengesetzten sich erhaltende Einheit, und das Entgegengesetzte ist, wie gezeigt, die Bestimmtheit als Vielheit, aber als vollendete Vielheit; als absolute Bestimmtheit. Aber sie ist nicht vollendet,[2] denn diese Vielen sind Eigenschaften, in sich reflektierte, die als Viele für sich sind, die Einheit außer sich haben, also schlechthin nicht Alle sind.[3] Das vollkommen Bestimmte, oder das Dieses ist ein bloßes Gedankending; es scheint zwar, als ob nur dieses ein bloßes Sollen, eine unerfüllte Foderung sei, diese Eigenschaften, diese absolut vielen Bestimmtheiten für den Gedanken darzustellen und zu erschöpfen; als ob aber das Subjekt an und für sich, ohne Beziehung auf dieses Aufzählen ein vollkommen bestimmtes, gerade insofern in jener Unabhängigkeit ein Dieses wäre; und das Subjekt im Schlusse soll so für sich sein, als nicht subsumiert unter Allgemeines, nicht gesetzt als aufgehoben, sondern vielmehr das Allgemeine überhaupt als unter sich subsumierend. Aber gerade dies Anundfürsichselbstsein des absolut Bestimmten ist dieses, daß es unendlich viele, getrennte, gegeneinander indifferente Bestimmtheiten habe, außer denen das Eins derselben ebenso gleichgültig gegen sie sei; und dies ein Gedankending; denn es ist nichtig. Diese Indifferenz der Bestimmtheiten, deren Wesen ist, nur in Beziehung auf andere zu sein, und diese ihre Beziehung oder ihre Differenz gegeneinander ist ihre unmittelbare negative Einheit; ihr Wesen, das schlechthin nicht außer ihnen, nicht gleichgültig gegen sie ist.

Das Subjekt ist also wesentlich nicht ein Dieses, ein absolut Bestimmtes, und das Allgemeine unter sich Subsumierendes, sondern ebenso ein Subsumiertes, und zwar nicht

---

[1] *Am Rande:* Das einfache Dieses ist im gemeinen Erkennen absolute Wahrheit.

[2] *Am Rande:* Die Eigenschaften sind nicht vollendet.

[3] *Am Rande:* Die Eigenschaften sind indifferent gegeneinander

bloß durch das bestimmte Allgemeine, oder das Besondere,   *
durch Dieses, da es selbst ein subsumiertes ist, durch das rein
Allgemeine; aber dies ist in der / Tat nicht das rein Allgemeine, denn es ist unmittelbar das Allgemeine dieses Besondern,
das die Mitte ausmacht. Das Subjekt ist nicht ein reines Dieses, sondern wesentlich ein durch eine Bestimmtheit
notwendig unter eine höhere subsumiertes, so wie es
sie subsumierend;[1] das Allgemeine selbst auf diese Weise
ebenso nicht ein rein Allgemeines darum, weil es von der Besonderheit und durch diese von dem Subjekt unter die nega-   10
tive Einheit subsumiert, hiemit einem andern entgegengesetzt
und selbst ein bestimmtes ist. Das Fürsichsein des Subjekts
ist also darin, daß es nicht unmittelbar mit einer Bestimmtheit, sondern durch diese mit einer höhern relativ allgemeinen auf die gedoppelte Weise der Subsumtion zusammengeschlossen ist, daß die Beziehung des Subjekts auf ein Prädikat eine Notwendigkeit ist, und wesentlich
ist nur diese Notwendigkeit das reelle.

Aber es ist die Frage, ob diese Notwendigkeit durch
dieses Zusammenschließen gesetzt ist. Vors erste muß   20
das Subjekt auf den Mittelbegriff bezogen sein, es als numerisches Eins zugleich ein besonderes, als allgemeines bestimmt
sein. Aber es als Subjekt ist die absolute Bestimmtheit,
und daher ebenso als gegen die unendliche Vielheit
der Bestimmtheiten entgegengesetzt, für die Bestimmtheit des Mittelbegriffs gleichgültig. Sie ist eine
Diese, wie das Subjekt als ein Dieses betrachtet wurde, und
als solche ebenso nichtig. Das Subjekt so bestimmt, wäre diese einzelne Bestimmtheit; aber so wenig es ein Einzelnes
ist, ein numerisches Eins, so wenig ist es einzelne Bestimmt-   30
heit.[2] Im disjunktiven Urteil ist es auf $A=-C$, und $C=-A$
auf gleiche Weise bezogen; dies entweder oder aufheben
und das eine setzen am Subjekte, das andere aber ausgeschlossen, im DISJUNKTIVEN SCHLUSSE, heißt nichts anderes, als
wie im hypothetischen Schlusse es als ein Dieses Subjekt, so
hier als Dieses Prädikat setzen. Das reine unvermittelte Set-

---

[1] *Am Rande:* das Subjekt ist durch EINE Bestimmtheit subsumiert

[2] *Am Rande:* Aber es ist gleichgültig gegen diese seine Bestimmtheit

zen ist es nämlich von dem die Rede ist, der minor des disjunktiven Schlusses. Aber das Subjekt ist als numerisches Eins wesentlich gesetzt als Substanz, und schlechthin gleichgültig gegen entgegengesetzte Prädikate, die als Akzidenzen in ihrer Wirklichkeit, in der sie als einzelne Bestimmt/heiten gesetzt werden sollen, mit der Möglichkeit, oder dem Nichtgesetztsein affiziert sind. Insofern aber die Bestimmtheit indifferent wäre neben den unendlich vielen andern, so hat sie als d i e s e durchaus kein Vorrecht vor einer andern gesetzt zu werden,

10 oder ebenso gut als sie sind unendlich viele andere; und es ist widersprechend, an dem Subjekte, als nicht=Substanz, sondern als unendlich bestimmtem, nur die einzelne Bestimmtheit zu setzen. Aber es ist auch nicht diese Bestimmtheit des Subjekts, sondern seine Notwendigkeit als Wechselwirkung, die gesetzt werden soll; nämlich die B e z i e h u n g d e s S u b j e k t s nicht auf diese Bestimmtheit, sondern DURCH SIE nur auf eine andere; und zwar so, daß es gegenseitig auch wieder unter das Allgemeine subsumiert ist, und indem es als d i e s e s , BESTIMMT, ebendarin auch AUFGEHOBEN i s t. Dies Aufheben

20 des Subjekts durch das Allgemeine ist aber selbst immer ein bestimmtes Aufheben, ein bestimmtes Verbundensein einem Prädikate, und dies kann auch so nicht zu Stande kommen, daß es nicht unmittelbar, sondern nur durch ein anderes damit verbunden würde, durch den S c h l u ß überhaupt, oder den e i n f a c h e n S c h l u ß. Aber der Schluß überhaupt verbindet das Subjekt dem Prädikate nicht notwendig; dieses ist, obzwar allgemeines, selbst ein bestimmtes; und das Subjekt, als diese bestimmte Substanz, ist durch ihre Bestimmtheit ebenso das Gegenteil dieser Bestimmtheit, und durch dieses

30 mit dem Gegenteil des Prädikats zusammengeschlossen.

[1]Hat das Prädikat, mit welchem das Subjekt zusammengeschlossen werden soll, nur den Schein, das Besondre, die Mitte zu subsumieren, ist es ihr aber in der Tat gleich und das Urteil nur ein t a u t o l o g i s c h e r S a t z, so ist überhaupt nur ein Urteil vorhanden, in die Stelle dessen Prädikats nur ein anderer Ausdruck substituiert wird. V e r h a l t e n s i c h d i e Mi t t e u n d d a s a n d e r e E x t r e m in der Tat wie Besondre und Allgemeine, so ist das Z u s a m m e n s c h l i e ß e n d e s Sub-

---

[1] *Am Rande:* Identisches Urteil im Schlusse.

jekts mit dem letztern vielmehr ein Aufheben seiner Bestimmtheit,[1] die seine Beziehung auf die Mitte ist, als ein Bestimmen desselben; und insofern dies Allgemeine selbst eine
Bestimmtheit ist, so ist es absolut zufällig, das Subjekt damit
zusammenzuschließen, denn dieses als absolut bestimmtes
kann mit unendlich [vielen] andern zusammengeschlossen werden, und die sich eben darum auch widersprechen müssen; / denn das Subjekt durch seine Natur als
negative Einheit ist die Einheit Entgegengesetzter und ebenso
auf die entgegengesetzte Bestimmtheit bezogen und durch 10
diese mit der dem vorherigen Allgemeinen entgegengesetzten
zusammengeschlossen. Statt der Notwendigkeit der Verbindung ist also Zufälligkeit derselben und Widerspruch des
Verbundenen gesetzt. Und es ist etwas ganz anderes als diese Verbindung, was durch den Schluß ist. Das Subjekt als absolut bestimmtes durch die Bestimmtheit mit dem bestimmten Allgemeinen und durch seine unendlichen Bestimmtheiten mit dem rein Allgemeinen [verbunden], ist in der Tat an
und für sich in seiner Bestimmtheit ein allgemeines; es ist die
Indifferenz der unendlich vielen Bestimmtheiten, ihr in sich 20
Reflektiertsein, es ist negative Einheit, aber als Allgemeines,
nicht als Substanz gesetzt, sondern, das an und für sich nicht *
die Möglichkeit bezogen auf die Bestimmtheiten, oder nur an
ihnen ist, sondern an sich selbst, und es ist nicht durch die
Bestimmtheiten mit dem Allgemeinen zusammengeschlossen, sondern unmittelbar an und für sich;[2] es
hebt die Trennung, die in der Linie des Schlusses, in welcher
es und das Allgemeine durch eine sie scheidende Mitte verbunden, ist, vollkommen auf, und ist Allgemeines. Seine absolute Bestimmtheit auf diese Weise in sich reflektiert, ist 30
selbst eine einfache; nicht die reine leere negative Einheit,
sondern bestimmte, wie seine Allgemeinheit die Bestimmte
ist; aber diese Bestimmtheit, ausschließend die entgegengesetzte, ist gesetzt als an sich selbst seiend, als das Wesen der
Reflexion in sich selbst; es ist ein Besonderes; diese Bestimmt-

---

[1] *Am Rande:* als Verhältnis des Allgemeinen und Besonderen ist das
Zusammenschließen ein Aufheben seiner Bestimmtheit.
[2] *Am Rande:* Subjekt ist nicht zufällig d. i. durch Eine Bestimmtheit
mit dem Allgemeinen zusammengeschlossen, sondern mit Allen, ist an
sich allgemein in sich zurückgekehrt. 40

heit ist es, die das allgemeine Sichselbstgleiche in seinem Wege des Anderswerdens bleibt; die Besonderheit ist ein Besonderes[1]; durch seine Bestimmtheit ist es auf andere negative Eins bezogen und ihnen entgegengesetzt; es hat seine Er-
gänzung außer sich; aber sie ist ebenso allgemein in sich reflektiert, an und für sich selbst. Das Subjekt ist die sich selbst
gewordene Mitte[2], die nur in verschiedenen Beziehungen, gegen anderes gekehrt, entgegengesetzt ist; dies Subjekt ist die
realisierte Besonderheit, welche an sich selbst für sich nach
10 innen und außen gekehrt für sich ist; allein dadurch sich in
sich selbst reflektiert, daß es bestimmtes ist, — / denn durch
dieses ist es sich anderes, — aber in diesem seinem Anderssein
es selbst ist, d. h. es ist die Bestimmtheit als solche, welche
sich in sich selbst reflektiert. Die Bestimmtheit als Allgemeines oder als Besonderes ist nur formal in sich reflektiert: als
Einheit Entgegengesetzter; aber das Dritte, oder Synthese,
das ausgehende als Einfaches Gesetzte, wurde ein anderes,
und dies andere wieder ein anderes, wieder das Erste, aber
dies Erste, insofern es sich das Dritte geworden, unterschied
20 sich von dem ersten Einfachen eben durch dies Gewordensein. Das realisierte Besondere aber ist das, [was] in seinem
Ausgehen schon es selbst, dies Gewordene ist, und so in seinem Wege der Reflexion sich erhält. Das heißt, das Subjekt
ist seine Definition.

b. Realisation des Allgemeinen

Das Allgemeine in dem Schlusse, — wie das Subjekt sich als
Besonderes dadurch realisiert, daß es das Allgemeine an ihm
selbst setzt, — muß sich realisieren, indem es die Mitte und
das Subjekt an ihm selbst setzt. Sein Wesen ist, die Be-
30 stimmtheit in sich als aufgehoben zu setzen; es ist der
negativen Einheit als dem Besondern darin entgegengesetzt,
daß es als Allgemeines nicht das Entgegengesetzte der Bestimmtheit ausschließt, sondern ihm gleich ist, oder das Positive der Disjunktion ist. Das Subjekt ist negative Einheit, die

---

[1] *Am Rande:* Es ist Besonderes.
[2] *Am Rande:* die sich selbst gewordene Mitte.

Entgegengesetzten als aufgehoben setzend, und so selbst Allgemeines, aber als Dieses ein bestimmtes; das Allgemeine negative Einheit, aber als solche nur das Allgemeine, Daß es
selbst wieder ein bestimmtes ist, ist seine Seite, in der es in
Beziehung aufs Subjekt, als subsumiert unter dasselbe in Betracht kommt. Aber als Allgemeines, wie es für sich ist, ist es
nicht sich auf ein Subjekt durch die Bestimmtheit beziehend,
sondern als die Reflexion in sich selbst, sich teilend in
die entgegengesetzten Bestimmtheiten, und sie als
aufgehoben setzend[1]; in sich selbst geschlossene Reflexion in sich selbst.

Das bestimmtere dieser Totalität des Allgemeinen ist, daß
es sich auf das im hypothetischen Urteile als aufgehoben
gesetzte Dieses bezieht; aber es bezieht sich nicht nur hierauf,
es hat ebenso andere Bedingungen. Seine Realität ist nicht
nur das Zusammenschließen mit diesem Bestimmten, und mit
einem Diesen; / es subsumiert dasselbe[2], und setzt es als aufgehoben, indem es andere ihm gleich setzt; durch diese Gleichheit hört das Dieses auf, ein negatives Eins zu sein, denn als
solches schlösse es alle Gleichheit, alle Beziehung aus; es ist
ein Besonderes, und neben ihm mehrere Besondere. Aber diese ihre Gleichgültigkeit hebt sich durch ihre Bestimmtheit
auf, sie beziehen sich aufeinander, indem sie sich ausschlies-
sen, im disjunktiven Urteile; aber so wenig der hypothetische Schluß das Allgemeine in seiner Realität setzt, so wenig der disjunktive, sondern es ist das Gegenteil von beiden;
es ist nicht durch das Sein des Dieses im hypothetischen
noch durch das Ausgeschlossensein eines andern Bestimmten
im disjunktiven und durch das Sein nur dieser Bestimmtheit,
sondern auf gleiche [Weise] ist es der andern verknüpft, und
es ist nicht rein für sich, sondern nur in der Beziehung auf diese Besondern, und es ist ihre negative Einheit. Dies ist die Realisierung des Allgemeinen, daß es negative Einheit und positive zugleich ist, wie das Subjekt. Aber nicht so, daß es nach der
Bestimmtheit die entgegengesetzte außer ihm hätte, sondern
es umfaßt beide, und setzt sie als aufgehobene. Und

____

[1] *Am Rande:* Das Allgemeine als für sich seiend ist sich teilend in
entgegengesetzte Bestimmtheiten.
[2] *Am Rande:* es ist das subsumierte Dieses.

es ist nicht durch eine Mitte mit der negativen Einheit
zusammengeschlossen, sondern ist unmittelbar sie selbst. Seine Reflexion in sich selbst ist diese, daß es als A zum Gegensatz des B=–C, und C=–B wird, und in diesem sich selbst
gleich ist, sich aus ihm resumiert, indem es [ihn] in seiner
Sichselbstgleichheit aufhebt. Die Reflexion des Subjekts ist,
daß es als sich selbst gleich, als B [sich bestimmt,] indem es
ein anderes wird als + B gegen C=–B; und dies plus seiner Bestimmtheit wieder aufhebt.

10   Das Setzen des Allgemeinen zugleich als eines Besondern
oder seine Realisierung, aber als eines für sich seienden, das
nicht zugleich negative Einheit wäre, wäre der Beweis des
Obersatzes des Schlusses, oder der Subsumtion der Mitte unter das Prädikat. Das womit es zusammengeschlossen wird,
kann nicht ein einzelnes sein, denn in der Beziehung, dem
Bestimmtsein desselben durch das Allgemeine ist es ein Besonderes. Der Schluß, welcher das Allgemeine als subsumierend darstellt, schließt es durch die Einzelnheit mit
dem Besondern zusammen, und ist die Induktion. Daß das
20 Subjekt dieses Allgemeine ist, erschöpft dies nicht nach seiner
/ Allgemeinheit; es ist absolut Vieles dieses Allgemeine; daß
das Allgemeine so, wie es ist, gesetzt werde, muß die ganze
Menge dieses Vielen unter dasselbe gesetzt werden; und indem diese Menge zusammen als Subjekt, als Eins, dem Allgemeinen gegenübertritt, ist es selbst gegen die Einzelnheit der
Menge ein Allgemeines, gegen die Allgemeinheit des Prädikats
 * ein Besonderes, und was vorhin die Natur der Mitte war, wird
gesetzt als Extrem, indem das Subjekt das Besondere aus dem
Einzelnen geworden ist. Dies Zusammenschließen ist aber
30 ebenso wenig wahrhaftig; denn die Einzelnheiten, deren Zusammen das Subjekt ausdrücken soll, sind als Einzelnheiten
absolut viele, und haben als solche keine Realität; die Beziehung des Allgemeinen hebt die negative Einheit auf, und ist
dadurch unmittelbar mit dem Besondern verbunden, und
selbst als negative Einheit sich in dasselbe trennend.

Der Schluß ist die Beziehung des Einzelnen durch das Besondere auf das Allgemeine; der Weg der Reflexion ist, daß
das Einzelne zuerst zum Besondern wird, sein Subsumieren
der Mitte und des andern Extrems unter sich darstellt; worin
40 das Allgemeine nicht befriedigt ist; dies muß ebenso sein Sub-

sumieren darstellen, und aus dem mittelbaren Beziehen wird
ein unmittelbares Einssein. Die einfache Unendlichkeit der
Beziehung geht im Verhältnis des Seins in die unendliche
Vermittlung, Synthese über, im Verhältnis des Denkens zurück in die ruhige Einfachheit der Beziehung; und in dieser
ist sie selbst vollendet. Die Beziehung ist die der Gleichheit,
und jede Seite der Bezogenen ist selbst Verhältnis, unter entgegengesetzten Formen, die als ideell gesetzt sind; jedes ist
Allgemeines und negative Einheit und die Einheit von beidem, und die bestimmte Form unter der sie entgegengesetzt 10
sind, ist jedes dieser beiden, die an ihnen, nämlich jedes an
dem andern aufgehoben sind.

III. Proportion

Die Gleichheit beider Verhältnisse ist die in sich zurückgekehrte Beziehung, sie ist so einfach als diese, und die
Entgegengesetzten sind selbst die ideell gesetzten beiden Verhältnisse; der Begriff ist realisiert, indem er sich erhalten und
seine beiden / Seiten an ihm selbst, als er selbst, gesetzt worden sind, und der Schluß als die schlechte Realität des Begriffs ist in den Kreis desselben zurückgegangen; er ist sich aus 20
der absoluten Ungleichheit seiner Extreme das Gegenteil geworden.

a. Definition

Das Einssein der positiven und negativen Einheit,[1]
das Subjekt als eine gesetzte und in sich selbst reflektierte Bestimmtheit[2] ist ein reales, das unmittelbar mit
der Allgemeinheit in seiner Bestimmtheit zusammengeschlossen ist, ein absolutes Fürsichsein, das in seiner Bestimmtheit,
für sich ist. Das Ausschließen ist hier erst real, die positive Beziehung mit dem Ausgeschlossenen hört auf, und sie ist das 30
Zurückgehen in sich selbst. Was bisher die Bestimmtheit

[1] *Am Rande:* Einssein der positiven und negativen Einheit
[2] *Am Rande:* in sich selbst reflektierte Bestimmtheit

aufhob, war, daß sie nur war in Beziehung auf die entgegengesetzte; hier aber hat sie ihre Realität. Das Subjekt ist nur nach dieser Bestimmtheit ein bestimmtes; es hört auf, ein unendlich vielfach Bestimmtes zu sein, und nur diese ist seine wesentliche; denn das Wesen ist das Fürsichsein, oder das Zurückgekehrtsein in sich selbst.

Das Subjekt, das seiner Definition gleich, und nichts als diese ist, ist hiemit nicht ein einzelnes; seine wesentliche Bestimmtheit ist diejenige, in welcher das Subjekt gegen andere Besondere gekehrt, und in diesem gegen sie Gekehrtsein sich selbst erhält.[1] In der Definition der lebendigen Dinge ist daher notwendig die Bestimmung von den Waffen des Angriffs oder der Verteidigung genommen worden, als demjenigen, wodurch sie gegen anderes Besondere sich selbst erhalten; das schwächere Pflanzengeschlecht aber muß [man] nach dem bestimmen, wodurch es sich ebenfalls erhält, aber nur als allgemeines, als einzelnes aber zu Grunde geht, nämlich durchs Geschlechtsver-/hältnis. Das noch schwächere Anorganische erhält sich nicht einmal als Gattung in seinem Untergange, sondern hört darin überhaupt auf zu sein, was es ist, und seine wesentliche Bestimmtheit ist die, WORIN ES UNTERGEHT. Das Wesentliche des Subjekts, das sich dadurch als Individuum, als Einzelnes erhält, ist, daß es in diesem seinem Gekehrtsein gegen Anderes sich selbst gleich ist, sich nur auf sich selbst bezieht; es bleibt sich selbst gleich, indem es in seinem Anderswerden nicht aufhört zu sein, was es ist, sondern vielmehr dies Andere seiner selbst aufhebt. Die Selbsterhaltung oder die Definition hat als unmittelbar Eins, was bisher getrennt, oder nur unsere Reflexion war, dies, daß das Eins als allgemeines in seinem Anderssein unmittelbar seinem Begriffe, dem Allgemeinen gleich ist, und es nur dadurch ist, daß es dies Anderssein, oder seine Bestimmtheit, als ein anderes von sich abgetrennt hat, nach seiner Bestimmtheit ganz für sich selbst ist dadurch, daß es das seiner Bestimmtheit Entgegengesetzte vernichtet; sein Fürsichsein ist nicht eine Abstraktion von dem Entgegengesetzten, sondern es ist bezo-

---

[1] *Am Rande:* Das Subjekt erhält sich durch seine Bestimmtheit; oder es ist durch sie absolut in sich zurückgekehrt.

gen darauf, und das Einssein beider ist nicht das Aufheben beider, sondern das Eine ist selbst das Allgemeine in seiner Bestimmtheit, oder das Aufheben des Andern.

Diese wahrhafte Realität des Dieses, daß seine Besonderheit ist und besteht, und als solche in die Allgemeinheit aufgenommen, für sich ist, drückt den Begriff der Proportion überhaupt aus, in welchem das Verhältnis ganz auf die eine Seite tritt, das Besondere dem Allgemeinen unmittelbar einverleibt ist, und das Diese unmittelbar auf beides bezogen, zu seinem Wesen nur die Einheit derselben hat; es selbst ist die Seite des Verhältnisses, nach welcher dieses negative Einheit, das Eins ist; und die beiden Verhältnisse, welche einander gleich gesetzt sind, sind das des negativen Eins, das Wesen des Verhältnisses des Seins, und das des positiven Eins, das Wesen des Verhältnisses des Denkens; so daß die sich nur aufhebenden Bestimmtheiten des ersten im allgemeinen Elemente des zweiten zugleich bestehen, an und für sich sind; und die Gleichgültigkeit der im zweiten Auseinanderfallenden durch die negative Einheit des ersten verschwindet.

[1]Aber diese Realität, oder die Definition ist in der Tat eine Realität der Einzelnheit, oder des Bestimmten überhaupt; das Allgemeine ist nicht zu seinem Rechte gelangt, und das Bestimmte, das gesetzt ist, als sich selbst erhaltend, kann sich in der Tat nicht erhalten; die Bestimmtheit ist gesetzt, als an sich selbst seiend, und als / Bestimmtheit dem Allgemeinen gleich und dies so, daß es sein Anderssein als ein anderes von sich abgetrennt [hat], und darauf vernichtend sich bezieht, so daß es in seinem Aufheben als Allgemeines ist, und sich als diese Bestimmtheit erhält. Aber in Wahrheit ist nur die Seite seiner Allgemeinheit dies sich selbst Erhaltende, dies Gleiche als die Einheit der Entgegengesetzten, und das Aufheben der Bestimmtheit ist nicht das Aufheben der einen und das Bestehen der andern, sondern absolut das Aufheben beider. In der Definition ist darum die Proportion nicht vollkommen ausgedrückt; die eine Seite ist nur die des negativen Eins, nicht der Ausdruck desselben als Verhältnis, oder das Dieses, das einfach sein soll; die andere ist der Ausdruck desselben als

---

[1] *Am Rande:* Dialektik der Definition; sie setzt in der Tat ein einzelnes.

eines Verhältnisses, aber nicht desselben als einer negativen Einheit; denn die Bestimmtheit, dem Allgemeinen einverleibt, besteht; das, dessen negative Einheit die eine Seite ist, ist das Allgemeine und Besondere; aber jenes ist nicht ein wahrhaft Allgemeines; denn es ist nur gesetzt als subsumierend Eine der entgegengesetzten Bestimmtheiten; diese Glieder sind nicht gesetzt als das, was sie in Wahrheit sind, die Bestimmtheit nicht ein ideelles, das Allgemeine nicht eine reale, nicht negative Einheit zugleich.

10 Die Definition drückt daher nur die Foderung des in sich Zurückgekehrtseins, der absoluten Realität aus; sie ist ein negatives Eins nach außen, das andere von sich ausschließt, und sich selbst erhält, für sich ist; und ihre positive Beziehung ist nicht zugleich ein Aufheben ihrer eigenen Bestimmtheit, sondern ein Beharren derselben, und das Moment der Allgemeinheit in ihr ist nicht die wahrhafte Allgemeinheit, sondern vielmehr ist das Ganze unter der Bestimmtheit der Besonderheit; das Besondere ist eine Einheit der Allgemeinheit und Bestimmtheit; nicht umgekehrt auch das Allgemeine als Einheit
20 der als Allgemeines und Besonderes entgegengesetzten Bestimmtheiten, oder das Allgemeine ist nur gesetzt als bestimmtes; und dasselbe als Reflexion der Bestimmtheit in sich ist darum nur formell, nicht reell, als das an ihm selbst ausdrückend, was es ist. Die Reflexion in sich selbst muß nicht das Andere als ein anderes von sich Abgetrenntes, gegen es gleichgültiges haben, gegen das es sich different setzt und in der Beziehung aufhebt, sondern dies Andere ist seinem Wesen nach in ihm selbst, und es ist die Einheit von beidem, und das Aufheben ist das Aufheben beider Bestimmtheiten; es ist die
30 Idealität ebensowohl seiner selbst als des Andern, oder das Subjekt ist wesentlich ein Allgemeines; als sich in sich reflektierend, und die Bestimmtheit aufhebend, hebt es seine eigene auf; und ist als Allgemeines; oder die Definition geht in die Einteilung über. /

b. Die Einteilung

a) Indem das Allgemeine in seinem unmittelbaren Einssein mit der Bestimmtheit selbst ein bestimmtes ist, ist diese

Einheit beider eine bestimmte, und ein Besonderes; dies Besondere so sich in sich selbst reflektierend, wird vielmehr ein Allgemeines, seine Bestimmtheit Aufhebendes;[1] dies Allgemeine ist die Gleichheit beider Entgegengesetzten, das wohin sie zurückkehren und eins ist was das andere ist. Die Selbsterhaltung des Besondern ist daher vielmehr seine Idealität und eine Herstellung des Allgemeinen. Indem seine Selbsterhaltung, die Reflexion in sich selbst, sein Fürsichsein dies Allgemein ist, so kehrt es nicht eigentlich zur Allgemeinheit [zurück], diese ist nicht das Produkt, oder das Resultat, sondern das Fürsichsein des Besondern, das wovon [es] ebenso sehr ausgeht, das erste, überhaupt aber das Wesen desselben.

Dies Allgemeine ist als solches der leere indifferente Raum, das Bestehen der Bestimmtheiten; es ist noch mehr, es ist die Reflexion in sich selbst, das absolute Fürsichsein, welches in seinem Anderssein sich selbst gleich ist. Die Bestimmtheiten in ihm so gesetzt sind selbst dies Anders, dies Entgegengesetztsein oder die Verdopplung des Allgemeinen, so daß dies das Wesen beider, und sie allein dadurch sind. Sie sind, als Bestimmtes, allein in der Notwendigkeit des Allgemeinen, sich selbst ein anderes zu sein. Aber diese ihre Realität ist wesentlich die Gleichheit oder das Aufgehobensein beider, und das Allgemeine ist als schlechthin einfaches Sichselbstgleiches das Aufgehobensein seines Andersseins, oder seiner Verdopplung, die negative Einheit seiner Teile.

Die Einteilung, welche das Allgemeine an ihm selbst macht, macht die Definition ideell, indem es sich in zwei sich aufeinander beziehende Definitionen dirimiert,[2] die als gleichgültig gegeneinander beide auf gleiche Weise bestehen; nicht [daß] das andere der einen wie in der einseitigen Definition durch die andere aufgehoben wird; aber diese ihre Gleichheit ist ihre Substanz, und darum sie beide ideell setzend. Die Bestimmtheit, welche in sich selbst reflektiert ist, ist zugleich / aufgehoben, und hebt sich selbst

---

[1] *Am Rande:* Das Besondere hebt seine Bestimmtheit vielmehr auf, und wird Allgemeines

[2] *Am Rande:* Das Allgemeine dirimiert sich in der Einteilung in entgegengesetzte Definitionen.

auf; sie ist schlechthin nur in Beziehung auf die ihr entgegengesetzte, und eben darin selbst ideell.

Die Glieder der Einteilung, in welchen das Allgemeine sich realisiert, sich selbst setzt als sich selbst entgegengesetzt und sich findend, sind unmittelbar durch die Natur des Allgemeinen selbst bestimmt;[1] denn es ist nur ein solches, insofern es ein anderes und aus diesem es selbst wird; die beiden Momente, es als einfaches, und es als ein sich anderes,[2] deren Einheit es ist, sind die Momente seines Begriffs, und eben diese sind die Glieder der Einteilung; als Momente des Begriffs sind sie nur entgegengesetzte, rein ideelle; aber als in Eins gesetzt ist jedes, wie es an sich, oder reell ist, die Bestimmtheit des andern an sich habend, so daß es als das Wesentliche gesetzt ist; im Allgemeinen als solchen sind sie sich vollkommen gleich, so daß keins das Wesentliche gegen das Andere ist, sondern beide gleich ideell; es ist die Idealität beider. Aber die Realität des Begriffs ist, daß jedes abwechselnd das Wesentliche, und das Andere das an diesem Ideellgesetzte sei. Denn der Begriff des Allgemeinen, insofern er die gleiche Idealität beider ist, ist selbst die Bestimmtheit des Allgemeinen gegen die Besonderheit, und der Begriff ist selbst wieder das Eine Glied der Einteilung; er ist als der Besonderheit entgegengesetzt selbst ein Besonderes. Diese Bestimmtheit der Glieder der Einteilung ist als solche ideell, aber sie ist als in sich reflektiert, als dem Allgemeinen gleichgesetzt, und die Verdopplung der Definition; in dieser Realität sind beide gleichgültig gegeneinander; jedes ist an und für sich, denn jedes hat das Wesen des Ganzen an sich; sie sind für sich nicht gegeneinandergekehrt, wie die einzelne Definition es gegen die entgegengesetzte Bestimmtheit ist, denn beides erhält sich auf gleiche Weise wie das Andere, und keins kann es auf Kosten des Andern, indem beide gleiche Rechte haben.

Dadurch erhält die Bestimmtheit eben diesen gleichgültigen [Ausdruck], ihre Differenz gegen die andere ist gleichsam ausser ihr, für sich ist [sie] eine reine Qualität, die von ihrem Gegenteil abstrahiert, und die Zahl ist der gleichgültigste Aus-

---

[1] *Am Rande:* Die Glieder der Einteilung sind durch die Natur des Allgemeinen selbst bestimmt.
[2] *Am Rande:* es als einfaches, und es als anderes

druck dieser Bestimmtheit. Das Allgemeine, die Gattung wird durch dieses Einverleibtsein ein rein allgemeines, ein gemeinschaftliches, und die Einteilung ist eine Vervielfältigung der Definitionen, deren Einheit außer ihnen, für sie selbst gleichgültig ist. Denn das Allgemeine als negative Einheit ist nur, indem es die / Bestimmtheiten, deren negative Einheit es ist, als sie aufhebend, als das Andre ihrer selbst setzt; dies Anderssein zugleich es selbst bleibend, ist die Verteilung des Allgemeinen, so daß es als kontinuierliche Einheit außer diesen ist, in denen es ist.　　　10

[1]b. Die Einteilung macht das Subjekt der Definition zu einem allgemeinen, und das Verhältnis der Definition selbst wird umgekehrt, zu einer Menge von Subjekten; sie stellt die Allgemeinheit her, welche in der Definition unterdrückt, ihr Recht nicht erhalten hatte, indem sie nicht gesetzt war als sich selbsterhaltend im Anderssein, der Vielheit. Aber in der Einteilung selbst erhält die Allgemeinheit sich nur als außer dem Vielen fallend; bezogen auf die Glieder der Definition ist sie in A, B, C dasselbe; aber nicht für sich selbst; A, B, C sind gleichgültig gegeneinander, jedes einzelne ist vielmehr für　20 sich selbst, als daß das Allgemeine für sich selbst wäre; es muß schlechthin nicht dies in die Besondern Geteilte, sondern [das] Einfache, und ebendadurch in Beziehung auf sie das ihre Vielheit Aufhebende, negative Einheit sein. Die Arten müssen in Beziehung auf einander stehen, schlechthin nur als Momente des einen Ganzen der Gattung, und die Gattung selbst ist dadurch eine negative Einheit,[2] welche die Momente an sich als ideell, sich als ungetrennt setzt, dadurch eine Substanz, welche in sich die Differenz aufhebt, und für sich ist, aber sie nur aufhebt, insofern sie vorhanden war. Es ist das Allgemei-　30 ne gesetzt als einzelnes, als reiner Punkt der Einheit, als positives in sich vielfaches, das in Teile zerfällt, und dieses Zerfallen ebenso wieder aufhebt.

[1] *Am Rande:* Dialektik der Einteilung. Die Eingeteilten sind gleichgültig gegeneinander.
[2] *Am Rande:* Die Gattung selbst ist negative Einheit.

c. Es ist gesetzt das ERKENNEN

a. Bisher war das Übergehen des Begriffs in sein Anderswerden oder in seine Realität, und die Zurücknahme dieses
Anderswerdens unter den Begriff, unsere Reflexion; eine
dialektische Behandlung, die die Gegensätze entwickelte,
welche in dem Gesetzten unentwickelt vorhanden waren; das
Gesetzte aber oder der / Inhalt, war nicht ein solches, der sich
so in sein Anderswerden, und aus demselben zurück selbst bewegte, sondern ein totes, dessen Bewegung außer ihm war;
10 das reine Sein ist für sich befriedigt. Die Unendlichkeit in
welche das reine Sein oder das Nichts überging, war dies Sein
und Nichtsein, dies Verschwinden und Auftreten der Gegensätze; aber diese Bewegung [war] nur eine äußerliche, d. h.
eine solche, in welcher nur das Sein der Bestimmtheit, und
dann ihr Nichtsein als Sein einer andern auftrat; das woraus
das Auftretende herkam, und [worin] das Verschwindende
sich verlor, das Innere, die Null des Durchgangs, [war] jenes
leere Sein oder das Nichts selbst; der absolute Begriff ist selbst
das Begrifflose, Unbegriffene, die Gleichheit ist nur das
20 Nichts.

In den Verhältnissen war jedes so gesetzt, als sich beziehend auf das Andere, in seinem Fürsichsein nur seiend in der
Gleichheit des Andern, oder als sich aufhebend; es drückte
sich nur die Foderung des Fürsichseins aus, die sich nicht realisieren konnte, sondern das für sich seiend Gesetzte verschwand in seiner Realisation; im Verhältnisse des Denkens
erst definierte sich das Fürsichsein als ein solches, das wäre,
indem es seinem Gegenteil gleich und in ihm sich als es selbst
erhielte; als die Reflexion in sich selbst. Sie als Definition
30 setzte eine bestimmte negative Einheit als diese Reflexion in
sich, welcher in der Einteilung die Allgemeinheit, positive
Einheit wiederhergestellt wurde; und beide als in Eins gesetzt
sind das Erkennen: das Setzen des numerischen Eins als eines
allgemeinen, und eingeteilten, und des Zurücknehmens dieses
eingeteilten Eins in die negative Einheit. Hier beschreibt
die Reflexion sich selbst. Das Erkennen a) hat eine Definition, die Darstellung des Eins[1] des Fürsichseienden als eines

---

[1] *Am Rande:* Das Erkennen hat a) ein Eins, eine Definition

solchen, das seine Bestimmtheit in die Allgemeinheit aufgenommen hat, ein unmittelbares Einssein, das aus der Bewegung des Trennens und des Aufhebens der Trennung schon
zurückgekommen und an dem in der unmittelbaren Einheit der Bestimmtheit und des Allgemeinen die Bewegung
und das Auseinander vernichtet ist. Die Definition ist nicht
bloß das Definitum, noch bloß die Definition, sondern gerade
die Einheit von beiden; jenes das Eins, das Einzelne, Unmittelbare, das Dieses, die Definition dasselbe als aufgelöst aus
seiner Unmittelbarkeit und einfachen Einheit, und geteilt in   10
sich, aber so, daß / das Geteilte nicht für sich ist, sondern vielmehr ideell gesetzt als aufgehoben, und seine Einheit ist gerade das Eins, die Unmittelbarkeit des Dieses. b)[1] Aber als das
Dialektische der Definition wurde aufgezeigt, daß das Defini-   *
tum in der Tat nicht als Allgemeines gesetzt war, sondern als
Eins vielmehr das ihm Entgegengesetzte ausschloß und von
ihm abstrahierte; und daß es als Definition als in sich selbst
Reflektiertes, als Allgemeines zu setzen sei, hiemit das Entgegengesetzte nicht außer ihm, von dem es abstrahiere, falle,
sondern es das sich selbst Gleiche in seinem Anderssein sei,   20
ein Eingeteiltes. Die Vorstellung des Subjekts als so an ihm
selbst geteilten, als ein gleichgültiges Sein, das in der Vielheit
es selbst bleibt, ist seine Konstruktion. Sie ist die Einteilung, aber nicht eines Allgemeinen, oder bestimmten Begriffes, d. h. eines [solchen, das] bloß ein Gemeinschaftliches
würde, dessen Teile für sich und es als sich selbstgleiche Einheit außer ihnen fiele, sondern es bleibt der Grund, die sie
umfassende Sphäre, und sie schlechthin nur Teile, oder bezogen aufeinander. Diesen Schein des Fürsichseins der Getrennten hebt eben die Darstellung ihrer Beziehung auf,[2]   30
und STELLT das Allgemeine als Beziehung, als die Definition HER. Die Darstellung der Beziehung ist die negative Einheit, die sich die Teile unterwirft und das Eins der Definition
als Einheit hiemit aufgezeigt hat, nicht als ein solches, in dem
die Differenz aufgehoben ist, und das von ihr abstrahiert,
sondern das Einheit ist, das heißt, das die Teilung hat, aber
in sich selbst, d. h. das an ihm selbst das Aufheben der Teile

---

[1] *Am Rande:* b) ist allgemeines, und Einteilung; Konstruktion
[2] *Am Rande:* c) Aufheben der Konstruktion Beweis

ist. Diese Zurückführung der Teilung der Konstruktion zur Einheit der Definition ist der Beweis.

Diese Bewegung des Erkennens ist bisher immer das Darstellen eines Begriffes, als Realität oder Totalität gewesen. Die erste Potenz war der Begriff oder die Definition selbst, die zweite die Konstruktion desselben, oder die Darstellung desselben als schlechter Realität, sein Außersichkommen, oder sein Anderswerden, und das dritte die wahrhafte Realität, oder die Totalität, das Moment des Aufhebens dieses Anderswerden, durch die Subsumtion desselben unter die erste Einheit. An der ersten Einheit wurde aufgezeigt, daß sie in der Tat eine Trennung in sich habe; gegen diese Trennung, daß ihr vielmehr die Beziehung wesentlich sei. Das negative / Kehren des Trennens gegen die Einheit, der Einheit gegen das Trennen wird positives Resultat in der Realität, die beides zusammenschließt, dadurch daß sie Allgemeines, in sich selbst Reflektiertes, Definition ist, in welcher die erste und [zweite] Potenz nicht nichts sind, sondern als aufgehobene oder als ideelle gesetzt sind. Das Fortwälzen des Begriffs durch seine Momente ist auf diese [Weise] eine in sich zurückkehrende Bewegung, und der Kreis derselben ist die Reflexion, und das Fürsichseiende ist nur als dies Ganze des Kreises oder der Reflexion.

Durch das Erkennen realisiert sich erst die Definition,[1] die nach der Seite des Subjekts sich darstellt als bestimmtes Eins, und da das Eins nicht als Einheit der Definition, sondern das Eins des Definitums ist, so ist die Bestimmtheit eine durch die negative Einheit als Bestimmtheit nicht aufgehobene, sondern als Qualität des Eins bestehend, und dieses eine unendliche Menge von Qualitäten;[2] auf der andern Seite ist die Definition dasselbe, aber beschränkt, als Verhältnis, Eine in sich reflektierte Besonderheit. Jene Menge ist aber indifferent gegeneinander, jede schließt die ihr entgegengesetzte aus, und sie machen zusammen das Ganze der so genannten empirischen Anschauung aus, d. h. des Fürsichseins des Subjekts, als eines Dieses. Die in sich reflektierte Be-

---

[1] *Am Rande:* Das Erkennen realisiert die Definition, die ist α) Vielheit von Bestimmtheiten, empirische Anschauung
[2] *Am Rande:* β) Verhältnis

stimmtheit ist die der Selbsterhaltung, welche an sich nach
außen gegen Anderes gerichtet, in sich zurückgekehrt auf sich
selbst bezogen, die Ungleichheit an sich aufgehoben hat. So
ist die Definition des rechtwinklichten Dreiecks die, daß ein
rechtwinklichtes Dreieck das Quadrat der seinem Rechten
entgegengesetzten Seite gleich hat der Summe der Quadrate
seiner Katheten. Jene Bestimmung [ist] die der bestimmten
Qualität, diese der Reflexion, indem es aus dem Gegensatze
der einen Seite gegen die andere die Rückkehr oder die
Gleichheit ausdrückt; der Gegensatz ist nach seiner Weise der   10
von Einer Seite gegen zwei.

Das Definitum ist das Eins der drei Seiten, Figur; und
die Konstruktion hat dieses Eins der Bewegung des Beweises aufzuschließen. Das Dreieck muß sich teilen, daß die
Indifferenz seines Bestehens aufhöre, und es different, / und
somit zur negativen Einheit werde. Der Beweis hebt die Teilung so auf, daß er aus jener ersten Teilung des Definitums als
eines seienden, und der Einheit der Teile, als eines Ganzen,
die zweite Teilung und deren Einheit aufzeigt. Jenes erste ist
das gleichgültige Verhältnis des Ganzen und der Teile. Diese   20
Teilung, damit das zweite daraus entspringe, muß in der Tat
schon an sich widersinnig gegen das Ganze Dieses sein, es als
ein solches verunstalten, und zerreißen, wie im angeführten
Beispiele in der Tat die Figur des rechtwinklichten Dreiecks
verloren geht, und überhaupt durch Hilfslinien und Figuren,
sich durchkreuzende, das Ganze teilweise verdoppelnde Figuren sich erzeugen. Dies erste Verhältnis ist es nicht, das aus
dem Beweise resultiert, sondern ein differentes, worin ein Teil
des Ganzen einem andern, oder andern Teilen desselben
gleichgesetzt [wird]; daß nicht die Teile dem Ganzen, sondern   30
bestimmte Teile andern gleich seien, also in der Ungleichheit,
Entgegensetzung eine Gleichheit gesetzt sei, oder das Ganze
als Einheit eine aus dem Ungleichen zurückkehrende sei. Das
hierin Verglichene sind nicht Teile des Ganzen, sondern Momente desselben, die Winkel und Linien des Dreiecks sind
nicht das, was die Figur als ein Ganzes ausmacht, sondern
Momente, die das numerische Eins, das Prinzip der Figur,
voraussetzen, und seine Bestimmtheit sind. Das Resultat des
Beweises ist, daß das gleichgültige Verhältnis des Ganzen und
der Teile, zugleich ein differentes Verhältnis der Momente ist;   40

der Beweis knüpft erst beides zusammen, er enthält den
Grund, d. h. er deckt dasjenige auf, worin jenes Gleichgültige,
die Teile, und dies Differente Eins sind. Es wird im Beweise
des Pythagorischen Lehrsatzes gezeigt, daß ein halbes Quadrat
eines Katheten einem halben durch die Konstruktion entstandenen Rechtecke, worin das Quadrat der Hypotenuse geteilt, einander als Gleich aufgezeigt [wird], indem beide einem
dritten Dreiecke gleich sind. Alle diese Dreiecke gehören der
Konstruktion an, der Teilung der mit den Quadraten ihrer
10 Seiten gesetzten Figur; es eliminiert sich von ihnen dasjenige,
was dem Dreiecke als Figur angehört, und es bleibt nur eine
Gleichheit entgegengesetzter Momente.

Dieser Übergang aus dem gleichgültigen Verhältnisse zu
dem differenten, und damit aus der positiven zu der negativen [Einheit], und aus den Teilen in Momente ist es, was die
Natur des Erkennens, und der realen Definition ausmacht. In
dem / Begriffe der Proportion, oder in der Definition ist es
zunächst um die in sich reflektierte Bestimmtheit zu tun, als
wesentliches Merkmal, das der Gattung einverleibt, das Diese
20 für sich erhält, und zu einem Einzelnen macht; durch die Einteilung wird das Subjekt erst ein in Momente geteiltes; und
das Erkennen stellt die Einheit beider Verhältnisse dar.

b) Das Erkennen stellt auf diese Weise dasjenige dar, was
bisher geschehen ist, nämlich die Verwandlung des indifferenten Verhältnisses in das differente und die Gleichheit beider;
wie jenes selbst eine Gleichheit des Ganzen und der Teile ist,
so ist dieses ebenso eine Gleichheit des als einfach, und desselben als getrennt Gesetzten, und das Erkennen ist die Gleichheit dieser beiden Gleichheiten; der Gegensatz der zweiten
30 Gleichheit kann kein anderer sein als der der beiden Verhältnisse; das Verhältnis des Seins ist das Übergehen des Unendlichen oder des Verhältnisses überhaupt in das sich selbst gleiche Gleiche, in das in sich reflektierte Gleiche, das Allgemeine; das Verhältnis des Denkens das Übergehen aus dem Allgemeinen in die Trennung der Zusammengeschlossenen durch
die Mitte, das unreflektierte Gleiche, das Verhältnis; jenes ist
im angeführten Beispiele der rechte Winkel, das Verhältnis,
ein Gleiches, das nicht als Gleiches dargestellt ist und das
ihm Gleiche, den Nebenwinkel, neben sich [hat], im Dreieck

in die Hypotenuse als ein Nichtverhältnis, Nichtgleichheit, sondern Einfaches, und in sich reflektiertes Einfaches, das sich sich selbst gleichgesetzt hat, das Quadrat der Hypotenuse übergeht. Ihm entgegen steht das Zerbrechen der Linie in die Entgegensetzung der Katheten, die ein Verhältnis zu einander haben, einen Winkel miteinander ausmachen, so daß sie in ihrer Entzweiung sich selbst gleich als Quadrate wieder als Summe, als verbunden aus ihrer Trennung, dem andern einfachen Quadrate gleich sind. Daß hier nur Momente, Linien, nicht Figuren, nicht Teile des ebenen Dreiecks, gleichfalls 10 ebene Figuren verglichen sind, scheint nicht der Fall zu sein, denn sie werden als Quadrate gleichgesetzt; aber ein Quadrat ist eben kein Quantum, nicht ein Teil, nicht ein äußerlich Beschränktes.

In dem Erkennen ist also das bisherige resumiert, es ist die Totalität der Totalität der einfachen Beziehung, des Quantums, und der beiden Verhältnisse, und an sich / selbst diese Kreisbewegung, deren Inhalt, der durch diese Bewegung hindurchgeht, die Definition, dieser Kreis ist. Das Erkennen setzt das in Teile geteilte Ganze dem in Momente unterschiedenen 20 Eins, jene indifferente Gleichheit dieser differenten Gleichheit gleich. Das Ganze ist allein der Teilung fähig, durch seine Bestimmtheit; es ist selbst die in sich reflektierte Bestimmtheit, und in seiner Gleichgültigkeit erhält es sich durch die Abstraktion von der entgegengesetzten. Die andere Teilung in die Momente ist die innerliche Bestimmtheit, welche, sich selbst entgegengesetzt, nicht abstrahiert, sondern beide an sich selbst setzt, und erst hiedurch ist das Ganze sich selbst Gleiches, und auf sich Bezogenes. Das Verhältnis oder die zweite Teilung ist als solche $\frac{a}{b}$; aber als Einheit ist sie das 30 $c = \frac{a}{b}$, der Quotient, und selbst eine Bestimmtheit, die einfache Bestimmtheit des Ganzen, welche die entgegengesetzte außer sich hat. Das sich selbst Gleiche des Verhältnisses ist ein aus seiner Ungleichheit Zurückkommendes, ein dieselbe Aufhebendes, und ebendarin selbst ein Entgegengesetztes, das aber an sich die Form der Ungleichheit vernichtet hat, und darum nur die Form der Allgemeinheit an sich hat, in der Tat aber bestimmt, abstrakt ist.

Das Erkennen setzt also die beiden Verhältnisse gleich, indem es die Bestimmtheit des gleichgültigen Ganzen in sich ent- 40

zweit, aber diese Entzweiung so wie die Reflexion derselben
ist in der Tat immer eine bestimmte. Die Bewegung des Erkennens ist daher wohl das Allgemeine, aber das, was sich so
bewegt, ist ein Besonderes; denn es ist ein Dieses, ein Einzelnes; oder es ist formal, und seinem Inhalte nicht gleich, der
nicht absolut allgemein ist.

    Die Konstruktion als die Teilung des gleichgültigen Ganzen
in zunächst gleichgültige Teile ist eben darum an sich selbst
vollkommen gleichgültig; sie wird zu einer Teilung in Momen-
10 te, oder geht in die Einteilung, das differente Verhältnis über;
aber sie hat als gleichgültige Teilung dies Prinzip der Differenz
außer sich, und ihr Teilen, insofern es durch die zweite bestimmt und beherrscht ist, ist für das Ganze gleichgültig, oder
nicht durch es selbst bestimmt. In dem mathematischen Erkennen ergibt sich am Ende wohl, daß diese Konstruktion für
den Beweis notwendig ist, aber sie hat sich nicht durch sich
selbst, sondern erst durch diesen als notwendig erwiesen; oder
es wird wohl erkannt, das Gleichgültige geht in das differente
Verhältnis über, aber dieser Übergang ist nicht selbst erkannt,
20 es wird nicht begriffen. Die Bewunderung der mathematischen Beweise ist diese zurückbleibende Nichtbefriedigung,
die von dem als zufällig Erscheinenden der Konstruktion zur
Notwendigkeit der Beziehung wohl übergeht, aber jene Konstruktion / nicht durch sich selbst begreift, weil sie nicht ein
Begriff, nicht ein Differentes ist, und darum auch nicht den
Übergang.

    Daß aber das Erkennen, diese Reflexion des gleichgültigen
Ganzen aus seiner Entzweiung und Anderssein zu seiner Sichselbstgleichheit, noch formell ist, rührt daher, daß die Defini-
30 tion die Selbsterhaltung, oder die Reflexion der Bestimmtheit
als einer solchen in sich selbst, ist; ein einfachgesetztes Bestimmtes; ein Seiendes; sie geht in die Einteilung über, oder
wird als Allgemeines, differente negative Einheit; das Dialektische der Definition führt sie dazu, und das Erkennen selbst
ist zunächst nichts als dieser Übergang der Definition zur Einteilung; der Übergang inzwischen ist das Leere, die Foderung,
daß jene zu dieser werde, die Gleichheit beider überhaupt, das
Zusammenschließen, aber es ist noch nicht das Gleiche, die
Mitte derselben hervorgetreten. Indem so die Definition zur
40 Einteilung übergeht, setzt sie eigentlich zu ihrer [Mitte] unter

den absoluten unbestimmten Teilungen die einzig wahrhafte
schon voraus; oder sie müßte ebensowohl eigentlich rückwärts
gehen, von der Einteilung zur Konstruktion, aber es ist bisher
nur Ein Weg aufgewiesen, der der Bewegung, nicht dies, daß
aus der Totalität selbst die Definition und Einteilung heraus-
fallen.

Ebendarum ist die Totalität oder das Erkennen zwar die
Reflexion, die von der Definition aus durch die Einteilung
hindurch zu jener zurückgeht und beide gleich setzt oder die
Ungleichheit, die durch das zweite Moment hervorkommt, 10
aufhebt; aber indem es wesentlich ebenso die Einteilung ist,
so erhält sich die Definition nicht als das was sie war; die
Selbsterhaltung erliegt der differenten Einheit, und die Definition wird in ihrer Wiederherstellung aus der Einteilung ein
anderes als sie war.

Die in sich reflektierte Bestimmtheit der Definition, das
Einzelne sich einteilend, geht in innere Differenz, in eine Verdopplung der Definition über, und die wiederhergestellte Einheit ist die Gleichheit der beiden Definitionen, in welcher
aber eben die Bestimmtheit der ersten selbst sich aufhebt. Die- 20
se ist es, welche die bestimmte Teilung möglich macht, die
wieder in das Einfache zusammengeht, aber das eine der Teile
ist selbst jene Bestimmtheit der Definition; sie ist das sich tei-
lende Allgemeine, und ist selbst der eine der Teile. Im Pythagorischen Lehrsatze wird die Bestimmtheit des rechten Win-
kels α) aus einer äußerlichen Gleichheit, oder der / [,die] das
ihm Gleiche neben sich hat, eine innerliche von solchen, die
beide an der Figur gesetzt sind, der Hypotenuse; — und der
Katheten; er bleibt das Gleiche, Allgemeine; β) er wird ein
Anderes, ein Teil, das ihm Entgegengesetzte, aus einem Ver- 30
hältnisse wird er Linie, Quotient, bestimmte Größe, Hypotenuse, der die Katheten gegenüber treten; er ist also die Gleichheit des Quadrats der Hypotenuse und die Summe der Quadrate der Katheten, und ist als ein Moment, als eine Seite
dieses Verhältnisses. Worin die Definition sich herstellt, ist,
daß ihre Bestimmtheit zum Allgemeinen wird, zum Exponen-
ten des Verhältnisses, der als Seite desselben zugleich sich aufhebt; aber in ihr war er als Bestimmtheit gegen die andere
Seite allgemein in sich reflektiert, und dies [ist] es, was verlo-
rengeht; so ist an der Definition als solcher nicht dies, daß sie 40

die in sich reflektierte Bestimmtheit ist, was im Erkennen sich
erhält, sondern dieses ist die Reflexion, und das Aufheben
dieser Bestimmtheit, aber das Gewordensein einer andern,
indem die aufgehobene mit ihrer entgegengesetzten ein Einfaches, die entgegengesetzte wieder außer sich Habendes wird,
oder das Erkennen ist Deduktion. Die Realisierung des Begriffs, den das erste Moment ausdrückt, und der das Allgemeine der ganzen Sphäre ist, als solches gesetzt, als Einfaches,
nicht Reflektiertes, nicht Entgegengesetztes; in seiner Reflexion wird es dies, und zugleich aufgehoben nach dieser seiner
Bestimmtheit; was sich gleich bleibt und erhält, ist dasselbe
als Einheit, als Beziehung, aber das Bezogene wird ein Anderes, und so das Ganze; es ist nur ein formales Gleichbleiben,
und das Realisieren durch die Konstruktion und den Beweis
ist ein Übergehen der Definition in die Einteilung und aus diesen beiden, die selbst die Teile der Konstruktion sind, in das
Zusammennehmen beider, ein anderes als die Definition ist;
wie uns bisher in der Realisierung eines Begriffs, immer ein
Anderes entstanden ist, als er selbst war; das, was sich gleich
bleibt in seiner Totalität, ist die reine Einheit, die aber zu
einer negativen Einheit wird, welche ihre eigene Bestimmtheit
und die entgegengesetzte aufhebt, so daß das Allgemeine der
Sphäre ein deduziertes ist, für welches Gegensätze ideelle und
in ihm ausgelöschte, als einfache Momente sind, die für das
Andere, das sein Begriff war, die reellen Momente waren, und
es selbst ebenso sich realisiert, sich gleichbleibend sich verdoppelt, also sich konstruiert; diese realen Momente, deren
es selbst in seiner Bestimmtheit einer ist, ideell gesetzt als aufgehobene, in einer negativen Einheit, ist seine Totalität, welche Realität und ein anderes als sein Begriff ist. Es ist der entgegengesetzte Weg des Heraufsteigens des Einzelnen zur Allgemeinheit, / und des Allgemeinen zur Einzelnheit unmittelbar vereinigt. Die deduzierte Sphäre ist ein einzelnes, negatives Eins, als Einheit der vorhergehenden Momente; als sich
wieder realisierend, es selbst als ein bestimmtes, und als in
dem Gegenteile seiner Bestimmtheit sich gleich bleibend, ist
es unmittelbar zugleich als Einzelnes ein Allgemeines, oder
ein Besonderes; aber in der Totalität diese Bestimmtheiten
durcheinander vertilgend, ist es Allgemeines. — Umgekehrt
ist die Sphäre als nicht realisiert, ein Allgemeines, das sich ver-

doppelnd zur Besonderheit, und als negative Einheit seiner Verdopplung zur Einzelnheit wird.

Diese beiden Wege des Auf- und Niedersteigens durchkreuzen und begegnen sich in der Mitte, die die Besonderheit, oder die schlechte Realität ist; nicht in der absoluten Mitte; die Sphäre ist nur in Beziehung auf ein Anderes, seine Deduktion, ein Einzelnes, nicht in der Beziehung, in welcher es Allgemeines ist, oder innerhalb seiner Sphäre selbst; denn in dieser ist es Allgemeines, und als Totalität wird es wieder Einzelnheit, aber eine andere, als die, welche es vorher war. 10

Das Erkennen hat also als für sich absolute Reflexion, und Gleichheit der einfachen Beziehung — und der beiden Verhältnisse, diese Ungleichheit an sich, die von den aufgezeigten * Seiten ebenso verschieden erscheint. Das was diesen Kreis der Reflexion durchgeht, der Inhalt, ist nicht selbst dieser absolute Kreis, und der Inhalt und das Erkennen fallen auseinander; jener wird sich in seiner Reflexion in sich vielmehr ein Anderes, indem dieses Deduktion ist, selbst ein Kreis, der in seiner Rückkehr der Übergang in einen andern ist. Das Erkennen ist in seiner Wiederholung in den verschiedenen Sphären, zu denen es übergeht, dasselbe, aber der Inhalt ist ein verschiedener, und wird sich selbst ungleich; seine Rückkehr in sich selbst ist vielmehr das Fortwälzen in einen andern, indem seine negative Einheit die Momente ändert, deren negative Einheit sie ist; als negative Einheit, die in sich selbst sich schließt, fällt sie außer dem Erkennen, ist das Passive gegen das Anderswerden des Erkennens; als Inhalt, negative Einheit, welche sich im Erkennen bewegt, sich in sich differentiiert, wird sie vielmehr sich ungleich. Er erhält sich entweder selbst, so fällt er außer dem Erkennen, und hat dieses außer sich; er ist 30 die Bewegung desselben, so kommt er außer sich selbst, wird ein Anderes als er selbst ist.

Die Ungleichheit geht also darauf, daß dem sich [in] allen Sphären gleichbleibenden Erkennen, als dem Übergehen aus dem Einzelnen in die Allgemeinheit, oder umgekehrt, die Verschiedenheit des Inhalts, diesem Übergehenden es selbst, indem es in seiner Reflexion Finden seiner selbst ein Anderes * ist, gegenübersteht. Das Ansich, / das Sichselbstgleiche, ist nicht das als in sich selbst reflektiertes Gesetzte, sondern das Erkennen, aber dies als die Bewegung dieses Übergehens und 40

im Reflektieren sich Veränderns ist das Allgemeine, dessen
Besonderheit die Momente dieses Kreislaufes sind, das aber
einen Inhalt, ein negatives Eins voraussetzt, dessen Ruhe
durch es in Bewegung gesetzt wird; aber in der Tat ist diese
Form des ruhenden, des Resultates, Produkts selbst ein Moment des Erkennens, das Zusammenschlagen der Momente
als sich aufhebender; und das Erkennen ist an und für sich
ein reiner sich selbstgleicher Kreislauf; das, wovon es ausgeht,
das negative Eins, ist, da das Erkennen Deduktion ist, selbst
10 wieder das letzte desselben; für die Allgemeinheit des Erkennens ist nur Einheit entgegengesetzter Momente, und die Bestimmtheit derselben fällt hinweg, und daß das Deduzierte
ein anderes ist als das, wovon ausgegangen wurde; sondern die
Deduktion fällt mit dem Erkennen überhaupt zusammen
oder es ist selbst Reflexion. Aber diesem Sichselbstgleichen
steht der sich verändernde Inhalt gegenüber, an ihm ist das
Erkennen wesentlich Deduktion; denn er ist als einfache Einheit in sich reflektierte Bestimmtheit, die in ihrer Realisation
nicht in sich zurückkehrt, sondern Moment ist einer andern
20 einfachen Einheit. Der Inhalt als Allgemeines muß wegen seiner Bestimmtheit auf die eine Seite treten; das Erkennen, in
seinen Momenten zwar selbst ein Bestimmtes, ist aber an sich
Allgemeines, indem es die Einheit seiner Momente, der ganze
Kreislauf ist; an jenem ist die Bestimmtheit gesetzt als in sich
reflektiert, als ein Gleichgültiges, an diesem nur als ein Aufgehobenes, hiedurch ist das Moment des Inhalts am Erkennen nicht das negative Eins, die gleichgültige Bestimmtheit,
sondern die negative Einheit, die Unendlichkeit, die absolute,
d. h. sich selbstaufhebende Bestimmtheit, die sich selbst, als
30 das, was sie ist, [bestimmt hat]. Von was also das Erkennen
sich abtrennt, ist das gleichgültige Eins, die indifferente in
sich reflektierte Bestimmtheit; indem es sich als negative Einheit festhält, hebt es sich als dieses Deduzieren auf, das vor-
und rückwärts in die schlechte Unendlichkeit ohne Rast und
Ruhe ausläuft, als ein Begründen, dessen Grund, seinem Wesen nach, selbst wieder begründet zu werden nötig ist, indem
er zwar als negative Einheit den Gegensatz des Begründeten
zusammenschließt, aber als Bestimmtes selbst wieder nur ein
Moment ist, das als negatives Eins deduziert werden muß,
40 aber in dem Beweise, in welchem es den Grund ausmachen

soll, selbst nur als Moment sein kann. Der Grund, als dieser bestimmte Inhalt, muß deduziert werden, / und so ins Unendliche rückwärts; als das Allgemeine der Sphäre, oder als Grund ist er nicht das Zusammenschließende, sondern er war dies als Resultat der Deduktion; als Grund der Sphäre ist er der Boden, das Allgemeine der Konstruktion, aber in dem Beweise wird er nur Ein Moment und aufgehoben, indem er negatives Eins ist, und das Erkennen von ihm zur Totalität fortgeht, in welcher er ein Anderes geworden ist. Insofern er aber das Allgemeine, der Boden der Konstruktion ist, ist die Totalität seine 10 Realisation, er wird negatives Eins darin, seine Besonderung ist in ihm nicht enthalten als nur insofern, daß er als Bestimmtes, selbst als Moment sich auf die Seite stellt, insofern hebt er sich auf; insofern er aber nur als Allgemeines betrachtet wird, und das Allgemeine des ganzen Prozesses der Realisierung bleibt, insofern steht seine Realität ihm entgegen, er ist gleichgültig, gesetzt als an und für sich seiend, und die Bewegung des Erkennens, welche zur Realität von ihm fortgeht, ist ein ihm Fremdes; denn die Notwendigkeit dieses Fortgehens wäre nur in seiner Bestimmtheit, die aber, da er das Fürsich- 20 sein sein soll, nicht in Betracht kommt, und die ihn im Fortgehen aufheben würde.

Das Erkennen ist das Allgemeine als Totalität, indem in ihm der ganze Inhalt des Allgemeinen sich entwickelt darstellt; es ist die ganze Reflexion, die in ihrer Veränderung sich schlechthin gleich bleibt; es ist frei von dem Inhalte, der als Gleichgültiges von seiner Bestimmtheit abstrahiert, und es außer sich von sich abgetrennt hat, aber durch das Erkennen, welches sich an seine Bestimmtheit wendet, gesetzt wird, wie er an sich selbst ist, nämlich als ein anderer. Die Allgemein- 30 heit des Erkennens ist selbst diese Form der Gleichgültigkeit, in welcher der Inhalt auftritt, oder es ist nur Inhalt, das in dieser gleichgültigen Form Gesetzte. Die Bestimmtheit wird selbst nur ein Inhalt, durch die Form des Erkennens; das Erkennen selbst aber drückt sich an ihm so aus, daß sein sich so Setzen ein Deduzieren ist, oder daß er sich ändert. Die Natur des Inhalts ist also dieselbe, als die des Erkennens; er als in sich reflektierte Bestimmtheit, geht als Bestimmtheit in Anderes über; er realisiert sein Reflektiertsein, und hebt sich als dies bestimmte Gleichgültige auf, und wird ein anderes Gleich- 40

gültiges. Das Erkennen ist selbst eben dieses Übergehen, der Inhalt fällt auseinander, er ist eine Reihe von Gleichgültigen, die abgeschnitten jedes für sich auftreten, die Einheit ist die differente Einheit des Erkennens; jene bilden eine Linie, diese ist ein Kreis, und nur Deduktion, selbst eine Reihe von Kreisen am Inhalte, oder von seiner Seite aus angesehen; er ist wieder selbst diese Wiederholung der Reflexion in sich, denn jedes Einzelne desselben ist das in sich Reflektierte; seine Be-/stimmtheit, oder das, was er für die Differenz des Erkennens
10 ist, ist, daß er andern Inhalt neben sich hat; dieser Inhalt ist nicht für ihn, d. h. er ist nicht die differente Einheit desselben, sondern diese ist das Erkennen, sein Inneres, oder Äußeres, was dasselbe ist, nur nicht das, als was er gesetzt ist. Der sich selbstgleiche Kreis des Erkennens ist auf diese Weise selbst ein gegen den Inhalt Gleichgültiges, ganz vollendet in sich, die absolute Reflexion in sich selbst; aber nur als allgemeines.

Das Erkennen, als allgemeines selbst von der Seite der negativen Einheit, hebt den Inhalt als indifferent auf, und der indifferente Inhalt ist selbst aus ihm hervorgegangen, und es
20 geht darin über; es wird von der Definition aus durch die Einteilung zum Erkennen, und das Erkennen ist selbst eine Definition, und es hat sich nicht als Definition aufgehoben, es ist selbst noch formal; es ist das Übergehen aus der Definition durch die Einteilung in eine andre Definition, und es als Definition steht wieder jener ersten als einer andern gegenüber; jene wäre wohl aufgehoben, aber es selbst ist bestimmt als eine daraus herkommende, und jene ist darum ebensowohl für sie, oder eine andere, denn es als dies Bewegen oder Aufheben ist entgegengesetzt jener Ruhe oder Sein, und die Definition als
30 nicht ruhend, als nichtseiend, als ein Moment des Erkennens ist ein anderes als das Erkennen, dessen Moment es ist, es ist für sich die in sich reflektierte Bestimmtheit, aber das Erkennen als für sich seiend ist das Aufgehobensein derselben, in welche Ruhe es als Allgemeines selbst übergeht, und wodurch es Inhalt neben anderem Inhalte wird; daß es absolut, nicht formal sein Begriff wäre, müßte es selbst sein Inhalt, sein Moment sein, und der Moment so ununterscheidbar vom Ganzen oder dem Allgemeinen.

Das Erkennen ist also die sichselbstgleiche Reflexion in
40 sich selbst, welche, nicht selbst Moment, noch nicht als Ein-

zelnes gesetzt, als Allgemeines einen andern Inhalt hat als es
selbst, aber dessen Bewegung es ist; die Sichselbstgleichheit
des Erkennens erhält sich dadurch, daß es den Inhalt, der ein
Anderes ist als es, aufhebt, zu einem Andern seiner selbst
macht; es behauptet sich also gegen dies Fremde, daß es ihm
nicht fremd, sondern als ein Fremdes aufgehoben gesetzt ist;
dies als Fremdes Aufgehobene ist aber selbst wieder ein Inhalt, denn es ist sich als nicht aufgehoben gesetzt, mit dem
Erkennen zusammenfallend, ein Anderes, hiemit wieder ein
Bestimmtes. Jenes erste aber, dem Erkennen noch fremde, 10
ein nicht durch dasselbe Bestimmtes ist außer / dem Erkennen, oder eben deswegen auch sein Inneres; beides zusammen
das Erkennen ist noch   *

den Inhalt, ihn bestimmend, als das Bewegen, oder vielmehr,
als die differente Einheit, wie im vorhergehenden Momente
als positive. Jenes erste als Totalität in sich unterschieden, in
diesen beiden den Gegensatz des Erkennens als Totalität gegen seine Momente, oder die Bestimmtheit des Inhalts auf die
entgegengesetzte Weise bestimmt.

Das Erkennen selbst ist das Allgemeine, oder der Boden 20
dieser drei Weisen der Betrachtung, oder dieser drei als gleichgültig gegeneinander gesetzten Bestimmtheiten des Erkennens
selbst. Es ist das Ansichselbstseiende, das Absolute, indem es
das in sich Geschlossene, die absolute Reflexion ist, und indem es als diese Reflexion selbst die Allgemeinheit der in dieser gesetzten Gegensätze ist. Die Reflexion, als dem Inhalte
entgegengesetzt, reflektiert sich so in sich selbst, daß sie diesen Gegensatz in der Totalität ihrer Momente ausdrückt, und
die Anschauung, oder die sich selbst gleiche Indifferenz derselben ist.   30
Dieses so an und für sich Seiende, oder das Erkennen ist das
letzte, was sich unmittelbar aufhält, indem es in den Kreis in
sich zurückkehrt, und obzwar der Inhalt das immer Ändernde
ist, in diesem sich gleich bleibt, selbst nicht mehr sich fort-
wälzt, sondern als Inhalt, d. h. als Bestimmtes dem bestimmten Inhalte Gegenüberstehendes vielmehr nicht Inhalt, sondern schlechthin außer der Bewegung des Erkennens fällt,
nicht Moment, sondern an und für sich ist. Es ist das dem
Verhältnisse hiedurch Entnommene, denn der Inhalt, der dif-

ferent dagegen ist, sollizitert es nur, um vielmehr selbst in ihm unterzugehen, und in seinem Kreislaufe vielmehr bestimmt und verändert zu werden, als es zu verändern und zu bestimmen. Das Erkennen ist auf diese Weise die realisierte Unendlichkeit, die sich in das verdoppelte Verhältnis auseinandergeworfen, und zu sich zurückgekehrt ist; ihre Momente waren Abstraktionen, die Momente des Erkennens sind selbst unendliche, sind Verhältnisse. Der ganze Weg ist nichts als eine Bereicherung dieser Momente gewesen. Das Erkennen als
10 dieses Ansich, das sich aller Beziehung auf Anderes entzogen, und dessen Momente / selbst Totalitäten, in sich Reflektierte sind, ist nicht mehr Gegenstand der Logik, welche die Form bis zu ihrer absoluten Konkretion konstruierte, sondern der Metaphysik, in welcher diese Totalität sich ebenso realisieren muß, wie bisher die Totalitäten, die sich als nur Momente der absoluten Totalität seiend, auswiesen. Welche Bedeutung hier das Realisieren erhalten, ob diese Idee selbst so in ein Anderes übergehen [muß], selbst noch eine Bestimmtheit an sich habe, wird aus dieser Wissenschaft selbst erhellen. /

METAPHYSIK

Die Logik hört da auf, wo das Verhältnis aufhört, und seine Glieder als für sich seiende auseinanderfallen; indem das
Erkennen als die Reflexion in sich selbst sich sein erstes Moment wird, als das passive Fürsichseiende außer dem Erkennen, als anderem Momente, das seine Reflexion in sich selbst
entfaltet, und das Andere seiner selbst, und als es selbst die
Beziehung auf ein Anderes ist. Dies differente Erkennen als
sich auf ein Anderes beziehend, setzt dies Andere selbst als
10 ein Anderes selbst, es ist nicht für uns mehr ein Anderes, sondern für es selbst, oder es negiert sich selbst; denn die Einheit
der Reflexion ist das in den Momenten des Erkennens sich
Gleichbleibende, und das Anderssein seiner selbst ist für es
selbst, oder es ist sein Moment, es selbst ist sich ideell. Für
uns ist dies, daß dieser sein Gegenstand das ganze Erkennen
ist; für es als formales Erkennen ist dies, daß es im Gegenstande ein negiertes, anderes ist. Sein Anderssein hat nur die
negative Bedeutung seiner selbst; der Gegenstand [ist] nur bestimmt als dies andere, es selbst in ihm nur negiert. Das An-
20 sich der Metaphysik ist diese Form des Erkennens, das für das
Erkennen Negative. Der Gang derselben, oder das aus seinem
Anders zu sich selbst Kommen des Erkennens, das Erkennen,
das Erkennen wird, ist daß dies indifferente Andere ein für
dasselbe differentes [wird], nur als die Negation desselben
sich bestimmt, wodurch das Erkennen, das allein Positive,
das wahre Ansich wird.

Das Erkennen, als das Allgemeine, für welches ein Anderes
ist, ist zunächst auf dies Andere einfach bezogen; es ist der indifferente Raum dieses Andern, und seine Bewegung als die
30 Reflexion in sich selbst, ist, daß in ihm als der einfachen Beziehung, dies Andere sich bewegt, kommt und verschwindet;
in dem Raume des Erkennens ein Anderes gesetzt ist, und es
wieder in sich zurückgeht, daß dies Andere sich aufhebt. Das
Erkennen als different zugleich gegen dies Kommende und
Verschwindende, ist selbst diese negative Beziehung desselben; indem das Andere Ansich ist, als wesentlich, so ist die

differente Beziehung des Erkennens nur oberflächlich, gegen
dasselbe besteht jenes, und seine Bewegung ist noch immer für
sich selbst; es sind wie vorhin nur zwei Passive, zwei Fürsichseiende, so zwei Bewegungen für sich selbst, die / ebenso
gleichgültig gegeneinander sind. Aber diese als Bewegungen
sind unmittelbar in einer reinen Indifferenz, in Einer Allgemeinheit, in Einem Raume, und diese bestimmt sich unmittelbar als negative Einheit, als Unendlichkeit, indem sie die
Einheit dieser Bewegungen ist, welche selbst different gegeneinander sind, und sie ist das Wesen ihrer Differenz, ihre absolute Differenz, oder Unendlichkeit; denn die negative Reflexion, das 'kommt und verschwindet', diese eigentlich lineare Bewegung, ist bezogen auf sein passives Sichselbstgleichsein, oder ebenso auf die des Erkennens als eines solchen,
welches dieses lineare Bewegen in den Kreis umbeugt. Jene
Notwendigkeit durch dies Erkennen bestimmt, so muß das
lineare Anderswerden sich in sich reflektieren, oder seiner
Beziehung auf sich selbst gleich werden; und indem so das
Erkennen jene erste Bewegung verschwinden [macht], so wie
dessen passive unaufgeschlossene Beziehung auf sich selbst
mit seiner Kreisbewegung zusammenfällt, so ist alles in sich
geschlossen; und das Ansich des Passiven ist nur noch ein negatives, das Erkennen ist absolut negative Einheit der Bewegung, aufhebend die andere; es ist absolutes Ich; Erkennen
als negatives Eins; hiemit zugleich eine andere Potenz, und
das erste Moment derselben.

Das Erkennen, indem es das Aufheben der differenten Beziehung der Logik ist, entreißt die Momente der Idee dem
dialektischen Fortgehen und Aufheben, setzt sie bestimmt
als indifferent, oder für sich seiend, und negiert von ihnen
dies sich Aufheben; es sind Momente des Erkennens, und als
solche wesentlich für sich selbst, da sie bisher indifferent
überhaupt, das heißt gleichgültig dagegen, ob sie indifferent,
oder different seien, waren, indem das Erkennen selbst, diese
Negation seiner selbst, oder das Fürsichsein des Anders, des
sonst als different, als ideell, Moment, gesetzten Anders ist.
Das Erkennen ist als in die Metaphysik übergehend das Aufheben der Logik selbst, als der Dialektik, oder des Idealismus.

Zuerst so hiegegen gewendet, setzt es die Momente seiner
Reflexion bestimmt als an sich selbst seiend, nicht als viel-

leicht verschwindend, sondern bestimmt als bleibend, es macht aus den Momenten absolute Grundsätze. /

I. Das Erkennen als System von Grundsätzen

Das Erkennen als die einfach gewordene Reflexion ist die in der Entgegensetzung selbst bleibende Sichselbstgleichheit; eine Allgemeinheit, welche negativ sich bestimmt als Allgemeinheit setzt, für sich Allgemeinheit ist; die Allgemeinheit der Logik war eine unpolemische; diese eine solche, in welcher das Ideelle gesetzt und dadurch dem Aufgehobenwerden
10 wieder entrissen ist, und zwar gesetzt als ausschließend das Aufgehobenwerden; das im Erkennen Verschwinden und Kommen ist schlechthin nur ein relatives, in Beziehung auf; aber diese negative Einheit, das Anders ist aufgehoben; an sich ist es so für sich selbst. Der Inhalt des Erkennens so als bleibend, ist nichts als die allgemeine Bestimmtheit, die Momente des Erkennens selbst, welche als nicht aufzuhebende das absolute Sein und Wesen aller Dinge ausdrücken. Das Erkennen, als das sich selbstgleiche Reflektieren, reflektiert die ganze Logik, diesen Fortgang in sich, setzt ihn sich gleich,
20 hebt das Anderswerden der Momente auf, und setzt sie als ein System des absoluten Fürsichseins; so daß das Entgegengesetzte aus einem Differenten nur ein Verschiedenes wird, das gleichgültig nebeneinander besteht. Es war bisher ein Moment unserer Betrachtungsart, jedes Resultat, oder jede Bestimmtheit überhaupt zunächst als etwas Positives zu nehmen, und sie dann aufzuheben; jenes positive Nehmen galt als eine Seite, wodurch über die Bestimmtheit noch nichts entschieden wurde; es war überhaupt ein Gedanke, ein uns Angehöriges. Dies Positive ist hier im Erkennen für sich ge-
30 setzt, und die Bestimmtheit nach ihren beiden Seiten — rückwärts, von der sie Resultat war, und vorwärts, von der sie zu Anderem überging, — ist abgeschnitten. Das Ansich des Erkennens hat zwar das Einzelne aufgehoben; die Substantialität ist in der Allgemeinheit untergegangen, in ihm aber, oder in seinem Werden durch die Einteilung hindurch das Subjekt, das negative Eins; die Bestimmtheiten, denen es das Fürsichsein erteilt, sind erkannte, gesetzt als wesentlich dem Aufge-

hobenwerden entnommene; und darum Momente seiner
selbst, indem es dies unaufzuhebende Allgemeine ist.

Die positive Seite des bisherigen war nicht nur ein [im]
Denken Gesetztsein, / sondern dadurch, daß es das Gesetztsein im Denken, auch der Inhalt, oder die Bestimmtheiten *
selbst, Allgemeine, und die Logik begann mit der Einheit
selbst, als dem Sichselbstgleichen. Sie rechtfertigte sich
[nicht] darüber; was hier erst geschieht, indem das Ansich
hier sich setzt, als eine Sichselbstgleichheit, in welchem alle
Momente vertilgt sind, das von dieser Vertilgung herkommt. 10
Jene anfangende Einheit ist Resultat, aber daß sie Resultat
ist, dies war an ihr gar nicht ausgesprochen; sie war ein subjektives Resultat, von welchem zu vermuten stand, daß ihm
viel müsse vorangegangen sein, um mit ihm anzufangen. Hier
in der absoluten Rückkehr zu sich ist sie als dieses Resultat.
Insofern sie nicht als Resultat gesetzt war, war sie ein willkür-
licher Anfang, der absolut viele neben sich hatte, ein zufällig
erstes; hier erweist sie sich als absolut erstes; oder als ein solches, das, nachdem es sich realisiert, sich in der Tat das absolut Viele, oder als Beziehung sich die absolut Vielen Beziehun- 20
gen, d. h. das Verhältnis entgegengesetzt hat, zu sich selbst
zurückgekommen sich erhalten hat, aber als ein solches, das
so zurückgekommen ist, das die Möglichkeit des Vielen, des
Anders vernichtet hat, und ein Ansich ist, das sich selbst, als
Erkennen, als diese Bewegung und Reflexion aufgehoben hat.
Das Fortgehen von dieser Einheit war eben das Nichterkannt-
gewesensein derselben, oder dies, daß sie die Möglichkeit des
Andern war; es war die Bewegung der Reflexion, welche sich
aufhebt, und nur die Momente als Verschiedene, in ihrer Bestimmtheit für sich seiende läßt, und zwar an sich, in dem 30
Sinne, den es im Erkennen hat, als die über das Aufheben hinaus sind. Sie sind bisher ebensolche Allgemeine, ihrer Form
nach, gewesen, Erkannte von absolut Einfachem ausgehend,
oder ihre Form war die des Erkennens, des Aufgehobenseins
der Vielheit, obgleich sie selbst ihrem Inhalte nach bestimmte
waren; Ursache z. B. u.s.f. sind bestimmte, aber nicht so allgemeine, wie ein Tier u.f. Geschlecht, sondern allgemeine des
Erkennens, an denen alle Bestimmtheit vertilgt ist, als die,
welche sie im Gegensatze haben, die sie als Resultat haben,
die notwendige, d. i. die sie eben nur in diesem Kreislaufe er- 40

halten. Ihre bisherige Form als erkannte ist itzt ihr Wesentliches, oder so sichselbstgleiche, für sich seiende, daß das Erkennen, als sich bewegende Reflexion an ihnen vertilgt ist, sie sind das Ansich des Erkennens; es ist das Erkennen selbst, für welches sie wesentliche sind.

Die Einheit oder das Sichselbstgleiche ist also mit Vertilgung aller Verschiedenheit, und so, daß neben ihr Anderes ist, Ansich; sie als dies Bestimmte, außer welchem / Anderes ist, oder das in seiner Beziehung auf Anderes gleichgültig in ihm,
10 unverändert bleibt. Ebenso das ihm entgegengesetzte Viele ist so für sich, unvertilgt; es als entgegengesetztes Fürsich ist sich selbst entgegengesetzt, und beharrt als dieses + oder —; es ist kein drittes, in welchem es sich aufhöbe. So endlich die Beziehung beider, das dritte ist gleichfalls an sich, und das Bestimmte ist nur als so bezogen auf sein Anderes, und in dieser Beziehung seiend.

A. Satz der Identität oder des Widerspruchs

Das Sichselbstgleiche ist es mit Gleichgültigkeit gegen jede Bestimmtheit: A=A; dies A bedeute was es wolle; sie ist in
20 dieser Sichselbstgleichheit gesetzt, aber so, daß diese von der Bestimmtheit nicht affiziert wird, und ganz das Anderssein der Bestimmtheit vertilgt hat, diese für sich selbst itzt. Die Bestimmtheit als Qualität, oder auch als Allgemeines und als Subjekt, ist für sich in der Form des Seins gesetzt, aber so, daß ihr Wesen, bestimmt zu sein, ist, und daß sie dadurch nicht dem Anderswerden überhaupt, sondern nur einem bestimmten Anderssein entnommen sein soll, aber ebendadurch sich von dem Aufgehobenwerden nicht retten kann, da sie dem Aufgehobenwerden überhaupt unterliegt. Hier hingegen ist
30 absolute Sichselbstgleichheit gesetzt, eine Negation der Reflexion überhaupt, des Übergehens in ein Anderes. Nicht die Bestimmtheit A ist an sich, sondern daß sie sich selbst gleich sei, dies ist an sich; und sie ist dem Anderssein nur dadurch entnommen, daß sie in der Tat als diese Bestimmtheit vertilgt, ganz ideell ist, oder gesetzt als ein Erkanntes. Sie ist sich gleich, so daß A=A eine Verschiedenheit, zwei A ausdrückt, aber daß die Verschiedenheit, dies Anders unmittel-

bar nicht ist; beide A s o l l e n nicht nur gleich sein; es ist nicht A=B; B soll auch ein A sein. Sondern A=A; es ist dasselbe A, das auf beiden Seiten ist; sie haben nicht durch die Stellung, wie im Urteil, eine Ungleichheit; nur durch das Rechts oder Links, wo sie geschrieben, oder das Früher oder Später, wenn sie ausgesprochen werden — Verschiedenheiten die unmittelbar darin wegfallen, daß man nicht sagen [kann], welches Rechts oder Links u.s.w. / sei; nicht als [ob] das Eine das Rechts und das Andere das Links sei; jedes ist das Eine und das Andere. 10

Die Sichselbstgleichheit ist hier zu einem Satze geworden, und dies ist es, was die absolute Gleichheit an sich ausdrückt; denn sie stellt sich hiedurch als eine in sich reflektierte dar, aber welche die Reflexion in sich selbst vollbracht hat; so daß der Schein derselben als Entgegensetzung an ihr, aber diese auch in der Tat ganz aufgehoben, reiner Schein ist.

Dieser Satz der Gleichheit, die gesetzte, an sich selbst seiende Gleichheit ist hiedurch der Dialektik entnommen, sie kann nicht aufgehoben werden, indem sie alles Aufheben, alle Beziehung auf Anderes selbst vollkommen aufgehoben hat; 20 die Bestimmtheit A, in der sie sich ausdrückt, ist durchaus gleichgültig, und dies an sich Verschiedene, gleichsam Materielle ist rein zum Behuf des Ausdrückens gesetzt. Aber diese Notwendigkeit, um die Vollendung der Reflexion in sich selbst, den Schein der Entgegensetzung in sich auszudrücken, irgend eine Bestimmtheit, obzwar als gleichgültig gegen sich, aber ebendarum nicht als aufgehoben, aufzunehmen, ist es, woran sich das Nichtansichsein dieser Sichselbstgleichheit unmittelbar ausdrückt. Die Entgegensetzung ist vollendet aufgehoben und die Bestimmtheit ebendarum als nicht an sich 30 gesetzt. Aber sie ist es in der Tat, welche in der Form der Sichselbstgleichheit als an sich seiend gesetzt wird. A=A; abstrahieren wir von A, so ist der ganze Satz aufgehoben, setzen wir es, so ist von ihr, als einer Bestimmtheit die Sichselbstgleichheit prädiziert, was sich unmittelbar in Nichts auflöst. Der Baum ist Baum; ist das Nichts des Erkennens des Baumes. Als Bestimmtheit ist er ein nicht in sich Reflektiertes, sondern gerade das Gegenteil; und doch ist er als ein solches gesetzt; das schlechthin nicht an sich Seiende ist gesetzt als an sich seiend. Dieser Widerspruch, oder daß der Satz der 40

Identität sich selbst aufhebt, gefühlt, drückt sich so aus, daß
mit einem solchen Satze gar nichts gesagt sei. Der Baum ist —,
man erwartet, daß etwas von ihm gesagt werde, etwas das ihn
ausdrücke als ein in einer Bestimmtheit sich Erhaltendes, in
der Bestimmtheit des Prädikats sich Gleichbleibendes; aber:
der Baum ist Baum, drückt eben nicht das Ansich desselben
aus, indem es ihn nicht als ein in sich selbst Reflektiertes darstellt; dazu wäre der Ausdruck seiner Entgegensetzung notwendig, in die er gegangen, und aus welcher er sich resumiert
10 hat, er dargestellt aus ihr, und zwar, die an ihm gesetzt ist,
sich reflektierend. / Der Satz A=A fällt in zwei Insoferns auseinander, zwei Seiten, die an ihm gegeneinander gleichgültig
sind, eine gegen die andere eine ganz fremde und zufällige ist.
Der Sichselbstgleichheit ist die Bestimmtheit so sehr zufällig,
daß um jene zu haben, von dieser abstrahiert werden muß;
dieser ebenso; beide in der Tat aufeinander bezogen, und als
eins gesetzt, so hebt jedes das andere auf. Ob also wohl das
Sichselbstgleiche und die Bestimmtheit vereint sind, so sind
sie es nicht so, daß diese unter jenes subsumiert, und ideell
20 gemacht wäre, sondern im Gegenteil diese ist ganz gleichgültig gegen das Sichselbstgleiche. Es ist auf diese Weise in der
Tat nur eine Beziehung des absolut Vielen aber als eines un-
bezogenen, als eines für sich seienden gesetzt; aber es muß in
der Tat Beziehung, Bestimmung des einen durch das andere
sein.

B. Grundsatz der Ausschließung eines Dritten

Das Viele für sich gesetzt, wie das Sichselbstgleiche und die
Bestimmtheit, ist nicht einem dritten entgegengesetzt und
darauf bezogen, sondern auf sich selbst, und einander schlecht-
30 hin entgegengesetzt und darum auch bezogen; eins ist nicht
was das andere ist, und sonst haben sie keine Bestimmung.
Das Viele als ein in sich reflektiertes, oder an sich seiend, ist
gesetzt als ausschließend das ihm Entgegengesetzte, die Einheit, in welcher es ideell wird, und nicht als ein Vieles Entgegengesetzte ist, sondern vielmehr als ein aufgehobenes nicht
entgegengesetztes Vieles; es schließt also dieses dritte, sein
Aufgehobenwerden aus.

Das Viele, als erkanntes, in sich reflektiertes, hört auf, die Gleichgültigkeit, das Außerihmsein des Unterschiedes und der Beziehung auf das Andere zu haben, und hat es an sich selbst; es ist nicht ein Anderes überhaupt, sondern ein Anderes an sich selbst, und so nur bestimmt durch das Entgegengesetzte. Das Viele als solches ist sich selbst gleich, und so ist es der Einheit entgegen, aber ebendarum nicht unterschieden von ihr, weil diese die Sichselbstgleichheit ist; hier hingegen ist das Viele nicht Vieles überhaupt, sichselbstgleiches, sondern wie es an sich selbst, außer dieser Gleichheit ist; ein in sich reflektiertes. Das Viele, wie es an sich ist, ist also schlechthin / nicht die gleichgültige Bestimmtheit, neben welcher andere sind. So ist das Viele bisher nur in Beziehung auf sein Entgegengesetztes betrachtet worden, was ebenso zufällig, als der Anfang mit der Einheit, erscheinen konnte. Wie aber es sich erwies, daß das Ansich, das in sich selbst Reflektiertsein, das Vertilgtsein des Unterschiedes sei, oder die Einheit, und die Philosophie das Ansich, oder das Absolute betrachtet, so ist unmittelbar das Ansich, die Einheit, und ihr erstes. Ebenso kommt das Viele unmittelbar herein, durch Entgegensetzung gegen die Einheit; aber es als Vieles ist gleichgültig dagegen, ob die Vielen gleichgültig gegeneinander seien, oder nur in Beziehung aufeinander. Jene gleichgültigen Vielen setzten sich in Beziehung auf die Einheit, und als Eins mit ihr, als sich aufhebend; und diese Beziehung erschien als eine dem Vielen fremde Betrachtung. Hier aber ist es gesetzt, daß das Viele an sich in der Tat nur sei als das Entgegengesetzte, nur als in Beziehung mit dem Andern. Und diese Differenz ist es eigentlich, zu welcher sich das nichtphilosophische Denken aus dem Anschauen zunächst erheben, aus der Gleichgültigkeit des Vielen heraustreten muß, dazu, daß das Viele an sich selbst, schlechthin nur in Beziehung auf das Entgegengesetzte ist.

Diese Entgegengesetzten sind nun die Einheit und das Viele selbst; zunächst erschien das Viele als der Einheit entgegengesetzt, ebendadurch ist die Einheit selbst ein Entgegengesetztes, im Vielen eingeschlossen, Eins der Vielen, und das Viele hört allein dadurch auf, ein Gleichgültiges zu sein, daß seine Vielen gesetzt sind, als so bestimmt; das eine das nichtViele, oder das Eine, das andere, das nichtEine, das Viele. Das Viele teilt sich hiemit ein, in ein Vieles, das ein Vieles ist, und in Vieles, das kein Vieles ist. So ist das Viele an ihm selbst.

Dieses Viele, wie es an sich selbst ist, schließt alles Dritte aus, das Dritte wäre die Einheit von den beiden Entgegengesetzen des Vielen, aber diese Einheit ist selbst eines seiner Glieder. Sein Ausschließen des Dritten hat also den Sinn, nicht daß noch Anderes außer ihm wäre; sondern es ist kein Anderes außer ihm, es ist an ihm selbst alles Andere; es ist an ihm selbst das Andere seiner selbst, es hat die Einheit, das Gegenteil seiner selbst zu einem seiner Glieder. Was es ausschließt, ist nicht ein Gleichgültiges, denn dies wäre sonst kein Ausgeschlossenes; das Ausgeschlossene ist das von ihm Negierte, aber ebendadurch ist es an ihm selber gesetzt, und dies Ausgeschlossene, dies von ihm Negierte ist nichts als die Einheit selbst; denn es ist das Andere seiner selbst, / gerade dasjenige, was es ausschließt, um zu sein was es ist; das vom Vielen Ausgeschlossene ist eben das, was das Viele nicht ist, und was das Viele von sich abhält, um zu sein; und es ist daher das Andre des Vielen; aber das Viele ist das Andre seiner selbst, und darum es dies von sich Ausgeschlossene.

Das Viele, so sich setzend, wie es an sich selbst ist, als ein Vieles, das ein Vieles ist, und als ein Vieles, das kein Vieles ist, als das, was es von sich ausschließt, um zu sein, oder als vielmehr nicht es selbst, sondern als das Gegenteil seiner selbst, ist das, was sich selbst aufhebt. Es ist an sich selbst in der Tat das Nichts seiner selbst; es ist nicht das Nichts, denn es ist wieder es selbst; als Vieles, das die Einheit ist, ist es vernichtet, als Vieles, das es selbst ist, ist es, es selbst, sich selbst gleich. Es ist hiemit weder es selbst, noch das Gegenteil seiner selbst, und ebensowohl es selbst als das Gegenteil seiner selbst, beides sind nicht verschiedene Betrachtungsarten, die außer ihm, oder gegen die es gleichgültig ist, ein Unterscheiden und Aufheben des Unterschieds, das nicht an ihm gesetzt wäre, sondern es ist dies in der Tat an ihm selbst, an sich selbst der Absolute Widerspruch, oder die Unendlichkeit, in Einem, oder als eine unteilbare, sichselbstgleiche Einheit gesetzt. Es ist also in der Tat nicht das Viele, als ein Entweder — Oder, das Viele, das nur in entgegengesetzte Glieder sich teilt, sondern das dritte dieser Glieder, oder die absolute, unmittelbare

Einheit beider, und ein einfaches Zerstören in sich selbst, der absolute Begriff, der an ihm selbst das Gegenteil der Bestimmtheit und der aufgehobenen Bestimmtheit ist. Das Ansich ist also nicht der erste, noch der zweite Grundsatz, wie sie sich ausdrückten, sondern an sich sind sie der dritte.[1]

C. Satz des Grundes

Das Bestimmte ist nämlich schlechthin das Andre seiner selbst, oder Eins mit seinem Gegenteil; und diese Einheit ist allein das Ansich desselben, oder sein Grund, eben/so das, worein es zurückkehrt, als aus welchem es ausgeht, das ist das, 10
in welchem es sich aufhebt, und das welches es ist, als eine sichselbstgleiche Bestimmtheit. Das Sein der Bestimmtheit ist ihr Gesetztsein als ein Sichselbstgleiches, und in Beziehung auf ihre Reflexion ist dies ihr Ausgangspunkt. Als diese sichselbstgleiche Bestimmtheit wird sie ihr Gegenteil, oder sie stellt sich dar als das, was sie ist, als ein Vieles, und kehrt in sich zurück, und ist so die Einheit ihrer selbst und ihrer entgegengesetzten Bestimmtheit. Diese Einheit ist ihr Grund, er ist sie selbst, als sichselbstgleiche Bestimmtheit; die Bestimmtheit hat einen Grund, heißt das gedoppelte, sie ist gesetzt, in 20
sich selbst als in einer Einheit ihrer selbst und ihres Gegenteils, sie als diese bestimmte hat diese Einheit zu ihrem Grunde, der sich in sie, d. i. in sie und in sein Gegenteil einteilt, oder sie erzeugt. Ihr Erzeugtwerden aus ihrem Grunde ist nichts anders, als daß dieser sich selbst gegenübertritt, sich zu einer Seite macht, und als Gegenteil seiner selbst sich gegenübersteht. Als gleichgültig heißt die Bestimmtheit Grund ihrer selbst, insofern sie in der Differenz erscheint. Und wiederum ist sie der Grund als diese Einheit von ihr als different gesetzter, und ihr als dem, gegen das sie different ist, oder dem Ge- 30
genteile ihrer selbst, das also, in welchem sie sich selbst aufhebt.

Der Grund zeigt sich hiemit als die Reflexion des Erkennens selbst, als das in sich selbst geschlossene Einfache. Das Erkennen ist auf diese Weise zu sich selbst gekommen, indem

---

[1] *Am Rande:* Alle einzelnen widersprächen sich.

es auf den Grund gekommen ist; und findet sich als das An-
* sich. Es war für [uns] das Ansich, es ist für dasselbe das Ansich, indem der Grund für dasselbe ist.

Das Erkennen war die Kreisbewegung des Rückgangs in
sich selbst, und so das Ansich. Als dieses Ansich hebt es sich
selbst auf als das, in welchem sich das Gesetzte ändert; es ist
das Sichselbstgleiche, in welchem ein Anderes als es als ein
Sichselbstgleiches nur auf sich Bezogenes ist; sein Inhalt
ist die an sich selbst seiende Bestimmtheit, gesetzt als eine
10 sichselbstgleiche, nach dem ersten Grundsatze; es ist für das
Erkennen zuerst das formale Ansich, oder es setzt sich selbst
als sein erstes Moment, und zwar nach der Bestimmtheit dieses ersten Moments, in einfacher Form. Die Notwendigkeit,
sich selbst aus seinem Gewordensein noch einmal zu werden,
wobei mit sich in der Form der ersten Potenz angefangen
wird, ist darin, daß das Erkennen als die Reflexion sich zum
Punkte wird, indem es als Bewegung die Peripherie ist. In seiner Bewegung ist die positive Sichselbstgleichheit gleichsam
sein / allgemeiner Raum; aber es ist zugleich die negative Ein-
20 heit, das Eins des Punkts, das, in welchem die Unterscheidung
seiner Momente sich aufhebt, eine Einheit als ihre negative
Beziehung, in der das Erkennen aufgehoben ist; diese ist sein
Moment, und ihm in seiner Bewegung entgegengesetzt, welche schlechthin darauf bezogen ist, und dies Eins ist dasjenige, was als Inhalt des Erkennens erscheint, und was zum
Grunde wird.

Diese Realisation des Erkennens ist sein zweites Werden;
im ersten wird es, im zweiten wird es für sich selbst, das Andere, als es ist; der Inhalt, der zum Grunde wird, ist das Wer-
30 den des Erkennens innerhalb seiner selbst, oder sein Werden
für sich selbst. Aber dieser Grund ist zwar das Erkennen, insofern derselbe für das Erkennen ist; aber dieser sein Inhalt,
als negative Einheit, oder es zwar selbst, aber als Eins, ist in
seiner Reflexion in sich selbst, oder indem es Grund ist, zugleich innerhalb dieser Bestimmtheit. Der Inhalt als die sichselbstgleiche Bestimmtheit wird sich ein Anderes, indem er
als Grund zur Totalität geworden ist, aber dies Anderswerden
ist itzt vollkommen bestimmt; indem nämlich dieser Kreislauf sein eigner ist, so behält es die Bestimmtheit, die es nach
40 außen als dem Erkennen Entgegengesetztes, oder als das, in

welchem sich das Erkennen negiert hat; es ist an sich, und als Grund wird es Reflexion in sich selbst; aber es bleibt noch an sich selbst, als negiertes Erkennen; das Erkennen hat dies andere Erkennen noch nicht als sich selbst anerkannt; der Grund ist ein Erkennen, aber als ein erkanntes, als ein gegen das Erkennen noch mit Gegensatze affiziertes; diese Differenz ist noch nicht aufgehoben. Oder sie ist aufgehoben, aber das Erkennen hat sie noch nicht aufgehoben.

Es ist zu bestimmen, wie der Grund oder das Erkennen, welche für uns dasselbe sind, an ihnen sich darstellen, insofern sie für sie selbst noch nicht Eins [sind,] sondern sich in Entgegensetzung setzen. Dieses Behaftetsein mit einer Differenz, indem sie die totale Reflexion in sich selbst sind, ist darin, daß die Momente dieser Reflexion füreinander, noch außereinander, oder gleichgültig gegeneinander gesetzt sind. Wir kommen zu derselben Bestimmung zurück, die zuerst gemacht wurde, mit dem Unterschiede, daß in dem Grunde diese Momente allerdings ebenso gleichgültig sind, aber daß er der Inhalt des Erkennens ist, also ein solches Erkennen, das gleichgültige Momente hat, diese Totalität des formalen Erkennens selbst das Moment des formalen Erkennens ist, und die andern Momente eben diese Totalität / in der Bestimmtheit der Momente, und gleichgültig gegeneinander. Der Unterschied, wie der Grund gesetzt ist, ist, daß er für das Erkennen und im Erkennen ist, hiedurch ist nicht an ihm nur, sondern die Notwendigkeit ist gesetzt, daß er den Weg der Reflexion durchmache; er ist für sich, aber zugleich erstes Moment, bestimmter Inhalt des Erkennens; es kann nicht mit ihm stehen geblieben werden, sondern es ist ihm sein Weg vorgezeichnet, er muß sich realisieren. In dem bisherigen Fortgang war das, was als Resultat, oder Totalität einer Sphäre sich darstellte, Totalität, und gleichsam durch eine äußere erst hinzutretende Betrachtung wurde es wieder seine erste Potenz; es war unbestimmt, ob diese Totalität nicht die letzte wäre, die nicht so erst durch Reflexion in sich selbst [sich] zu realisieren hätte; hier hingegen ist der Grund, indem er im Erkennen, als der diesem in seiner Bewegung entstehende Punkt gesetzt ist, unmittelbar seinem Ansichsein entrissen und der Entgegensetzung gegen die Bewegung desselben; so daß nicht erst der Weg durch das Gehen sich darstellt, sondern vorher schon entwor-

fen, so wie die Notwendigkeit, ihn zu gehen, dadurch gesetzt,
daß er in der Tat schon angetreten ist.

Der Grund, so bestimmt als Reflexion in sich selbst, als Erkennen an sich selbst, und zugleich auf das Erkennen bezogen, entspricht dem Momente in der nicht reflektierten Logik,
welches das Verhältnis des Seins genannt wurde, und das itzt
als an und für sich seiend, in sich geschlossen, und dem Verschwinden in der Dialektik entnommen gesetzt ist; der Weg,
den es im Erkennen durchgeht, ist zwar selbst seine Dialektik,
10 aber diese Seite des Weges ist es, welche noch nicht für dasselbe gesetzt ist: oder zunächst ist nichts als seine Beziehung
auf das Erkennen gesetzt. Dieses ist zugleich die Bewegung
der Reflexion, aber jener Grund ist in dieser Beziehung als an
sich selbst, d. h. selbst obzwar sich bewegend, doch als gleichgültig dagegen und als unveränderlich dadurch, gesetzt. Hingegen das Verhältnis des Seins ist als indifferent gesetzt, oder
möglich ebensowohl verändert zu werden, als gleichgültig zu
bleiben; hier hingegen ist dies Verhältnis als an sich seiend gesetzt, als solches reflektiert in sich selbst. Das Verhältnis des
20 Seins geht in die Ruhe der Allgemeinheit über; der Grund
aber ist an sich selbst das Allgemeine, das die negativen Eins,
oder Substanzen, die im Verhältnisse [sind], als in ihm enthalten ideell hat, aber so, daß sie in ihrer Idealität zugleich auch
für sich [sind], oder der Grund als ihre Idealität, an ihm selbst,
indem er selbst sein erstes Moment ist, auch ideell, aufgehoben, negiert ist. Als Grund ist er ihre Idealität, sie sind nur als
in ihm gesetzt, und zugleich in ihrem in ihm Gesetztsein sind
sie auch für sich, nicht nur insofern sie für ihn sind; er ist das
Entstehen und Verschwinden derselben in ihm, und er ist
30 gleich/gültig gegen sie, sowie gegen diese seine eigene Veränderung; und das Entstehen und Verschwinden derselben in
ihm ist gleichgültig gegen ihr Ansichsein, und ihr Sein in ihm
ist gleichgültig gegen ihre eigene unreflektierte Bewegung.
Und diese Bestimmtheit der Gleichgültigkeit des Grundes ist
gesetzt dadurch, daß er selbst auf das Erkennen bezogen, im
Erkennen ist; als das Fürsichseiende, oder als das, worin die
reflektierende Bewegung des Erkennens sich negiert, hat die
Bewegung der Momente in ihm, gegeneinander, und gegen ihn
als ihre Einheit, diese Gleichgültigkeit. Er ist Inhalt des Er-
40 kennens, und zwar als erstes sichselbstgleiches Moment des-

selben, und die Bestimmtheit desselben ist diese Bestimmtheit des Gleichgültigsein, nicht als ein Gleichgültigsein, das
auch nichtgleichgültig werden könnte, sich in sich selbst und
in sein Gegenteil teilen könnte, sondern das sein Gegenteil
ausschließt, und so in seiner Bestimmtheit an sich wäre.

Der Grund, die Totalität, insofern sie aus den Momenten
des Erkennens, als seinem Inhalte sich reflektiert, so als erste
Potenz gesetzt, sieht, ob er zwar an sich sein soll, und so gesetzt ist, dem Wege, in dem er anders und aus diesem Anderswerden wieder anders wird, entgegen; und dieser Weg ist seine 10
Realisation, in welcher er sich seine reale Totalität geben
wird, eine Totalität, deren Momente der ganze Grund selbst
ist.

B. Metaphysik der Objektivität

Der Grund, wie er bestimmt worden ist, als an sich selbst
seiend, ist dasselbe, was das Erkennen ist, insofern es einen
Inhalt hat, oder insofern es diesen, indem er in ihm ist, es
different gegen denselben ist, bestimmt, und sich zugleich in
seinem Bestimmen desselben negiert, oder ihn für sich sein
läßt. Der Grund ist ebenso wie das Erkennen, so bestimmt, 20
ein Sichselbstgleiches, das zwar, seinem Wesen nach negative
Einheit, die Momente aufhebt, aber als absolute Reflexion
ebenso sich selbst, oder in dem Bestimmen der Momente,
oder in ihrem Ideellsein sie zugleich als fürsichseiende setzt,
also als eine Synthesis, deren Momente für sich absolut getrennt, die Reflexion, und sie als negiert, sind; eine Synthese,
die das gleichgültige Ineins/sein der Wechselwirkung ist, eins
ebenso das Tätige, als das andere, und ebenso das Passive, die
Bestimmtheit, in der Form des bestimmten Begriffs.

Dieser Grund oder Erkennen, ist das was die S e e l e ge- 30
nannt wird.

I. Die Seele

Da der Grund hinlänglich erörtert worden, und sie derselbe
ist, als erstes Moment seiner Realisation, so ist sie dadurch

ebenso sehr bestimmt worden. Die Indifferenz der Seele, oder
ihre Einheit ist als absolute Einheit erkannt worden dadurch,
daß sie die Reflexion in sich selbst sei. Als solche ist sie bestimmt, und ebenso absolut das Aufgehobensein ihres Bestimmtseins. Ihr Bestimmtsein oder daß sie gesetzt ist als ein
Aufgehobenes, ist [für] sie selbst; denn sie ist dies nur indem
sie sich als Grund in ihrer Einfachheit der Reflexion eben die
Bestimmtheit dieser Einfachheit, und ihr eigenes erstes Moment wird, das für sie hiemit ihr Ansich, außer ihr seiender
10 Inhalt wird. Darin daß dieser Inhalt der zum ersten Momente
sich werdende Grund ist, dieser aber die Totalität der Momente, als absolute Reflexion, so ist er das gegen jenen Differente, darauf sich negativ beziehend, als ihn aufhebend. Der
Grund als diese differente, der ersten sich auf sich selbst beziehenden entgegengesetzte Einheit, ist nur in jener Entgegensetzung, und daher ein Bestimmtes; sie erscheint als Passives, auf welches jenes erste Moment einwirkt. Aber ebenso
ist dies ein Bestimmtes, und ebenso durch sein Entgegengesetztes, durch die negative Einheit, und es ist ein durch sie
20 Gesetztes, sie bestimmen sich gegenseitig, und das Dritte Synthetische ist der Inhalt des Erkennens, dessen Faktoren aber
als auseinanderfallend für sich gesetzt, jedes in dem andern
negiert, an sich seiend, sind, so daß diese Synthese allein in
der Seele ist. Allein [da] diese negative, oder synthetische Beziehung als Inhalt des Erkennens, so wie er entsprungen, gesetzt ist, als aus von einander Unabhängigen, und die Seele in
dieser unvollkommenen Beziehung im Momente der Differenz / ist, so muß sie sich in sich reflektieren, diese Beziehung
aufheben, und in ihrer Rückkehr in sich selbst, sich als ein-
30 fach, gleichgültig setzen. Sie hebt so ebenso ihren Inhalt, als
ihre Beziehung auf ihn auf. Aber indem sie nur als Grund diese Negation ist, als Grund aber selbst überhaupt eine Entgegensetzung, Bestimmtheit an sich hat, aber gegen welche sie
gleichgültig ist, so ist ihre absolute Reflexion in sich selbst die
Rückkehr zu der Gleichgültigkeit des Bestimmtseins gegen das
Andere, das ebenso als sie an sich selbst ist; und die Reflexion
ist das Auseinanderfallen des Inhalts, oder die Trennung seiner beiden Seiten; und indem die Seele als dieses Getrennte
ebenso zu einem Bestimmten, nämlich dem der Gleichgültig-
40 keit [geworden] ist, so ist sie reflektiert in sich durch das An-

dere, und das Verschwinden des Inhalts ist ebenso eine freie,
von der Seele unabhängige Bewegung seiner selbst.

Die Seele als dieses sich ausschließende, und in seinem Ausschließen sichselbstgleiche negative Eins ist Substanz, die aber
nicht bloß die Differenz der Akzidenzen ist, die in ihr nur gesetzt wären, als sich auf einander beziehend, und in ihrem Gesetztsein ihre Möglichkeit außer sich habend; sondern ihre
Möglichkeit ist an ihnen selbst gesetzt, oder sie sind gesetzt
als ideelle, aufgehobene; und die Substanz ist vielmehr Subjekt, in welchem die Bestimmtheit nicht als eine wirkliche,   10
sondern als eine besondere, d. h. ihrer Beziehung auf ihre entgegengesetzte entnommen ist. Aber dies Subjekt ist selbst
nicht ein allgemeines, sichselbstgleiches überhaupt, sondern
das sich als solches darstellt, als seine Selbstgleichheit diffe-
rentiierend, und hieraus sich zurücknehmend, und zurückgenommen, oder sich reflektierend, die Bestimmtheit nur als
eine gleichgültige gegen die andere an sich habend, sondern so   *
daß ihr Wechsel als einer Akzidenz ebenso vorhanden ist, und
in diesem Wechsel sie doch den Charakter einer gleichgültigen
behält. Die Seele ist also das Eins der Substantialität und Sub-   20
jektivität; und weder wahrhafte Substanz, noch wahrhaftes
Subjekt, jenes nicht wegen der Gleichgültigkeit der Akzidenzen, dies nicht wegen der Differenz, des Wechsels der Bestimmtheiten. Diese Akzidenzen sind durch ihre Gleichgültigkeit und das Unbestimmtsein des Subjekts durch sie selbst
zugleich Substanzen, und zugleich als solche in ihrem Wechsel
sich für sich idealisierend, und zugleich synthetische in der
Beziehung auf das Subjekt. Die Seele ist der ganze Kreis und
dessen peripherische Bewegung, die sich auf sie zugleich als
Mittelpunkt bezieht, / und zugleich als gerade Linie ins Unbe-   30
stimmte ausdehnt; dieses eben insofern die Seele Mittelpunkt
ist, denn insofern ist das Peripherische ihr entgegengesetzt
und für sich.

Die Seele als das in sich selbst Reflektieren, das sich zu seinem ersten Momente macht, und sein eigener Inhalt wird, ist
der Grund dieses Inhalts, oder seiner selbst als eines Moments;
das zweite Moment, dem ersten entgegengesetzt, ist eben der
Grund selbst, der sich auf sich selbst different, als sein erstes
Moment bezieht, und die Reflexion in sich selbst ist das Aufheben der Seele als ihres Inhalts, ihrer als eines Passiven, und   40

ihrer als eines dagegen Differenten. Dies Aufheben ist aber so beschaffen, daß das Passive darin aufhört, ein durch die differente Seele bestimmtes zu sein, und wieder Ansich wird, beide, die Seele als diese differente Seele, und sie als ihr Inhalt, wieder als getrennte, für sich seiende, Ansich auseinanderfallen. Denn ob sie zwar als Grund ebendasselbe ist, was das Erkennen, so ist doch jener oder dieses gesetzt, als einander entgegen, und die Seele hat für sich diese Bestimmtheit; und ihre Reflexion in sich selbst ist deswegen dieses Formelle, daß sie nur die Seele als ihren Inhalt oder die Form des ersten Moments, und sich als ihre dagegen differente Einheit aufhebt; nicht aber diese ursprüngliche Bestimmtheit, welche sie hat, als Erkennen, das dem Grunde, oder als Grund, der dem Erkennen entgegengesetzt wäre, sondern die Reflexion geschieht innerhalb dieser Bestimmtheit, und die vollendete Reflexion der Seele, oder ihr zur Totalität Werden, ist selbst nur ein Auseinanderfallen, gegen ein anderes Ansich, oder die Negation ihrer selbst, und die davon getrennte Position. Ihre Totalität ist nur das formale in sich Zurücknehmen der Bestimmtheit, so daß die Gleichgültigkeit, die ihre Form ist, einen Inhalt behält, der ein bestimmter ist. Die Gleichgültigkeit [ist] nur ein ihr mit einem andern Gemeinschaftliches, und das reine Ansich ist eingeteilt in verschiedene, die in der Bewegung der Reflexion ihre Einheit nur in der Mitte, als eine synthetische haben, nur in dem zweiten Momente, der differenten Seele, nicht in der Totalität.

Diese Bestimmtheit liegt in dem Wesen der Seele, und darin, daß es eine Bestimmtheit ist, liegt unmittelbar die Foderung, sie aufzuheben. Diese Foderung drückt sich in den Versuchen, die Unsterblichkeit der Seele zu behaupten und zu beweisen aus. Die Bestimmtheit ist aber allein aufzuheben, insofern das Erkennen oder der Grund als gesetzt unter dieser Bestimmtheit, daß eins dem andern entgegengesetzt ist, oder insofern es als Seele aufgehoben wird.

Die Seele, als gleichgültig, die ein anderes Ansich gleichgültig neben sich hat, / oder als in der Bewegung der Reflexion, die in ihrem Bestimmen selbst bestimmt ist, ist unmittelbar eine Mehrheit Ansichseiender, in sich selbst Reflektierter, die auf die oberflächliche Weise unter sich bezogen, eine Kette von Synthesen sind; das Ansich derselben ist das nicht

Auftretende, denn ihr Sein, in ihrer Gleichgültigkeit gegeneinander, wird unmittelbar zu einem Bestimmtwerden derselben durcheinander, indem eins der Inhalt des andern ist. Für sich ist jedes ein negiertes Erkennen, aber ebendarin ein Bestimmtes, und auf das Andere als auf sein Erkennen Bezogenes, oder als Passives, das als Passivität unmittelbar erstes Moment des Reflektierens ist. Die Seele ist in der Tat durch ihre Bestimmtheit, insofern sie für sich ist, selbst nur dies passive Moment, und weder als in sich Reflektiertes, oder als dieses Passive, noch als das gegen ein solches Passives Differente, das absolute Ansich, und es ist in der Tat gesetzt ein vielfaches Reflektieren in sich selbst, das, als sich selbst gleich, erstes Moment eines Anderen, oder als sich bewegend, different gegen ein solches ist.

B. Die Welt

Die Seele setzt die Welt, und sich selbst als in der Welt voraus; denn die Bestimmtheit jener ist nichts anders als dies, daß sie ursprünglich in ihrem Ansichsein ebensowohl Moment eines Andern, als auch wieder ein Anderes ihr Moment ist. Die Welt würde nichts anderes als die in die völlige Ruhe zusammensinkende Wechselwirkung der synthetischen Reihe sein, aber sie hält sich dadurch auseinander und in Bewegung, daß die sich so aufeinander Beziehenden nicht nur in dieser Beziehung auf die Andern, sondern auch in Wahrheit in Beziehung auf sich selbst sind, indem sie aus dieser in sich selbst zurückgehen, und in ihrer Notwendigkeit frei sind. Denn ihre Freiheit ist dies, daß sie erkennen, oder Grund sind; indem in ihnen ein anderes, als sie selbst, Moment ist, so sind sie notwendig, aber diese ihre Beziehung auf dies Momentane, ist die Idealität desselben, sie heben diese ihre Differenz auf, und sind frei für sich, sie fallen gegen das Andere gleichgültig auseinander. Diese Freiheit ist aber, wie bei der Seele gezeigt worden, eine formelle, denn sie geht nur auf die / Aufhebung des formellen Gegensatzes, in welcher die Seele eben dies ursprüngliche Bestimmtsein bleibt, das, indem es für sich selbst ist, Moment eines Andern, also in seiner Freiheit selbst bestimmt ist. Diese formale Freiheit ist es aber, welche als sich isolierend, oder als eins der Entgegengesetzten, nicht als das

Allgemeine der Wechselwirkung, in der keins der in Wechselwirkung Stehenden als für sich seiend, der Bestimmtheit ent-
reißend gesetzt ist, die Vielen in der Tat auseinanderhält, indem sie in der Beziehung, oder der Einheit mit dem Andern
in der Tat auch nicht in dieser Beziehung ist, sondern sich aus
derselben zurückzieht.

Dieses Zugleichsein der Freiheit und der Notwendigkeit ist
nicht ein Schein, der durch die Aufhebung der einen oder der
andern seine Berichtigung erhalten müßte; ebenso wenig ge-
10 hen sie gleichgültig nebeneinander, noch sind sie verschiedene
Ansichten einer und derselben Sache, die ebendarum ein anderes als sie und sie gleichgültig außer ihr wären, sondern es
ist ein notwendiges Moment in der Realisation des Erkennens.
Die Freiheit kann nicht aufgehoben [werden], denn es hebt
sich sonst unmittelbar alle Bewegung überhaupt, und aller
Gegensatz auf, der allein durch sie ist. Ebenso wenig die Notwendigkeit, denn diese ist dasjenige, was von der Freiheit aufgehoben wird, damit sie sei. Sie sind nicht zwei durcheinan-
derhindurchgehende, sich nicht berührende Systeme, welche
20 gleichsam, wie man Raum und Zeit sich denkt, ohne Beziehung zugleich so wären, daß man von keinem sagen könne, es
sei da, und das andere nicht, und in ihrem Ineinssein doch absolut ohne Einwirkung aufeinander wären. Sondern jedes ist
das Moment des andern. Die Freiheit ist das auf sich selbstbe-
zogene Passive, das ebendarin Moment gegen anderes ist, und
diese Beziehung ist seine Notwendigkeit, die unmittelbar wieder als Reflexion in sich, in die Freiheit übergeht, zur Beziehung auf sich selbst. Beides sind Momente eines und desselben Ganzen, nicht aber Betrachtungsweisen desselben, von
30 welchen es abstrahieren könnte.
* Indem vorhin in dem Grunde, oder im Erkennen, dieses
das Eine war, das zum Inhalte geworden sich nun different
darauf bezogen [hatte], als auf etwas, von dem es bestimmt
wurde und das es ebenso gegenseitig bestimmte, dieser Inhalt
aber verschwand, indem es in sich zurückging, und dadurch
sich von neuem zum Inhalte wurde, so ist itzt dieses gesetzt,
daß in der Tat dieser Inhalt, Ansich, selbst das in sich Reflektierte und sich Reflektierende ist, und darum unter sich ebenso sich verhält, als nur die Seele sich dagegen verhältend, ge-
40 setzt war, sowie die Seele selbst in die / Linie dieses sich so

Verhaltens tritt. Aber sie ist nicht gegen das Andere, mit welchem sie in Beziehung ist, in einem besondern Verhalten; sondern dies Andere ist ebenso ein sich in sich reflektierendes Ansich, welches seine Bestimmtheit durch ein Anderes selbst bestimmt, sie hiemit aufhebt, und ideell setzt; oder eben so eine vorstellende Monade, als die Seele; als sich in sich reflektierend, im Bestimmtsein durch Anderes sich indifferent erhaltend, ist sie fürsichseiende Totalität, für welche das Andere ein in ihr Negiertes ist; und der Unterschied kann nur ein gradweiser der größern und geringern Freiheit sein, mit welcher die Monade vielseitiger gleichgültig bleibt. Denn der Unterschied, der an ihr selbst ist, ist dieser Wechsel zwischen der Form, in welcher sie Inhalt, Passives, und in welcher sie differente Einheit ist. Ihr Verschwinden in der tätigen Kette, die an allen Punkten nach allen Seiten hinausgeht, ist, daß sie mehr als jenes eingehüllte, unaufgeschlossene Passive erscheint, und auf eine geringere Weite, in einer beschränktern Sphäre, und gegen wenigeres als differentes. Da jedes an sich ist, sich in sich reflektiert, und sich von Andern ausscheidet, so ist auch dieses Ausscheiden an ihm gesetzt, und es ein absolut Bestimmtes, und der gradweise Übergang unendlich in sich geteilt. Als absolut bestimmtes negatives Eins ist es ein Dieses. Aber diese Einzelnheit geht in seiner eigenen Totalität zu Grunde. Die Seele nämlich, oder die Monade überhaupt erhält in dem Weltprozesse zugleich eine andere Bedeutung, oder der Gegensatz von Freiheit und Notwendigkeit, der vorhin als Moment eines und ebendesselben sich darstellte, muß auf eine andere Weise, diese Verkettung der Monaden selbst trennen.

Der Prozeß der Welt, stellt sich nämlich dar als so, daß dasselbe einmal Inhalt, Passives gegen ein Anderes, das andremal selbst Tätiges gegen ein anderes Passives war, und dieses aus seiner Differenz in sich zurückkehrt, und so selbst in der Form eines auf sich selbst Bezogenen ist. Das so Zusichselbstkommende erhält sich als ein an sich Gesetztes, als Reflektiertes, indem es Totalität wird, aber es wird darin auch ein anderes; es tritt sich selbst als Totalität seiner Bestimmtheit als Momente gegenüber, in welchen es ebenso einfaches negatives Eins, als differente Einheit ist. In den Gegensatz tritt es nicht als Bestimmtheit überhaupt, schon selbstgesetzt als Mo-

ment; sondern es ist nur für uns Moment; es tritt als Subjekt, als negatives Eins, als in sich Reflektiertes ein; und in seiner Bestimmtheit ist es selbst absolute Bestimmtheit, / negative Einheit, welche in ihrem Bestimmtsein durch ein Anderes, sich selbst als nicht bestimmt setzt, die Bestimmtheit als an sich aufgehoben, das ist als ein Dieses; ein Einfaches in seiner unendlich vielfachen Bestimmtheit, welche schlechte Unendlichkeit, unmittelbar als absolute Unendlichkeit, als Eins, als Punkt gesetzt ist. So negativ auf das Entgegengesetzte be
10 zogen ist es das Tätige, und das passive sich auf sich selbst Beziehende ist gegen Anderes ebenso ein Dieses, aber gegen das Tätige ein nur sich auf sich Beziehendes. Das Tätige aus dieser seiner Bestimmtheit sich in sich reflektierend, hebt sich selbst als ein Dieses auf, und [wird] als Totalität zum Allgemeinen, es wird aus dem Definitum zu seiner Definition, und der Prozeß seiner Selbsterhaltung ist vielmehr der Untergang seiner Einzelnheit, und die Realisation der Gattung. Die Monade, welche eine Reflexion in sich selbst ist, ist es nur als ein Dieses. Sie ist das andere Moment; aber dieses Andere ist selbst
20 an sich; oder es ist für sich in der Form des ersten Moments; insofern es aber so ist, ist es passiv. Es reflektiert sich in sich selbst als Einfaches, oder als Seele, und erhält sich; diese Reflexion ist überhaupt die der Seele. Es erhält sich aber auch als zweites Moment, oder als ein Dieses, und ist ein Tätiges gegen anderes Ansich. Jene erste Selbsterhaltung ist die ideale des Verschwindens des Andern in der Monade; diese zweite ist die des Vernichtens des Andern, nicht seines relativen Verschwindens. Aber diese andere Selbsterhaltung ist ebendarum auch als das andere Moment unmittelbar das Gegenteil seiner
30 selbst, die Befreiung von sich selbst, und sein Aufheben als eines Dieses.

Die Seele wird in der Welt zur Monade, und insofern ist nur eine absolute Vielheit von Monaden, die sich die Welt vorstellen, und gleichgültig auf sich selbst bezogen in dieser Differenz des Vorstellens bleiben. Monade ist sie aber nur, oder als dieses auf sich Selbstbezogensein, als ein Moment ist sie es nur gegen das differente Moment. Aber dieses differente Moment ist die Entwicklung der Seele selbst, die als ihr eigner Grund sich selbst negiert; als Einfaches wird sie sich zum Grunde,
40 der außerhalb ihrer Existenz ist; diese ihre Existenz, oder daß

sie sich zum Grunde wird, ist dies, daß sie als sich auf sich beziehende Reflexion, oder als formales Erkennen, die absolute Bestimmtheit, die negative Einheit ist. Ihre Freiheit in sich selbst, als die absolute Reflexion, ist unmittelbar ihr Ausschließen des Andern aus sich, und eine Beziehung absolut Seiender. Jene Selbsterhaltung der Seele endigt mit der Freiheit, welche unmittelbar diese Differenz der Freiheit, der negativen Einheit gegen sich / in der Form der Monade ist, gegen sich, als in der Freiheit Negiertes, das als Passives gegen sie ist. Das Erkennen wird sich zu einem absoluten Erkennen als Eins, und damit ist die Welt gesetzt. Das Aufheben dieser Differenz gegen ein absolut an sich Seiendes, d. i. Passives, das uns für sich ist, ist das Aufheben dieses Eins selbst, und dadurch die Totalität als Allgemeines, welche aber eben darin selbst, indem sie schlechthin die Beziehung in sich selbst ist, wieder unter der Bestimmtheit der Gleichheit als erstes Moment erscheint.

Die Welt als dieser Prozeß der Gattung, stellt die Freiheit als eine höhere Sphäre auf, die gegen ihre niedrigern sich kehrt. Vorhin war die Freiheit überhaupt das Indifferente als Reflexion in sich selbst, und das erste Moment, die Monade, in sich ebenso ein freies, als das zweite, und als die Totalität, welche selbst das Einfache des ersten Momentes ist, und in dessen Bestimmtheit zurückfällt. Aber jene Reflexion, als das formale Ansich oder der Begriff desselben, was vorhin die Freiheit war, ist jetzt die höhere der Totalität, welcher die Monade, und das Tätige selbst Momente sind; diese Totalität, die Gattung ist nunmehr das Ansich, und über ihr Zurückfallen in die Form des ersten Moments steht sie selbst, als im ersten Momente selbst sich gleichbleibende, und ihr Zurückfallen ist vielmehr ihr eigenes Ausspannen in die beiden Momente des Passiven oder der Monade, und des Tätigen. Als das Ansich des Ganzen ist es das Wesen dieser Momente, das sich in ihnen verdoppelt, und als ihre Gattung ihr Allgemeines ist, und der Prozeß der Selbsterhaltungsprozeß der Gattung ist, wie das Werden zur Gattung eigentlich der Erhaltungsprozeß des Einzelnen.

Dem differenten Ansich steht Anderes überhaupt als Passives entgegen; seine Erhaltung ist die Vernichtung desselben; aber zugleich seine eigene oder das Werden zur Gattung, welche selbst als absolute Reflexion ihrer selbst dies Andere, das der differenten Einheit entgegensteht, darstellt, als ein solches, das aus der absoluten Totalität in die Bestimmtheit des ersten Moments zurückgeht, oder daß dies passive in der Tat die Gattung nur in der Form des ersten Moments ist. Das Tätige in seiner Selbsterhaltung sich aufhebend, wird in dieser Unendlichkeit sich selbst das Gegenteil seiner selbst; und sich erhaltend in seinem Gegenteil steht es selbst als sich selbst entgegen; es ist in seinem Gegenteil, statt sich selbst negiert zu haben, vielmehr positiv; das andere Ansich ist nicht die Negation seiner selbst, sondern es erkennt in dem andern sich selbst; die Gattung reißt sich in die Geschlechtsdifferenz auseinander; aus dem Erkennen in das Anerkennen. Die Einzelnheit, welche in dem Gattungsprozesse untergeht, ist ideell, aber als Ideelles gesetzt, ideell in einem Andern, / aber gesetzt, es selbst für es selbst. Sie ist dahin gekommen, daß das erste Moment selbst ein Erkennen ist, ein sich Erhalten, sich auf sich selbst Beziehen, und darin sich so Aufheben, daß sein es selbst Sein ein anderes ist als es selbst. Die Reflexion der Einzelnheit in sich selbst ist die gewordene Gattung, aber sie erhält sich durch dies ihr Aufheben hindurch, und findet sich in einem Andern. Die Gattung ist nicht nur das Allgemeine, sondern auch das Unendliche. Das Einzelne ist sich zum ganzen Prozeß in der Totalität geworden, und in ihr tritt der ganze Prozeß als ein gedoppelter auseinander, und erst der Prozeß dieser ist es, der zum ersten Momente wird, in seiner Totalität.

Die Momente der Gattung sind die existierenden Einzelnheiten; sie selbst als absolute Reflexion, ist nur als dieser Kreislauf ihrer sich abscheidenden und in sich auflösenden Momente; indem sie als Bestimmtheit der allgemeinen Gleichgültigkeit ihnen als Momenten gegenübersteht ist sie vielmehr selbst das Eine derselben, aber ebenso ist sie das Nichtbestimmtallgemeine, oder das nicht entgegengesetzte Gleichgültige, und ihre Idealität oder ebenso ihr Sein. Sie ist das Freie, das über die Momente des Kreislaufes erhaben, allein das sich Selbstgleiche ist. Das Sein dieser Momente ist erst das Existieren; alles bisherige Sein war dasselbe nur in einer Bestimmtheit, die nicht die vollkommene Reflexion in sich selbst war. Hier erst, indem die Gattung absolute Reflexion

in sich selbst ist, und als solche auch sich zu ihren Momenten
der Reflexion wird, insofern sie ein Anderes ist als diese, diesen entgegengesetzt, Moment ist, ist die wahrhafte Realität
gesetzt.

Es war vorhin gleichgültig, die Seele als Erkennen oder als
Grund zu betrachten, nur mit der Einschränkung, daß sie als
Bestimmtheit einer Entgegensetzung sei. In der Existenz aber
ist diese Gleichgültigkeit aufgehoben, und die beiden gesetzt
als aufeinander bezogen. Der Grund ist dem Erkennen gegenüber, und das Allgemeine als sich in sich reflektierend, oder
die absolute Reflexion, gesetzt als an sich, nichtentgegenge-
setztes Allgemeines. Das Erkennen ist dieselbe Gattung, aber
sie als sich in sich reflektierendes Moment; sein Reflektieren
in sich selbst ist seine Selbsterhaltung, die gegen nichts als die
Gattung, das Allgemeine gerichtet ist. Die Selbsterhaltung ist
die als einfach erscheinende Reflexion in sich selbst; das,
wogegen sie different ist, / war überhaupt ein Fürsichseiendes,
das synthesiert, bestimmt, wieder verschwand; es war nur ihr
Begriff gesetzt; itzt die Reflexion realisiert, so ist dieses Andere für sie, das Passive schlechthin nichts anderes als die
Gattung, das Ganze des Moments selbst, das ihm als dem Momente gegenübertritt, und das Fürsichseiende ist, sich auf sich
Selbstbeziehende; die Einzelnheit, in ihm sich negiert setzend,
hebt diese Negation seiner selbst auf und erhält sich so; es
nimmt an ihm gleichsam erst sein Wesen in sich selbst auf.

Die Unterscheidungen der Reflexion in sich selbst, ergeben
sich hiemit auf folgende Weise. Das Erkennen und Grund sind
eins; aber für uns; und so ist das Erkennen, Seele, indifferent,
für sich, seine Differenz ist ein gleichgültiges Kommen und
Verschwinden eines Ansich, gegen welches [es] ebenso an sich
ist. Im Weltprozeß wird dieses verschiedene Ansich different
gegeneinander, in der Existenz; das sich selbsterhaltende Einzelne ist in die Gattung übergegangen; und der Weltprozeß ist
der Gattungsprozeß, welche als Ganzes in ihren Momenten
bleibend, sie different gegeneinander setzt, und in ihnen existiert.

Das Erkennen als sein Begriff ist Seele; dieselbe, als diese
Bestimmtheit des Begriffes, ist selbst einzelnes, das sich so in
sich reflektierend zur Gattung wird. Diese ebenso sich realisierend ist Entzweiung in Geschlechter, Existenz der natürli-

chen Dinge, und Erhaltung der Gattung; und die Freiheit tritt als diese ihrem Prozesse gegenüber. Sie ist der sich immer selbst gleiche Inhalt des Kreislaufes des Erkennens, oder des Prozesses der Gattung, und das reale Erkennen ist außer dem formalen getreten; die Monaden als existierende Dinge drükken nur ein und ebendasselbe Allgemeine aus, ihre Vielheit so wie die Bestimmtheit ihrer Bewegung ist das schlechthin Zufällige und das Existierende, in Beziehung auf die Einzelnheit, in der Tat das nur Mögliche. In der Gattung ist diese

10   aufgehoben, und ihre Selbsterhaltung ist vielmehr ihr Aufheben. Die Einzelnheit existiert indem sie, ohne zur Gattung zu werden, in sich selbst zurückgeht, indem vielmehr die Gattung das in der Form des sich auf sich Selbstbeziehens, oder das Passive ist, gegen welches die Einzelnheit sich kehrt, und das sie aufhebt, und frei ist. Umgekehrt ist die Gattung dasjenige, worin die Einzelnheit sich aufhebt, sie ist die differente Einheit, worin die Einzelnheiten Momente sind, die selbst zur Gattung werden. Beide Freiheiten sind sich / entgegengesetzt, die der Einzelnheit, und die der Gattung, und beide Notwen-

20   digkeiten, die worin die Gattung nur ist als Passives, die Beziehung auf sich selbst nur als Moment, und die andere, worin die sich selbsterhaltende Einzelnheit umgekehrt so zur Gattung wird, wie diese in das Momentsein zurückfällt. Um dieses Zurückfallens willen ist die Gattung nicht absoluter Grund, nicht absolut an sich Indifferentes; sie ist so wohl vollkommen in sich geschlossen, indem ihr letztes wieder ihr erstes ist; aber in diesem unmittelbaren Umschlagen ist sie selbst nicht als Freiheit gesetzt, sondern ihre Befreiung wird vielmehr nur Passivität; sie ist der Kreislauf, der sich selbst zum Kreislaufe

30   wird, oder der sich selbst als [auch] seine Momente bewegt, aber der nicht absolut frei ist, selbst nur in der Form der Notwendigkeit, oder als sich von einer Seite zur andern hinüberwerfend, durch eine Mitte hindurch, die wohl die Gattung als allgemeines, oder vielmehr gemeinschaftliches ist, aber nicht als solche mit Vernichtung des Momentseins hervortritt; sondern sie ist nur in der Form der Existenz gesetzt, und die Gattung selbst ist nicht als erfüllte Seele, welche sichselbstgleiche Reflexion durchaus gegen den Wechsel und den Übergang gleichgültig wäre. Das Erkennen als absolut einfach gesetzte

40   Reflexion, oder Einfachheit ist noch nicht gesetzt. Die Seele

war wohl dies Einfache, aber ihr Inhalt das Unbestimmte, itzt
ist dieser Inhalt, oder die Erfüllung, er ist als die Momente des
Kreislaufs die Totale Reflexion selbst, aber er ist auch nur der
Inhalt. Dieser Inhalt ist darum in der Tat auch nur als Form
entgegengesetzter Glieder; es ist nur die Gattung, als passives
Moment, das sich selbst erhält, als Einzelnheit, der Gattung
als einem Fremden entgegengesetzt, sie in sich zehrend, und
dadurch herüberspringend zur Differenz der Gattung, der
nicht wie im ersten die Gattung als ein Fremdes gegenübersteht, sondern als ein ihm Gleiches, das sich im Andern fin- 10
det, wie dieses sich in ihm, aber so, daß sie nicht für sich,
sondern nur als ihre Indifferenz die Gattung ausdrücken, und
indem sie diese ausdrücken, sie selbst wieder jenes erste, entgegengesetzte Moment ist.

Wenn die Selbsterhaltung nur dieses Kommen und Verschwinden eines Fremden in dem Erkennen ist, so ist in dem
Prozesse der Gattung die Erhaltung der Gattung selbst auch
nur das Kommen und Verschwinden der sich selbst als sich
selbst außer sich setzenden Einzelnheiten, und es ist nicht das
Erkennen als absolute Reflexion in sich selbst, und dies als 20
Einfaches.

Die Gattung aber muß als das Allgemeine, als das, was dasselbe ist in dieser Form / der Existenz, oder sie in ihrer Existenz und sie als das Sichselbstgleiche müssen sich gleich sein;
und in der Tat in dieser Existenz der Gattung ist sie allein das
An sich Seiende, und das Existierende, das sich aufhebende
Negative, und sie ist selbst diese negative Einheit. Das einfache sich selbst gleiche sich in sich Reflektieren, das eben darum ein absolut Reflektiertes ist, und sie in ihrer Weise als getrennte Gattung, als Notwendigkeit, ist schlechthin Eins; was 30
anders erscheint als diese Einheit ist rein ein ideelles, nicht an
sich selbst Seiendes.

Die Gattung ist der Grund der existierenden Einzelnheiten,
so wie ihrer Beziehung, oder vielmehr ihre Beziehung selbst;
aber nicht nur dies, sondern die Beziehung ist in der Tat die
absolute Einheit, denn das Bezogene, die Einzelnheiten, sind
nicht Ansich, sondern schlechthin sich aneinander aufhebend.

C. Das höchste Wesen

In dem Prozesse der Gattung, als der Existenz der Welt, ist,
* wie gezeigt, die Totalität selbst nur in ihren Gegensätzen und
ihrer Einheit die leere Mitte des Übergehens, und es sind in
der Tat immer nur die beiden Seiten des Überganges; sie sind
gesetzt als an sich seiend, aber selbst mit ihrem Gegensatze
bezeichnet, oder sich bewegend um im Gegenteil zu verschwinden.

Das Wesen dieser Bewegung ist notwendig; denn in ihr wie
10 sie als Prozeß gesetzt ist, ist nur das Erscheinen des Gegensatzes, der Selbsterhaltung der Einzelnheit, und der der Gattung. Das Übergehen, die Einheit von beidem ist das nicht
hervortretende Innere, oder das nicht Gesetzte für diesen
Wechsel, sondern nur das von uns Gesetzte, oder das Äußere.
Für das sich selbsterhaltende Individuum aber ist als erkennendes, oder als Einheit seiner selbst und seines Gegenteils,
dies sein Nichtsein oder sein Verschwinden; es ist hiemit für
es selbst dieser Widerspruch; und indem es sich als ein Anderes findet, in der Gattung, so ist dies, sein Wesen nur als die
20 Beziehung auf ein Anders und nicht an sich selbst zu haben,
und dagegen seine Reflexion in sich selbst als sich selbst erhaltend, unmittelbar entgegengesetzt, und die Einheit von
beidem, indem es nur das Subjekt dieses Widerspruchs ist, /
außer ihm; denn diese Einheit des Widerspruchs, die es ist,
ist sein für sich selbst Sein; diese Einheit ist es, welche als
formale Reflexion, auf die Seite tritt, in dem sichselbstgleichen Positiven der Gattung sich aufhebt, und dieses Aufheben, und dies Sichselbstgleiche außer sich hat, oder als Inneres, als seinen Grund, von dem es aber unterschieden ist.
30 Die Beziehung der Selbsterhaltung auf die Gattung hat die
Seite, daß jedes Einzelne für das Andere schlechthin zufällig
ist, indem als sich selbsterhaltend jedes für sich und gleichgültig für das Andere ist; ebenso zufällig sind sie für die Gattung, denn diese ist an sich selbst, und die Bestimmtheit,
welche in der Selbsterhaltung ist, wodurch das Individuum
ein singuläres, ein in beidem Sinne absolut bestimmtes, reiner
Punkt und Punkt einer unendlichen Menge sich in ihm kreu-
zender Linien, ist nicht für die Gattung. Sondern für diese als
Allgemeines ist das Singuläre selbst nur mit der Bestimmtheit

der Allgemeinheit, oder als Besonderes, welches in sich zurückgegangen, jene Menge der durch es ins Unendliche auslaufenden Linien zusammen im Kreise seiner Reflexion gebogen hat.

Aber diese Gleichgültigkeit der Einzelnen füreinander und für die Gattung hebt sich auf, indem sie in der Tat für einander, eins nur mit der Bestimmtheit der Beziehung aufs andere ist, und ebenso als Einzelnes der Gattung überhaupt, indem die Punkte seiner Linie ebensolche Ansich sind, es in diese Linie als Punkt fällt, die für sich eine höhere Reflexion in sich selbst ist, nämlich eben die Gattung; das Fremde, das dem Sicherhaltenden [sich] gegenüberstellt, und es selbst ist ein solches Fremdes, ist an sich nichts anderes als die Gattung selbst für das Sichselbsterhaltende. Das Einzelne ist gegen das Einzelne notwendig, ebenso gegen die Gattung, denn diese ist sich als erstes Moment, und in diesem als formale Reflexion, als nicht reflektiertes, oder sie ist selbst in ihren Momenten nicht nur Besonderes, sondern Singuläres.

Diese Notwendigkeit aber ist die schlechte, in welcher die Beziehung nicht als solche oder an sich selbst ist, sondern nur an den Entgegengesetzten; aber sie ist überhaupt an sich, und die Entgegengesetzten sind in der absoluten Notwendigkeit; denn ihre schlechte Notwendigkeit ist in der Tat die absolute. Jene schlechte Gleichgültigkeit so wie die schlechte Notwendigkeit sind nichts an sich, und das / Einzelne ist nur in absoluter Gleichgültigkeit und Notwendigkeit der Gattung, die sein Wesen, das Wesen der Wesen ist; nicht nur nach der Bestimmtheit überhaupt (metaphysische Notwendigkeit), sondern nach seiner absoluten Bestimmtheit als Einzelnes.

Wenn wir den Prozeß der Selbsterhaltung als den, in welchem das Absolutbestimmte sich selbst gleich, die vielen Bestimmtheiten in sich ideell setzt und indifferent in ihrem Aufheben sich selbst [gleich] bleibt, Denken nennen; den Prozeß der Gattung aber, worin das Einzelne selbst nur im Allgemeinen, selbst ein ideelles, negatives, Quantum, sein Wesen das sich Selbstgleiche, das Einzelne nur als die Negation, und diese als bezogen auf das sich selbst Gleiche, als Einschränkung, wodurch aber in der Tat das Allgemeine, wie der Raum, nicht durch die in ihnen gesetzten Bestimmtheiten eingeschränkt ist, oder kein Punkt ist, wo er nicht wäre, wenn wir dies All-

gemeine Sein oder Ausdehnung, als das, für welches schlechthin ein Mögliches ist, nennen, welches beides Eins ist, so ist
Denken und Ausdehnung oder Sein schlechthin Eins.

Indem die Gattung oder das Allgemeine nicht als irgend
eine bestimmte Gattung, sondern als die Absolute Gattung
[ist], welche Reflexion in sich selbst ist, deren Momente sie
selbst ist, so ist sie überhaupt das höchste Wesen, das nicht
selbst Moment, und in die bestimmte Existenz einer andern
gegenübertretend, vielmehr die absolute Existenz selbst, nicht
ein Notwendiges, sondern die Notwendigkeit selbst, nicht das
gemeinschaftliche leere Allgemeine, sondern die Idealität dessen, dessen Gemeinschaftliches es nur wäre, also ihr Wesen
oder ihre Substanz ist.

Welche oberflächliche Beziehung diesem an sich Seienden
zu dem Einzelnen gegeben werde, so ist sie an sich nichtig;
wenn dieses Einzelne als an sich selbst seiend gesetzt wird, so
hat es gegen das höchste Wesen eine Seite der Gleichgültigkeit, und dieses eine Realität außer sich; sein Sein als das Ansich selbst ist noch auf eine andere Weise gesetzt, nämlich als
eine Ausdehnung, die nicht mit dem Sein eins wäre, ein durch
ein Fremdes Bestimmtes, dessen Bestimmen nicht an sich
ideell, oder aufgehoben, Negation wäre. Die Ausdehnung oder
das Sein im höchsten Wesen ist aber unmittelbar eins mit der
Einzelnheit, oder der Negation; diese ist, indem die Trennung
in ihr nur als ein Aufgehobensein ist, schlechthin einfach; und
die in der Einzelnheit unterschiedene Vielheit ist die Gattung,
die Einfachheit der / Reflexion selbst. Soll dem Vielen ein
Fürsichsein zugeschrieben werden, so wird es überhaupt nur
sich gleich, und sein Unterschied ist sein Sein im Andern, d.
h. sein Aufheben, und es ist nur das Nichts, das die Einfachheit des Seins und ununterscheidbar von ihm ist. So sind die
Bestimmtheiten der Quantität, des rein Allgemeinen, nur dies
Negative, und dies ist an sich selbst einfach, und das Allgemeine selbst. Es kann keine Äußere, dem Allgemeinen nicht
gleiche Bestimmtheit gesetzt, oder dieses nicht zu einer vom
Sein verschiedenen Ausdehnung, die äußerlich bestimmt wäre, gesetzt werden; dies äußere Bestimmende ist das Nichts,
und ganz einfach, und also das Sein selbst.

Dies höchste Wesen hat den Gegensatz des sich Selbsterhal-
tenden, oder des Denkens, und des Seins, oder der Ausdeh-

nung, schlechthin nur als ein Attribut, als Moment, als Ideelles in sich, nicht als Substanz, Ansichseiendes, sondern es ist vielmehr dessen Ansichsein, und die Unterschiede gehören nur der Idealität, dem Nichts an sich an.

Das höchste Wesen so sich selbst gleich in demjenigen, was als Ungleiches erscheint, ist der absolute Grund dieses Ungleichen; denn dies ist an sich selbst nichts als eben die höchste Wesenheit selbst; und wodurch es für sich ist, [sich] davon abscheidet, ist reine Negation, und um an sich zu sein kann es sich nur bestreben, diese oder sein Fürsichsein aufzuheben, und seine Selbsterhaltungssphäre, in welcher es einem Fremden sich gegenüberstellt, — und im Prozeß der Gattung erblickt es zwar sich selbst, aber nur als ein Anderes seiner selbst, — die nur die Negativität des höchsten Wesens ist, aufopfern. Das höchste Wesen ist sich so gleich, daß es das schlechthin in sich Reflektierte, in ihm nicht diese Bewegung des Reflektierens ist, sondern in seiner Emanation in der Erscheinung als Vielheit absolut dasselbe ist.

Es ist erwiesen, daß das höchste Wesen das einzige und allein das Ansich ist. Es ist unendlich herausgekehrtes, das unendlich erschaffen hat, aber dessen Schöpfung, insofern in ihr sich das Einzelne als Individuelles absondert, in der Tat nur die Negation ist; dieses, was so negiert ist, hat allein den Widerspruch in sich, sich als Negation zu erhalten, und doch, da es nur Negation ist, als sich erhaltend, zurückzukehren in die Nichtexistenz und in das höchste Wesen.

Diesem steht in seiner Sichselbstgleichheit schlechthin die Negation, als das böse Prinzip, das sich in sich einbildet, gegenüber; in seiner reinen Klarheit ist diese / Finsternis nicht; denn diese ist das Nichts für das Licht, und jene ist diesem schlechthin als sich gleich, aber ebenso ist das Licht nicht ohne Finsternis als diese nicht [ohne Licht] ist. Das höchste Wesen hat die Welt geschaffen, die für dasselbe von ätherheller Durchsichtigkeit und Klarheit ist; aber diese ist für sich selbst finster.

Es ist erwiesen, daß nur das höchste Wesen an sich ist; aber dieses Fürsichsein der Welt steht dieser Notwendigkeit schlechthin gegenüber; sein Sein ist ein Nichtsein; aber dies Nichtsein ist selbst, ist jenem absoluten Sein gegenüber; es zerschmilzt, verschwindet in ihm, aber daß es so verschwinde,

setzt voraus, daß es gewesen ist, oder es behält sein Fürsichsein; und dies Fürsichsein und das absolute Wesen bleiben getrennt. Der Beweis geht in dieses zurück, aber er geht nicht aus diesem hervor, sondern fängt bei einem unbegreiflichen Anfangspunkt an, nämlich dem der Existenz, der sich freilich aufheben muß. Aber wenn er dies nur muß, so ist er nicht gewesen; und er ist nicht gewesen, er ist nicht; dieses selbst ist nur Resultat eines Beweises, dem die Bewegung des Beweises und der Ausgangspunkt des Beweises voranging, — aber nicht
10 seine Konstruktion; die Emanation der Einzelnheit aus dem höchsten Wesen ist ein leerer Gedanke, denn das, womit sie erfüllt wäre, wäre nur eine Ungleichheit, der die absolute Einheit der Gattung nicht fähig ist.

Aber dies höchste Wesen ist sich darin selbst gleich, daß es selbst die absolute Negation und diese absolut einfach ist; es ist um nichts zu tun, als diese selbst als das Einfache darzustellen; und sie [ist] nur dies Einfache als absolut einfache Reflexion in sich selbst, als Ich oder als Intelligenz.

C. Metaphysik der Subjektivität

20 Das absolute Wesen als die absolute Gattung ist das sich selbst Gleiche in den Momenten der Existenz, und diese ist das Negative; als Negatives verschwindet es im Sein, ist diesem selbst gleich, aber daß es verschwinde, ist notwendig, daß es dem Sein entgegengesetzt sei, und in seiner Entgegensetzung nur dies sein Aufheben, das Sichgleiche selbst sei.

Dies Negative ist nichts anders als die Unendlichkeit, aber itzt die erfüllte, oder absolut unendliche, und die beiden Momente der einfachen Beziehung, in ihrer / Realisation, die Einheit oder das Sein und bestimmt als Quantum, dem die
30 Negation etwas schlechthin Äußerliches ist, — und die Unendlichkeit, die nur dies Aufheben in sich selbst [ist], werden hier, jenes vorhin, dieses itzt erfüllt gesetzt. Jenes als zurückgekommen aus der Totalität des Gegensatzes, dieses daraus zurückkommend. Diejenigen, deren Unendlichkeit das Ich ist, sind selbst unendliche, Reflexionen in sich selbst; nicht bloße Kreise, sondern welche selbst zu ihren Momenten Kreise haben, und die Kreise dieser Kreise sind. Die Selbsterhaltung ist

schon selbst ein in sich reflektiertes, absolute Einzelnheit, welche im Ungleichen sich gleich bleibt, und aus seinem Bestimmtsein in sich zurückkehrt; das Fremde ist das Allgemeine gegen sie, mit dem sie verbunden, ein Synthetisches ist, ein Besonderes, von welchem sie wieder zum Allgemeinen aufsteigt. Die Einzelnheit sich mit dem Allgemeinen durch die synthetische Einheit des Besondern zusammenschließend, ist selbst diese Bewegung des Aufsteigens, welche als allgemein, unmittelbar wieder Einzelnes ist, indem sie als Allgemeines die Einzelnheit der Besonderheit, als dem Synthetischen entgegengesetzt hat, jenes als der Substanz, dies als dem bestimmten Begriffe, beide als ideell setzt, und die negative Einheit oder Einzelnheit ist, und in ihren Anfangspunkt so zurückgegangen ist. Das Allgemeine, das dem Einzelnen gegenübersteht, ist es selbst, und umgekehrt, und in dieser Reflexion ist dies das Fremde, daß beides diese Bestimmtheit gegeneinander hat, und nur für uns diese Einheit ist. In der Welt, oder dem Gattungsprozeß, hebt sich dieser für das Sichreflektierende selbst auf; es ist als dieser ganze Kreislauf sich entgegengesetzt; zwei Selbsterhaltungen, welche itzt darum nicht mehr ein Fremdes überhaupt für einander sind, weil jene erste Reflexion nicht nur in die Einzelnheit zurückfällt, sondern so, daß sie als die gewordene Totalität zurückfällt, und als diese ihre Einzelnheit selbst in sich, als das eine Moment, aufgehobenes, und als ein nur ideelles an sich hat, so daß, indem die Totalität wieder Einzelnheit ist, diese zugleich eine aufgehobene, und hiemit das Entgegengesetzte nicht ein Fremdes, sondern ein ihm Gleiches ist, dessen Entgegengesetztsein für die erste Einzelnheit nur eine aufgehobene ist, ein Durchsichtiges, durch welches hindurch sie sich selbst erblickt, und ein Erkennendes ist, indem es darin nicht ein Reflektiertes, sondern ein sich Reflektierendes, die Bewegung anschaut, welche sein Wesen ist.

Beides ist die absolute Sichselbstgleichheit der Reflexion; und das Einzelne bezogen auf sich selbst als auf ein Anderes, welches Anderssein aber auch für es bloße / Form ist, geht selbst in die Gattung über, oder in das sich Gleiche, und das Zurückgehen zum ersten Moment ist nicht für dasselbe; es ist, indem es als einzelnes ist, nur als sich erhaltend, und kann diesen Hindurchgang nicht aushalten; es geht darin unter, und

dieser Übergang ist das Gewordensein eines andern Einzelnen;
— eines Einzelnen, denn es ist ein sich selbst notwendig erstes
Moment, und ist dem Einzelnen, das in eine höhere Sphäre
gerückt ist, entgegengesetzt. Daß das Einzelne nicht heruntersteigen, nicht sich zum ersten Momente werden kann, liegt
darin, daß eben die Existenz innerhalb dieser Sphäre beschlossen und der Übergang in eine andere das Aufhören derselben,
das Rückkehren aber zur ersten nur für das absolut Allgemeine der Sphäre ist, für das Einzelne aber sein Verschwinden,
10 und das Zurückgekehrtsein das Entstehen eines andern; ein
Verschwinden und Entstehen, welches für beide als solche
gleich zufällig ist, und nur die absolute Notwendigkeit des
Allgemeinen.

Dieses, als das höchste Wesen, oder als die Gattung, das
Sichselbstgleichsein in dem Wege der Einzelnheit, welches
allein die Reflexion der Existenz oder die absolute Existenz
ist, ist ebenso, für uns, in der Sichselbsterhaltung das Gleiche,
oder das dem sicherhaltenden Einzelnen Entgegengesetzte,
als Gattung; dem Einzelnen ist das Fremde dieses, daß es sich
20 noch nicht ein Reflektiertes ist, oder daß es mit einer absoluten Bestimmtheit affiziert ist, denn das Aufgehobensein der
Bestimmtheit in der Totalität liegt in seinem Rücken, es ist
für ein Anderes; aber dieses hier in dem absoluten Nichts der
Bestimmtheit angelangt ist nicht mehr, jenes aus seinem
Schoße hervortretend steht daher unmittelbar ganz frei und
gleichgültig herausgeboren da, aber da das Wesen seiner
Gleichgültigkeit dies ist, aus der Negation hergekommen zu
sein, das Reflektiertsein, denn es ist sonst keine als im Reflektiertsein, so ist es in der Tat auf das Negierte bezogen,
30 aber es ist als Einzelnes dagegen gleichgültig, d. h. es ist darauf als auf ein absolutfremdes an sich Seiendes bezogen; und
nicht für das Einzelne ist dieses Fremde Ansich nur das Aufgehobene, oder die sich selbst entgegensetzende Gattung. Für
uns ist der gleichgültige Gegensatz, der in der Selbsterhaltung
bleibt, und der Gegensatz der Gattung, in den Geschlechtern,
dasselbe; der eine ist der andere als ideell gesetzt, die Fremd-
heit in der Selbsterhaltung ist die aufgehobene Gleichheit der
Geschlechter und umgekehrt.

Das höchste Wesen ist dieses Gleiche, das als Allgemeines
40 in die erste Potenz, in / den Anfang zurückkehrt; aber es kehrt

nicht als Einzelnheit dahin zurück; nur als Allgemeines, denn
die darin gesetzte Einzelnheit ist eine andere, als die zum Allgemeinen gewordene.

Aber eben die Einzelnheit, welche Allgemeinheit geworden
ist, ist nicht nur das Sichselbstgleiche in den Momenten der
Existenz, sondern es ist die negative Einheit derselben, es ist
absolute Einzelnheit, absolute Bestimmtheit, Unendlichkeit.
Das Gewordensein des Einzelnen zum Allgemeinen ist das
Aufgehobensein der Einzelnheit, aber diese Einfachheit ist
nicht das Nichts derselben, wodurch sie dieselbe gegen sich 10
hätte, sondern unmittelbar eins damit; das Einzelne der
Selbsterhaltung hat für uns sein Werden in dem Werden des
Begriffs des Erkennen, das itzt in die erste Potenz in seinen
Anfang Zurückkehrende kehrt als ein Anderes zurück, nicht
als jenes Einzelne, sondern als Einzelnes, das Allgemeines ge-
worden ist.

Diese absolute Einheit der Einzelnheit und Allgemeinheit,
oder I ch, ist es darin, daß die Einzelnheit nun, indem sie dies
ist, als Entgegengesetztes, unmittelbar einfach, oder das Entgegengesetzte nur für sie als ein Aufgehobenes ist; in ihrer 20
Entgegensetzung und in Beziehung auf diese, ein allgemeines
sich Selbstgleiches, das alle Gleichgültigkeit der Bestimmtheit, und alles Halbebeziehen vernichtet hat. Zurückkehrend
aus der einfachen Totalität ist die Selbsterhaltung nicht eine
Gleichgültigkeit, in der gleichgültiges Fremdes eintritt, das
nur die Form der Allgemeinheit hat, und das, indem die Einzelnheit zugleich das Differente wird, dies daß das Gleichgültige in ihm ist, sich entgegensetzt, als eine Synthese beider,
und diese Entgegensetzung so aufhebt, daß beide wieder unbezogene Gleichgültige werden; sondern das bestimmte Ent- 30
gegengesetzte ist für die Einzelnheit selbst nur als Allgemeines; in seiner Bestimmtheit also unmittelbar ein aufgehobenes; das in der Selbsterhaltung Fremde selbst für das Einzelne
die Gattung.

I. Theoretisches Ich, oder Bewußtsein

Die Einzelnheit, welche nicht diese bloße Bestimmtheit ist,
sondern nach allen Dimensionen, in allen ihren Momenten,

die absolute Reflexion, ist als Unendlichkeit / einfach, oder
ihre Bewegung in ihren Momenten ist selbst dies durchsichtige Allgemeine, in seinem Entgegengesetztsein Aufgehobene.
In der Seele ist das Bestimmte ein Fremdes, und ein Aufzuhebendes durch die Abstraktion davon, durch sein Verschwinden. Im Ich aber ist das Bestimmte unmittelbar, als Fürsichseiendes, als Fremdes ein Ideelles, ein an sich selbst Gleichgültiges, in Beziehung auf Ich, da es sonst gegen die Seele ein
Differentes, ein Fremdes, ein in dasselbe etwas Anderes, als
10 Ich ist, Setzendes war.

Die Monade stellt sich die Welt vor, und die Schranke ihrer
Vorstellung, das wo sie aufhört, ist das Gegenteil, das ihr
Fremde. Das allgemeine Vorstellen wird durch diese Schranke nicht eingeschränkt, sondern die Schranke ist durchaus
nichts positives, sondern an sich selbst schlechthin negativ;
dies Negativsein aber war nicht für die Monade, sondern für
diese ist die Schranke etwas positives, denn ihr Wesen ist die
Einzelnheit, das Negieren eines Andern, die Ausschließung.
Für Ich ist dies Andre nicht Nichts durch Abstrahieren davon,
20 denn das Abstrahieren läßt nur ein Anderes an die Stelle treten, sondern in seinem Anderssein unmittelbar ein dem Ich
Gleiches, oder als Anderes Aufgehobenes, ein in sich Resu-
miertes, oder ein Vieles als ein sich Selbstgleiches, so wie das
 * Viele gleich im Anfang der Philosophie aufgehoben worden
ist; dies ist es itzt nicht für uns, sondern das: uns, für die es
so ist, ist itzt der Gegenstand unserer Betrachtung selbst.

In der Monade war diese Wechselwirkung beider, daß durch
das in ihr als Fremdes Gesetzte sie an sich die Synthese dessen, auf das eine Wirkung geschicht, war, und umgekehrt,
30 daß die Monade wieder in das Fremde ein ihm Fremdes setzte, und es zu einer solchen Synthese machte, sich als dieses
Synthetische von sich als dem Gleichgültigen abtrennte, sich
in sich zurücknahm, und so jenes aufhob, indem es verschwand. Ich hingegen ist an sich selbst und für sich das Allgemeine; die Gleichgültigkeit, oder das Fürsichsein des Fremden ist nichts anderes, als die Form der Allgemeinheit, aber
diese gehört dem Ich an, und das Fremde, insofern es also für
sich ist, ist es selbst durch Ich bestimmt, und es ist schlechthin nur die zweite Synthese, das Bestimmtsein des Fremden
40 durch Ich, nicht die erste, das Bestimmtsein des Ich durch das

Fremde, und es ist in der Tat im Ich nichts Fremdes gesetzt. Die Reflexion des Ich in sich selbst ist nicht die formale oder negative mehr, in welcher die Gattung dem Ich nicht Gattung, Allgemeines ist, sondern ein Anderes; sondern ihr Anfang ist die in sich reflektierte Gattung selbst, Ich als Gattung; und die Einzelnheit ist dies sich zu seinem ersten und andern Momente derselben [Werden]. Dies Herausgehen / ist der absolute Begriff, die Unendlichkeit, als einfache Negation, welche das Gegenteil ihrer selbst, und dies Gegenteil, das Gegenteil an sich selbst, d. h. wieder das Gegenteil seiner selbst, Anderes an sich selbst, d. h. das Andre seiner selbst an sich als Anderes aufgehoben ist. Die Unendlichkeit des Ich, als das Gegenteil ihrer selbst, und ebenso das Gegenteil dieses Gegenteils; und das Andere ist ebendadurch ideell, das Gegenteil seiner selbst, und der Gegensatz ist nur als ein in sich reflektierter, aufgehobener, oder als das Vernichtetsein alles Fremden.

Das Ich, auf diese Weise in sich reflektierte Gattung, in seiner Einzelnheit absolut Allgemeines, hat das Fremde schlechthin nur als ein Allgemeines gegen sich; aber so ist dies Entgegengesetzte in der Tat nur aufgehoben, es ist nicht ein Entgegengesetztes; daß an ihm selbst der Gegensatz sei, muß das als Allgemein Bezeichnete, das Ideelle, selbst zugleich ein Bestimmtes, oder ein dem Ich Entgegengesetztes sein, und eine Seite haben, von welcher es nicht durch Ich bestimmt, oder ihm nicht gleich ist, denn eben nicht als Ich selbst, sondern als ein zum Ich Gewordenes, oder als Allgemeines, das durch seine Allgemeinheit hindurch sein Sein durch Entgegensetzung an sich trägt. Wesentlich ist Ich nur absolut allgemeine Einzelnheit, daß die Einzelnheit aus der Welt zurückgekehrt ist; nur als ein reflektiertes; und die Gattung als Einzelnheit ist ebendadurch selbst eine bestimmte Negation des Bestimmten, und selbst bestimmt. Ich als unendlich, das sich zum Gegenteil seiner selbst wird, wird es als ein ursprünglich bestimmtes; d. h. als eines, das eine bestimmte Unendlichkeit ist; obzwar Reflexion und Negation, ist es ein Teil der Welt, ein in negierter Form gesetzter Teil, aber darum ein bestimmtes Negatives. Ich tritt also nichts Fremdes gegenüber in seiner Selbsterhaltung, die sich nicht gegen Fremdes erhält, indem es eine Bestimmtheit erst erhielte, die es nun auch aufzu-

heben hätte; sondern indem es für sich ist, und sich selbst erhält, ist die Bestimmtheit früher, als die Entgegensetzung, die in der Selbsterhaltung eintritt; es ist eine Bestimmtheit, welche das Bewußtsein, so zu sagen, mitbringt. Der Prozeß dieser Selbsterhaltung ist einfacher, als der erste, es ist nicht das gedoppelte gegenseitige Bestimmen in ihm; die Synthese ist [nicht] die, daß zuerst das Fremde das Wesentliche, Ansich, wäre, welches im Ich als dem Passiven sich setzte, und in diesem so ein Anderssein nicht durch es selbst entstünde, son-
10 dern er fängt gleich damit an, daß in dem Gegensatze nicht die Wesentlichkeit sich verändert und umschlägt, sondern unmittelbar Ich als das Unendliche das Wesentliche ist; der Gegensatz selbst fängt mit der Ungleichheit eines Wesentlichen / und Unwesentlichen an; Ich als jenes hat das Andere nur als ein Passives, und es bestimmend. Es erzeugt sich nicht gleichsam unter den Augen des Ichs seine Bestimmtheit, sondern diese ist ihm unbegreiflich, bewußtlos, und der Gegensatz in der Selbsterhaltung ist hiedurch ganz immanent im Ich, oder es ist nur seine Unendlichkeit, in welcher er ist. Was diesem
20 Gegensatze von jener ursprünglichen Bestimmtheit zukommt, ist nicht ein dem Ich Fremdes, oder die Beziehung derselben auf das Ich ist nicht eine synthetische, sondern absolute Einheit, die in der Totalität der sich realisierenden Gattung sich zusammenfassende; die aber, obzwar ganz lautere Einheit, als Totalität dadurch eine bestimmte ist, daß sie aus der Einzelnheit herkommt, Einzelnes aufgehoben hat. Das höchste Wesen als dieses, das Einzelnes in sich aufhebt, ist selbst einzelnes, und tritt so wieder in die Existenz, und daß es absolutes Wesen, muß selbst dies negative Einzelne sich aufheben. Das
30 höchste Wesen als das in den beiden Prozessen der Selbsterhaltung und Gattung sich Gleiche, ist nur ein formelles Gleiches, in seiner Totalität so zum realen Gleichen geworden, daß es gegen jenes Ungleiche, wogegen es dort gleichgültig ist, different ist, und es aufhebt; aber die Bestimmtheit ist hiedurch selbst nur Synthese, oder das als aufgehoben Gesetzte, und so kehrt das höchste Wesen in seinen Anfang zurück, als Ich, ist in dieser Rückkehr selbst sein erstes Moment, oder bestimmtes; und ist es dadurch, daß es, absolut bestimmtes, in sein Wesen die Bestimmtheit aufgenommen hat.
40 Diese Bestimmtheit erscheint daher für das Bewußtsein als

eine ursprüngliche, denn sie ist nicht erst im Gegensatze, oder
in der Bestimmtheit, der Ich sich entgegensetzt, sondern
Grund, das beiden Gemeinschaftliche. Sie erscheint daher zunächst als ein unendlicher Anstoß, der im Grund im innern
absoluten Wesen des Ich selbst ist, und seine Reflexion ist
selbst für dasselbe nicht ein Aufheben jener Bestimmtheit,
sondern der Bestimmtheit, die in diesem Kreislaufe ist, oder
sie ist für das Ich selbst eine formale. Seine Selbsterhaltung
ist nur ein gegen es selbst, gegen sein Bewußtsein Gerichtetes.
Nämlich jener erste Kreis der Selbsterhaltung in ihm als in der
Seele gesetzt, hat für es nur noch die eine Seite des Synthetischen, des Bestimmtseins des Fremden durch Ich, oder daß
es an sich ein Aufgehobenes ist; und seine Reflexion in sich
selbst ist nicht das Aufheben dieses Synthetischen, und das
Auseinanderfallenlassen desselben, sondern das Aufheben der
Täuschung, als ob in diesem / so Synthetischen in der Tat ein
fremder Bestandteil wäre; sie ist nur das Aufheben der Täuschung, als ob es ein Synthetisches wäre, und stellt es her als
Einfaches, als ursprüngliche Bestimmtheit in seinem Wesen.
Und das Entgegengesetzte ist ihm also selbst die formale Reflexion; oder seine Rückkehr ist sein zum Bewußtsein [Kom-
men], daß das Entgegengesetzte es selbst ist. Das Entgegengesetzte ist nur eine Täuschung, d. h. ein Nichts in sich selbst,
oder es ist die formale Reflexion, d. h. der Kreislauf, der in
der Tat nichts Fremdes in sich enthält, und nur selbst als ein
Fremdes erscheint.

Dem Ich ist die Selbsterhaltung der Seele selbst der Gegenstand; denn diese ist die Reflexion, in welcher das Fremde
nur vorübergehend ist; als Gegenstand des Ich ist es die in sich
zurückgekehrte Reflexion, der ganze formale Kreis, außer
welchem die Bestimmtheit ist, oder welche nicht erst im Kreise auftritt, sondern das Innere, Eins mit dem Wesen des Ich
bleibt; und die Selbsterhaltung des Ich ist eben dies Heraus-
nehmen des Fremden aus jenem Kreise, so daß dieser nur das
Allgemeine bleibt, dem Gegenstande des Ich als solchem nur
die Allgemeinheit zukommt, und das Ich jenes Fremde sich
vindiziert, nicht es aus sich verschwinden läßt, sich setzt als
ein Aufgehobenes, sondern dies Fremde als Eins mit seinem
Wesen, und es sein Wesen selbst als diese Bestimmtheit. Der
Gegenstand ist so das Sichselbstgleiche der Gattung selbst,

und sein Ansich ist nicht die Negation des Ich in ihm, sondern vielmehr eben dies Sichgleiche, oder der Kreis der Reflexion; das Aufheben des Fremden nicht ein Ausscheiden,
sondern ein Zurücknehmen in sich; und Gegensatz und sein
Zurücknehmen ganz ein im Ich Geschlossenes.

Ich als bestimmend, oder Ich, für welches das Fremde nur
als das Bestimmte von ihm, als ein an sich Allgemeines, nicht
Einzelnes bestimmendes auftritt, ist in der Selbsterhaltung
des Ich das Moment der Differenz, das Moment der Refle-
10 xion, der sich gewordenen Selbstgleichheit, die Zurücknahme der Bestimmtheit in das Wesen des Ich, das Anerkennen,
als seine Bestimmtheit, und das Fremde als nur ein sich Gleiches. Aber so treten itzt diese beiden als Seiten des Ich auseinander, das Ineinssein des Ich mit dem Sichgleichen des
Fremden, und das Ineinssein desselben mit dessen Bestimmtheit, und jenes freie, und dies ursprünglich bestimmte Ich
sind die beiden Momente des Gegensatzes. Sie sind es für uns,
als die sich selbst gleiche Gattung, und die Bestimmtheit der
Existenz, aus welcher sie sich erhebt; aber für Ich selbst sind
20 sie nur indem es selbst als unendlich sich in die ungleiche
Selbsterhal/tung und sein Sichselbstgleichsein entzweit, und
jene als reine Reflexion ebenso wie als Bestimmtheit sich
gleichsetzt, aber so wieder eine Teilung anderer Art vorgenommen hat.

Die Wendung von der ersten zur zweiten Teilung ist dieselbe Wendung des Prozesses, der zuerst zur Gattung werdend,
als diese sich entzweit; der Übergang des sich selbsterhalten-
den Einzelnen in die Gattung, und dieser in die absolute Gattung. Der Prozeß des sich realisierenden Begriffes, der so aus
30 sich herkommend nur in der schlechten Realität ist, aus dieser in den Begriff resumiert, absolute Realität wird. Die aufgehobene erste Teilung, oder das sich Selbstbewußtwerden
ist dies, daß das Ich ursprünglich bestimmt ebenso ursprünglich geteilt erscheint, und daß es die Bestimmtheit, die in der
Teilung ist, als seine eigene erkennt, sie aufhebt, und zwar
zuerst die formelle Teilung, oder die unendliche Reflexion als
sich selbst, als Freiheit setzt, und die Bestimmtheit ebenso
als seine eigene. Es kann nicht mehr in das formelle Aufheben, das Negative überhaupt übergehen, das Entgegengesetzte
40 verschwinden lassen; denn es ist reell, es ist Allgemeines; aber

es ist zugleich auch nur synthetisch, nicht rein Allgemeines, denn Ich hat sich nur als Allgemeines bestimmt, für uns, als das sich Gleiche, in der Existenz, nicht als das, das für sich selbst dies Gleiche ist.

Durch die Reflexion dieser Potenz in sich ist Ich im Entgegengesetzten zu sich selbst als ein Allgemeines gekommen; aber noch nicht als ein Besonderes; die Bestimmtheit fällt wohl in dasselbe, es ist selbst diese Besonderheit, aber jene Reflexion, seine absolute, sich selbst gefundene Freiheit ist nur durch Trennung; und es ist nicht als Ganzes in sich reflek- 10 tiert; es erkennt das Formale der Trennung für seine Unendlichkeit, aber die Bestimmtheit setzt es nur auf die einfache unreflektierte Weise als eins mit sich; sie ist sich in der Entgegensetzung nicht das Andere ihrer selbst geworden, sondern als ursprüngliche Bestimmtheit sich selbst gleich geblieben.

Dem Allgemeinen sich selbstfindenden Ich, das seine Unendlichkeit von seiner Besonderheit abgetrennt hat, steht diese als es selbst entgegen; der Selbsterhaltungsprozeß als formaler geht durch sich selbst in den der Realität über. Ich ist einfache, allgemeine Reflexion, das solche von sich abge- 20 trennt, und mit sich als eins gesetzt hat, die einfache in sich reflektierte Reflexion [sind]. Der so einfachen sich nur auf sich selbstbeziehenden stellt es unmittelbar sich selbst, als ein bestimmt in sich / Reflektiertes gegenüber. Dieses ist es selbst, eben diese Realität aber so, daß sie wesentlich als Einzelnheit bestimmt ist; und indem jene einfache Reflexion zugleich die allgemeine Seite von diesem Ich als einem einzelnen ist, so ist es unmittelbar gegen diesen seinen Widerstreit gekehrt, und different tätig dagegen.

II. Praktisches Ich 30

Wenn das theoretische Ich sich als formale, aber absolute, in sich reflektierte Reflexion gefunden hat, so muß es als praktische sich als absolut erfüllte finden.

Die formale absolute Reflexion, die sich selbst gefunden hat, und einfaches Gleiches geworden ist, findet sich selbst sich gegenüber als Einzelnheit, als Bestimmtheit, welche sein Wesen selbst ist, und es muß diese Bestimmtheit, diesen Ge-

gensatz aufheben, es muß sich ebenso nach der Seite der Bestimmtheit ein sich selbstgleiches Einfaches werden, und das
ganze System der Bedingungen, oder den idealen Ursprung
seiner, in sich zurücknehmen; denn diese Bestimmtheit, die
hier in Betrachtung ist, ist an sich schon das Negativ-gesetzte
der Gattung selbst, oder des absoluten Wesens als eines existierenden.

Diese Bestimmtheit für nichts angesehen als eine Bestimmtheit, ist nicht aufzuheben, denn ihr Aufheben wäre immer
10 ein Bestimmen derselben durch Ich, und das Produkt schlechthin nichts als eine Synthese, die immer wieder von neuem bestimmt an sich selbst die Natur eines Fremden wesentlich hätte, und nach der Weise der Monade, wenn das Bestimmen des
Ich nur gegen ein Fremdes gerichtet ist, ist es nicht, wenn
nicht ein Fremdes ist; und sein Negieren ist ebensowohl nur
eine Abstraktion, als ein anderes an seine Stelle treten muß.

Es ist nicht eine Bestimmtheit überhaupt, sondern die seinem Wesen gleich ist, oder die absolute Bestimmtheit; die als
aufgehoben gesetzte Existenz der Gattung; es ist die absolute,
20 das Ganze des sich Anderswerdens des absolut Allgemeinen.
Die Bestimmtheit hat sich zur absoluten dadurch erhoben,
daß sie als die Einzelnheit / selbst die allgemeine ist. Das bestimmte Ich ist es schlechthin als theoretisches; insofern es
sich als bestimmtes seiner absoluten Reflexion gegenübersetzt, hat es nicht aufgehört, ein theoretisches zu sein, d. h.
die Bestimmtheit nicht als seine eigne, ursprüngliche zu setzen; sondern sie ist ihm immer noch nicht es selbst. Die Bestimmtheit in sich zurücknehmen, sie als ursprünglich zu erkennen, heißt nichts anderes, als sie an und für sich aufgeho-
30 ben zu setzen. Die Bestimmtheit hat sich in der Einzelnheit
überhaupt zur absoluten erhoben. Die Gattung als das negativ
Gesetzte des Gegensatzes oder der Existenz ist selbst die Unendlichkeit; und dieses negativ Gesetzte hier noch als negativ
setzen, heißt nichts als erkennen, daß die negativ gesetzte
Einzelnheit keine Bestimmtheit, d. i. die absolute, die Unendlichkeit ist, die dasselbe Einfache ist, was das Allgemeine.
Ein einzelnes Ich gehört ganz der Hypothese des Weltprozes-
ses an, in welcher viele einzelne Ich, oder ebenso eine Vielheit Ansichseiender in sich Reflektierter, wechselseitig Passi-
40 ver und Tätiger auftreten. Diese Existenz hebt sich in der rea-

lisierten Gattung auf, und Ich, das die Bestimmtheit, als herkommend aus der Gattung, als ein solches gleichgültiges Getrenntsein, setzen würde, fiele in jene Stufe, unter sich selbst
zurück. Die Bestimmtheit ist als ein Getrenntsein gegen das
allgemeine Ich rein eine differente, denn Ich hat gleichsam
alles Ansichsein in sich selbst zurückgenommen, es ist der
Kreis seines eigenen Kreises, und des andern, oder des Ansich des Entgegengesetzten, und es bleibt für dies weiter nichts
übrig. Diese Bestimmtheit, welche in Ich zurückfällt, ist die
Unendlichkeit selbst, oder eben das an sich selbst aufgehobe- 10
ne Verhältnis der in der Gattung Existierenden; und diese Unendlichkeit ist hiemit unmittelbar eben die Einheit der beiden
Reflexionen, der, welche das Ich findet, und die es selbst ist,
oder welche eben sich findet, und eben selbst nur ist, indem
sie sich findet. Dieses, daß Ich nur ist, als ein sich findendes,
nicht getrennt, etwa vorher, als es sich gefunden hat, sondern
daß es dies Finden seiner selbst [ist], dies ist seine absolute
Unendlichkeit; und der Gegensatz des praktischen Ich ist allein der, daß es sich dies ist, das sich noch nicht gefunden hätte; die in das Ich versenkte Bestimmtheit ist nichts anders als 20
das Unendliche selbst als ein sich Selbstgleiches nur sich auf
sich selbst Beziehendes gesetzt. Ich ist in seiner Einzelnheit
schlechthin ein allgemeines; seine ursprüngliche Bestimmtheit
ist seine absolute Einzelnheit, oder seine Unendlichkeit; eine
an ihr / selbst aufgehobene Bestimmtheit, die als bestimmtes
Ich allein der Schein ist, den das praktische Ich aufhebt; wie
das theoretische Ich das Erkennen, daß das ihm Entgegengesetzte ein Allgemeines, so das praktische, daß in der Tat dies
Entgegengesetzte das Allgemeine selbst ist, die Bestimmtheit
die absolute ist. Das Ich ist als theoretisches Geist überhaupt, 30
als realisiertes praktisches Ich, für welche die Bestimmtheit
selbst absolute Bestimmtheit, Unendlichkeit ist, absoluter
Geist.

III. Der absolute Geist

Hier hält das bisherige Fortgehen, daß der Begriff in seiner
Realität sich ein anderes wird, und hiedurch als Totalität
selbst, oder als in sich Reflektiertes in eine andere Sphäre

übergeht, inne. Die Totalität ist die absolute; denn alle Bestimmtheit hat sich aufgehoben, oder ist die absolute Allgemeinheit selbst. Das Erkennen, als das Ansichsein, indem es das in sich Geschlossene ist, ist im absoluten Geiste realisiert. Die Idee des Erkennens ist, daß die Seite der Definition, welche die Einzelnheit, die Existenz ausdrückt, und in welcher das Viele als ein Gleichgültiges, jedes von seinem Gegenteile Abstrahierendes ist, eins sei mit der andern Seite, welche die Allgemeinheit ist, und jene entfaltete Einzelnheit, in der

10 Form einer einfachen Bestimmtheit in sich hat. Das Erkennen ist formal darum, weil seine Reflexion in sich selbst nur so vollkommen ist; daß überhaupt die Einzelnheit zugleich das Gegenteil ihrer selbst, Allgemeinheit ist; aber jene Einzelnheit ist eine bestimmte, welche anderes Bestimmtes aus sich ausschließt; sie ist als reine Einzelnheit Punkt, einfach, aber darum ihrer Mannigfaltigkeit der Bestimmtheiten entgegengesetzt, welche als ausschließend ihre entgegengesetzten Qualitäten sind. Diese Einzelnheit ist die Einheit dieser Qualitäten, aber, obschon Einzelnheit, negatives Eins, dies nur in

20 Beziehung auf das andere Ausgeschlossene, nicht in Beziehung auf die auf sie bezogenen Bestimmtheiten, deren negative Einheit sie nicht ist, sondern vielmehr nur ein Ganzes, eine gleichgültige Allgemeinheit, welche die Bestimmtheiten nicht negativ affiziert, denn sie / könnte dies nur durch ihre entgegengesetzten, die aber ausgeschlossen sind. Die Einzelnheit ist darum nur auf eine quantitative Weise negativ, oder sie ist äußerlich beschränkt; und das positive Negieren ihrer Beschränkung ist nicht sie selbst, sondern ein anderes, und ebenso ist dies Negieren zugleich ein neues Setzen von Be-

30 schränkungen in die Einzelnheit, welche in ihr und für sie ebenso gleichgültig sind. Diese Einzelnheit gesetzt in ihren Bestimmtheiten als eine einfache, so daß alle in sie resumiert sind, als Besonderheit des Allgemeinen, ist ebenso nur eine bestimmte, nicht absolute Besonderheit, und das Allgemeine enthält in sich zwar, als sich einteilend, die ganze Totalität der Besonderheiten, aber diese ebenso gleichgültig gegeneinander. Der Beweis ist dieses Einteilen des Allgemeinen, oder sein Konstruieren, das nicht wie die Definition, in reine Bestimmtheiten, denen die Allgemeinheit als Punkt entgegenge-

40 setzt ist, sondern in Teile teilt, welche selbst die Natur des

Ganzen an sich haben, und im Beweise dieses Fürsichsein
derselben durch die Beziehung derselben aufeinander ergänzt,
so daß sich das Allgemeine ebenso als ihre allgemeine Einheit,
wie als ihre negative darstellt, und ebenso Einzelnes als Allgemeines ist; jenes aber itzt in dem wahrhaften Sinne, negatives Eins in Beziehung auf die in ihm enthaltenen, entgegengesetzten Bestimmtheiten [zu sein]. Dieser Begriff des Erkennens ist das formale Zurückgehen in sich selbst. Das Allgemeine wird in sich selbst geteilt; die Bestimmung ist nicht
eine äußere, es ist nicht ein Quantum, sondern die Quanta 10
sind in ihm enthalten; aber diese Gleichgültigkeit der Bestimmtheiten gegeneinander, daß sie die Natur des Ganzen in
sich habend, bestimmt, und für sich sind, hebt sich zugleich
auf; die Bewegung des Beweises zeigt, daß sie in der Tat different gegeneinander, nur in der Beziehung, also ideell sind,
und die erste Einteilung nicht eine willkürliche, äußerliche
ist, sondern ganz allein bestimmt ist, durch die negative Einheit, oder nichts an sich hat, als die Beziehung der gleichgültig Erscheinenden aufeinander; so daß die Vereinzelung des
Ganzen in der Tat absolute Einzelnheit, die Bestimmtheit, 20
die in ihm erscheint, absolute Bestimmtheit ist, indem die
Bestimmtheiten alle in es selbst fallen, und es also ihre Einheit [ist], in der sie ebenso aufgehoben sind. Das Ganze erscheint, als erstes Moment, passiv, nur auf sich selbst bezogen, sich selbst gleich, und seine Trennung als etwas, wogegen es gleichgültig ist, als absolut zufällig, das als ein Fremdes
es schlechthin nicht affiziert; und die Bedeutung der Einteilung ist hier ein ganz Verborgenes, Unausgesprochenes. Die
geheime Beziehung welche die Teile aufeinander haben, hervortretend, hebt / ihre Gleichgültigkeit gegeneinander auf, sie 30
zeigen sich schlechthin nur als ein Verhältnis, oder als Momente, die sich als Einheit zur Vielheit so verhalten, daß beide schlechthin gleich sind. Das vorherige gleichgültige Verhältnis wird wahrhaftes Verhältnis, und vorhin außer dem
Allgemeinen, ein ihm Fremdes, itzt ein Verhältnis seiner
selbst; die vorherigen Teile verhalten sich so als Ganzes gegen
die Teile, und indem es Teile Eines Ganzen sind, die als Ganzes zu den Teilen sich verhalten, so sind sie, indem der Teil
Ganzes, und die andern von ihm abgesonderten selbst ihm
gleich sind, durchaus ideell ist, in ihrer Bestimmtheit, da die- 40

se das Gegenteil ihrer selbst ist, aufgehoben, und das Ganze ist absolute Einzelnheit; ihre Negation ist sie selbst, und an ihr selbst, ohne ausschließende Beziehung auf ein Fremdes; und das Fürsichsein der als Teile Erscheinenden, die Existenz, indem ihr Sein nur selbst die differente Beziehung ist, fällt mit ihrer Idealität vollkommen zusammen; jene Existenz des Ganzen, als ein Ganzes, das seiner Einteilung entgegengesetzt ist, ist ein Verhältnis seiner selbst; es ist die Einheit dieses Gegensatzes als Momente des Allgemeinen und des Besondern,
10 die einander gleich sind, und deren jenes das Ganze als ein Moment des Ganzen, dieses dasselbe Ganze als eine Einteilung, ebenso als Moment des Ganzen ausdrückt. So daß diese Einteilung vollkommen in sich selbst zurückgekehrt ist; denn sie ist nicht nur eine Vielheit für sich Seiender, sondern eine Vielheit von Momenten, und diese als differente sind sie nur ihre Beziehung, und diese ist das Ganze. Der Wendungspunkt dieser Reflexion ist, daß das Eingeteilte schlechthin nur als differente Einteilung, differente Beziehung sich zeigt, und in das Verhältnis, oder das Sein der Teile als Momente übergeht. Je-
20 ne erste Einteilung ist daher selbst nur durch dieses zweite, oder es nichts zufälliges, sondern das, was als Notwendigkeit im Beweise erscheint, ist der notwendige Inhalt, die Bestimmung der Konstruktion, so daß es sich nur konstruiert, insofern es differente Einheit ist, wie sie erst im Beweise erscheint.

Dies Erkennen ist in sich gerundet, das Einzelne ist mit dem Allgemeinen zusammengeschlossen. Aber das Ganze, das so sich in sich bewegt, ist selbst noch ein bestimmter Inhalt gegen das Erkennen; es ist nur diese Bewegung des Erkennens, welche absolut an sich [ist], aber die Momente seiner Bewe-
30 gung sind nicht ebenso dies Erkennen selbst; und so ist es formal, und die Einzelnheit, zugleich im Erkennen absolute Einzelnheit, zugleich eine nach außen gekehrte, sie hat eine Seite, von der sie eine quantitative Bestimmtheit ist; das gleichgültige Teilen wird ein nicht / gleichgültiges, aber das sich Selbstgleiche in der Teilung ist nicht das die Teilung Bestimmende; oder es ist noch nicht mit der Einsicht angefangen, daß das gleichgültige Teilen, in der Tat, nichts ist als ein Teilen in gleichgültiges Teilen, und in differentes Teilen. Diese Beiden Momente des Prozesses der Erkenntnis sind noch nicht selbst
40 als Einheit, als das Erste, oder als der absolute Inhalt gesetzt.

Erst wenn dies ist, so ist jenes erste Teilen sogleich durch das Ganze selbst. Oder das Erkennen selbst ist nicht dasjenige selbst, was als Inhalt geteilt wird, so daß es als sich teilend an ihm unmittelbar die Notwendigkeit wäre, in keine andere Namen zerlegt werden zu können, die kommensurabel sind, als in diese. Erst im Beweise zeigt sich die Notwendigkeit der Konstruktion; diese muß an sich selbst die Teilung des Beweises sein; so ist das ganze Erkennen, als das Ansich gesetzt.

Diese Idee des Ansich realisiert sich in der Metaphysik, indem das Erkennen sein eigener Inhalt wird, oder der Kreis 10 der Reflexion, als diese Bewegung, als das Ansich selbst itzt das ist, was seinen Kreis durchgeht. Das formale Erkennen, als der Kreis, der sich von dem unterscheidet, was den Kreislauf macht, ist für sich, in sich geschlossen, gleichgültig gegen die Bestimmtheit seines Inhalts; eine Monade, oder auch Idee, die von ihrer Bestimmtheit nicht affiziert wird, aber die bestimmt ist, indem es ihrer Viele gibt; und es gibt ihrer Viele, indem sie als sich nur auf sich selbst, als die Ansich beziehend, passiv sind, die Bestimmtheit als eine äußerliche haben, oder diese nicht als die absolute ihnen gegenübergetreten ist; denn 20 indem die negative Einheit und das Allgemeine als Momente, so zu reden, nur einmal in der Idee sind, so ist das Auseinandertreten ein Teilen, denn nicht die Einheit beider Momente, der ganze Kreis tritt sich noch gegenüber; sonst bleibt nichts auf der andern Seite; es ist eigentlich kein Hinübertreten.

Das Erkennen ist die Idee des Ansich, oder die Idee überhaupt; diese Monade ist die Bestimmtheit des Indifferenten, und deswegen auf sich selbst so gerichtet, daß sie das Äußere negiert, davon abstrahiert. Ihre Bestimmtheit hat nur diese negative Seite nach außen. Sie ist hiemit das in sich totale 30 Substantialitätsverhältnis, und ihre Realisation ist nach der Weise desselben; nur daß in jenen ganz ideellen Verhältnissen das in Beziehung Stehende wesentlich nur dieses ist, als was sie in Beziehung sind, da hingegen hier das in der Realisation in eine äußere Beziehung Tretende nicht / wesentlich das ist, als was es in Beziehung tritt, sondern wesentlich der in sich geschlossene Kreis des Erkennens. Wie das Verhältnis des Seins sich im Allgemeinen, realisiert sich so die Monade im höchsten Wesen, in einer absoluten Sichselbstgleichheit, in welcher das Erkennen als ein entgegengesetztes gedoppeltes 40

Erkennen sich selbst absolute einfache Einheit geblieben ist.
Das höchste Wesen als das absolutallgemeine, d. h. [dessen] in
ihm Aufgehobene die Ganzen des Ansich, der Reflexion selbst
sind, ist das Sichselbstgleichsein, das Aufgehobensein derselben. Es ist der Eine Moment des absoluten Wesens, absolute Einheit, und Einfachheit zu sein. Das Fürsichsein der Monaden oder Ideen, indem es eine gleichgültige Vielheit ist,
kann in ihrer Bewegung gegeneinander, überhaupt nur sich
aufheben; denn ihre Bestimmtheit, insofern sie ausschließend
10 sind, nimmt den Charakter an, daß sie wesentlich für sich
sind, daß für sie ihr Wesen das Fürsichsein ist; oder daß sie
nur das Bewußtsein des Verhältnisses haben. An sich und für
uns sind sie weiter; aber das Verhältnis ist es zunächst, was
ideell in der Monade gesetzt ist, d. h. dessen positive und negative Einheit sie ist; in welchem sie ist, und gegen welches
sie zugleich gleichgültig ist. Was also sich im Welt-, oder Gattungsprozesse aufhebt, ist dies, daß für die Monade das Fürsichsein derselben als einer bestimmten, diese Bestimmtheit,
die das formale Erkennen mitbrachte, verschwindet. Für die
20 Monade ist, in diesem Verschwinden durch ihre Realisierung,
nur die Negativität ihres wesentlichen, ihres Fürsichseins,
oder die sichselbstgleiche Allgemeinheit. Für uns [ist] dieses
Allgemeine als Idee, welche als negative Einheit eines Verhältnisses von existierenden Ideen ist, oder die reale bleibende Gattung; eine Unendlichkeit, für welche die Bestimmtheit
der Monade nicht eine nach außen gekehrte, wie für diese in
ihrer Selbsterhaltung oder in ihrer Idee ist, sondern eine [ge-
gen die] Monade gekehrte, gegen das Erkennen selbst; und in
der Indifferenz beider geht die Bestimmtheit beider unter.
30 Die Selbsterhaltung der Monade ist ihr Negieren eines Andern, dieses Andere ist wie sie ein Erkennen, und ihr Negieren wird in diesem andern Erkennen ebenso ein Aufgehobenes. Ihr Selbsterhalten hebt sich für sie selbst [auf], indem ihr
Negieren des Andern sich aufhebt; und das Negieren des Andern hebt sich auf, dies ist, das Andere wird für die Monade,
sie selbst; das Negative ist nicht das Negieren eines Andern,
sondern das Negieren ihrer selbst als eines wesentlich Einzelnen; und es ist für sie ein Jenseits der absoluten Allgemeinheit. /
40   Das Moment des Prozesses der Selbsterhaltung ist das Auf-

heben der Äußerlichkeit der Bestimmung und das Werden zur
Gattung; das andere Moment das Aufheben des bloß Negativen der aufgehobenen Äußerlichkeit, und das Sein der Bestimmtheit als eines der Monade gleichen, und ein Sein für
sie; aber zugleich ein Aufheben für sie der Wesentlichkeit der
Bestimmtheit überhaupt, oder das Werden des absoluten Fürsichseins. Zuerst wird die Bestimmtheit ein nicht anderes als
die Monade, jene wird selbst ein Erkennen, als denn wird für
die Monade dies, daß die Bestimmtheit ihr gleich, also und somit auch die Wesentlichkeit der Monade für sie aufgehoben.
Zuerst wird für uns die Bestimmtheit der Monade gleich,
dann für sie selbst; und so ist die Monade, als ein Negatives
Eins, das nur ist als die Bestimmtheit als ein Äußerliches ausschließend, für sie selbst aufgehoben, und für die Monade ist
nur das wesentliche Sein als ein Äußeres, als absolutes Jenseits. In der Tat ist für uns, dies Äußeres ein Inneres der Monade. Oder die Monade fällt mit ihrer Bestimmtheit als einer
ihr ursprünglichen zusammen. Für die Monade ist ihr Jenseits
das höchste Wesen, und sie als Einzelnheit aufgehoben. Das
höchste Wesen ist aber in der Tat die Gattung, in welcher die
Einzelnheit aber nur als eine aufgehobene, als eine nicht vernichtete, sondern durch die Null der Unendlichkeit hindurch-
gegangene ist; für die Monade aber [ist sie] als eine vernichtete; ihre Selbsterhaltung ist nur eine Sehnsucht, die darauf
geht, die Einzelnheit durch jene Null hindurch zu retten; die
Einzelnheit, mit Abstreifung der Bestimmtheit, als unsterblich zu erhalten, als absolute Einzelnheit.

Die Einzelnheit ist in der Tat dadurch, daß die Monade das
Entgegengesetzte als sich selbst anschaut, aufgehoben als
äußerliche, oder quantitative Bestimmtheit, und ist absolute,
oder reine Einzelnheit; ein einfaches, sich Selbstgleiches.
Aber sie [ist] dies noch nicht für die Monade, für die sie nur
sich vernichtet. Da sie sich aber in der Tat nicht vernichtet,
so ist dies Vernichten nur ein Sollen. Die Einzelnheit als absolute, einfache, ist Ich, für welches die Bestimmtheit gesetzt
ist nicht als eine äußere, ansichseiende, sondern nur eine solche, die sich vernichten soll. Und Ich ist für sich selbst nur die
Idee; die Monade ist als Idee, in dieser Bestimmtheit, sich gegenübergetreten, oder für sich, als ein solches, das an sich
ideell ist, für Ich es noch nicht ist. Die Monade ist selbst zu

der Idee des Ansich durchgedrungen, wie als Monade zum Verhältnisse. /

Ich hat also das Ansich der Bestimmtheit ganz ausgeschlossen; sie ist schlechthin nur in Beziehung auf Ich, oder sie ist seine ursprüngliche Bestimmtheit; sie ist ein Allgemeines, ein an sich selbst als Bestimmtheit Aufgehobenes. Aber auch wieder nur ein Vernichtetseinsollendes, nicht mehr die Synthese eines Ansich, und eines durch Ich Bestimmtseins, sondern eines durch Ich schlechthin Bestimmten; aber Ich ist selbst dieses Bestimmte; es ist die Synthese der Allgemeinheit und der Bestimmtheit, sowie das ihm Entgegengesetzte. Das Andere ist ihm gleich; aber beide sind sich an ihnen selbst das Ungleiche. Die Einzelnheit ist in dem Allgemeinen nur so verschwunden, daß sie nicht mehr eine äußerliche sei, aber sie ist noch dieselbe Kette oder Linie nur als eine verschiedene von der Monade aufgehobene; die Monade ist sich selbst bestimmte Monade. Aber die Monade sich so von sich selbst abtrennend, wird frei, und indem so die Bestimmtheit als absolute Bestimmtheit der Idee selbst erkannt wird, so ist sie nichts anders als die Unendlichkeit, und die praktische Monade erkennt sich wesentlich als unendlich; so daß das Ansich dies sei, daß sie als einzelne sich als allgemeine gegenübertrete, und sie ihre Einzelnheit als absolute setze. Das theoretische Ich findet sich als das höchste Wesen, als dasjenige, in was seine Realisation für uns übergegangen war, oder als das, was es als sein absolutes Jenseits gesetzt hatte, es findet sich als absolut Sichselbstgleiches, das aus dem Verschwinden aller Bestimmtheit hergekommen ist; es findet das ihm in sich Entgegengesetzte eben darum als sich selbst, als Ansich, oder es als der geschlossene Kreis der Reflexion findet den geschlossenen Kreis der Reflexion; es findet sich selbst, es ist Geist oder vernünftig. Die Sehnsucht nach Unsterblichkeit und das Jenseits des höchsten Wesens ist ein Rückgang des Geistes, in eine niedrigere Sphäre, denn er ist an ihm selbst unsterblich und höchstes Wesen.

Aber dieser Geist ist selbst formaler Geist; höchstes Wesen, aber nicht absolutes Wesen, oder absoluter Geist. Denn es ist für ihn nur die eine Seite des ihm Entgegengesetzten es selbst, und das Finden seiner selbst, selbst nur durch Trennung; es findet sich nicht als existierend, sondern im Gegenteil die

Existenz als ein negiertes, oder sich selbst in seiner Freiheit in unbegreiflichen Schranken eingeschlossen; es findet, wie vorhin die Sichselbstgleichheit, als das Jenseits, itzt das Un-   *
gleiche, die Bestimmtheit.

Aber diese, die Bestimmtheit, ist für uns selbst nichts anderes mehr, als die Unendlichkeit, oder die Bestimmtheit, welche in der Gattung, nicht mehr gegen ein Äußeres, sondern gegen sich selbst gerichtet ist. Als ursprüngliche Bestimmtheit ist sie für Ich, d. h. als eine, welche jenseits seiner Freiheit liege, welche eins sei mit ihm als einem einfachen sich   10
Selbstgleichen, sich auf sich selbst Beziehenden. Aber diese / Bestimmtheit, als die Bestimmtheit des Prozesses der Gattung, da sie auf sich selbst bezogen ist, ist selbst nichts als jenes absolut Einfache der Reflexion, als welches Ich sich gefunden hat.

Ich als einfache Reflexion, die sich selbst gefunden hat, ist entgegengesetzt und gekehrt gegen die Bestimmtheit, als seine Bestimmtheit, sie aufzuheben; es ist nicht gekehrt gegen sich, nach seiner Bestimmtheit, als gegen ein Individuum, oder ein Einzelnes, sondern als ursprüngliche, allgemeine Be-   20
stimmtheit, Bestimmtheit an sich; oder in der Tat gegen das Allgemeine selbst. Seine Selbsterhaltung ist die Erhaltung seiner, als einer Reflexion, die sich gefunden hat, oder seiner, als der negierten Einzelnheit, und [die] sich Gattung ist. Das dem formalen Geiste Entgegengesetzte ist dieselbe Einzelnheit wie sie in der Gattung ist, die Unendlichkeit; und das praktische Ich sich selbsterhaltend bezieht sich nicht mehr auf sich als auf ein Singuläres, sondern auf sich selbst als Gattung. Es erhält sich als das, was es sich gefunden hat; als Allgemeines. Das, was es negiert, um sich selbst zu erhalten,   30
ist es selbst als Singuläres; und seine Singularität ist in der Allgemeinheit verschwunden. Es ist nur eine Täuschung, indem es praktisch sein wollte, sich gegen eine Bestimmtheit zu kehren, denn dies, wogegen es sich kehrt, ist es selbst, und es selbst ist wie es sich gefunden einfache Unendlichkeit; das, wogegen es sich kehrt, ist das Einfachsein selbst, oder das Nichts, das sich auf sich Selbstbeziehen, das Passive.

Ich, das sich gefunden, oder der Geist, ist die Einheit der beiden Reflexionen, sich auf sich selbst beziehend; die eine ist die sich selbst erhaltende, die aber allgemein geworden ist,   40

und die andere die der Gattung, die allgemeine, welche in sich
selbst die absolute Einzelnheit hat. Dieser Geist ist vollendet
in sich, was ist es, das ihn noch für uns praktisch macht, und
für ihn; für ihn dies, daß er als die Einheit dieser beiden Reflexionen zu sich selbst gekommen, sein sich Fremdsein außer
sich hat, und sich dagegen erhalten will; für uns, daß er zwar
sich erkannt hat, als sich gleich; aber nicht das Ungleiche
selbst, als sich selbst, oder noch nicht die Unendlichkeit als solche erkannt hat, was sie ist; er ist für uns unendlich, aber noch
10 nicht für sich, für sich ist er nur sich gleich; er schaut sich selbst
an, aber nicht die Unendlichkeit, sich nicht als das Andere.

Der formale Geist ist für sich formal, daß er als ein Einfaches sich die Unendlichkeit der Reflexion gegenübersetzt, die
Unendlichkeit an sich, oder ihren reinen Begriff; denn ihre
Realität ist nicht das Verhältnis, oder der Prozeß der Gattung, denn das in diesen Reale, oder das sich Selbstgleiche
setzt er als sich gleich. Er setzt sich aber / die Unendlichkeit
aus sich selbst entgegen, denn sie ist das, daß er sich als existierend, als fester Punkt aufgehoben hat. Dies Aufgehobene
20 ist es, was sein Gegenstand ist, aber schlechthin als ein Aufgehobenes; daß er sich gefunden, ist darin, daß er sich aufgehoben hat. Es ist ihm ein rein Negatives, wogegen er praktisch
ist, es ist sein Nichts. Nicht gegen seine Existenz, sondern gegen das Nichts derselben ist er gerichtet. Seine Existenz ist
sich als Geist gefunden zu haben, und was er als Geist be-
kämpft, das Nichts. Dadurch daß er Geist ist, ist seine Selbsterhaltung sein absolutes sich auf sich selbst, als ein gefunde-
nes, oder ein es selbst, das er als sich selbst erkennt, Beziehen.
Sein Negieren ist gegen das sich Nichtgefundenhaben, Nicht-
30 Geistsein gerichtet, sich ein Fremdes Sein. Aber was sich
selbst ein Fremdes ist, ist das Gegenteil seiner selbst, ist was
sich an sich selbst aufhebt. Es ist das Nichts; oder es ist als
das absolute Gegenteil seiner selbst, und als dies Gegenteil
seiner selbst wieder das Gegenteil, die absolute Unruhe, es
ist der absolute Begriff, die Unendlichkeit. Der Geist also sich
selbst erhaltend, als ein Sichgefundenhaben, ist gegen das
Nichts oder die Unendlichkeit gerichtet; seine Sichselbstgleichheit gegen diese absolute Ungleichheit. Aber das Nichts,
die Unendlichkeit, die absolute Ungleichheit, ist selbst das
40 Absoluteinfache, absolut in sich Zurückgekehrte, schlechthin

nur sich auf Sichselbstbeziehende und es ist dasselbe, was der
Geist ist. Der Geist findet das Andre als solches, als absolut
Anderes, als sich Aufhebendes, als sich selbst; oder er schaut
nicht nur sich, als sich an, sondern auch das Andre als solches,
als sich. Er ist sich gleich, und ist dem Andern gleich; das
Andre ist es, das sich selbst aufhebt, und sich selbst gleich ist.
Diese Einheit ist der absolute Geist: Es kann nicht gefragt
werden, wie das Unendliche zum Endlichen werde, oder her-
ausgehe, und was dergleichen begrifflose Ausdrücke sind.
Denn das Sichselbstgleiche erkennt das Unendliche als ein 10
Gleiches; und sich selbst als ein Sichselbstgleiches, als unendlich, oder als aus dem Anders zu sich selbst Kommendes; als
nur seiend, daß es das Andere zu sich selbst komme, und dies　*
Andere ist ebenso es selbst, als es selbst das Andre ist. Indem
der Geist die Unendlichkeit so erkennt, so begreift er sich
selbst, denn sein Begreifen ist dies, daß er sich als bezogen auf
ein Anderes setze; er begreift sich, denn er setzt sich auf das
Andere bezogen, d. h. sich selbst als das Andre seiner selbst,
als unendlich, und so sich selbst gleich.

Dies der absolute Kreislauf des absoluten Geistes. Das sich 20
als sichselbstgleich gefunden hat, schaut sich an als ein solches, das sich ungleich ist, das Andere seiner / selbst ist, es ist
unendlich; und diese Unendlichkeit ist es selbst, denn das Andere ist das Gegenteil seiner selbst, es ist das sich Gleiche, und
dies ist der Geist, der so im Ungleichen sich selbst anschaut.

Im absoluten Geiste ist Konstruktion und Beweis absolut
Eins. Jenes Teilen ist dasjenige, was in dem Beweise sich als
Eins darstellt; in diesem nämlich ist die sichselbstgleiche Einheit und die Unendlichkeit, was sich als Eins setzt; und diese
beiden sind auch allein die Teile der Konstruktion. Die Kon- 30
struktion selbst ist notwendig, als solche; denn sie selbst ist
eins mit dem Beweise, oder der Geist ist an sich dies, daß er
sich als Geist findet, und das, worin er sich findet, oder vielmehr das, was er als sich findet, ist die Unendlichkeit; er ist
nur als dies sich Findende, und dies ist die Notwendigkeit
seiner Teilung in sich selbst, und in das Andre seiner selbst,
was das für sich seiende absolute Andre, oder das Andre an
ihm selbst, das Unendliche ist.

Der absolute Geist, ist die einfache oder sich auf sich selbst
beziehende Unendlichkeit. Dieses einfache Wesen ist als un- 40

endlich unmittelbar das Andre, oder das Gegenteil seiner selbst; es ist als Einfaches, sich auf sich selbst Beziehendes bestimmt, es ist das Passive, und das sich selbst Gleiche tritt diesem seinem Andern gegenüber. Das Sichselbstgleiche ist ein Anderes, ist, daß es als ein sich auf Anderes Beziehendes sich setzt, und dies Andere ist es, als jenes erste, als sich selbst gleich. Aber dies Andre, oder Passive ist unendlich, das Gegenteil seiner selbst, es ist das im Andern Seiende; ebenso das Tätige ist das Gegenteil selbst, es ist das im Selbstgleichen
10 Seiende. Und das Anderssein, die Beziehung des sichselbstgleichen Geistes als sich erhaltend und negierend das Andere, nämlich das sich auf sich Beziehende, ist unmittelbar so das Andre seiner selbst, oder das zu sich Zurückgekommensein. Sein Negieren des Andern ist unmittelbar das Sein des Andern, denn das Negieren des Andern ist auf sich selbst sich Beziehen, und das Andre eben ist dies Beziehen auf sich selbst.

Der absolute Geist ist das Sichselbstgleiche, das sich nur auf sich selbst bezieht; für den Geist als solchen ist eben diese
20 Beziehung auf sich selbst das Passive, denn das Geistige ist dies, daß es sich findet in dem Andern seiner selbst. Das sich selbst Gleiche ist aber nicht das, was sich als das Andre seiner selbst findet. Der sichselbstgleiche Geist ist darum eben dieses Andere selbst, welches der Geist als sich selbst findet. Die Beziehung des Geistes auf sich selbst, als dies Andere, ist aber unmittelbar ebenso / das Gegenteil seiner selbst, oder das, welches der Geist als sich selbst findet. Diese Beziehung des Geistes auf sich selbst, das an ihm selbst zugleich das Andre seiner selbst ist, ist das Unendliche. Es ist nichts anders, als
30 was der erste Teil der Logik, oder Logik des Verstandes genannt worden. Die Einheit, oder Sichselbstgleichheit wird sich das absolut Andere; die Einheit wird zum Vielen, und das Ganze, als die sichselbstgleiche, gleichgültige Einheit der Einheit und der Vielheit, wird sich zur Unendlichkeit, welche die Einheit von solchem [ist], das als unendlich schlechthin in seinem Fürsichsein, — und es ist für sich gesetzt, als das Andere der Einheit, zugleich nur in Beziehung auf sein Entgegengesetztes, — sich als eine solche Einheit oder als das Verhältnis, selbst ein Anderes und hiemit Gedoppeltes ist, da das
40 Verhältnis ebenso mit dem Charakter des Andersseins über-

haupt bezeichnet ist. Die Teilung des Unendlichen, so wie das
Sein seiner Teile selbst, ist ebendarum auch kein Gleichgültiges, sondern das sich an sich selbst aufhebt, und [kommt] allein dadurch zu Stande, daß das Gesetzte an sich selbst das
absolut Andere dessen ist, als was es gesetzt; dies sein Anderssein ist sein Übergehen in ein anders Sein; und die gesetzte
sich auf sich selbst beziehende Unendlichkeit ist zugleich an
ihr selbst die Bewegung in sich, zu einem Andern zu werden;
und das unbefangene sich auf sich Selbstbeziehen ist im Gegenteil in sich unendlich.   10

Das Unendliche als das System der einfachen Beziehung,
die ihr Gegenteil, die Unendlichkeit wird und sich in die beiden entgegengesetzten Unendlichen oder Verhältnisse teilt,
ist in diesem ihrem Konstruieren, zum Sichselbstgleichen,
zum Kreise der Rückkehr in sich selbst übergegangen. Die
ganze innere Bewegung dieses Systems tritt hervor als das Ansichseiende, das Bewegte aber ist das Ideelle, oder gesetzt nur
als Aufgehobenes. Das Erkennen ist das Ansich der Unendlichkeit, das absolut Gleiche in der absoluten Ungleichheit,
die Einheit der einfachen Beziehung und der Unendlichkeit,   20
die in dieser auseinanderfielen, und selbst ihre beiden absoluten Arme oder Momente sind; so daß der zweite als der ungleiche, wieder die Unendlichkeit selbst, so wie die einfache
Beziehung selbst nur erstes Moment ist. Das Erkennen als
das Ansich ist der sich auf das Anders, oder die Unendlichkeit beziehende Geist; von der Seiten der Unendlichkeit angesehen er, wie er als auf sich selbst bezogen sich ein Anderes
ist; oder von seiner Seite, wie er aus seinem Anderssein, der
Unendlichkeit, zu sich selbst kommt; und wieder erst die Unendlichkeit und das Erkennen machen den Gegensatz, oder   30
den Gegensatz an ihm selbst oder / [den der] gesetzt ist; die
Unendlichkeit, das Anderssein ist hier erst für sich selbst; und
das Erkennen selbst und sein Inhalt fallen für das Erkennen
selbst auseinander, da vorhin nur für uns das Unendliche sich   *
teilte, für sich selbst aber gleichgültig auseinanderfiel. Das
Unendliche ist in seinen Momenten wesentlich bezogen; für
es war es nicht so bezogen, die Wesentlichkeit war sein Inneres oder Nichtgesetztes; das Erkennen ist erst beides, es ist
die wesentliche Beziehung der Momente, die gesetzte Unendlichkeit, und für es ist das Unendliche, als das Auseinan-   40

derhalten derselben, als ein gleichgültiger Inhalt. Für uns war
bisher diese Gleichgültigkeit, d. h. wir waren die gleichgültige
Einheit, das Neben oder Nacheinander, so wie auch die Bewegung desselben; das Unendliche wurde in seinem Werden un-
ser Gegenstand; sein Anderswerden war auch ein anderes für
uns als die Bewegung des Erkennens. So ist die Bewegung des
Erkennens, das als different, als Moment Setzen, hier gesetzt
als bezogen auf einen gleichgültigen Inhalt. Dieser im Erkennen erst existierende Gegensatz ist das Moment der Unend-
10 lichkeit, als Beziehung auf sich selbst, die sich ein Anderes
wird, in die Differenz [übergeht]; oder in Beziehung auf den
Geist, der aus dem Unendlichen, als dem Anders, an sich zu
sich selbst kommt; aber als zu sich selbst aus dem Andern
kommend, dieses Andere als seinen Gegensatz hat. Die Metaphysik ist das Moment des Geistes, der sich selbst gefunden,
Ansich ist, in seinem Andern sich selbst findet; das dem Erkennen Entgegengesetzte wird selbst Erkennen, der Inhalt
des Geistes wird selbst Geist; und so hat sich der Geist in seinem Anders für sich selbst gefunden. Das Unendliche, das für
20 uns, Ansich in seinem Wesen war, ist es so für den Geist
selbst; und der Geist der so sich in seinem Anders sich als sich
selbst gefunden hat, ist darin nur auf sich selbst, nicht auf ein
Anderes bezogen, d. i. er ist wieder sein erstes Moment, die
einfache Beziehung überhaupt, oder dieselbe in ihrer Realität,
die Unendlichkeit.

Dies ist die Idee des absoluten Wesens, es ist nur als absoluter Geist. Es ist dieses, daß er aus seiner Beziehung auf sich
selbst sich ein Anderes wird; die Beziehung auf sich selbst ist
für ihn, d. h. für diese Beziehung selbst, das Unendliche; für
30 uns, d. h. für das Erkennen, den zu sich selbst kommenden
Geist ist es das Anders; und der Geist der so Geist ist, im Unendlichen sich selbst findet, ist nur auf sich bezogen; oder er
ist sich selbst gleich, er ist wieder sein erstes Moment, und in
sich vollkommen zurückgekehrt.

Aber auch diese Rückkehr ist noch ein Anderswerden seiner selbst; diese ganze / Idee des Geistes, ist nur Idee, oder sie
selbst ist sich erstes Moment. Denn der Geist als diese Bewegung der Rückkehr in sich selbst, hat in dem Ansich, dem Inhalte des Erkennens sich selbst gefunden, und ist nur Geist,
40 als diese Einheit in seinem Anders; er ist so nur absoluter

Geist. Aber er ist sich selbst nicht absoluter Geist, oder hat sich nicht als absoluter Geist erkannt. Er ist für uns dieses, nicht für sich selbst; die Metaphysik ist sein Werden, und er als Idee. Er ist absoluter Geist, das Andere als sich selbst setzend, die in sich zurückkehrende Unendlichkeit; aber diese Rückkehr ist wieder die einfache Beziehung, oder Unendlichkeit selbst, und auf seiner höchsten Spitze fällt er so wieder in sein Erstes, in seinen Anfang zurück, der wieder nur dieser Anfang ist, die in die einfache Beziehung und die Unendlichkeit als Entgegengesetztes dirimierende Unendlichkeit ist. 10 Nicht die Unendlichkeit, wie sie itzt geworden ist, als eine vom Geiste, als er selbst, erkannte Unendlichkeit, sondern wieder nur als das Anders. Aber dieses vom Geist erkannte Anders ist hiemit ein solches; es ist selbst das aus seiner Unendlichkeit zusammengeschlagene Sichselbstfinden des Geistes; eine auflösbare Einheit; und diese Rückkehr, die als Geist aufgezeigt ist, ist allein sich selbst das Anders, und das sich selbst und sich in ihm Finden. Der Kreislauf, welcher der Geist ist, ist das selbst, welches diesen Kreislauf durchläuft; und zwar in Geistesgestalt, der in seinen Momenten nie seiner 20 selbst vergißt, und in ihnen nicht als absoluter Geist für sich selbst wäre. Der Geist, wie er aufgezeigt worden ist, ist darum nur Idee, weil er nur einfacher Kreislauf ist, nicht in allen Momenten desselben, in der Unendlichkeit nur als das Anders, oder als das Beziehen auf sich selbst, in der Reflexion des Erkennen, nur Geist ist, der sich selbst zum Geist wird; als Geist, der sich gefunden, wieder nur für sich selbst ist; nicht als dieser, der sich gefunden sich ein Anderes ist, nicht als er zu sich selbst kommt, und als ein solcher sich gefunden, dem der Geist selbst als Geist gegenübergetreten, der aus diesem 30 Abfall der Unendlichkeit als Sieger über einen Geist zu sich zurückkehrt, und ebenso ewig zurückgekehrt ist. Erst diese Totalität der Rückkehr ist an sich, und geht nicht in anderes mehr über. Der Geist ist das Absolute, und es, seine Idee ist absolut realisiert, erst indem die Momente des Geistes selbst dieser Geist sind, aber dann ist auch kein Darüberhinausgehen mehr.

Die Idee des Geistes, oder der sich selbst in dem Anders als sich selbst anschaut, ist unmittelbar wieder der sich auf sich selbst als absoluter Geist beziehende Geist; oder es ist der ab- 40

solute Geist als Unendlichkeit, und für sein Selbsterkennen, oder den sich aus seinem Anders sich werdenden, das Andre desselben; es ist die Natur; / der einfache absolute sich auf sich selbstbeziehende Geist, ist der Äther, die absolute Materie, und daß er der Geist ist, der sich in seinem Anders selbst gefunden hat, ist die in sich selbst geschlossene und lebendige Natur. Sie ist als der zugleich sich auf sichselbstbeziehende Geist, das Anders, derselbe als unendlich, und das Werden des absoluten Geistes. Sie ist das erste Moment des
10 sich realisierenden Geistes. /

NATURPHILOSOPHIE

Die Natur ist der sich auf sich selbst beziehende absolute Geist; da die Idee des absoluten Geistes erkannt worden ist, so wird auch dies Aufsichselbst als eine Bestimmtheit, und der sich so auf sichselbstbeziehende Geist als ein Moment des realen absoluten Geistes erkannt; es ist nicht als unbefangenes Sichselbstgleichsein, daß die Natur genommen wird, sondern als ein befangener Geist; dessen Existenz, die Unendlichkeit, oder in seiner Reflexion in sich selbst, zugleich seine Befrei-
10 ung, sein Übergehen in den sich in diesem Anders als absolu- ten Geist findenden Geist [ist]. Die Ansicht der Natur be- stimmt sich also so, daß sie nicht bloß als die Idee des Gei- stes, sondern als Idee [erscheint], die eine Bestimmtheit, und dem absolutrealen Geist entgegengesetzt ist, und an sich selbst den Widerspruch dieses Anders gegen ihr Wesen, absoluter Geist zu sein, hat. Das erste Moment der Beziehung auf sich selbst, erscheint zwar erst auf dem höhern Standpunkte der Reflexion als ein Anders, oder als die Bestimmtheit der Un- endlichkeit; dieser Standpunkt aber ist in der Idee des Geistes
20 vorhanden; in welcher der Geist als Idee, oder als sich auf sich selbst beziehend, sein erstes Moment, seine Realität aber dies ist, daß dieses zum Andern seiner selbst [wird], und er so das Andre seiner selbst, und in ihm sich selbst gleich ist. So ist die Natur für uns von der Idee des Geistes aus schon der absolute Geist als das Andre seiner selbst; aus der Idee geht die Einteilung oder Konstruktion, und sie selbst als ein Moment derselben unmittelbar her; denn der Geist als die ab- solute Reflexion hat den Beweis und die Konstruktion un- mittelbar als Eins, und es ist nicht eine der Idee fremde,
30 äußerliche Reflexion, daß sie als Moment ist, sondern sie hat diese Reflexion unmittelbar an ihr selbst; der Beweis folgt nicht erst auf ihre Konstruktion, oder sie wird nicht erst, und durch eine fremde Reflexion ein Anderes, da sie für sich ein- fach, sich selbst gleich, als bezogen auf sich selbst wäre, son- dern die Einfachheit hat unmittelbar itzt in der Idee selbst diese Bestimmtheit.

Die Bestimmtheit der Unendlichkeit, in welcher der absolute Geist sich als Natur ist, ist die Unendlichkeit als die eines
Geistes; und hiedurch nicht mehr die logische, / sondern die
metaphysische Unendlichkeit, denn die Entwicklung, oder
Realisation des Erkennens, ist die Darstellung des Erkennens
in seinem Anderswerden, und in seinem Resumieren in sich
selbst; und die Natur ist in ihrer Bestimmtheit hiemit in dieser Bestimmtheit der Unendlichkeit. Ihr Sein, ihre Existenz,
die Weise des Gegensatzes, wie er an ihr ist, ist ihre Bestimmtheit; sie ist nur ein Bestimmtes als Geist, und also ihre Be-   10
stimmtheit die in sich reflektierte, oder ideellgesetzte logische
Unendlichkeit. Sie ist als Natur an ihr selbst, auch in ihrem
Fürsichsein, in ihrer Realität als Natur, diese metaphysische
Unendlichkeit. Die logische Unendlichkeit ist die sich in ein
Ganzes, und in den Gegensatz der beiden Verhältnisse ausein-
anderwerfende Unendlichkeit; die Idealität derselben ist ihr
Werden zum Erkennen, das Offenbaren ihres Innern, oder
nicht an ihr selbst Seienden. Aber die Natur, die an ihr selbst
schon Geist ist, ist nicht mehr real als jene Unendlichkeit,
oder ideal als Werden zum Geiste, und jene Unendlichkeit ist   20
als reflektierte, ideellgesetzte, in sich zurückgegangene. Daher
ist an der Natur, wie sie an sich selbst [ist], die Bestimmtheit
als das gleichgültige Verhältnis eines Ganzen und seiner Teile,
der äußerlichen Bestimmtheit durch Größe, und des quantitativen Unterschiedes, ebenso das differente Verhältnis von
Substantialität, ursachlicher und wechselwirkender Beziehung, so wie dasjenige, welches dieses wiederum in Gleichgültigkeit aufgenommen hat, das Verhältnis eines Besondern
zu einem Allgemeinen, und ein fürsichselbstseiendes Dieses,
das in sich reflektiert ist, und dies Verhältnis ideell als aufge-   30
hoben in sich setzt, — ganz vertilgt; und ihre Existenz so wie
ihre Idealität, oder ihr Werden zum absoluten Geiste, ist das
metaphysische Werden, oder das Werden des Erkennens zum
Selbsterkennen.
Auf diese Weise scheidet sich die philosophische Betrachtungsart der Natur von der gemeinen ab, welche sich bloß an
jene Verhältnisse der unreflektierten Unendlichkeit hält, und
für welche die Natur aus Ganzen und Teilen in quantitativen
Unterschieden besteht, und in ursachlicher Beziehung, so wie
darin als eine Menge von Diesen ist. Dieses Erscheinen, oder   40

diese Weise der Realität ist in der Natur selbst als ideell gesetzt; oder die Realität, das Erscheinen der Natur ist ein Erscheinen als Geist, die Realität als eines Geistes. Daß sie Geist ist, ist nicht ein Inneres, sie ist [nicht] durch eine äußere Reflexion in sich selbst reflektiert, sondern an ihr selbst, oder wie sie existiert. Ihr Wesen an ihr selbst, ihre Realität ist, daß sie / lebendige Natur, in sich reflektierte Unendlichkeit, Erkennen ist, und ihre Materie, oder ihre absolute Sichselbstgleichheit das Leben ist. Da sie die Bestimmtheit der Bezie-
10 hung auf sich selbst ist, so ist [sie] auch nur ein formales Leben, nicht ein sichselbsterkennendes Leben, sie ist Leben an ihr selbst, aber nicht für sich selbst; für sich selbst ist sie ein unendliches, unreflektiertes Leben, und daß sie Geist ist, ist, das unreflektierte Leben in sich zu reflektieren. Leben nennen wir den absoluten Geist nach seiner Idee, oder Beziehung auf sich selbst. Dies Leben ist als Geist nicht ein Sein, ein Nichterkennen, sondern es ist wesentlich als Erkennen, es ist ein Prozeß, dessen Momente selbst absolut dieser Lebensprozeß ist. Die Momente dieses Prozesses sind unendliche Be-
20 stimmtheiten, oder einzelne Leben, Lebendige; und ihre Idee, ihr absoluter Prozeß, als Totalität ist ihre Idealität, und sie in diesem nur Momente, ideelle. Aber diese Totalität ist gerichtet auf diese ihre Momente, ihre negative Einheit, so wie ihre positive Einheit, und als letzteres, als Allgemeines ist sie das Bestehen jener Momente, oder die Abstraktion ihrer Gleichgültigkeit gegeneinander. Die Natur, bestimmt als das Andere, hat ihr Leben an einem Andern, als am Leben selbst, und dies Andere, als das Leben selbst ist, sind seine idealen Momente, seine Analyse gegen seine Totalität; seine Momente sind selbst
30 lebendig, aber so ist das Leben in einer wesentlichen Bestimmtheit gesetzt, die als sich in [sich] selbstreflektierend, sich selbst erhält, deren Reflexion in sich selbst oder Lebendigkeit nicht das Aufheben ihrer selbst ist; das Moment der Selbsterhaltung, das formale Leben, das Leben als allgemeine Einheit, als gemeinschaftliches.

Der metaphysische Prozeß des Lebens ist zuerst das sich selbst erhaltende Leben, (die Güte Gottes) es ist seine eigene Idee, oder vielmehr es ist nur als Begriff des Lebens, und seine Realität ist diese, daß es, das die Totalität ist, an einem
40 Andern ist, und dieses sind seine ideellen Momente. Die ideel-

len Momente aber des Begriffs des Lebens, sind das Gleichgültige und der ihm entgegengesetzte Gegensatz der differenten Verhältnisse. Das sich selbsterhaltende Leben, ist in diesen; es erscheint in seinem Begriffe, seine Momente als bestehend, als nicht in sich reflektiert, es nur als das Gemeinschaftliche derselben; es erscheint an einem andern, nicht an sich selbst. Wir betrachten dieses sein Erscheinen.

Das formale Leben, was man die Güte Gottes nennt, ist überhaupt es als ein Sichselbstgleiches, das gleichgültig gegen die Bestimmtheit ist, das Allgemeine, / und es ist dies gleich- 10 gültige Gemeinschaftliche in Beziehung auf die Vielheit. Als Sichselbstgleiches ist es Qualität überhaupt; die Beziehung auf Vieles, das ihm ein Anderes überhaupt ist, ist eine ihm absolut fremde, ihm völlig gleichgültige; es ist Quantität überhaupt, die wie die reine Qualität unbeschränkbar, positive Einheit, das Eins, und die Vielen Eins in sich aufnimmt, ohne durch diese Beschränkungen beschränkt zu sein, indem die Grenze, das Nichts der Entgegengesetzten, sie nicht beschränkt, und sie in ihr nicht unterschieden, also eine Sichselbstgleichheit gesetzt ist, welche bezogen sein soll auf einen 20 Unterschied, der aber für sie keiner, oder nicht an ihr ist. Das formale Leben als diese Quantität ist das Leben absolut vieler Eins, welche Ganze sind, in sich geteilt, und äußerlich beschränkt, im Verhältnisse zugleich gegeneinander entstehen und vergehen, und in einer allgemeinen Wechselwirkung, selbst in ihrer Einzelnheit wieder Allgemeine, Gattungen sind, die durch Unterschiede der Quantität in einander übergehen. Der bestimmte Begriff ist die Einzelnheit ins Allgemeine aufgenommen; dieses bestimmte Allgemeine in der Wechselwirkung hebt die Wesentlichkeit der Entgegensetzung 30 des differenten Verhältnisses auf; die Entgegensetzung ist nur eine unwesentliche, und der Begriff vernichtet sich als absoluter Begriff; das Verschwinden ist ein Bestehen Aller, ein ganz äußerliches Verschwinden, für ein Anderes; ihr Übergehen ist ein quantitativer Unterschied; und da es ein innerer Unterschied, oder vielmehr auch an ihnen selbst sein soll, so bezieht er sich auf ein Verhältnis in ihnen, denn der Unterschied, als der des Ganzen, dessen Mehr oder Minder, ist ein rein äußerlicher; an ihnen selbst als Unterschied des Verhältnisses ist er es des gleichgültigen Verhältnisses, und ein quan- 40

titativer Unterschied ihrer Teile. Das Übergehen der Einzelnen ineinander ist ein Schwinden derselben, für den Betrach-
tenden, das nicht an ihnen ist, und hieher gehört: **natura non
facit saltum**; und die Körperreihen; es ist das Verschwinden
gesetzt in der positiven Einheit. Das Verschwinden in der negativen Einheit bezieht sich nur auf das, was die Einzelnheit
als wesentlich an sich hat; sie ist im differenten Sein. Die Natur in ihrer Erscheinung hat dieses Übergehen ihrer Gattungen, oder der in die Allgemeinheit aufgenommenen Bestimmt-
10 heiten zu ihrem Höchsten; es ist die Schwelle, an der sie ihre
Selbsterhaltung dem Werden zum Erkennen entgegensetzt,
oder sich dem Werden zum Schlusse entgegensetzt. Ihre Gattungen / haben das Allgemeine selbst zu immer höherer Einheit, die ebenfalls wieder eine positive mit der Einzelnheit,
ebenso vermittelt zusammengeschlossen, dieses erhält, oder
ihm ein fremdes Äußerliches ist.

Das Leben in dieser Erscheinung, als nicht an sich selbst,
sondern an einem andern seiend, ist es an Einzelnen und an
der Gattung. Am Einzelnen seiend ist es das Gemeinschaftli-
20 che der Einzelnen, und das Allgemeine, welches vom Einzelnen unter sich subsumiert würde, seine Eigenschaft, und das
Einzelne dies, wodurch es mit dem Besondern, andern Eigenschaften, zusammengeschlossen [wäre], das mehr Wesentliche
mit dem weniger Wesentlichen. Das Einzelne so Zusammenschließende wäre selbst ein lebendiges wesentlich, und wesentlich doch noch etwas anderes als dieses; die Definition
setzt beides als Eins, aber von der Seite der Einzelnheit, die
Einteilung von der Seite des Allgemeinen. Die Gleichgültigkeit dieser beiden Seiten, die Seiten der Betrachtung werden,
30 hören im Erkennen auf, diese Gleichgültigkeit zu haben. Das
unendliche Selbsterhalten der Einzelnheit geht in der Idee in
die Gattung über; aber die Idee an ihren Momenten, so ist die
Einzelnheit, so wie die Gattung für sich bestehend, und jede
zugleich schließt das Leben mit dem Besondern, oder mit
dem Unendlichen zusammen; das Einzelne mit der bestimmten Unendlichkeit; es ist noch vieles andere außer dem, daß
es lebendig ist, und seine Selbsterhaltung ist die Reflexion
desselben in sich selbst als ein Einzelnes, getrennt von dem
Werden zur Gattung. Diese aber ist als das Zusammenschlies-
40 sende des Lebens mit der Besonderheit, im Gegenteil ebenso

sich selbst erhaltend, und das Unendliche, oder seine Besonderheit hat die Form der Allgemeinheit; sie ist als Gattung ein
Allgemeines, ein Ganzes, das aus Teilen besteht, und deren
Unterschiede eine quantitative kontinuierliche Differenz
sind. Es sind ebenso zwei Wesentliche, die hier zusammengeschlossen werden; die Wechselwirkung der Gattungen.

Dies alles gehört dem formalen Leben, oder der reinen Erscheinung der Natur an, insofern das, was in der Tat nur Moment ist, sich als wesentlich, dadurch daß es Leben ist, setzt.
Die Natur ist nach dieser Seite ihrer idealen Momente nicht 10
an sich selbst; sie ist es nur als sie diese Momente als aufgehoben an sich hat; und [als] das, die unreflektiertes Leben ist,
so hat sie ihre Lebendigen als Geist selbst aufgehoben, / und
ihre wahrhafte Realität ist allein die Allgemeinheit ihrer Momente, nicht sie in der Form von Einzelnheit.

Die Idee ist die Idealität der Verhältnisse der Unendlichkeit, und die Natur ist nur als die Idee an sich, und in Beziehung auf die reine Erscheinung der Natur ist allein zu bemer-
ken, daß ihre Gattungen selbst jener Erscheinung angehören.
Aber die Idee selbst erscheint, oder die Natur ist für sich das 20
Anders des Geistes, und der Geist ist als Natur selbst unendlich; aber so daß diese Momente der Unendlichkeit, in sich
selbst reflektierte Totalitäten sind, die höher als die Gattungen stehen; so daß ihre wesentliche Bestimmtheit nicht gleichgültig irgend eine Bestimmtheit ist, sondern schlechthin nur
als Moment des Ganzen ist, die Reflexion nicht formal an
sich haben, als sich selbst erhaltend, sondern als sich aufhebend, keine gleichgültigen Allgemeinheiten, sondern absolut
differente. — Dies heißt, die Philosophie betrachtet die Idee,
nicht die Idee von diesem und jenem; es ist kein dieses, oder 30
jenes für sie, sondern schlechthin nur die Bestimmtheit nach
ihrer Notwendigkeit, und eine Idee, die die Totalität des Ganzen, zugleich in der Realisation sich aufhebt. Das Ganze der
Natur ist der als das Andre seiner selbst sich darstellende
Geist. Diese Bestimmtheit des Andern ist ganz anderer Natur,
als die Bestimmtheit, welche in der Idee als solcher aufgehoben ist. Die Natur als der absolute Geist, der sich Anderes ist,
ist vollkommener lebendiger Geist, nicht in idealen Momenten der Idee sich darstellend, sondern die Idee, die sich in den
Momenten ausdrückt. Die Bestimmtheit des Geistes als eines 40

sich Andern ist allein die Form des Andersseins, oder der Entgegensetzung, des Fürsichseins der lebenden Momente. Er ist sich Geist, als sich nicht als absoluter Geist erkennender Geist; absolute Selbstreflexion, welche sich nicht diese absolute Selbstreflexion ist, welche nicht für sich selbst die Einheit eines gedoppelten sich selbstfindenden Erkennens ist. Diese Einheit, welche in ihrer allgemeinen Bestimmung absolut einfache negative Einheit ist, das absolute reine Nichts, die aus der Totalität des Gegensatzes sich erhebende vollkommene Aufhebung und aus ihr hervorgehende Sichselbstgleichheit, ist es, als die der Geist sich nicht in der Natur setzt, er ist nicht in ihr real als absolutes Ich; und das Anders seiner selbst als Natur ist daher die allgemeine Bestimmtheit des Auseinander, das Element der Quantität, der nicht negativen, sondern positiven Sichselbstgleichheit, oder das Bestehen, die Gleichgültigkeit des sich auf sich Selbstbeziehens; eine Entfaltung aller Momente des / Geistes, die für sich als einzelne erscheinen; wieder nicht fixiert und erstarrend, sondern jedes in ihm selbst die absolute Unendlichkeit, und den Kreislauf der Momente in sich darstellend, so daß keines ruht und feststeht, sondern absolut sich bewegt, und verändert, aber so, daß sein Anderswerden die Erzeugung des Entgegengesetzten ist, aber umgekehrt ebenso es selbst immer aus diesem auf gleiche Weise hervorgeht; beide in dem allgemeinen Elemente der Sichselbstgleichheit, oder des Bestehens; so daß jedes in seinem Anderswerden zugleich ist, und in seinem Sein zugleich vergeht, und die Entgegengesetzten auf gleiche Weise sind, so wie ihr Anderswerden, aber daß ihre Unendlichkeit, als negative Einheit, in welcher sie schlechthin aufgehoben sind, das Innere, oder Äußere derselben, was gleich ist, bleibt, und nicht in die Existenz tritt.

Der Geist der Natur ist ein verborgener Geist, er tritt nicht in Geistesgestalt hervor; er ist nur Geist für den erkennenden Geist; oder er ist Geist an ihm selbst, aber nicht für sich selbst, er bezieht sich in seiner Gleichheit nur auf sich selbst, und eben darum nicht auf sich selbst, als der das Aufgehobensein seiner selbst als eines Andern wäre, und ebendarum ist er der Geist als das Andre seiner selbst.

Die Natur ist gesetzt nur als Begriff, indem die idealen Momente der Idee als wesentlich, und das Leben nur als ideales

Moment dieser Wesentlichkeiten, und nur das Gemeinschaftliche derselben ist. Aber das Leben ist nicht ein Gemeinschaftliches, eine Allgemeinheit, für welche die Trennung, das Negative ein Äußeres wäre, sondern es ist absolut Allgemeines,
an sich selbst das absolut Negative, die einfache Unendlichkeit; und sein wahrhafter Begriff ist, daß nur diese Allgemeinheit selbst als eine Bestimmtheit gesetzt sei, so daß sie
hiemit als das absolut Negative zugleich das Aufheben ihrer
eigenen Bestimmtheit sei. Insofern es als Allgemeines seine
eigene Bestimmtheit ist, erscheint es wohl an einem andern,   10
es ist sein Begriff, aber es ist sein absoluter Begriff, es ist an
ihm selbst das Aufheben dieser seiner Bestimmtheit; es ist
nicht durch die Einzelnheit, oder negative Einheit, als ein
Extrem mit dem andern, der Besonderheit, zusammengeschlossen, sondern es ist selbst diese negative Einheit, oder
das Gegenteil seiner selbst, das Aufheben seiner Bestimmtheit, ein Allgemeines gegen das Besondere zu sein, es ist als
Allgemeines, unmittelbar so Besonderes an ihm selbst. Das
Leben ist als Natur sein eigener Begriff, und es ist nur auf
diese Weise seine Bestimmtheit; es ist in ihr schlechthin All-   20
gemeines, als Beson/deres, nicht mit der Allgemeinheit durch
die Einzelnheit zusammengeschlossen. Es ist Begriff, und seine Bestimmtheit ist, als Geist diese Unmittelbarkeit der Einheit des Allgemeinen und Besondern zu sein; das Bestimmte
ist unmittelbar in seiner Bestimmtheit lebendig; das Leben
als Geist, hebt diese Unmittelbarkeit der Beziehung auf sich
selbst auf, und ist nur dies, das diese Trennung wieder aufgehoben hat. Dies Negative existiert im Leben der Natur darum
als eine Äußerlichkeit, Anderssein. Oder das Leben als unmittelbar einfach, und untrennbar bleibend, stellt sich als   30
Geist, als unendlich so dar, daß es den Gegensatz der Unendlichkeit auseinanderwirft, und ihn in seiner absoluten Resumtion in sich selbst ebenso absolut erzeugt, oder daß das Nichts
in ihr nicht existiert. Das sich so in der Natur Resumierende
ist, selbst als Reflexion in sich selbst, wieder ein Moment, ein
Bestimmtes, das seinen Gegensatz an einem Andern hat.
Denn seine Reflexion existiert nicht als das Nichts, sondern
als das Leben, die unmittelbare Beziehung der Allgemeinheit
und der Besonderheit; oder als bestimmtes Einfaches, das für
sich von seinem Gegensatze abstrahiert. Die Bestimmtheit des   40

Anders der Natur fällt in das, woraus das Erkennen unmittelbar herkommt, in das Verhältnis des Denkens; sie existiert auf diese Weise.

Indem das Leben in dieser Bestimmtheit, und zugleich Leben ist, so hat seine Reflexion in sich selbst, oder Bewegung, die erste metaphysische Form, des Prozesses der Einzelnheit, und der Gattung; der Geist als das Eins dieser Prozesse, als Ich, ist das in der Natur nicht Existierende. Indem sie absoluter Geist ist, ist sie zwar selbst das Ich und die Einheit des
10 Ich und der beiden Prozesse; denn nur als diese Einheit ist [sie] absolutes Wesen, und lebendig. Aber sie ist das Werden der Existenz des Geistes als Ich; dies Werden ist an ihr selbst, das Herauskehren ihres Innern; und dies Innere erscheint nur als die Macht über die einzelnen Lebendigen; denn die Beziehung der Einzelnen Lebendigen ist allein die Beziehung des Ich, die Beziehung des Erkennens auf ein Erkennen.

Diese Idee der Natur ist nun ihre allgemeine Bestimmtheit gegen den Geist, als das Anders derselben, aber sie ist an sich selbst Reflexion in sich selbst und ebendarum ist sie als die
20 Idee sich selbst Moment, das in sein Anderssein an ihr selbst übergeht. Ihre Beziehung auf den Geist, oder daß sie das Andre ist, hat sie an ihr selbst. Sie ist als reine Natur nur als ihr erstes Moment, und an ihr selbst diesem entgegengesetzt, oder an ihr selbst das Anderswerden ihrer selbst, und ihr anderes Moment ist unmittelbar das positive Beginnen dieser ihrer Veränderung. /

[*I.*] *System der Sonne*

Der absolute Geist muß sich als absoluter Geist selbst erkennen; er muß, daß er als lebendiger Gott sei, sich als abso-
30 luter Geist ein Anderes werden, und sich in diesem finden, oder er ist nur lebendiger Gott, als er sich als das Andre seiner selbst ebenso absolut sich gleich ist. Die Natur, der absolute Geist als dieses Andre, ist der absolute Geist, der seine Realität, oder die Momente, in denen die Idee sich ihr eigener Kreislauf wird, in der Gestalt der Indifferenz, oder als in die Gleichgültigkeit des Bestehens ausbreitet. Diese Idee der Natur ist sich selbst Moment, denn sie ist an ihr selbst Geist, in

ihrer einfachen Beziehung auf sich selbst, sich selbst das Andre. Die Idee des absoluten Geistes ist das Allgemeine, sie ist
auch das Besondere, dem Geiste sich gegenüberstellende, Moment der Totalität, in welcher sie nur Ideelles ist, und ihre
Idealität außer sich hat; aber sie hat ihre Idealität auch an ihr
selbst; sie ist sich selbst erstes Moment, sie ist Einzelnheit, in
ihrer Bestimmtheit als Idee nur Besonderes, oder die negative
Einheit [nicht bloß] außer sich habend, sondern sie auch in
sich selbst habend, das dritte, ein Heruntersteigen, oder Einzelnheit, so daß sie selbst negative Einheit an sich, so dem   10
Geiste als Besondern nicht gegenübersteht, sondern sich selbst,
und sich als unendlich in entgegengesetzte Momente dirimiert,
indem sie sich auf sich selbst rein bezogene Natur, und dieser
entgegen in der Bestimmtheit der negativen Einheit ist als erkennende Natur, d. i. solche, welche gegen jene passive different, als Negation derselben für sich ist, als Individualität; da
die erste, die passive, rein in der Form der sich Selbstgleichheit vom Andern abstrahiert.

Die Idee der Natur, welche sich selbst ihr erstes Moment
wird, bleibt das absolut Allgemeine ihrer selbst, sie ist nur er-   20
stes Moment für die erkennende, differente Natur, für welche
ihre Selbstgleichheit das Passive, die Unendlichkeit aber das
sich in seinem Beziehen Nichtbeziehende, Ausschließende
und Negierende wird: Aber An sich selbst ist die Natur die
Einheit von diesem beidem und das Anders ist in der Tat erst
die erkennende Natur; die sich auf sichselbstbeziehende einfache Idee ist nur für diese erkennende Natur das Andere.
Das Ansich beider ist die Idee, welche sich in der erkennenden ein Anderes, aber ebenso absolut in dieser Unendlichkeit
in sich selbst reflektiert und absolut sich selbst gleich ist. /   30
Dieses in seiner Unendlichkeit absolut in sich Reflektierte,
das sich Selbstgleiche, das alle Momente derselben in sich
selbst vertilgt hat, ist der ruhige bestimmungslose seelige
Geist; als diese reine unbewegte Ruhe, das aus oder vielmehr
in der Bewegung in sich Zurückgekehrte, der absolute Grund
und Wesen aller Dinge, ist der Äther, oder die absolute
Materie, das absolute Elastische, jede Form Verschmähen-
de, so wie ebendarum das Absolutweiche und jede Form sich
Gebende und Ausdrückende. Der Äther ist der absolute Geist,
als die Seite seiner absoluten Sichselbstgleichheit, oder er ist   40

es, insofern der Geist als reine Beziehung auf sich selbst ist, und darum dem sich selbst erkennenden Geiste, als Bestimmtheit der Sichselbstgleichheit gegenübersteht. Der Äther ist nicht der lebendige Gott; denn er ist nur die Idee Gottes; der lebendige Gott aber ist der, der aus seiner Idee sich selbsterkennend [ist] und in dem Anders seiner selbst sich als sich selbst erkennt. Der Äther aber ist absoluter Geist, der sich auf sich selbst bezieht, sich nicht als absoluten Geist erkennt. Diese Bestimmtheit aber affiziert seine geistige absolute Na-
10 tur nicht, nur daß er sie offen auseinanderlegt, und seinen Momenten den Schein des Fürsichseins aufdrückt; aber auch ihre Erscheinung, oder die Realität desselben, als Existenz, er als erstes Moment der Natur, sind seine Momente vollkommen durchsichtig, klar, sich nur auf sichselbstbeziehend, ohne den in sich gehenden Nachtpunkt der negativen Einheit.

Der lebendige Gott als der sichselbstgleiche absolute Kreis der sich in sich selbst reflektierenden Totalität hat die Sichselbstgleichheit selbst zum Momente seiner selbst. Diese Sichselbstgleichheit als Moment [habend,] ist er der sichselbstglei-
20 che sich nicht als absoluten Geist erkennende Geist; er ist die Natur, und die Sichselbstgleichheit dieses Geistes, des Anders des lebendigen Gottes ist die absolute Materie, welche als absolute Allgemeinheit der Natur überhaupt das Wesen des Lebens ist, nicht das Wesen oder Grund, welche beide dasselbe sind, als wenn das Wesen oder der Grund aus sich zu seiner Erscheinung oder einem Begründeten herausginge; als Wesen oder Grund ist das Sichselbstgleiche wieder nur Moment der Allgemeinheit, welche durch das Einzelne, der Unendlichkeit, mit dem Besondern zusammengeschlossen wäre; sondern er
30 ist so das Wesen, daß er die einfache Einheit der Allgemeinheit, der Sichselbstgleichheit als Moment, und der Unendlichkeit ist. Als diese Einheit des Einfachen und des Unendlichen ist er ebenso sehr in seiner Ruhe und Seligkeit die absolute Unruhe des absoluten Begriffes, die absolute negative Einheit, / das sich absolut Anders, das Entgegengesetzte seiend, als das aus dieser Unendlichkeit in sich Zurückgekehrte. In dieser ihrer Unendlichkeit ist sie daher das absolut Unveränderliche, denn das Anders der Unendlichkeit ist ebenso unmittelbar das Anders seiner selbst, oder an sich unmittelbar aufgeho-
40 ben, und die absolute Materie ist diese Sichgleichheit der sich

in ihrem Sein negierenden Unendlichkeit, oder das reine, absolute Nichts; die absolute Unruhe, die eben als absolut ewig ihr Anders in sich selbst verzehrt hat. Indem die absolute Materie das Nichts des Anders ist, oder die Unendlichkeit in ihrer Sichselbstgleichheit, so ist sie das, was die Momente, das Anders der Unendlichkeit an sich selbst sind, ist ihr Sein, ihr Bestehen. Der Äther durchdringt nicht alles, sondern er ist selbst Alles; das Sein, das Bestehen ist selbst nichts als dieser absolute Gärungsprozeß, oder die absolute Unruhe eben so nicht zu sein, als zu sein.

Die absolute Materie ist dieses Einssein der Allgemeinheit und der Unendlichkeit, und in ihrer absoluten Unruhe nur auf sich bezogen, nur sichselbstgleich. Sie ist Geist als diese Einheit des Sichselbstgleichen und des Unendlichen. Der Geist aber ist, daß er sich erkennt, oder daß er als unendlich Sichselbstgleiches ein Anderes ist, und dieses Anderssein ihm gleich ist. Dieses absolut Sichselbstgleiche ist sich sein eigenes Moment, und so sein Sichselbstentgegengesetztes oder sein Anderes, denn es ist unendlich. In dieser seiner Bewegung, oder der Entfaltung seiner Unendlichkeit, worin er sich als Sichselbstgleiches und Unendliches gegenübertritt, bleibt er absolut ebenso die absolute Einheit des Sichgleichen und des Unendlichen; denn diese Momente sind die Momente der Unendlichkeit, und an sich ebenso aufgehoben als sie sind. In seiner Entfaltung ist er nicht eine hinausgehende Bewegung, sich hinaus einem andern zurufende Stimme, sondern bleibt ebenso schlechthin in seiner Bewegung ebenso die Ruhe, in seinem Aussprechen ebenso stumm und verschlossen. Was er in sich zu Gestaltungen anschießen läßt, dessen ebenso flüssige und durchsichtige Auflösung ist er; diese Fülle und Reichtum trüben ihn so wenig als das Wasser von in ihm aufgelösten Salzen getrübt wird. Es ist überhaupt kein solches Mittelding von Tag und Nacht, als das Trübe ist, sondern die Bestimmtheit, die Momente der Unendlichkeit, es sei, daß man ihr Sein Tag nennen wolle, so sind sie ebenso unmittelbar das Nichts dieses Seins, oder absolute Nacht, oder wäre ihr Sein das / Dunkle, so wäre ihr Nichts, die Unendlichkeit ebenso absolut heller durchsichtiger Tag.

Der Äther als diese Einheit des Sichselbstgleichen und Unendlichen erkennt sich; er ist unendlich, als sich aussprechend,

sich bewegend, und beruhigt diese Unendlichkeit, als sich in
seiner Selbstgenügsamkeit erhaltend. Wie er sich absolut gleich
ist, so wird er sich absolut gleich. Dies Werden zu sich selbst
ist seine Bedeutung, die er sich für sich selbst gibt, die Auslegung seines Wesens für ihn selbst. Sein Werden zu sich selbst
ist seine Unendlichkeit, oder der absolute Begriff; er begreift
in seiner Unendlichkeit seine Sichselbstgleichheit, denn sie
ist eine solche, die sich in der Unendlichkeit in der absoluten
Unruhe wird und ist, er begreift hierin ebenso seine Unendlichkeit; denn sie ist als das Anders seiner auch das Anders
ihrer selbst, oder die Sichselbstgleichheit. Eins hat nur Sinn
durch das Andere, oder im Andern. Seine Unendlichkeit ist
sein Anders, aber nur das Anders seiner selbst, oder die Unendlichkeit ist das, in welcher das Anders ist, aber dieses Andre ist nur das sichselbstgleiche sich auf sichselbstbeziehende
Wesen. Das Sichselbstgleiche ist nicht bloß sichselbstgleich,
es ist ebenso absolut unendlich, es spricht sich aus; dieses Aussprechen ist sein Anderssein, oder seine Unendlichkeit; was
es ausspricht ist es selbst, was spricht ist es selbst, und wohin
es spricht ist wieder es selbst; denn indem es sich ausspricht,
oder nach seiner Unendlichkeit ist es als einfaches sich auf
sich Selbstbeziehendes das Andre, und diese Einfachheit, der
Äther ist die Luft, die das Sprechen aufnimmt, und vernimmt,
die weiche Materie, welche die entgegengesetzte Gärung der
Unendlichkeit in sich empfängt, und ihr Wesen gibt, oder ihr
Bestehen ist, ein einfaches Bestehen, das ebenso das einfache
Nichts ist.

Dieses Sprechen des Äthers mit sich selbst ist seine Realität, nämlich daß er sich ebenso unendlich als er sich selbstgleich ist. Das Sichselbstgleiche ist das Vernehmen der Unendlichkeit, ebenso wie es das Empfangen der Stimme ist;
es ist das Vernehmen, d. h. das Unendliche ist ebenso absolut
in sich reflektiert als es unendlich ist; und der Äther ist nur
Geist oder absolut, als er so sein Vernehmen ist, d. h. als er so
Zurückkehren zu sich selbst ist. Die aus dem Innern absolut
hervorbrechende Stimme ist die Unendlichkeit, die Unruhe,
das sich Anderswerden; sie ist aufgenommen von dem Sichselbstgleichen, das sich Stimme als unendliches ist; das Sich-/
selbstgleiche ist, es spricht, d. h. es ist unendlich, und darin
steht das Sichselbstgleiche dem Sprechenden gegenüber, denn

die Unendlichkeit ist das Sprechen, und das Sichselbstgleiche, das zum Sprechen geworden, ist das Vernehmende; das Sprechen ist die Artikulation der Töne der Unendlichkeit, die vernommen vom Sichselbstgleichen als absolute Melodie absolute Harmonie des Universums sind. Eine Harmonie, in welcher das Sichselbstgleiche durch die Unendlichkeit mit dem Vernehmen, Sichselbstgleichen vermittelt ist. Das Universum vernimmt sich, es ist Geist, und das Vernehmen ist ebenso das, dessen Momente das Sichselbstgleiche und die Unendlichkeit ist, als diese die Einheit von beiden, und wiederum das Sich- 10 selbstgleiche die Einheit dieser beiden ist.

Indem der Äther unendlich ist, so ist die Gestalt dieser unmittelbaren Unendlichkeit zuerst zu erkennen, oder wie sie [sich] in der Bestimmtheit der Natur, als Idee sich ihr erstes Moment zu sein, darstellt. Das Erste seines Sprechens ist, daß er sich zum Sprechenden macht, und ist sein erstes Wort, daß er sich zum Erzeuger macht, ist seine erste Erzeugung. Diese Kontraktion der Gediegenheit des Äthers ist das erste Moment des negativen Eins, des Punkts. Diese Einheit der Unendlichkeit ist ein Eins, denn unmittelbar in die Form der 20 Gleichgültigkeit, ist sie gesetzt, als für sich seiend, von dem abstrahierend, dessen Einheit sie ist. Der Stern, dies gleichgültige Eins, ist aber ebenso einfache reine Quantität, vom Eins sich unterscheidende, aber in sich alle Unterscheidung aufhebende Sichselbstgleichheit, absolut sich verbreitendes Licht. Das Eins des Sternes, und seine Quantität sind das erste schrankenlose, unartikulierte Wort des Äthers, eine formale Sprache, die so ohne Bedeutung ist; die formale Unendlichkeit, als Gegensatz überhaupt. Die Unendlichkeit als an ihnen nicht in sich reflektiert, da sie nur ihren Begriff aus- 30 drücken, ist deswegen an ihnen als Bestehenden, und sie sind eine absolute Vielheit, so wie ihre Quantität ein grenzenloses Hinausgehen ist; beides [nicht] die Unendlichkeit an sich selbst seiend, sondern ein negatives Jenseits, eine einheitslose Vielheit der Eins, so wie eine Totalitätslose Quantität. Dieses unreflektierte, nicht ansichselbstseiende Unendliche, ist so an sich unvernünftig, und eine Erhabenheit, so leer, als ihre Bewunderung gedankenlos ist, und nichts als, wie sie, das rein Negative des Hinausgehens über [die] Grenze ausdrückt. Indem der Punkt und seine Quantität dieser formale Ausdruck / 40

der Unendlichkeit sind, so sind sie ohne lebendiges Verhältnis, dessen Seele die nichtgleichgültige Einheit ist; und sie sind Selbst-Sonnen, nicht Sonnen füreinander und ohne Bewegung. Sie können die Totalität des Verhältnisses nur wie ein System geometrischer Figuren, und das Zahlensystem, als Sternbilder, deren Punkte geordnete Entfernungen gegeneinander haben, darstellen. Sie sind ein unbewegliches Gemälde, ein formales Modell, das in stummen Hieroglyphen eine ewige Vergangenheit repräsentiert, welche nur im Erkennen dieser
10 Schrift, ihre Gegenwart und ihr Leben hat.

Dieses Erkennen fällt außer dieser ruhigen absoluten Vielheit, außer der Gleichgültigkeit des Lichtspunktes gegen seine sich gleiche, nicht unterbrechende Kontinuität. Der Stern ist nicht nur diese gleichgültige Einheit des Gegensatzes, oder seine Momente in der Form der Allgemeinheit gesetzt; er ist absolut unendlich; die Momente sind nur als ideale, die sich in absoluter Entgegensetzung aufeinander beziehen, in dieser Beziehung absolut unruhig, sich aneinander aufheben, indem sie nur aneinander sind, und nur sind, als so sich aufhebend.

20 Die Momente des unmittelbar als wahrhaft unendlich sich aufschließenden Äthers, sind Raum und Zeit, und die Unendlichkeit selbst ist die Bewegung, und als Totalität, ein System von Sphären oder Bewegungen.

Der sichselbstgleiche Äther ist unendlich, und die Momente seiner Unendlichkeit sind unmittelbar das absolut sich Selbstgleiche und das absolut sich Ungleiche, oder das Unendliche, der absolute Begriff, und ihre Reflexion in sich selbst. Diese Momente als unmittelbare Momente der einfachen Sichselbstgleichheit, sind ebenso einfach, durchsichtig
30 und sich selbst gleich, und ebenso ihre Reflexion. /

I. Begriff der Bewegung

Die Sichselbstgleichheit des Äthers ist unendlich an ihr selbst, und der Ausdruck der Unendlichkeit ist nichts anders, als daß er diese Unendlichkeit nicht als ein Inneres, absolut in sich Reflektiertes, ohne die Bewegung der Reflexion, oder was dasselbe ist, als eine äußere, eine ihm fremde Bewegung

der Reflexion, und sie auf beide Weisen gar nicht an ihm selbst
habe.

Der Äther als diese absolute Einheit des Sichselbstgleichen
und des Unendlichen ist die Einheit beider als Momente, als
abgesonderter, in Absonderung idealer, sichselbstaufheben-
der, und in sich zurückgekehrter; sie sind als Momente
schlechthin unendliche, an ihnen selbst das Gegenteil ihrer
selbst, und hierin sichselbstgleich, oder beide ein und ebendasselbe. Das einfache Sichselbstgleiche, der Raum als abge-
sondertes, ist er Moment, aber als sich realisierend, als sei- 10
end, was er an sich, ist er das Gegenteil seiner selbst, ist er die
Zeit; und umgekehrt das Unendliche, als das Moment der Zeit
realisiert sie sich, oder ist als Moment, das heißt sich aufhebend als das, was sie ist, sie ist ihr Gegenteil, Raum, und es ist
nur diese Einheit dieser Reflexion des Ganzen, daß aus Raum
Zeit, aus Zeit Raum wird, unmittelbar indem es das eine und
das andere ist, unmittelbar auch das Gegenteil des einen so
wie des andern.

Das Sichselbstgleiche ist nur diese Bestimmtheit, im Gegensatze gegen das Ungleiche; und dieses ist nur indem es sich 20
dem Sichselbstgleichen entgegensetzt.

Zeit und Raum sind der Gegensatz des Unendlichen und
des Sichselbstgleichen, in der Natur als ihrer Idee oder sie
selbst in der Bestimmtheit der absoluten Sichselbstgleichheit.
Die Realität des Raums und der Zeit, oder ihre Reflexion in
sich selbst, als abgesonderter, ist selbst der Ausdruck der Totalität der Momente; aber das so in ihnen Getrennte bleibt unmittelbar in der Bestimmtheit des Einfachen, das Verschiedene ist so gesetzt, daß es schlechthin nicht für sich, gleichgültig eine wesentliche Bestimmtheit hätte, wodurch es die Be- 30
ziehung desselben auf sein Entgegengesetztes leugnete, und
für sich wäre, sondern es bleibt ihr Wesen diese Beziehung,
sie treten / nicht als Substanzen einander gegenüber; sondern
ihre Bestimmtheit ist als solche unmittelbar das Allgemeine,
und nicht ein dem Allgemeinen Entgegengesetztes, also unmittelbar nicht als ein sich Aufhebendes, sondern gesetzt als
ein Aufgehobenes, als ein Ideelles.

A. Das Unendliche in dieser Einfachheit, ist als Moment
gegen das Sichselbstgleiche, das Negative, und in seinen Mo-

menten, indem es an sich selbst die Totalität darstellt, das Ausschließende, Punkt, oder Grenze überhaupt, aber in diesem seinem Negieren sich unmittelbar auf das Andere beziehend, und sich selbst negierend. Die Grenze, oder der Moment der Gegenwart, das absolute Dieses der Zeit, oder das Jetzt, ist absolut negativ einfach, absolut alle Vielheit aus sich ausschließend, und darum absolut bestimmt; nicht ein sich in sich ausdehnendes Ganzes, oder Quantum, das auch eine unbestimmte Seite an sich hätte, ein Verschiedenes, das in ihm gleichgültig oder äußerlich sich aufeinander bezöge, sondern es ist absolut differente Beziehung des Einfachen. Dieses Einfache, in diesem seinem absoluten Negieren, ist das Tätige, das Unendliche gegen sich selbst als ein sichgleiches; es ist als Negieren ebenso absolut auf sein Gegenteil bezogen, und seine Tätigkeit, sein einfaches Negieren ist Beziehung auf sein Gegenteil, und das Itzt ist unmittelbar das Gegenteil seiner selbst, das sich Negieren. Indem diese Grenze in ihrem Ausschließen oder in ihrer Tätigkeit sich selbst aufhebt, so ist das Nichtsein derselben vielmehr das Tätige gegen sie, und das sie Negierende. Dies daß die Grenze in ihr selbst unmittelbar nicht ist, dieses Nichtsein ihr entgegengesetzt, als das Tätige, oder als das, was vielmehr das ansichseiende, das sein Gegenteil Ausschließende ist, ist die Zukunft, der das Itzt nicht widerstehen kann; denn sie ist das Wesen der Gegenwart, welche in der Tat das Nichtsein ihrer selbst ist. Die Gegenwart so sich aufhebend, indem die Zukunft vielmehr in ihr wird, ist selbst diese Zukunft; oder diese Zukunft ist selbst in der Tat nicht Zukunft, sie ist das die Gegenwart Aufhebende, aber indem sie dies ist, das absolut negierende Einfache, ist sie vielmehr die Gegenwart, die aber ebenso ihrem Wesen [nach] das Nichtsein ihrer selbst, oder die Zukunft ist. Es ist also in der Tat weder Gegenwart noch Zukunft, sondern nur diese Beziehung beider aufeinander, eins ist gegen das andere auf gleiche Weise negativ, und die Negation der Gegenwart negiert ebenso sich selbst; die Differenz beider reduziert sich in die / Ruhe der Vergangenheit. Das Itzt hat sein Nichtsein an sich selbst, und wird sich unmittelbar ein Anderes, aber dieses Andre, die Zukunft, zu welcher sich die Gegenwart wird, ist unmittelbar das Andre ihrer selbst, denn sie ist itzt Gegenwart; aber sie ist nicht jenes erste Jetzt, jener Begriff der Ge-

genwart, sondern ein sich aus Gegenwart durch die Zukunft
gewordenes Jetzt, ein Itzt, in welchem sich Zukunft und Gegenwart auf gleiche Weise aufgehoben hat, ein Sein, das ein
Nichtsein beider ist, die aufgehobene absolutberuhigte Tätigkeit beider gegeneinander. Die Gegenwart ist nur die sichselbstnegierende einfache Grenze, die auseinandergehalten in
ihren negativen Momenten eine Beziehung ihres Auschlies-
sens auf sie Auschließendes ist. Diese Beziehung ist Gegenwart, als eine differente Beziehung, in der sich beide erhiel-
ten; aber sie erhalten sich ebenso nicht, sie reduzieren sich   10
auf eine Sichselbstgleichheit, in welcher beide nicht absolut
vertilgt sind; die Vergangenheit ist diese in sich selbstzurück-
gekehrte Zeit; das Ehmals ist eine Sichselbstgleichheit, aber
eine aus diesem Aufheben herkommende, eine synthetische
erfüllte, die Dimension der Totalität der Zeit, welche die beiden ersten Dimensionen in sich aufgehoben hat. Die Grenze,
oder das Itzt ist leer, denn es ist schlechthin einfach, oder der
Begriff der Zeit; es erfüllt sich in der Zukunft; die Zukunft ist
seine Realität; denn das Itzt ist in seinem Wesen absolutnega-
tive Beziehung; dies sein Wesen oder Inneres an ihm selbst ha-   20
bend, als sein Wesen existierend, ist das Sein dieses Wesens;
dies sein Wesen ist sein Nichtsein, oder das Sein der Zukunft
in dem Itzt; die Realität des Itzt, es an ihm selbst seiend, was
es als Begriff des Itzt nur als Inneres hat. Diese Realität des
Itzt, oder das Sein der Zukunft ist ebenso das unmittelbare
Gegenteil seiner selbst, itzt dies Gegenteil an ihm selbst. Und
dies gesetzte Aufheben beider ist das Ehmals, die in sich reflektierte, oder reale Zeit. Aber das Ehmals ist selbst nicht für
sich, es ist ebenso das durch Zukunft zum Gegenteil seiner
selbst werdende Itzt, und es also nicht abgesondert von die-   30
sen; es ist an sich selbst nur dieser ganze Kreislauf, die reale
Zeit, die durch Itzt und Zukunft Ehmals wird; die reale Zeit /
als Ehmals, der Gegenwart und Zukunft entgegengesetzt, ist
selbst nur Moment der Ganzen Reflexion, sie ist als Moment,
welche die sich in sich zurückgenommene Zeit ausdrückt, sie
als das Sichselbstgleiche, sich auf sich selbst Beziehende, und
zwar als die Bestimmtheit des sich auf sich selbst Beziehens,
oder sie ist ihr erstes Moment, sie ist vielmehr das Itzt als die
Vergangenheit, die ebenso, wie die andern Momente sich
selbst aufhebt, daß das ganze Unendliche als sich auf sich-   40

selbstbeziehend, als Totalität geworden, sich so unmittelbar das passive oder erste Moment ist.

Die Zeit auf diese Weise als unendlich, in ihrer Totalität nur ihr Moment, oder wieder ihr Erstes seiend, wäre in der Tat nicht als Totalität, oder sie existiert so nicht als das, was der Grund dieser Unendlichkeit, die nur ist als in sich einfache Unendlichkeit; oder nicht nur das Übergehen in das Entgegengesetzte, und aus diesem wieder in das Erste; eine Wiederholung des Hin und Hergehens, welche unendlichviel ist, d. h. nicht das wahrhafte Unendliche; die unendlichhäufige Wiederholung stellt die Einheit als Gleichheit des Wiederholten dar, welche Gleichheit nicht an diesem Wiederholten, sondern außer ihm ist. Das Wiederholte ist gleichgültig gegen das, dessen Wiederholtes es ist, und für sich ist es nicht ein Wiederholtes. Die Wiederholung der Reflexion der Zeit ist zwar eine solche, in welcher jedes Moment aus dem Entgegengesetzten entsteht, und also vor- und rückwärts ein Glied in dieser absolutdifferenten Reihe ist; aber es ist nur Glied, und daß es als dies bestimmte Glied unmittelbar das entgegengesetzte ist, ist die absolute Einheit der entgegengesetzten Momente; das Moment aber ist nicht an ihm selbst als dieses, was es vorher gewesen, oder nachher sein wird; diese Reflexion ist außer ihnen, und daß es das wieder wird, was es gewesen, ist in der Tat eine Einheit, welche nur als ein Wiederholen ist.

Die Totalität des Unendlichen ist aber in Wahrheit nicht ein Zurückgehen in das erste Moment, sondern das erste Moment ist selbst als eines der Momente aufgehoben worden; die Totalität fällt nur zum ersten Momente zurück, als dem entgegengesetzt, aus dem sie unmittelbar herkommt, aber dies ist in der Tat das aufgehobene Erste, und das Aufheben seiner selbst; und die Totalität als Gegenteil des differenten Moments ist es nur, als die Einheit beider, oder als das Ansich des zweiten, was an diesem als zweiten nur für uns ist; das dritte ist aber dieser Ausdruck dieses Ansich, / und es ist so nicht drittes, sondern die Totalität beider; und die reale Zeit ist Vergangenheit nur gegen die Gegenwart und Zukunft; aber dieses dritte ist die Reflexion der Zeit in sich, oder es ist in der Tat Gegenwart, und die reale Zeit ist sich ebenso, indem das Ehmals Itzt ist, zum ersten Momente geworden, als sie dies Itzt, das so nur als zurückgekehrtes Moment sich darstellte, aufhob, und [ist] so das Aufheben ihrer Momente, und das Aufheben dessen, daß sie in ihrer Reflexion sich nur zum Momente wird. Das Aufheben dieser formalen Reflexion macht sie zur sichselbstgleichen Totalität, welche sich als Bewegung in sich, die nur zwar ein Darstellen des Ganzen, aber nur als eines geteilten oder differenten ist, aufhebt.

Die Vergangenheit, die hiemit ihre Beziehung auf Itzt und Einst aufgehoben, hiemit selbst nicht mehr Ehmals ist, diese reale Zeit ist die paralysierte Unruhe des absoluten Begriffes, 10 die Zeit, die sich in ihrer Totalität das absolut Andre geworden, aus der Bestimmtheit des Unendlichen, dessen Darstellung die Zeit ist, in das Entgegengesetzte, die Bestimmtheit der Sichselbstgleichheit übergegangen, und so als die sichselbstgleiche Gleichgültigkeit, deren Momente in der Form dieser gegeneinander sind, Raum ist.

B. Der Raum ist das Sichselbstgleiche, in der Bestimmtheit des Sichselbstgleichen gegen die Bestimmtheit des Unendlichen, das in den Raum als sein Gegenteil übergeht. Wie die Zeit außer sich kommt, und zum Raume wird, so muß im 20 Gegenteil der Raum in sich gehen, und sich im Punkte aufheben, wenn wir für einen Augenblick das Negative des Punkts als das Innere gegen das Positive des absoluten Raums als das Äußere bestimmen wollen. Der absolute Raum ist das unmittelbar Sichselbstgleiche, wie es so eben sich ergeben hat. Aber daß [er] diese Bestimmtheit des Sichselbstgleichen ist, ist am absoluten Raume selbst unmittelbar [nicht] ausgedrückt, oder es ist vielmehr an ihm nur die absolute Foderung dieses Ausdrucks, und der wirkliche Ausdruck dessen an ihm, was er in Wahrheit ist, ist seine Reflexion in sich selbst. Der absolute 30 Raum ist nämlich diese Sichselbstgleichheit, in welcher das Negative, die Grenze und ihre Bewegung, wie sie Zeit ist, schlechthin aufgehoben, und der Raum ist dies gesetzte Aufgehobensein; er ist nicht das reine Sichselbst/gleiche, sondern so, daß es das Aufgehobensein des Negativen ist; er ist nicht ohne die Grenze, aber sie ist, unmittelbar aufgehoben; und es ist nicht von ihr abstrahiert, oder sie ist nicht vertilgt, sondern sie ist als ihr Aufgehobensein, oder ihr Aufgehobensein ist gesetzt. Der absolute Raum ist deswegen als schlechte Unendlichkeit, weil das Negative nicht als solches an ihm ist, sondern als ein Jenseits, das verschwunden sein soll; in der Tat aber nicht einen verborgenen Einfluß auf ihn hat, oder sein Inneres ist; ebendarum ist auch seine Sichselbstgleichheit nicht eine solche, die sich in der Tat von der Vergangenheit befreit hätte; sie ist nicht eine gegenwärtige, denn sie ist nur wesentliche, aber nicht ausgedrückte Negativität, und also nicht an sich selbst, sondern immer nur das Hinausgehen über ein Anderes.

10 Der absolute Raum wesentlich so von der Grenze affiziert, ist, wie er an sich ist, in der Tat nur bestimmter, eingeschränkter Raum, und er sich als solcher unmittelbar sein erstes Moment. Das Negative ist hier nur ein Beschränken des Raumes, nur am Raume, nicht für sich; es ist das Anders des Positiven des Raumes, aber schlechthin nur als das Andre des absoluten Raumes, nur als auf ihn bezogen. Dies Beschränken macht ihn in der Tat nicht zu einem beschränkten Raume, sondern ist ein Beschränken desselben überhaupt, der Begriff einer Dimension überhaupt in ihm; und der absolute Raum, der

20 sich zu seinem ersten Momente wird, ist nur [als] dieser absolute Raum bestimmt, aber von einer ebenso unbestimmten Bestimmtheit; nichts als die Foderung des absoluten Bestimmens, oder des für sich selbst Seins seines Negativen, dessen was er wesentlich an sich ist; wie das erste Moment überhaupt ebenso nur der Begriff, oder die Foderung der Bestimmtheit ist, die formale Bestimmtheit, das noch nicht fertiggewordene Gegenteil oder Negative von dem, dessen Negatives [es] ist; indem wir die Reflexion antizipieren, nach der die Realisierung des Begriffs, oder der Sphäre, das Werden des Gegenteils

30 derselben ist.

Die Dimension im Raume überhaupt, oder das Beschränken des Raumes, indem sie nicht für sich selbst oder indem sie schlecht unendlich ist, ist in der Tat nicht ein Beschränken des Raumes; es ist schlechthin nur gesetzt in Beziehung auf den Raum selbst, selbst ein Aufgehobensein des Beschränkens; es ist also vielmehr das Gegenteil seiner selbst, das Aufheben seiner selbst; es ist hiemit in Wahrheit mit jener Dimension überhaupt, ein Aufheben dieser Dimension gesetzt. Dieses Aufheben dieser Dimension ist aber in dem Raume, es ist

40 nicht ein Verschwinden der ersten, sondern es das Setzen der-

selben, was sie an sich ist, und ist das Setzen einer neuen / Dimension in dem Raume. Denn da das Negative überhaupt in dem Raume ist, so ist es, insofern es noch in ihm ist, unmittelbar in der Form, daß es gesetzt ist als ein Aufgehobensein des Negativen, das es ist, oder in der Form eines Positiven, und eines gegen das, worauf es sich bezieht, Gleichgültigen, und diese Bewegung der Realisation oder Reflexion des Raumes in sich selbst erscheint als eine dem Raume fremde Notwendigkeit, indem die Bestimmtheit in ihm nicht die Form hat, daß ihre Beziehung auf eine andere an ihr selbst ausgedrückt wäre, sondern diese Beziehung ist vielmehr, durch ihre Aufnahme in die Form des Aufgehobenseins des Negativen, paralysiert, oder abgeschnitten. Dies daß die Dimension überhaupt, das Gegenteil ihrer selbst, ein Nichtbeschränken ist, erscheint nicht an dieser Dimension selbst, als eine Notwendigkeit derselben; sondern daß sie nur Foderung ist, die mehr in sich hat, als an der Dimension sich ausdrückt, ist ein ihr selbst Fremdes, da hingegen die Dimensionen der Zeit an sich selbst different, und sich fortbewegend, unruhig gesetzt sind. Diese der Dimension des Raumes überhaupt fremde Reflexion, daß sie formal ist, und in der Tat das Gegenteil ihrer selbst, ein Nichtbeschränken, ist sie aber wesentlich, und dieses Wesentliche fällt selbst in den Raum, und ist ebenso in der Form der Gleichgültigkeit, als eine zweite Dimension überhaupt; aber zugleich sich so bestimmend, daß sie zwar ein Negatives des Raumes ist, aber nicht dies Beschränken, sondern ein sich auf sein unbestimmtes Bestimmtsein beziehendes Bestimmen. Als Abstraktion des Raumbeschränkens ist es zweite Dimension überhaupt, aber sie gesetzt, als das, wie sie geworden ist, als sich auf das unbestimmte Beschränken des Raumes beziehendes Beschränken ist es nicht Dimension überhaupt, sondern ein Ganzes des Beschränkens, das Gegenteil eines Gegenteils, und ist oder erscheint in der Tat als das Erste Beschränktsein des Raumes, als F l ä c h e.

Die Fläche ist das Anderssein des Raumes, die Beziehung zweier Dimensionen desselben aufeinander, der einen als der formalen Bestimmtheit, und der andern, wodurch diese selbst als ihr eigenes Gegenteil ausgedrückt wird; in jener Rücksicht geht der Raum seiner Negativität zu, in dieser umgekehrt seiner Realität; denn dieses als ein Fortgehen ist ein Aufheben 40

des Aufhebens des Raumes, oder ein Negieren, das sich auf sein Negieren bezieht; jene hingegen ist diese Negationen als ein positives Beziehen der Negationen, das in Beziehung auf diese positiv ist, und daher ein Konstituieren derselben gegen den Raum; ein Konstituieren seiner Negativität; / wie im Verhältnisse des Denkens überhaupt mit der Realisation des Allgemeinen zugleich die Besonderheit zur Einzelnheit, als das Gegenteil des Allgemeinen, realisiert [wird]; indem das Allgemeine ebenso nur als die Beziehung des Bestimmten, das so
10 ein eigenes Ganzes bildet, oder als die absolute Einheit [ist], in welchem das Bestimmte nicht in seiner Beziehung aufeinander, sondern nur als im Allgemeinen ist.

Die Fläche als das Anders des absoluten Raumes ist nur darum ein Moment, weil sie eine Beziehung Differenter ist. Aber indem sie für sich das Anders des Raumes, oder sein Wesen, das Negative sein soll, so ist sie doch vielmehr nicht das Negative desselben, sondern ihr Wesen selbst, ihre Beziehung und Einheit ist vielmehr der Raum selbst. Sie ist zwar Beschränken des Raumes, aber sie ist nicht die freie Grenze
20 selbst als Negatives, sondern vielmehr die Einheit des Negativen und des Raumes, die Synthese beider; oder das, dessen Gegensatz ist, am Raume selbst gesetzt, als Negation des Raumes; so ist dieser nur geteilt, es sind zwei Räume, aber so, daß er gegen diese Negation ganz gleichgültig, und in ihr in der Tat sich selbst gleich bleibt, und seine Negation ein Nichts ist.

Diese als die Fläche ist also für sich als das Andre des Raumes gesetzt worden, aber sie ist es in der Tat nicht, sie ist vielmehr das Nichtanderssein desselben, und also das Gegen-
30 teil ihrer selbst; und diese Negation der Fläche ist eine neue Dimension des Raumes; sie ist von der einen Seite nicht aus der Beziehung auf den Raum getreten, dieser bleibt das Allgemeine, das zum Grunde liegt. Diese Beziehung der Negation der Fläche auf den Raum überhaupt als das Allgemeine macht sie zur dritten Dimension für diesen; für die Fläche aber ist sie Negation oder nur Grenze derselben, weil in dem allgemeinen Elemente des Raumes, die Negation überhaupt das Negierte nicht absolut aufhebt, sondern nur gleichgültig sich darauf bezieht, und nur ein äußerliches Aufhören desselben,
40 als einer Größe ist. Die Negation ist als Aufheben des Anders-

seins des Raumes, die Reflexion des Raumes in sich selbst; oder der sich in ihr zur Totalität gewordene Raum. Aber indem in der Gleichgültigkeit des Raumes jede Bestimmtheit selbst zur gleichgültigen wird, so ist diese Negation des Andersseins als Negation und als reflektierte, sichselbstgleich gewordene; oder die einfache, formale des Raums; immer noch innerhalb des Raumes. Sie ist / Linie; als Negation der Fläche ist sie selbst räumlich, oder eine als aufgehoben gesetzte Ungleichheit, und daher noch eine an ihr selbst gesetzte Möglichkeit der Vielheit; denn die Fläche ist, selbst positive, eine 10 solche Beziehung. Als die realgewordene Dimension, ist der Ausdruck der Dimension im Raume überhaupt, oder der Richtung, Linie.

Diese Momente der Realisation des Raums, formal als Dimensionen überhaupt betrachtet, haben sie an ihnen gar keine Notwendigkeit, daß ihrer nur drei sind; diese ist allein in ihrer Bedeutung als Momente, und die Zahlbestimmung selbst gibt sich unmittelbar als eine äußerliche, die Form der Zufälligkeit habende aus; und sie sind so nur die ganze Menge der Momente oder Dimensionen, nicht die Einheit oder die Totalität 20 derselben. Ebenso sind Fläche und Linie das Insichzurückgekehrte Anderssein des Raumes, aber es ist seine Natur, daß dies Anderssein des Andersseins, die Linie als dies Moment unmittelbar nur außer der Fläche fällt, und die Reflexion, daß dies sich auf die Fläche beziehende Negieren derselben, so das Erste, die Rückkehr wäre; die Linie als Einheit ist ein Gleichgültiges Moment gegen sie als Negation der Fläche, und ein Aufheben der Linie selbst. Der in sich zurückgegangene Raum ist die Negation dieser seiner Dimensionen, aber ebenso die Negation seiner selbst als Raum; denn der Raum als 30 allgemeiner Raum ist er nur als Positives gesetzt, zu seinem Wesen sich reflektierend, ist er Negation seiner Einschränkungen, aber als Negation, das Gegenteil seiner selbst; das Aufgehobensein der sichselbstgleichen Beziehung des Vielen, die absolute Ausschließung derselben, er ist Punkt. Er ist, zum Punkte geworden, Totalität, aber er ist dies nur als Gegenteil seiner selbst; seine Totalität ist, absolut positiver, und absoluter negativer Raum zu sein, er ist jenes als sogenannter absoluter Raum, dies als Punkt, aber diese zwei Momente der Totalität fallen selbst auseinander. Sie sind nicht in der Totalität 40

selbst als solcher aufeinander bezogen, oder absolut eins gesetzt, sondern indem sie für sich sind, können sie nur so bezogen sein, daß sie zugleich getrennt sind; oder sie durch ihre
Mitte bezogen. Die Raumtotalität, welche alle Dimensionen
in sich faßt, faßt sie zugleich als abgesonderte, die Fläche und
Linie ist die Mitte, welche die Absolute Einzelnheit des Punkts
und die leere Allgemeinheit des absoluten Raums zusammenschließt; eine Mitte, welche selbst in sich geteilt, als Fläche
gegen den absoluten Raum, als Linie gegen den Punkt gekehrt
10 ist, und ihre zwei Seiten so selbst getrennt darstellt. Aber als
diese Totalität hört der Raum selbst auf, das absolutallgemeine zu sein; / er ist auf die eine Seite als Extrem, gegen seine
Negation, den Punkt getreten, und ist so von einer absoluten
Beschränktheit affiziert, und die Mitte, als die Einheit beider,
ist das Allgemeine, das den Punkt und den Raum in sich
schließt, und so erst einen beschränkten Raum konstituiert,
der allein in sich die Totalität des Raums, als Einheit der drei
Dimensionen ist, und zugleich als Beschränktheit dem absoluten Raume wieder entgegengesetzt; der auf diese Weise selbst
20 als beschränkter Raum unbeschränkt ist, oder an sich selbst
nicht zu seiner Totalität gelangt; als absoluter Raum nur die
schlechte Unendlichkeit an sich hat, als Totalität, oder in sich
unendlich, ein beschränkter Raum ist.

Es ist nicht die ganze Mitte der Reflexion des Raums, welche sich auf diese Weise der ganzen Reflexion desselben, als
ihre Einheit, bemächtigt hat, sondern nur die eine Seite, die
Fläche, oder die Seite der Allgemeinheit, das Räumliche, wodurch ein beschränkter Raum entstanden, und der Raum
selbst das Gleichgültige, Allgemeine, als Gemeinschaftliches
30 und als ungetrennte Quantität bleibt, für welche diese Diremtion selbst nur als ein Fremdes ist; und diese Darstellung des
Raums in seiner Beschränktheit ist selbst eine beschränkte,
nicht die absolut beschränkte; oder die Linie muß ebenso das
Ganze bestimmen, als die Fläche, und der Raum in seiner
Rückkehr in sich nicht bloß das positiv Allgemeine, wie im
beschränkten Raume, sondern ebenso das negativ Allgemeine,
Unendliche sein. Daß sich die Totalität des Raumes durch die
Mitte der Fläche zusammen und umschlossen darstelle, als
dies, ist gleichnotwendig, daß die Linie, die hierin verschwin-
40 det, sich ebenso zur Mitte mache. Oder in der Realität des

Raumes ist er als beschränkter durch die Fläche vom allgemeinen getrennt und darauf bezogen, die Linie muß ebenso
in diese Beziehung eintreten. Da aber die Momente in dem
Raume auseinanderfallen, so fällt auch diese Beziehung der
Mitte als eine gedoppelte auseinander. Die Fläche bezieht sich
auf den absoluten Raum, und ihr Beschränken ist deswegen
ein Beschränken des Raums überhaupt; für sich aber darum
nur ein beschränktes. Die Linie, aber, als Allgemeines, als
Mitte bezieht sich nicht auf den absoluten Raum, und kann
nur Allgemeines sein als sich aufhebend, oder als Werden zum
Punkte, als absolutes Aufheben des Raumes, der selbst dagegen gleichgültig in seinem Aufgehobenwerden entsteht. So
daß dies Aufgehobenwerden nur eine Foderung, nur ein Werden des Aufhebens ist. Der Punkt, der wird, ist die absolute
Negativität, die einfache Grenze, die, wenn sie wäre, außerhalb des Raums selbst fiele, und eben deswegen in ihrem Gesetztsein, da sie auf den Raum absolutbezogen ist, ebenso
sich selbst aufhebt, und / in ihrem Aufheben wiederentsteht;
und es ist nur dies Aufgehobenwordensein dieses Punkts, sein
Aufheben seines Aufgehobenseins, und das Aufgehobenwerden desselben; er als ein Tätiges, und ebenso als ein Passives,
und das Aufgehobensein dieser beiden Bestimmtheiten; und
diese Momente sind schlechthin einer nur durch die andern,
sie sind absolut nur einer in den andern, oder dies Ganze ist
die einfache Unendlichkeit der Zeit. Der Raum ist in seiner
wahrhaften Realisation in sein Gegenteil übergegangen, wie
diese in ihn. Jedes ist unmittelbar das Gegenteil des Andern,
und jedes ist nur als dies Gegenteil, das Einssein beider in diesem Überspringen ist unmittelbar und einfach. Die Gleichgültigkeit des Raumes ist hier aufgehoben, so wie die Momente
der Zeit, in ihm erst ihr ideales Moment des Seins oder Bestehens haben, das aber ebenso unmittelbar aufgehoben ist.
In der Zeit selbst, ist die Unterscheidung ihrer Momente, und
die Realität der Zeit selbst nur der Raum, oder die sich realisierende Zeit ist unmittelbar räumlich; denn die Unterscheidung ihrer Momente ist ein Sein derselben, das Moment der
Allgemeinheit, der Einfachheit als entgegengesetzt, der Negativität, und dies Moment ist nur als Raum, aber es ist selbst
nur als das Gegenteil seiner selbst, als selbst unmittelbar sich
negierend. Ebenso sind die Dimensionen des Raums in der

Tat die Unendlichkeit der Zeit, in seine Gleichgültigkeit aufgenommen, aber diese selbst sind nicht an sich diese Gleichgültigkeit, sondern gehen in einander über, und in den Punkt, der am Raume gesetzte Begriff der Zeit, der sich selbst als reale Zeit an ihm machen muß. Die Zeit, die so aus dem Raume zu sich selbst geworden, ist also in der Tat nur am Raume real; und der Raum ist nur diese aus ihm werdende Zeit, wie er nur das Werden zur Zeit. Diese Reflexion der Zeit in sich als das Ganze der Reflexion, ist zugleich nicht mehr jene dem
10 Raume entgegengesetzte, erst in ihn übergehende Zeit, sondern unmittelbar an ihm seiend, so wie er an ihr; sie als seiend nur als zum Raume werdend, und er nur als zur Zeit werdend, und umgekehrt, eins nur als zurückkehrend aus dem andern.

Die reale Einheit beider hat beide in sich als sich trennend, und unmittelbar im Trennen als sich selbst aufhebend, sie ist selbst einfach, und die reale Unendlichkeit des Äthers, deren Momente Zeit und Raum selbst absolut Einfache, die Unendlichkeit nicht als Fixieren der Momente, sondern [als] ein un-
20 mittelbares Aufgehobenwerden darstellen. Diese reale Unendlichkeit ist die Bewegung. Die absolute Materie oder der Äther ist die leere Abstraktion des Raumes, insofern sie nicht als Einheit / des Sichselbstgleichen und Unendlichen ist, oder
* die Materie ist wesentlich Bewegung. Die träge Materie ist eine der metaphysischen Erdichtungen, eine der für Realitäten ausgegebenen Abstraktionen. Sie ist wesentlich sich bewegend, aber sie existiert auch in einer anderen Sphäre, im absoluten Gegensatze, in welchem ihre Bewegung außer ihr fällt; aber diese Materie ist nicht die Materie an sich, sondern
30 auf ein ihr Fremdes äußerlich bezogen; und dies Verhältnis auf die Materie überhaupt übertragen, oder diese Materie für die absolute Nehmen ist eine von den Verwirrungen, die eine untergeordnete Seite zur absoluten macht. In dieser untergeordneten Sphäre fällt das Sichselbstgleiche oder die Ruhe außer der Bewegung, und in ihr hat allein daher das Cartesianische Prinzip, das in der sogenannten Newtonischen, der Cartesischen entgegengesetzt sein sollenden Philosophie, wie noch in allen Lehren der Bewegung geltende Prinzip seine Stelle, daß der Materie wesentlich die Trägheit zukomme, daß
40 sie gegen die gegeneinander Gleichgültigen, Ruhe und Bewe-

gung, gleichgültig sei, und nur durch äußere Ursache bestimmt, wenn sie bewegt ist, in Ruhe, und wenn sie ruht, in Bewegung übergehe. Es gilt dies schlechthin nur von der Materie als einzelnen Körpern, und zwar von diesen, schlechthin nur insofern sie einzelne Körper sind; denn außerdem daß sie einzelne Körper sind, sind sie auch noch wesentlicher real, oder absolute Materie, und haben Ruhe und Bewegung ungetrennt in sich; und zwar sind die himmlischen Körper selbst nicht solche einzelne Körper, in welchem Ruhe und Bewegung auseinander fällt. In der Sphäre, worin dies der Fall ist, kann 10 allein von Stoßen, Anziehen und so fort, als Ursachen der Bewegung die Rede sein; in das himmlische System dürfen aus dem irdischen nicht solche Verhältnisse getragen werden.

Es ist gezeigt worden, wie die absolute Materie an ihr selbst *
ihrer Natur nach Ruhe und Bewegung in sich hat, indem sie die Einheit des Sichselbstgleichen und des Unendlichen ist; jenes in der Differenz oder als Moment Raum, dieses Zeit; jener das Moment des Bestehens oder Fürsichseins überhaupt, dies des Sichselbstnegierens; die Endlichkeit des Endlichen ist darin, daß die Momente in die Form des Fürsichseins treten; 20 und ihre Unendlichkeit ist, daß sie ebenso wesentlich Zeit sind, oder sich als Bestimmtheit aufheben. Die Zeit ist deswegen die absolute, nur blinde, Macht der Natur, sie ist darum einer der ältern Götter, dem, was der Natur ange/hört, nichts widerstehen kann, aber der, wo der Geist sich realisiert, selbst in die Grenzen der Nacht zurückverwiesen wird. Was der Zeit von Endlichkeit zukommt, kommt ihr allein durch den Raum zu; ihr Jetzt, ihre Bestimmtheit ist die absolute, die sich unmittelbar aufhebt; das Zugleichbestehen entgegengesetzter Bestimmtheiten, gehört allein dem Raume 30 an, so wie die Dauer des Bestimmten, oder das Sein zu verschiedener Zeit eine Unterscheidung in der Zeit ist, die als ein vielfaches Bestehendes und ein gleichgültiges Geteiltes nicht ist, sondern ein schlechthin Einfaches.

II. Die erscheinende Bewegung

Der Begriff der Bewegung, oder die reale Materie ist so entstanden, daß die Beziehung des bestimmten Raumes auf den absoluten aus einer gleichgültigen eine differente, und die allgemeine positive Einheit desselben die unendliche geworden ist, und so die Zeit sich des Raumes, als seine Macht bemeistert hat. Es ist hiedurch klar, daß die differente Einheit, welche den Raum [dadurch] realisierte, daß sie seine an ihm gleichgültigen Momente bezog, und die also, da sie an ihm gleichgültig waren, außer ihm, ihm fremde war, daß sie die Zeit selbst und in absoluter Einheit mit ihm ist. Aber indem als Zeit, diese differente Einheit gesetzt ist, so hören diese Momente auf, gleichgültig zu sein, sie fallen wohl in den Raum, aber sie haben ihre differente Einheit an ihnen selbst, und verschwinden ebenso, oder es sind Bewegungen. Die Bewegung so in den Momenten erscheinend, ist selbst bestimmte oder reale Bewegung, oder vielmehr sich realisierende; die Realität, die sie in den Momenten hat, ist ihre schlechte Realität, und die absolute kann nur die Einheit dieser Momente, die Einheit von Momenten, die selbst Bewegungen sind, sein.

Die Bewegung so die Momente des Raums produzierend, ist sich selbst Moment; die Zeit dringt in den Raum durch den Punkt ein, oder die Bewegung, die sich Moment ist, also einfaches erstes Moment, ist ihrer Idee, oder sich als Allgemeinheit entgegengesetzt; diese ist daher selbst bestimmte, oder zerfallende Allgemeinheit, in ihre idealen Momente, die formale Allgemeinheit, oder den Raum, und die / formale Unendlichkeit, die Zeit, die sich auf den Raum als Punkt bezieht, und das Einzelne ist; die Bewegung selbst ist die Einheit beider, das Besondere, als eine jenen Formalen, Getrennten entgegengesetzte Verbindung derselben; sie ist durch die Einzelnheit die Zeit mit dem Raume zusammengeschlossen. Sie ist so gesetzt, als sich unmittelbar auf den Punkt beziehend; und zwar, da er für sich ist, als an ihm seiend als subsumiert von ihm als Einzelnheit, als seine Qualität; er ist ein bewegtes, oder sich bewegendes, welches hier der Unterschied ist, indem er als absolute Materie sich selbst bewegt; aber er ist zugleich gesetzt, als nicht absolute Materie, als Punkt, der wohl die Bewegung an sich hat, aber so, daß er als Punkt, als Einzelnes zugleich den Momenten der absoluten Materie, der Zeit und dem Raume entgegengesetzt, und so auch der Bewegung nicht gleich [ist], sondern sich [als] Allgemeines gegen sie als Besonderes verhält, so jedoch, daß sie wieder, wie er

über sie hinauskommt, sie als Besonderes, da er nur Einzelnes
ist, auch die Allgemeinheit an sich hat, und über ihn hinausgeht; und hiedurch ist er nicht die Bewegung an sich selbst, er
ist ein Bewegtes. Die Bewegung ist als Moment so an einem
Andern, sie ist das Akzidens einer Substanz; aber diese ist
selbst überhaupt noch nichts anders als die Substanz, oder
der reine Punkt. Der Punkt der Bewegung drückt an ihm die
Beziehung der Zeit auf den Raum aus. Er bezieht sich, indem
die Zeit an ihm ist, überhaupt auf den Raum, nicht so, daß
er nur das Aufgehobensein des Raumes ist, sondern so, daß 10
er ebenso sich selbst aufhebt, und seine Negation des Raumes
[ist], daß er durch die Unendlichkeit der Zeit, das unmittelbare Gegenteil seiner selbst, und eine positive Beziehung des
Raumes ist. Der Punkt sich so selbst produzierend, sich positiv auf den Raum beziehend, ist Linie, so, daß sein Punktsein
ein Ort ist, ein auf bestimmten Raum sich beziehender Punkt.
Aber es ist keine Bestimmtheit des Raums vorhanden als
durch den Punkt selbst; und der Punkt hebt sich auf als
Punkt, und wird zum Orte, positive Beziehung; aber ebenso
ist er Punkt, und hebt den Ort auf, und sein Ortsein ist selbst 20
nichts als die Beziehung auf einen aufgehobenen Ort, und auf
der andern Seite, auf das Aufgehobensein des Punktes, oder
sein Werden zum Orte. Die Linie des Punktes ist eine absolutunruhige, er bezieht sich auf den Raum, er ist Ort, aber dies
Ortsein hebt sich unmittelbar auf durch sein Punktsein, und
er ist zugleich ein anderer Ort; das Werden eines andern [an]
ihm, oder seine Passivität, und sein Sein, so wie seine Tätigkeit, daß er Raum als einen durch ihn aufgehobenen setzt,
welches Aufgehobensein des Raumes selbst wieder ein Aufgehobensein seiner Tätigkeit ist; der zurückgelegte Raum, als 30
die Einheit des Orts, wo er sich / befindet, und dessen, wo er
sich befinden wird, ist die Bewegung des Punktes, eine lineare überhaupt, denn es ist der Punkt, die absolute Negativität
des Raumes, welche sich auf den Raum bezieht; sie eine unruhige, verschwindende Linie, die nicht ist, indem sie ist,
selbst ein absolut als aufgehoben Gesetztes, bloße Richtung;
sie ist geradlinigt, indem die Bewegung als ihr erstes Moment
ist, an der Bestimmtheit des Punkt sich rein auf sich selbst beziehend. Die lineare Bewegung als solche bezieht sich auf
nichts anderes außer dieser punktuellen Bewegung, sie reflek- 40

tiert sich nicht in sich selbst, sondern ist absolut in sich reflektiert. Der Punkt ist in der Bewegung außer sich, aber
nicht die Bewegung, und das Außersichsein des Punkts hebt
sich unmittelbar auf, indem er den Ort, oder die positive Beziehung auf den Raum aufhebt, und so als Ort selbst nur auf
den Raum der Bewegung, nicht auf einen andern [sich] bezieht, auf ein Anderes als durch ihn selbst gesetzt ist. Es hat
die gerade Richtung die absolutgeringste Differenz, und deswegen ist sie die kürzeste Linie; denn die kürzeste ist die,
10 welche die absolutgeringste Differenz hat; und jener Satz ist
ein analytischer.

In der Bewegung, welche so Akzidenz des Punktes, an
einem Andern, oder ideell gesetzt ist, ist Raum und Zeit, als
in der Einheit der Bewegung überhaupt nicht getrennt, nicht
jedes für sich, sondern sie sind absolutunendlich jedes das Gegenteil seiner selbst, und unmittelbar eins. Aber zugleich, da
die Bewegung erscheinend ist, oder nur als Besonderes, und
der Allgemeinheit und Einzelnheit entgegengesetzt ist, welche
selbst auseinanderfallen, so stellt sich an ihr dieser Gegensatz
20 des Raumes und der Zeit dar, nicht als ein Erscheinen des
Raums für sich, und der Zeit für sich, denn diese bleiben eins,
sondern der Unterschied muß schlechthin als ein äußerer sich
darstellen, d. i. als ein Verhältnis der Größe beider. Ihre absolute Differenz, die sie in der Unendlichkeit haben, in die
Erscheinung tretend, kann nur schlechthin als an der Zeit und
an dem Raume sich darstellen; so daß ihre Bestimmtheit selbst
gegen einander, als für sich seiend, nur als Akzidenz, oder
selbst als ideell sein kann; als Maß, das durch ihre Natur bestimmt ist. Aber auch in dieser Rücksicht ist die Bewegung
30 ungetrennt, und an ihr kann die Unterscheidung sich nur
darstellen, als eine sich selbst Ungleichheit in ihrer Fortdauer.
Die einfache Bewegung am Raume als Ortsveränderung, die
sich wieder aufhebt, ist dauernde Bewegung, oder es ist die
Zeit so am Raume erscheinend, nur als Veränderung des
Raumes, und sie selbst als sich verändernd ist aufgehoben,
sie ist absolute Dauer. Zeit und Raum haben ihre / Bestimmtheit ausgetauscht; die Zeit ist das absolute sich Verändern, als
das Moment der Unendlichkeit; aber die erscheinende Bewe-
 * gung ist nur eine Veränderung dessen, das vorhin sich selbst
40 gleich das Unveränderliche ist, des Raumes, und umgekehrt

ist die Zeit in ihr das Sichselbstgleiche, als die Zeit als die sich im Raume realisiert hat. Raum und Zeit treten auch so nicht auseinander, sondern der Raum ist nur das Allgemeine gegen sein hier Besonderes, die Bewegung; was aber beide zusammenschließt, die absolute Einzelnheit, die Zeit, ist ebendarum das Allgemeine, Dauer, das sie Zusammenfassende, und als erscheinend ist sie nur als entgegengesetzte Mitte Punkt; als unendliche eben in ihren sich beziehenden Extremen, dem Raume und der Bewegung.

Die Bewegung in diesem Raume, nämlich in der Dauer, ist selbst ein Vielfaches, nicht als Eingeteiltes des Raums und der Zeit, sondern der Bewegungen, und es ist allein an dieser Vielheit, daß die Ungleichheit des Raums und der Zeit sich, und zwar nur als Größe dieser Bewegungen, darstellen kann. Die Bewegung ist in der Dauer absolutkontinuierlich, ohne Vereinzelung, denn der Punkt der ein Vielfaches wird, hebt seine Vielfachheit auf, und wehrt dadurch seiner beginnenden Vereinzelung; sie ist in ihrer Kontinuität schlechthin nur als Möglichkeit der Vereinzelung, d. i. eben sie ist kontinuierlich; und die Ungleichheit ist als solche nur in der Vergleichung. Die Bewegung, auf diese Weise die Vielheit, und ebenso die Ungleichheit, als Maß, und dadurch die Rücknahme dieser in die Gleichheit, an ihr als ein Äußerliches habend, reflektiert sich nicht durch und für sich selbst in sich. Sie stellt nur diese Totalität als eine absolut reflektierte, als eine an ihr so seiende, dar; es erscheint nur die Ungleichheit. Aber die Einfachheit ist nur ein ihr Inneres, oder ein Gesetz, das sie nur in der Ungleichheit, also stumm ausdrückt, nicht es als ein die Ungleichheit in sich Zurücknehmendes, als Geist ausdrückt. Oder die Bewegung geht überhaupt in ihrer Realisierung nur bis dahin, daß ihre Momente ihr als Größe äußerlich, ideell werden, oder das Leere der Quantität ist ihre als Einheit existierende Einheit, nicht als Totalität; und die Bewegung als solche als Einheit der Zeit und des Raums bleibt einfach. Die Größe ist darum auch nur dasjenige, worin sie die Differenz ihrer Momente ausdrückt, und sie selbst ist in der Quantität ein absolutes Verhältnis der Größen beider; für sich eine kontinuierliche Vielheit von / Bewegungen, welche ungleich gegeneinander das Gesetz jenes Verhältnisses ausdrücken, insofern die Glieder des Verhältnisses selbst ungleich gegeneinander, überhaupt ihre Beziehung ein Verhältnis ist.

Die Bewegung, welche Zeit und Raum als Größenverhältnisse ausdrückt, ist hiedurch sich nicht die Bewegung selbst, sondern eine Verhältniseinheit, Geschwindigkeit. In ihrer Entgegensetzung ist die Zeit nach ihrem Prinzip Punkt, das Eins, und der Raum überhaupt, dieser Punkt als Quantum; sich selbst außersichsetzend, und dieses Außersichsein wieder beschränkend, aber nur durch sich selbst. Die Zeit, ihr Quantum ist völlig unbestimmt, ist Eins gegen den Raum, und dieser dieselbe Einheit, als sich selbst produzierend, nicht ins unbestimmte, sondern als ein Ganzes des Verhältnisses, in welchem das sich selbst Produzierende wieder sein erstes Moment, zugleich das Beschränkende, die Grenze seines Produzierens ist. Die Größe der Bewegung ist, in Zeit ausgedrückt, irgend ein Quantum, im Raume dasselbe Quantum, aber als sein Quadrat. Raum und Zeit so als Größen gegeneinander betrachtet, sind verschiedene Größen, ihre Beziehung ist die Geschwindigkeit. Das Gesetz, daß die eine die Funktion der andern ist, ist rein diese absolute Natur des Raumes und der Zeit, daß jener die außer sich gehende zum Raume werdende Zeit ist, und die ganze Geschwindigkeit als Beziehung jenes ersten Quantums der Zeit und ihrer Produktion derselben, dieses als Quantum nach jenem beschränkt. Die fortgehende Bewegung, wie die Zeit als Quantum sich vermehrt, verändert ebenso das Quantum des Raumes; aber die Geschwindigkeit, das Verhältnis, ist selbst nicht eine Größe, als ein Sichselbstgleiches, sondern ist nur die Natur der Zeit und des Raumes in ihrem Gegensatze gegeneinander. Die Größe des durchlaufenen Raums ist also nur das Quadrat der Zeit, und die Bewegung für sich, als geradlinige ist schlechthin nur eine gleichförmig beschleunigte oder verminderte. Das Zerfällen dieser Bewegungsgröße in die ursprüngliche Geschwindigkeit, d. i. in das empirische Verhältnis der Größen der Zeit und Raumeinheit, in eine gleichförmig sich fortsetzende mit der (im soeben verflossenen Momente) erlangten Geschwindigkeit, und in die Wirkung der beschleunigenden Kraft, sind analytische Momente, deren der erste das Verhältnis überhaupt, der zweite das Verhältnis in das absolute, in welchem der Raum das Quadrat der Zeit ist, aufgenommen, und der dritte die /

Reflexion der Ungleichheit der beiden Verhältnisse ausdrückt;
Gedanken, welche die Analysis als Teile ihres Größenaus-
drucks darstellt, die aber keine Realität haben, so daß die Na-
turbewegung aus dem ursprünglichen Verhältnisse, der gleichförmigen Bewegung, und dem beschleunigenden Moment zusammengesetzt wäre.

Das Gesetz dieser Bewegung, welches Galilei gefunden, und $*$
welches eines der wenigen ist, die der neuern Zeit angehören,
sucht die Mathematik vergeblich zu erweisen; ihre Beweise
setzen vielmehr es immer voraus, und sind nur sinnliche Ex- 10
positionen desselben. Es ist das Gesetz des freien Falls des
Körpers, hier ist es überhaupt die Bewegung als Erscheinung
in ihrer einfachen Form, ein Moment, der selbst hier keine
Realität hat. Denn es ist bestimmte Bewegung überhaupt, als
eine anfangende und aufhörende, aber so ist sie gar noch nicht
gesetzt; keine Ruhe der der Punkt gegenüber, weder als dem
Anfange, noch dem Ende seiner Bewegung träte.

Diese Bewegung ist als Größe in sich resumiert, indem sie
das einfache absolute Gesetz $c = \frac{s}{t^2}$ hat; aber nicht als Bewegung selbst. Sie ist als Beziehung auf den Raum nur das Zie- 20
hen der Linie durch den Punkt in ihm, das Einzelne als Punkt
stellt nur seine Beziehung auf den Raum als Eine Seite der
Mitte, als die der Linie dar; und die Form der Bewegung ist
ebendarum nur eine ideale nicht existierende. Die Linie, als
die sie ist, bezieht sich auf den Raum durch die Fläche; jene
Bewegung, welche Linie ist, sich auf den Raum beziehend
muß Flächenbewegung sein.

Der Punkt kommt außer sich und wird zur geradlinigten
Bewegung, indem er, da die Raum=Totalität zum Punkte,
selbst zur Zeit geworden ist, und die Bewegung so in ihn ge- 30
setzt sich durch ihn auf den Raum bezieht, und [die] Form
seiner Einzelnheit zum Elemente ihrer Form hat. Aber diese
einfache Richtung, das Anderssein des Punktes ist unmittelbar, als Eine Seite der Mitte, das Anderssein ihrer selbst, sie
ist Fläche, die andere Seite der Mitte, und nur so ist die Bewegung absolut auf den Raum, durch die Einzelnheit, die
Unendlichkeit, oder die Momente, Dimensionen des Raums
bezogen, oder der Raum ist so in seinen Dimensionen, was
sie als das Negative sind, eins mit der Zeit.

Die Bewegung als Fläche hebt vors erste nicht die Punktua- 40

lität, noch die Linie der Bewegung auf, denn die Fläche stellt
nur zusammt mit diesen die Bewegung / an dem Raume als
Totalität dar. Oder das sich Anderswerden der geradlinigten
Bewegung bleibt die Mitte, auf deren Seiten das Extrem der
Punktualität und des Raumes steht, und die Bewegung als
Besonderes mit dem absoluten Raume durch die absolute
Einzelnheit sich zusammenschließend, stellt sich so dar, in-
dem sie sich Einheit mit den Momenten dieser Mitte ist; und
so in die Mitte versetzt ist sie immer noch erscheinend, zu
10 Extremen den absoluten Raum und den Punkt sich gebend.

Die geradlinige Bewegung sich ein anderes werdend stößt
vors erste gleichsam den Punkt aus sich aus, und tritt ihm gegenüber; das Bewegte, der sich selbst aufhebende Punkt, ist
nur als Linie; die Linie wird sich ein Anderes, so hört dies
Aufheben seiner auf, und er wird ein ruhiger Punkt; und indem die Bewegung zugleich dies Anderswerden des Punktes
bleibt, wird er die Ruhe dieser Bewegung, als ein ihr Entgegengesetztes, Negatives. Die sich anderswerdende geradlinigte
Bewegung hört auf, ihr einfacher Begriff zu sein, sie ist für
20 das Gegenteil ihrer selbst, für das Andre als sie ist, und dies
ist der Punkt; nach einer Seite als sich anderswerdend, hebt
sie sich als Bewegung überhaupt auf, denn sie wird das Gegenteil ihrer selbst, und ihr Aufhören ist diese Reduktion in
der Ruhe des Punkts. Denn diese ihre Realisation läßt zugleich die Momente, welche sie aufhebt, als positiv, hinter
sich zurück, und sich darauf bezogen; ihre Negation ist nicht
die absolute, sondern das, wovon sie herkommt, oder was sie
negiert hat, bleibt.

Die geradlinigte Bewegung wird also, indem sie ein Ande-
30 res wird, Beziehung auf den Punkt, als die Ruhe, das Gegenteil ihrer selbst; sie bleibt dabei lineare Bewegung, denn die
Erscheinung der Zeit im Raume ist notwendig dieses zur Linie Werden des Punktes. So Ruhe und Bewegung entgegengesetzt, bezieht sich die letztere auf die erste; und die Entgegensetzung nimmt sich in dieser Einheit in sich selbst zurück.
Die lineare Bewegung drückt diese Reflexion an sich aus, als
Kreisbewegung; als die Darstellung der Ruhe in der Bewegung, oder als eine Form, die in ihrem Außersichsein ebenso
geschlossen ist als der Punkt. Diese Bewegung umschließt eine
* ebenso ideale Fläche, als die Linie ideell war, die die geradli-

nige Bewegung nur als Richtung hat; die Bestimmtheit des Raums, die erzeugt wird, ist ebenso an sich wiederaufgehoben, als sie gesetzt wird. Über die Beschreibung der Fläche geht die Bewegung nicht hinaus, diese ist die Totalität ihres Erscheinens, denn als seiend ist sie nur Mitte. /

In dieser totalen Bewegung ist das Verhältnis der Zeit zum Raume ebenfalls ein Verhältnis ihrer Größen, das sich als ungleiche Geschwindigkeit ausdrückt. Denn ob sie zwar die totale oder reflektierte Bewegung ist, also ihr die Ungleichheit der vorhin bestimmten Bewegung sich aufhebt, so ist dies *
selbst ein Aufheben durch Rückkehr in sich selbst, eine erscheinende Einheit, oder eine Gleichheit. Die Beschleunigung oder Verminderung der Geschwindigkeit war vorhin gleich- *
gültig oder unbestimmt. Das Aufheben der Ungleichheit der Bewegung muß sich hier selbst erscheinend darstellen, daß nämlich die Ungleichheit in die entgegengesetzte übergeht, und so die Gleichheit sich durch die beiden entgegengesetzten Ungleichheiten ausdrückt, und von der Beschleunigung zur Retardation, und von dieser in jene übergeht, und in diesem Wechsel, und der Unterbrechung jeder einzelnen der Entge- 20
gengesetzten durch die andere die Einheit nicht als Einheit darstellt, sondern nur als sich gegenseitig kompensierende Einheit, die so im Ganzen ist, einem Ganzen, das als einfaches wieder nur als Inneres, oder als Gesetz existiert.

Diese Ungleichheit der Bewegung ist eine Ungleichheit der Beziehung des Bewegten, auf seine Ruhe, seinen Mittelpunkt; sie existiert unmittelbar als Ungleichheit der Radien, welche mit der Ungleichheit der Geschwindigkeit in Beziehung steht, und die Form der Rückkehr wird nicht ein Kreis, in welchem diese Beziehung absolut gleich ist, sondern eine Ellipse sein. 30

Aber ob die Größe der Zeit und die Größe des durchlaufenen Raums gleich verschieden sind; so sind sie es doch hier nicht so, daß die Geschwindigkeit sich durch das Verhältnis des Quadrats der Zeit ausdrückte, das dem durchlaufenen Raume gleich ist; denn die Zeit produziert sich nicht hier bloß, daß sie zum Raume [geworden], oder ihr Quadrat ist, sondern sie geht darüber hinaus, sie hebt sich zugleich als diese Beziehung auf sich selbst auf. Die Bewegung ist Flächebeschreibende Bewegung; das Quadrat der Zeit war vorhin *
schlechthin nur als Größe an der Linie der Bewegung gesetzt, 40

nicht als Fläche an ihr dargestellt; itzt ist dieses Quadrat der
Zeit selbst als Fläche, und die Linie welche diese Fläche begrenzt ist nur die Linie der Bewegung. Die Bewegung schnei-
det in gleichen Zeiten gleiche Sektoren ab. Die Linie der Bewegung hat an sich nicht mehr die ganze Größe des sich zur
Fläche werdenden Zeitpunkts; sondern diese Größe ist in der
Tat als Größe der Fläche vorhanden, aber die Bewegung selbst
ist wesentlich, als erscheinende Bewegung, und ihre Größe ist
nur die Größe der Linie, welche gegen ihren Mittelpunkt die-
10 se Zeit als Fläche beschreibt. /

Indem der Sektor, wie er das Quadrat der Zeit ist, als
Raum sich auf die Beziehung des bewegten auf den ruhenden
Zeitpunkt bezieht, oder auf den Radius, und durch ihn aus-
drückbare Fläche ist, so ist das Quadrat dieses Radius als der
Entfernung auch mit der Zeit proportional. Da aber die Zeit
in der einfachen Beziehung des Punkts auf sie durch den Radius selbst Punkt ist, sich nur auf den durchlaufenen Raum,
als ein Quantum beziehen kann, oder jenes nur die Beziehung
des Punkts der Zeit, auf einen Punkt des Raumes ist, die Zeit
20 also darin nicht sich selbst anders, oder zum Raume [gewor-
den] ist, so ist diese Bestimmung nur der Proportionalität der
Zeit zum Quadrate des Radius an sich eine ideelle, leere. Aber
jener Punkt der Zeit, auf den sich so der Mittelpunkt bezieht,
ist als Punkt zugleich nicht ein unbestimmter Zeitpunkt, sondern ein absolutbestimmter; er ist aber bestimmt nur als bezogen auf den Raum, als Verhältnis zu seinem entgegengesetzten, und dieser Punkt ist hiemit Geschwindigkeit; und die
Geschwindigkeit verhält sich wie die Quadrate der Entfernungen.

30 Doch ist dies Gesetz nicht aus dem absoluten Verhältnisse
der Zeit und des Raumes erkannt, indem, daß die Entfernung
für die als Fläche sich werdende Zeit sich als Wurzel der Fläche verhält, eine geometrische Betrachtung ist. Aber die Zeit
ist in der Bewegung überhaupt sich zur Fläche geworden, sie
ist für sich als Quadrat der Zeit, und dies ist die Größe des
Raums. Der Raum ist auf diese Weise schlechthin nur als
Größe gesetzt, als sein Element; daß er Linie ist, und daß das
Quadrat der Zeit an dieser Linie, als ihre Größe ist, ist der Begriff des unmittelbaren Anderswerdens der Zeit, oder des
40 Werdens des Raumes; er ist darin schlechthin nur der Begriff

des Raums, als Quadrat der Zeit, und es ist vielmehr die Zeit, die realisiert gesetzt ist, als der Raum. Es ist kein Verhältnis der Zeit und des Raumes als Raumes, wie er für sich reell ist, oder nicht ein Verhältnis der reellen Zeit und des reellen Raums; es ist ein Verhältnis nur der Zeit innerhalb ihrer selbst, der Zeit als des Punktes, entgegen ihrem Außersichkommen. Das Quadrat der Zeit ist nur die realisierte Zeit, der Begriff des Raumes, nicht der realisierte Raum. In dieser totalen Bewegung aber muß das Verhältnis eines der reellen Zeit zu dem reellen Raume sein; im ersten nur $s:t^2$. Hier muß 10 der Raum sich selbst in der Totalität seiner Dimensionen setzen, und seine Größe, die er hiedurch an ihm selbst hat, der Zeit / entgegensetzen. Im ersten Verhältnisse ist nicht seine Größe gesetzt; er ist s, Raumeinheit, der Begriff; er ist nur als t^2; es ist nur die Zeit als Einheit, und dieselbe als Quadrat am Raume gegenüber; die Zeit behält ihre Größe, oder ihr Sichselbstproduzieren nicht an ihr selbst, und kehrt aus ihrem Anderswerden nicht zu sich zurück, sondern dieses erscheint am Raume. Ebenso wie der Raum seine Größe durch sich selbst, seine eigene Größe haben muß, ebenso muß 20 die Zeit im Gegenteil, ihr Anderswerden an sich zurücknehmen, und die von ihr gesetzte Größe als ihre eigene Größe darstellen. Der sich realisierende Zeitpunkt ist unmittelbar als seine Größe sein Quadrat; es ist dieserselbe Punkt, oder dasselbe einfache Element, die Bewegung als Sichselbstgleiches, das sich als Raum jener reellen Zeit entgegengesetzt. Aber daß sie als Raum sich produziere, muß das Element eine Dimension weiter gehen; der Raum ist erst in der dritten Dimension Raum im Gegensatze gegen die Zeit, die als Punkt im Quadrate sich realisiert; dies Quadrat unmittelbar vom 30 Punkte aus ist Linie, das erste Moment des Raums, der als Element, als Einheit, die der Zeiteinheit entspricht, selbst gegen diese im Gegensatze, ein Vielfaches gegen sie als Eins ist. In sich hat die Zeit ebenso wie der Raum ihre drei Dimensionen, und die vierte beider ist ihr absolutes Aufgehobenwerden. Aber beide gegeneinanderüber sich entwickelt gehen nicht bis zu dieser vierten fort, und dann ist die Zeit, als Größe, nur dieses Hinausgehen, nicht das sich in sich Zurücknehmen; das unbestimmte Hinausgehen der einfachen Idee der Bewegung fällt ganz auf eine Seite; die Vergangen- 40 heit als ihre dritte Dimension aber ist als Raum selbst vorhanden. Die Bewegung als Element teilt so seine Realisierung, indem es auf die eine Seite sein Fortgehen zum Quadrat, auf die andere zu seiner Totalität besondert, und sie als die Momente seines Verhältnisses bezieht. Das Ganze ist itzt $s^3 : t^2$; und der Raum als Element ist seine Erscheinung in seiner ersten Dimension; er ist die Beziehung des Punkts der Ruhe auf den Punkt der Bewegung, und die Kubi der Entfernungen verhalten sich wie die Quadrate der Zeiten; dies Ganze $\frac{s^3}{t^2}$;

10 auseinander gerissen, so ist $s^2 \cdot \frac{s}{t^2}$; das Quadrat der Entfernung verhält sich umgekehrt wie die Geschwindigkeit. Das s in $\frac{s}{t^2}$, und in s^2 sind überhaupt dasselbe; geometrisch ausgedrückt, ist das Verhält/nis der Peripherie zum Radius ein bestimmtes. Diese Formel drückt als GrößenGanzes die absolute Rückkehr der Bewegung in sich aus; als Verhältnis des Raumes im Kubus, zur Zeit im Quadrat ist sie in der Totalität ihrer Momente selbst Totalität der Bewegung, und hiemit in sich zurückkehrende; als umgekehrtes Verhältnis der Entfernung zur Geschwindigkeit, wächst die Geschwindigkeit nicht

20 wie die Zeiten; sie ist eine Funktion der letztern, aber nicht dieser allein, der Raum ist nicht bloße Raumeinheit, wie in der einfachen Bewegung, oder er als Moment der Geschwindigkeit ist nicht bloße Funktion der Zeit, sondern er ist für sich in seiner Totalität ausgedrückt. Das Verhältnis ist hiedurch ein in sich geschlossenes Ganzes, dessen Rückkehr in sich so sich ausdrückt, daß die Geschwindigkeit sich umgekehrt zur Entfernung verhält; der Raum als durch sich selbst in der Funktion bestimmt, weist ebenso die Zeit in sich zurück; im Verhältnis zu einander läßt er sich von ihr nicht ins

30 unbestimmte fortreißen, sondern, wie er durch sie bestimmt ist, so ist sie umgekehrt eine Funktion desselben, denn er ist an sich bestimmt, und diese Wechselwirkung der Momente erhält ein in sich geschlossenes Ganzes; ein Ganzes, das nur als Gesetz, als Inneres ist, und das in seinem Ausdrucke sich als Unendlichkeit oder als Verhältnis darstellt; da diese hier die Zeit ist, so ist das Ganze selbst eine Funktion der absoluten Zeit, die selbst zum Momente, als Quadrat der Zeit wird, und den Kubus des Raums zu ihrem andern Momente hat; als jenes sich als erstes Moment, die Sichselbstgleichheit an sich

40 selbst darstellend, an diesem das Entgegengesetzte, die Un-

gleichheit der Dreiheit, sie selbst ist das reale Eins beider, als
Bewegung.

Endlich ist in dieser Kreisbewegung zwar die Ungleichheit
der Beziehungen des ruhenden Punktes auf den bewegten
angezeigt worden; bestimmter aber drückt sie auch die zur
Gleichheit werdende Ungleichheit aus. Das Bewegende hört
auf, seine Bewegung zu beschleunigen, und setzt sie in eine
sich verzögernde um; ebenso diese in die erstere. Diese Wendungspunkte heben sich aus den andern heraus, sie sind vor-
trefflicher als diese, und die Beziehung derselben auf den 10
ruhenden Punkt sind eine Axe der Bewegung, deren Extreme
nicht nur wie die Extreme der andern allgemeinen Axen sich
durch die Richtung der Bewegung entgegengesetzt sind, sondern die zugleich gleichsam selbst Mittelpunkte sind, — Punkte nicht der ruhenden Einheit, sondern die Einheit, als das
Ungleiche bezwingend, und dies ebenso auf eine entgegengesetzte Weise; die Einheit an dem ungleichen selbst; — welche
die entgegen/gesetzte Ungleichheit des Linearen der Bewegung in eine Einfachheit zusammennehmen, und wieder sie
als entgegengesetzte Punkte ausdrücken, und die selbst wieder 20
als ruhend in Eins gesetzt, der Linie der Bewegung sich entzogen, einen dem absoluten Ruhpunkt entgegengesetzten
Punkt der Ruhe, als andern Brennpunkt der Ellipse darstellen, so daß der erste gleichsam das absolute Element repräsentiert, das gleichgültig im Ganzen der Bewegung seine Realität hat, und auf ihn alles sich ungleich bezieht, dieser andere aber der Punkt der Kraft, um dies so auszudrücken, oder
der absolut differente Punkt ist, der absolutzurückgekehrte,
der das Ungleiche in einer entgegengesetzten Gleichheit der
Wendepunkte, und diese selbst in seine Einheit resumiert, 30
und selbst das Andre jenes ersten ist.

[III.] Realität der Bewegung

Die Idee der realen Bewegung, wie sie konstruiert worden
ist, ist die einer in sich zurückgehenden, [sich] nur auf sich
selbst beziehenden Bewegung, die, in sich selbst unendlich,
eine Sphäre im absoluten Raume, der ihr Allgemeines ist, den *
sie als Totalität in seinen Dimensionen beschreibt. Die Bewe-

gung selbst ist als ihre Totalität, als Allgemeines nur die Mitte in ihrem Sein; als Begriff der Bewegung eins mit dem absolut Sichselbstgleichen ist sie absoluter Äther, absolute Materie. Aber daß dieser so als unendlich in sich selbst existiere, ist er sein sich Resumieren aus den entgegengesetzten Momenten seiner Unendlichkeit, der Zeit und dem Raume, ein Resumieren, welches als Bewegung existiert, als Einheit der Zeit und des Raums, aber nicht als eine formale, sondern absolute, in welcher die Zeit des Raumes sich bemächtigt,
10 und als diese Einheit, oder als einfache Unendlichkeit, ebenso dem Raume entgegengesetzt ist; nicht die Zeit ist mehr dem Raume, als Zeit, nur als Größe, entgegengesetzt; aber die Bewegung als die unendliche Einheit beider ist, ebenso als sie mit dem Raume eins, selbst allgemein, die absolute Materie ist, ebenso aus diesem als Punkt der Einheit, als Eins sich aussondernd, ihn aufhebend, aber ihn ebenso erzeugend. Die absolute Konstruktion der Bewegung hat einen in sich / unendlichen Punkt ausgeboren, der sich vom Raume, als dem passiven Sichselbstgleichen trennt, und dessen Absolute
20 Reflexion in die einfache Sichselbstgleichheit des Raumes das Letzte der Philosophie ist, worin der Äther erst als wahrhafte Realität, als Geist existiert. Der Anfang seiner Realisation ist die Differentation in die Momente, welche selbst sich zur Totalität macht, als Bewegung, und die Realität im Raume ist eine so verschwindende, wie sie sich erzeugt. Die Bewegung ist das Eins des Punktes, der Linie und Fläche, der ganzen Unendlichkeit des Raumes, sie subsumiert ihn so selbst unter sich; oder sie ist absolute Einzelnheit, als Unendlichkeit, und er das in ihr ideell Gesetzte, sich Aufhebende, wie
30 es ist. Aber ebenso ist sie unter ihn subsumiert, er entsteht, so wie er aufgehoben ist, sie ist absolut auf ihn als ein Entgegengesetztes bezogen; sie ist wesentlich die Bestimmtheit des Unendlichen; denn [als] absolute Mitte ist sie wesentlich absolute Einzelnheit.

In sich ist sie als absolute Einzelnheit einfache Unendlichkeit, und nicht auf ein anderes Einzelnes bezogen, oder ein solches, das ebenso an ihm unendlich wäre; die Vereinzelung des Raumes ist schlechthin nur durch sie, und dieser entstehende Ort ebenso unmittelbar aufgehoben, als die Linie und
40 Fläche desselben nur als aufgehobene sind. Diese einfache

sich auf sich selbst beziehende Bewegung ist die Achsendrehung, eine Sphäre, welche sich auf keine andere bezieht,
der Stern, der körperlos nur diese Unruhe in seiner Einfachheit [ist]; eine Unruhe die nicht unbestimmt, sondern deren
Gesetz erkannt worden ist. Diese sich nur für sich selbstbewe-
gende Sphäre ist aber so für sich gesetzt eine absolute Ruhe,
welche in sich keine Unterscheidung [hat], wodurch sie für
sich Bewegung wäre. Denn wir haben die Bewegung erkannt, *
als die Erzeugung eines Orts, der aber sich unmittelbar aufhebt, und der vergangene Ort, der gegenwärtige und zukünfti- 10
ge fallen schlechthin in Eins. Die Bewegung ist nur als dies
Unterscheidung eines dieses Ortes, von dem vergangenen
oder zukünftigen, aber diese sind schlechthin keine fixierten,
ruhenden, woran er sich unterscheiden könnte, so wie er selbst
nur ein absolutes Dieses, absolute Einzelnheit ist, schlechthin nichts für sich, sondern durchaus sich auf den vergangenen und künftigen beziehend, also durchaus außer sich ist,
und die absolute Idealität des: Dieses, an sich hat. Der ruhende Mittelpunkt der Bewegung gegen diesen sich erzeu-
genden Ort, so wie der andere Mittelpunkt der Bewegung, das 20
sich aus der Ungleichheit der Bewegung Resumieren, beziehen sich schlechthin selbst nur auf solche Linien, die nur in
den leeren Raum gezogen, keinen Bestand haben. Der ruhende Mittelpunkt bezieht sich auf den bewegten Punkt, / aber
diese Beziehung ist selbst eine sich ebenso unmittelbar anderswerdende, sich aufhebende, als der Ort des Punktes selbst
ist; es ist die ganze Fläche, welche sich bewegt, und der aus
der Bewegung ausgeschiedene ruhende Punkt verschwindet,
indem er reiner Punkt, das Gegenteil des Raumes ist; er ist
nur die Einheit der ganzen Flächenbewegung, ihre Sichselbst- 30
gleichheit, oder ihr Beziehen auf sich selbst. Und die Fläche
der Bewegung schwindet so selbst in den Punkt zusammen;
denn sie ist nichts als die Beziehung des ruhenden auf den
bewegten Punkt, aber indem jener in der Tat nur die Sichselbstgleichheit der ganzen Bewegung ist, so ist er diese Beziehung, welche als Fläche gesetzt war, und diese schwindet
in ihn zusammen. Sie ist der absolute Äther, der sich in den
Punkt zusammengezogen hat, aber ebenso wenig die Bewegung als Punkt bleiben kann; er ist die Natur des Lichts, das
diese absoluteinfache Unendlichkeit in sich selbst, als ein In- 40

neres, oder als absolute Kraft [hat], welche in ihrer Existenz für sich, als diese Kraft bleibt; die absoluteinfache Bewegung, oder sie als absolute Ruhe, die ebendarum ohne aus sich herauszugehen, absolut außer sich werden muß. Das Licht ist diese reine, einfache Sphäre, die sich absolut auf sich selbst bezieht, eine fixierte perennierende Kraft, die sich nicht äußert, das heißt, welche in ihrer Äußerung schlechthin diese einfache nicht sich anders werdende Kraft bleibt, das Ruhen der Bewegung in sich selbst.

10   Dieses Licht als einfacher Punkt, die Ruhe der Bewegung, ist der absolute Äther selbst, in seiner Sichselbstgleichheit dem Allgemeinen, dem Raume, nicht entgegengesetzt, sich aus ihm nicht abscheidend; es unterscheidet sich allein vom Äther dadurch, daß in ihm die Foderung dieser Abscheidung ist. Der Raum, von dem es sich abscheiden sollte, ist in der Tat das Allgemeine gegen die Bewegung, aber diese und sie in ihrer Einfachheit, wie sie gesetzt ist, ist allein das Reelle, und der Raum ist die bloße Abstraktion des Allgemeinen, das Absolutleere oder das Nichts, die Nacht gegen die Foderung der
20   Bewegung, daß ein reeller Unterschied sei; und indem er noch nicht ist, ist das Licht selbst, ebendas was die Nacht ist, denn sie ist auch ebenso die Foderung der Raumerfüllung, oder Realität. Und daß das Licht nur diese Foderung ist, ist daß es die Idee der Bewegung, oder diese als einfache, sich auf sich selbst Beziehen ist, die Bestimmtheit der Einfachheit.

Die Bewegung ist also nicht, indem sie sich auf sich selbst bezieht, oder sie ist nur die Foderung der Bewegung. Daß sie Bewegung [sei], muß sie sich von sich selbst abtrennen, und auf etwas anderes beziehen, als sie selbst ist. Sie ist dieses
30   Andere ihrer selbst, die Ruhe des Punktes, oder der absolute Raum, die Sichselbstgleichheit, / sie selbst, oder es ist ein Moment derselben, aber so, indem sie es nur als Moment an sich
*   hat, ist sie in der Tat, wie gezeigt, selbst nicht. Sie selbst, als diese sich auf sich beziehende Bewegung muß außer sich sein. Diese sich auf sich selbst beziehende Bewegung ist das Gegenteil der Bewegung, sie ist Ruhe, und die Bewegung ist nur indem sie außer der Achsendrehung ist; sie ist nur als eine sich auf diese beziehende. Indem so die Bewegung außer ihr selbst ist, so ist die sich auf sichselbst beziehende erst Bewegung.
40   Zur Bewegung war erforderlich, daß das Bewegte ein Ort sei,

für sich selbst ist es dies nicht, denn sein Vor und Nach, wodurch es sich als Ort bestimmte, ist selbst nicht. Indem aber
diese sich auf sich beziehende Bewegung zugleich eine andere
ist, so ist erstlich ihr Punkt der Ruhe ein fixierter, ein einem
andern entgegengesetzter, und also für andere noch ein anderer; es sind zwei Punkte, an denen das Bewegte sich erst als
Ort abscheidet, und wodurch jener Mittelpunkt der Ruhe
selbst erst ein solcher, d. h. ein gegen einen andern gleichgültiger ist. Die Bewegung ist erst, indem sie als absolute Reflexion in sich selbst, zugleich eben das Gegenteil ihrer selbst, 10
eine andere Bewegung als sie ist; nicht ein ruhender Punkt,
denn ihre Reflexion als Punkt ist nur ihre negative, ihr Aufgehobensein, nicht zugleich, was die absolute Reflexion ist,
ihr Sein; dies ist also, indem sie ist, und indem sie zugleich
als eine andere Bewegung ist, in ihrem Anderssein für sich,
nicht ein anderes, und eine andere Bewegung ist.

Diese andere Bewegung ist die gegen jene erste differente, gegen sie tätige Bewegung; so daß jene in der Tat das
absolut Allgemeine, die Kraft beider, oder ihr Wesen, in der
Unendlichkeit aber diese andere gesetzt ist, als die sich selbst 20
erhaltende durch die Negation der erstern. Diese andere ist
also vors erste die, in welcher sich die erste selbst ein Allgemeines wird; indem sie sich auf sich als eine andere bezieht,
und in diesem Anderssein sich selbst gleich bleibt; oder vors
andere, die erste hiemit als absolut allgemeine in dieser andern sich werdende, ist zunächst nur das werdende Allgemeine, diese andere ist ihr zunächst eine andere, und sie als das
verborgene Wesen beider, zunächst nur die Gemeinschaftlichkeit beider, und die andere ihre Besonderung; diese in
beiden Rücksichten die Mitte, in jener, insofern die erste als 30
Unendlichkeit an sich, sich eine andere wird, und hierin sich
gleich bleibt, also die negative Einheit ist, und von der Einzelnheit zur Allgemeinheit heraufsteigt, und dieses Anderssein ein an ihr Ideelles ist; — in dieser insofern sie / das Allgemeine ist, und von der Allgemeinheit zu ihrer Unendlichkeit
zu dem Sein als die Einheit Entgegengesetzter heruntersteigt.
Sie ist beides nur erst für uns; nicht an sich selbst, und darum
fallen diese beiden Rücksichten auseinander; oder sie erscheint
zunächst als Bewegung nur als das Gemeinschaftliche, als sich
auf sich selbstbeziehende, bestimmte, als einzelne. Die andere 40

aber ist beiden Rücksichten die Mitte, und die erst hat dies, die beiden Extreme in sich zusammenzuschließen, erst zu realisieren; die Mitte ist schon das Eins beider, aber noch nicht das zurückgekommene.

Diese andere Sphäre ist erstlich Bewegung, sie ist die Idee der ersten, aber sie ist zugleich auch das Gegenteil ihrer selbst, das Ausschließen der Bewegung aus sich; aber ein sich bewegendes Ausschließen, das sich so bewegt, daß der sich verändernde Ort seine eigene Bewegung ist; es bewegt seine Bewegung; die Achsendrehung, die für sich seiende Bewegung, ist dasjenige, was das Bewegte ist, eine Sphäre, deren Ruhe sich verändert, deren Entgegengesetztes selbst die sich auf sich beziehende Bewegung ist, der Mittelpunkt der Bewegung, und ebenso das Bewegte eine Achsendrehung ist, die aber als solche sich eine andere wird. Dort ist die Bewegung unter die Ruhe, hier die Ruhe unter die Bewegung subsumiert. Die andere Bewegung ist also eine, die in sich ruht, eine Achsendrehende ist, und eine die sich als dies Ganze um einen andern Mittelpunkt bewegt, worin also beides in Eins gesetzt ist. Die Bewegung dem ruhenden Mittelpunkt entgegengesetzt ist die nicht in sich reflektierte, oder der leere Begriff derselben, denn sie ist nicht reell; sie ist dies nur als Einheit mit dem Mittelpunkte, oder als in dem Anderssein desselben, dieser Veränderung des Orts, sich selbst Gleiches; aber so ist dieser Punkt selbst Bewegung, oder die Bewegung ist Ruhe, und dies ihr absolutes Sein; und daß sie zugleich Bewegung sei, muß diese Sphäre sich als andere, den Mittelpunkt als Bewegung nicht in sich Habende sein, und dieser gegenüber ist erst jene Achsendrehung. Es ist ein Zusammenschließen des Punkts der Achsendrehung mit einem als Punkte absolut Andern, zweier Indifferenter gegeneinander; und so scheiden sie sich erst ab, und jener erste ist so erst Punkt; er ist der Punkt der absoluten Einzelnheit, der andere ein allgemeiner ideeller, nicht fixierter, sich bewegender, also der unter die Bewegung subsumiert ist; und die Unendlichkeit beider, die negative Einheit ist die Bewegung, in der sie ebenso getrennt sind. Aber dieses was die beiden Extreme sind, sind Punkte, und so ist diese Mitte selbst an beiden, als Gemeinschaftliches, als Erscheinende Bewegung. / Die Bewegung als allgemeine ist Unendlichkeit, als diese wird sie so negatives Eins; daß sie in

Allgemeines und Unendliches sich trennt, und das letztere,
diese Trennung, oder seine Entgegensetzung gegen die Allgemeinheit so aufhebt, daß es diese als sich selbst setzt, und in
dieser Sichselbstgleichheit die Trennung erhält, so daß zugleich es selbst in sich das Allgemeine, dies zugleich als ein
Anderes gegen sich hat, und dies, was es ist, als ein Anderes
zugleich und als sich selbst setzt; und erst so das Unendliche
ist. Die Idee der Bewegung ist sich erst sich auf sich selbst beziehende Bewegung, indem es Bewegtes und Bewegendes zugleich, das heißt, beide ebenso eins als entgegengesetzt ist. Sie 10
ist Allgemeines, das sich unendlich ist, d. h. das Unendliche
setzt sich das Allgemeine entgegen, (gleichsam jenseits des
Bewußtseins, es sind dies ideale Momente). Das Unendliche
setzt sich selbst als das Allgemeine die Bewegung, und so das
Allgemeine sich gegenüber, aber zugleich als Bewegung; so
ist es sich ein Anderes, und in seinem Anderssein es selbst.
Und die Sichselbstgleichheit ist auf diese Weise nicht bloß
die Allgemeinheit, sondern ein Allgemeines, eine Art der Bewegung; so wie die Unendlichkeit der Bewegung, ein Unendliches. Diese Realisation, daß das Allgemeine der Bewegung 20
sich in seinen Momenten verdoppelt, macht sie selbst zum
unendlichen Gegensatze ihrer selbst. Die unendliche Sphäre
ist bestimmt worden als die, welche sich um die andere, die *
allgemeine bewegt; aber es ist jede von beiden unendlich, und
sie sind nur in der Bestimmtheit der Unendlichkeit entgegengesetzt. Das Allgemeine ist absolute Kraft, und in der Beziehung ist es unendlich, als Tätiges, das sich gleich bleibt, und
sein Anderssein hiemit negiert; es ist das Wesen des Andern,
und dies als Andres nur gesetzt als aufgehoben. Das Unendliche aber ist das Andre an sich, das absolut Bestimmte, oder 30
Negative, nur gesetzt als Aufgehobenes; sein Wesen ist das Andere seiner selbst. Aber indem das erste sein Anderssein außer
sich hat, so hat das Andre sein Außersichsein an ihm selbst,
es ist an sich unendlich; an ihm selbst das Gegenteil seiner
selbst; es setzt das Andre in sich selbst, und sich zugleich als
das Andre dieses Andern, als für sich seiend; es ist also an ihm
ebenso das Aufheben seiner selbst als sein Selbsterhalten, indem das Andre das Aufheben seiner selbst nur an einem Andern hat. Die zweite Sphäre ist also an ihr selbst die absolute
Bewegung, erscheinend darum als gedoppelte Bewegung, als 40

sich auf sich selbst beziehend, aber als sich erhaltend; d. h.
als sich trennend von der andern Bewegung, als einer ihr entgegengesetzten, oder als diese andere in sich reißend. Und in
dieser Selbsterhaltung eben / auf eine andere bezogen. Sie ist
negativ sich selbst gleich, als das Anderssein der Andern aufhebend, und sich in sich reflektierend. Sie ist also in der Tat
die absolute Bewegung; als Unendliches die beiden Bewegungen an ihr selbst habend, sie auf diese Weise in sich aufhebend, so wie sie an sich setzend; und indem so beide eins sind,
10 sind sie selbst ideell, sie sind nur als subsumierte. Die Sphäre
der Erde ist also ein solcher Mittelpunkt, der aus beiden Sphären zurückkommend, nicht der ideale Ruhepunkt, sondern
der absolute reale Ruhepunkt, der Realität der Bewegung,
oder beider Bewegungen ist. Sie ist allgemeine Bewegung
(Einssein mit der Sonne) und sie setzt sich diese Bewegung
entgegen, (Fürsichsein derselben) und bewegt sich für sich
selbst (Einssein mit der Sonne, als Achsendrehend); aber ihr
Fürsichsein ist ebendamit unmittelbar ihr nicht Fürsichsein,
sondern das Aufgehobensein ihres Fürsichseins, oder sie ist
20 Bewegung um ihre Sonne. So ist sie die Einheit beider Bewegungen, ein Einssein, das höher steht als diese Bewegungen,
das die allgemeine Bewegung, aber so ist, als das absolut aus
seiner Realität in sich zurückgegangene Allgemeine. Hier werden die beiden Bewegungen, die sich auf sichselbstbeziehende, und die unendliche, Sphären, welche das Ansich selbst
* dieser Realität waren, zu ideellen, zu nicht für sich gesetzten.
Sie waren es für uns, indem wir ihr Inneres, ihr Wesen als dasselbe setzten; sie sind itzt ebenso für sich, indem diese Idealität, welche unsre Reflexion war, die Reflexion der einen die-
30 ser Bewegungen selbst ist, welche ebenso sich selbst, als ihre
entgegengesetzte, setzt als eine aufgehobene; so daß die Verdopplung der Bewegung, das Zweisein, die Gleichgültigkeit
beider, verschwindet, und diese Zweiheit zu einem substanz-
und kernlosen wird. Die Erde durch ihre Unendlichkeit hebt
so das Fürsichsein beider Sphären auf, und setzt sie, als einem
andern gehorchend, schlechthin unterworfen einem Ruhepunkt, welcher nicht mehr Mittelpunkt der Bewegung, sondern der Bewegungen, oder in welchem die Bewegung selbst
als solche vertilgt ist, [unterworfen] einem absoluten Mittel-
40 punkt. Die beiden Sphären auf diese Weise durch das Unend-

liche hindurchgegangen, und wie vorhin jenseits desselben,
für sich seiend, sind diesseits desselben, nicht an sich allgemeine, oder entweder die Allgemeine, oder die unendliche
Einheit beider Bewegungen, sondern erstorbene, absolut einzelne, welche das Allgemeine außer sich haben, und mit dem
Allgemeinen nur durch ein Anderes, die / Mitte zusammengeschlossen sind. Das Allgemeine so sich realisierend, daß es den
Gegensatz gegen das Unendliche, als einen absolut aufgehobenen setzt, ist so ebenso absolut Allgemeines, als es absolut Unendliches ist, oder absolute Einzelnheit; und als Allgemeines
dem Unendlichen der Mitte entgegengesetzt, ist es so zur Einzelnheit, als einer entgegengesetzten herabgestiegen, so wie es
im Gegenteil, insofern es bestimmtes Allgemeines war, itzt
im Durchgang durch die Unendlichkeit sich zum rein Allgemeinen geläutert hat.

Diese Einzelnheit, dem Allgemeinen entgegengesetzt, ist
die gedoppelte Bewegung, als nicht an ihr selbst seiend; Punkte der Bewegung, welche den andern Punkt, den der Ruhe,
das Fürsichsein der Bewegung, nicht an sich haben; einander
so entgegengesetzt, daß sie sich nicht aufeinander beziehen,
sondern dies nur in dem dritten sind; die eine dieser unselb-
ständigen Sphären ist die, in der das Allgemeine aufhört für
sich zu sein, oder in der sein Anderssein vernichtet ist; die
andere, in welcher das Unendliche. Jene ist darum ein Allgemeines, das aufhört Kraft, und Tätiges zu sein; ein formal
Allgemeines; ein Freies, das wesentlich sich auf ein Anderes
bezieht, oder nicht in sich ist, und also seine Freiheit nur als
Ausschweifung darstellt; ein in sich Aufgelöstes, ohne die zusammenhaltende negative Einheit. Die kometarische Einzelnheit steht wesentlich unter der Herrschaft der Sonne, und hat ihr nichts entgegenzusetzen, wodurch sie die Allgemeinheit der Sonne in sich selbst nähme, und reflektierte.
Diese Sphäre der freientlassenen Einzelnheit, ist eine formale
Allgemeinheit darin, daß sie ein negatives Eins, ohne Unendlichkeit ist, also nicht sich selbst als Einzelnheit aufhebend,
als wodurch sie allein absolute Realität, Einssein der Einzelnheit und Allgemeinheit wäre; sondern das Einssein beider ist
ein Ineinandersein derselben, dessen negative Einheit ein drittes ist, und sie sind eins, als indifferentes Verhältnis. Die ek-
zentrische kometarische Bewegung drückt es aus, daß das Be-

wegte auch als Bewegung, die ihr Wesen in einem Andern hat,
sich nicht als Kreisbewegung, als in ihrer Rückkehr in sich
selbst, die Gleichheit behauptet; ihre Freiheit ist die absolute
Ungleichheit ihres Beziehens, und ein Entfernen, so wie ein
Annähern, das gegen diese Einheit gerichtet ist. Für das Getrennte ist die reelle Sichselbstgleichheit die sich als gleich
wiederholende Beziehung; das Formellallgemeine aber erhält
in der Änderung seiner Bezie/hung die Gleichheit nicht, denn
seine wesentliche Bestimmtheit ist, dies Sein außer dem An-
10 dern, seine Freiheit, darzustellen, und die Beziehung immer
aufzuheben, welche gesetzt war. Der Komet ist daher das Willkürliche, sich nur Ändernde, das ebendarin für sich dem Organischen in seiner Erscheinung näher steht, indem es durch
unermeßliche Entfernung [hindurch], seine Einheit mit dem
Allgemeinen behauptet, weiter außer sich treten kann, ohne
aus der Einheit zu treten, den Gegensatz in der höchsten Entzweiung darstellt, und die Bewegung gegen den Begriff der
Bewegung, gegen die Linie hintreibt, und gegen das Losreißen
von dem Mittelpunkte, wodurch es aber unmittelbar in sich
20 selbst zerfällt, und als absolute Freiheit der reinen Einzelnheit, welche zum reinen Punkte wird, und in sich, nicht sich
reflektiert, sondern absolut reflektiert ist, als ein absolutes
Dieses der Bewegung, die Gegensätze, deren Einheit es ist,
ebendarum ganz frei läßt, und so als diese Freiheit der Gegensätze, und als reiner Punkt, der nicht mehr das in den Gegensätzen Sichselbstgleiche, sondern das rein sich Selbstgleiche ist, zerstäubt.
   Die entgegengesetzte Einzelnheit aber ist das reduzierte
Unendliche, das als Unendliches bestimmt, seine Differenz,
30 Beziehung auf die Mitte behält, und wesentlich nur diese Beziehung ist, indem es nicht zugleich, was dieser Beziehung
das Gleichgewicht hielte, die Beziehung auf sich selbst, in
sich hat; als Einzelnes, nur gesetzt als Aufgehobenes, ist nur
die Eine Bestimmtheit die in ihm als wesentlich gesetzte,
denn die beiden Einzelnheiten existieren als Momente, d. h.
eben die eine der entgegengesetzten Bestimmtheiten ist an
ihm als die wesentliche gesetzt. Diese lunarische Sphäre ist
also auf die Mitte als ein solches [bezogen] gesetzt, das seine
Allgemeinheit, seine Kraft, nur an ihr hat, und die Bewegung
40 ist eine schlechthin dienende. Wie die kometarische Sphäre

sich in sich auflöst, so dagegen ist die lunarische unaufge-
schlossen, passiv, sich nur auf sich selbst beziehend, oder
sie hat die Beziehung auf ein Anderes, was ihr Wesen ist, nicht
an ihr selbst ausgedrückt. Ihr Wesen bleibt das ihr Innere; beide Gegensätze fallen ebenso auseinander, wie an der kometarischen Sphäre; aber auf die entgegengesetzte Weise; diese
Sphäre als Allgemeines, drückt an ihr selbst beides, die Einheit des Kerns, und der Auflösung aus, die lunarische dagegen ist ebenso in ihrer Erscheinung das Gegenteil dessen, was
ihr Wesen ist. Also das Passive, Gediegene, und ihre Totalität 10
als Bewegung ist / nicht an ihr. Ihr Mittelpunkt ist ebenso
außer ihr, und sie sucht ihn nicht in sich selbst zu haben, sondern sie ist nur bewegter Punkt, nicht sichbewegender; die
Unendlichkeit ist nur die Einheit ihrer und der Erde.

Das System der Sonne ist auf diese Weise die Einheit von
vier Bewegungen. Die Sonne selbst ist die allgemeine Mitte,
oder die einfache sich auf sich beziehende Bewegung, aber
die in sich unendlich, diese Momente ihrer Totalität aus sich
herauswirft, und in diesem Gegensatze ihre absolute Sichselbstgleichheit erhält. Sie ist das absolute Licht in dieser und 20
eigentlich nicht Sonne; diese ist sie nur als selbst das Moment
der Unendlichkeit, als bestimmte Allgemeinheit, sich so absolut ein Anderes werdend ist sie zur Sphäre geworden, die
in sich ist, und nur in sich ist, insofern sie aus dem Anderssein sich absolut resumiert, wie jene das absolut Resumierte
ist. Dies Absolutresumierte ist aus Licht erst Sonne [gewor-
den], insofern sie ein solches ist, aus welchem das Andere, das
Unendliche sich in sich zurücknimmt, gegen welches es sich
erhält. Diese unendliche Sphäre ist, indem das Licht sich anderes wird; dies Anderswerden ist das Sein einer differenten 30
Sphäre gegen die sichselbstgleiche; die sichselbstgleiche als
die absolutallgemeine ist die Kraft der Unendlichkeit, die allgemeine Seite der Unendlichkeit, oder ihre innere absolute
Einheit, und zugleich ihr entgegengesetzt; als absolute Einheit
ist sie das Sein, das Bestehen des Unendlichen, das als rein
Unendliches in sich selbst versinkt, oder das reine Nichts ist.
Zugleich ist das Sichselbstgleiche das Passive, denn als unendlich ist es ebenso absolute Bestimmtheit; es ist diese so, daß
es in ihr gleichgültig ist, und das Anderssein von sich ausschließt. Sie ist das Tätige, insofern sie als unendlich gesetzt, 40

die Erde zu ihrem Anderssein hat, und diese nur als Unendliches ist, durch das Bestehen, das Sichselbstgleiche; sodaß das Sein der Erde als eines Unendlichen nur gesetzt ist, durch jene Sichselbstgleichheit. Sie ist nur das Tätige, als Inneres, oder was dasselbe ist, als Äußerliches, als das, was sie nicht an ihr selbst ist, nur in der Erscheinung. An sich ist sie das Licht, die gefoderte Bewegung, nicht das Aufschließende der Differenz an einem Passiven, sondern der Grund, daß dieses Unendliche, diese aufgeschlossene Differenz für sich ist. Die
10 Erde ist also das gegen die Sonne Tätige, sie subsumierende, als negative Einheit, denn das Allgemeine subsumiert nicht, sondern ist auf eine unmittelbare oder ununterschiedene Weise ruhig in dem Besondern, und hat es so in sich. Die Erde als die Seite der Unendlichkeit, welches sie an ihr selbst ist, hat die Sonne nicht als Allgemeines an ihr selbst, sondern nur als ihren Grund, als ihr Wesen, und ist als Unendlichkeit gegen das Wesen gekehrt, und es subsumierend, als Bestimmt-/ heit oder Idealität setzend, und es so in sich setzend, daß es in ihm sei als eines, das sein Gegenteil gewesen, und welches
20 es in sich selbst sich genommen hat, das nicht ursprünglich bewegungslos in ihm sei. Dieser absolute Kreis der Reflexion ist das Licht, sein Unendlichsein, und hier das Verhältnis des Unendlichen der Erde, gegen das Licht itzt als Sonne, worin das Licht, das Bestehen beider, ihr Wesen ist, und das Unendliche als das Gegenteil seiner selbst ebenso unmittelbar die Einheit der Sonne und ihrer selbst ist; wie das Licht, Allgemeinheit und passives Moment zugleich; Allgemeinheit als Einheit ihrer selbst und der Erde; so die Erde, und hiemit dieselbe Allgemeinheit als das Licht, aber das in sich zurückge-
30 kehrt, oder die Einheit der Bewegung [ist], welche aus der sich selbstgleichen und der sich auf ein Anderes, die sichselbstgleiche, beziehenden Bewegung [entstanden] ist. Dieser vollendete Kreislauf hat in sich, als vollendeter, diese beiden Bewegungen als aufgehobene; und wie sie von der Sonne aus, als jede für sich seiend, ihren Mittelpunkt in sich habend, jede eine Achsendrehung waren, so sind sie wesentlich eben so nur Negative, nur Ideelle, ohne Achsendrehung, ohne sich auf sich selbstbeziehendes Bewegen; erst so seiend ist die negative Einheit des Allgemeinen reell; und die Bewegungen sind ein-
40 zelne, absolut, oder vielmehr rein negative, der absoluten All-

gemeinheit gegenüber; und die ganze Darstellung, das Sein der
Bewegung, in ihrer Notwendigkeit, ist die Darstellung der sichselbstgleichen Sphäre, welche in der unendlichen Sphäre ausser sich ist; diese als Einheit beider, ist sich reell, in diesem
Gegensatze der einzelnen passiven, und der einzelnen unendlichen Bewegung, und indem sie zuerst die Mitte ihrer selbst,
der absolut unendlichen, und der absolutsichselbstgleichen Bewegung ist, so ist sie dies als unendlich, und sich selbstaufhe-
bend; aber sie ist ebendies, als notwendig, oder als bestehend,
und durch die Reflexion in sich, sichselbstgleich, in sich re- 10
flektiert, besteht sie außer oder neben ihren ideellen Momenten, und diese sind die planetarische und kometarische Sphäre; sie ist so Mitte, welche die Sonne als das Allgemeine, mit
den beiden letztern, als der Sphäre der Einzelnheit zusammenschließt.

Dieser Schluß ist nur die Darstellung der Unendlichkeit,
sie selbst aufgenommen in die gleichgültige Form des Bestehens, und das Herabsteigen des Allgemeinen zur Einzelnheit;
das Allgemeine ist auf diese Weise selbst als Einzelnes bestimmt; als Punkt der Substantialität, wie alle Momente die- 20
ses Schlusses; die Entwicklung der Unendlichkeit, als die vollständige Darstellung der Sphären, welche ihre Momente sind,
die Bewegung in ihrer Realität, ist darin zu einem absoluten
Ruhepunkt gekommen, und zum Gegenteil ihrer selbst geworden; erst darin, daß das Allge/meine, die sich auf sich
selbst beziehende Sphäre, als Erde ein Allgemeines ist, welches in sich zurückgekehrt, ebenso sehr dem Allgemeinen entgegengesetzt und für sich Negatives ist, als es diese seine eigene Bestimmtheit aufgehoben [hat], und seiner Negativität
selbst entgegengesetzt ist, — und so in seine Extreme überge- 30
gangen, und in ihnen ganz außer sich ist, — ist absolute Einzelnheit, und die Ruhe gesetzt. Das erste Außersichsein des
Allgemeinen in der Erde, geht in ihr in sich zurück; und diese
Rückkehr oder die Unendlichkeit ist es, welche hier außer
sich gekommen, und aus diesem zweiten Außersichsein in
sich zurückkehren muß. Diese zweite Rückkehr ist die Erfüllung des Punkt, des itzt noch rein Leeren, rein Außersichsei-
enden, der bloß negativen Unendlichkeit, als Einzelnheit. In
dieser zweiten Reflexion, kommt das Unendliche zu sich
selbst, als Unendliches. In der ersten ist das Allgemeine in 40

seinem Anderssein sich das Sichselbstgleiche; in der andern
ist es dieses in dem Anderssein Sichselbstgleiche, es schaut
sich als ein solches, als absolute Einheit der Unendlichkeit
und der Allgemeinheit an, und es wird für sich selbst diese
Einheit, welche es itzt, indem die Unendlichkeit nicht in sich
zurückgekehrt ist, nur für uns ist. Es ist itzt eine Ganzheit der
Momente der Unendlichkeit, als Sphären; diese Unendlichkeit
ist, d. h. sie ist einfach, sich selbstgleich, aber sie ist dies nur
für uns; an ihr selbst ist sie eine Vielheit der Momente.

10   Die Bewegung ist in dieser Totalität der Momente zu sich
zurückgekehrt, als unendlich geworden; oder ihr Begriff ist
darin realisiert; aber die Realisation des Begriffs ist das Gegenteil des Begriffes, und so ist die Realisierung der Sphäre
ihr zum Punkte Gewordensein, ihr Übergang in eine Ruhe,
welcher die Sphäre gegenübersteht, ein Unbewegliches, außer
welchem die Bewegung fällt; der fixe Mittelpunkt der Erde,
der leer, die entfaltete Unendlichkeit der himmlischen Sphären zusammenschlägt, und als erfüllte Unendlichkeit heraus,
aus seiner absoluten Tiefe, dem Allgemeinen entgegen strebt,
20 und zum Äther zurückkehren wird. /

II. Irdisches System

[I. Mechanik]

A. Konstruktion des Körpers, oder der Gestalt

Die Sphäre in ihrer Totalität ist zum Ruhepunkt gekommen; und die Bewegung hat sich in ihre Negation reduziert;
aber diese Negation ist auch nicht als reine Negation, oder es
ist schlechthin nur der Begriff derselben, sie ist nicht als Negation des Ganzen gesetzt, was als Bewegung erkannt worden
ist. Daß sie in Wahrheit die Negation der Bewegung sei, muß
30 sie an sich selbst dieses Ganze der Bewegung als ein Negiertes
haben, wodurch sie denn selbst erst die negative Totalität ist.
Die Negation ist nicht für sich, sondern sie ist die bestimmte
Negation der Bewegung, oder sie ist darauf bezogen, und auf
sie als das Ganze derselben. Die Gestalt ist diese Reduktion
der totalen Bewegung zur Ruhe.

Das Moment der absoluten Bewegung, die Zeit als die Unendlichkeit, ist in der Realisation der Bewegung in Punkte auseinanderzerstäubt, welche in den Raum aufgenommen, für sich, gegeneinander gleichgültig sind; es ist das seelenlose Bild der Unendlichkeit; die Bewegung ist als ganze Sphäre nur ein allgemeines Gesetz; als Einzelnes existiert sie in ihren Momenten, welche absolute Einzelne sind. Die Mitte ist eine negative, die Null der Unendlichkeit, das wohindurch die Sonne sich zu einem Andern wird, und ihr Anderssein im Mond und Kometen ausspannt. Aber das Allgemeine ist ebenso wesent-   10
lich negative Einheit, das die Entfaltung seiner Unendlichkeit in sich zurücknimmt, und seine Momente ideell setzt. Die Erde ist dies unendliche, die Extreme berührende Moment der Unendlichkeit. Ebenso wie die Sonne ihre Momente ausgeatmet, von sich entfernt hat, ebenso absolut berührt sie dieselben, und diese Berührung des Monds und des Kometen durch die Sonne ist die Erde; die Wiederberührung und das Wiedererkennen des Gegensatzes als ihrer selbst. In dieser Berührung hebt sich das Leben des Sonnensystems zunächst auf; die Realität der Bewegung, die nur in der Entfaltung der Unendlich-   20
keit ist, / reduziert sich in der Berührung des Entfalteten zu einem Ideellen. Diese Sphäre der Unendlichkeit seiend, d. h. ihre Räumlichkeit, die ihr Bestehen war, wird aus dieser Reinheit des Bestehens, eine erfüllte, sich durchdringende; die Durchsichtigkeit dieser Idealität, die nichts an sich hatte, als die Bestimmtheit, sich selbstgleich zu sein, und absolute Negation des Negativen, sich Unterscheidenden war, wird zum negativen, zum undurchsichtigen Eins.

Der Punkt ist von der Bewegung getrennt; er ist darauf bezogen, aber als ein Fürsichseiendes; als auf ein Äußeres. Diese   30
Beziehung ist eine absolute Beziehung des Punkts, er ist durch sich selbst sich bewegend, oder hat sie an ihm selbst; aber er ist nur der Begriff derselben, unter sie subsumiert aber ebenso frei von ihr. Sie ist das Allgemeine, mit welchem er durch ein Anderes als er selbst ist, zusammengeschlossen wird. Die Bewegung, so als das Allgemeine, und in ihrer Allgemeinheit, so entgegengesetzt, daß sie einmal als negierte Bewegung, das anderemal als Positives sich auf sich bezieht, ist die S c h w e - re. Sie ist die in die Allgemeinheit, Sichselbstgleichheit aufgenommene Bewegung; negative Einheit, Bewegung der Ent-   40

gegengesetzten, Ineinssetzen derselben; aber negative Bewegung, die Bewegung als sich selbst aufhebend. Die zur Ruhe reduzierte Bewegung, ist ihr Negieren durch sich selbst; der Punkt ist absolut schwer, indem er eben diese Bewegung ist, welche die Negation der Bewegung ist, die Bewegung, die als
* solche zur Ruhe geht. Die Sphären der Bewegung, welche vorhin erkannt worden, sind nicht diese zur Ruhe eilenden Bewegungen, sind nicht schwer gegeneinander, oder sie beziehen sich nicht aufeinander durch die negative, sondern durch die
10 positive Bewegung. Die Schwere als die reale Bewegung, oder sie als sich selbst gleich ist als das Moment dieser negierten Bewegung, die aufgehobene Bewegung, das träge, reine sich auf sich selbst Beziehen, das Passive; aber die negative Bewegung ist nicht nur diese Abstraktion des Sichselbstgleichen, sie ist in sich entgegengesetzt; das Träge bezieht sich auf die Bewegung; die Bewegung als dieses differente Beziehen, bezieht sich dadurch unmittelbar auf das Träge, dieses ist sich bewegend, oder da die Bewegung ihm entgegengesetzt erscheint, das Bewegte. Das Wesen dieser Potenz ist die negati-
20 ve Bewegung, und das Allgemeine, das, an welchem diese erscheint, erscheint als das Träge, das, an welchem die Bewegung [ist], das sich bewegt, das Tätige, ist vielmehr das Untätige, das Träge; es wird bewegt; die Bewegung, die an ihm ist, ist, was nicht sein Wesen ist, sondern sein Wesen ist, daß die Bewegung aufgehoben werde, und dies sein / Wesen, erscheint als das Andere. Die Realität ihres Verhältnisses, ist das Aufgehobenwerden der Bewegung.

Dieser Begriff der Schwere ist die fallende Bewegung, in welcher sich die Bewegung so bewegt, daß sie sich aufhebt.
30 Es stehen zwei Einzelne einander entgegen, eins als das Absolutschwere, das Allgemeine, die Macht der Potenz; das andere, als das Subsumierte, oder die Differenz, die Darstellung der sich aufhebenden Bewegung; es ist ebenso ein Einzelnes, ein Bewegtes; die Bewegung als sich aufhebend, ist durch das Andere in dasselbe gesetzt; es ist für sich, es bewegt sich, und seine Bewegung ist die sich in sich selbst reflektierende sich aufhebende Bewegung. Als Einzelne sind beide gesetzt, jedes ist an ihm selbst Punkt, die in sich selbst reflektierte Bewegung; dasjenige, welches erst die Bewegung in sich reflektiert,
40 ist dadurch Einzelnes, daß es [im] zu diesem Reflektierten

Werden, die Bewegung außer sich hat, also ein Ruhendes ist, oder ein Punkt; als solches, das sich nicht als in sich reflektierte Bewegung, als Ruhe dargestellt hat, ist es nicht das Ansich der Bewegung, diese ist erst an sich, als reflektierte; daß es nicht das Ansich der Bewegung ist, hat es sie seinem Wesen nach außer sich, und ruht, der Bewegung, dem Allgemeinen der Sphäre entgegengesetzt. Das Allgemeine ist aufgehobene Bewegung; es ist als solches selbst unendlich, die Einheit der Ruhe, der aufgehobenen Bewegung, und des Setzens der Bewegung, nämlich einer solchen, die sich aufhebt; also der negierten und der negativen, der aufgehobenen und der sich aufhebenden. Ebenso ist der Punkt, der bewegt ist, unendlich; die Bewegung ist in ihm negiert, und als sich negierend; als Sichselbstgleichheit, und als Unendlichkeit. Beide sind sich so entgegengesetzt, daß das eine das Träge, wesentlich oder an ihm selbst, die negierte Bewegung, das andere aber die sich negierende Bewegung, dort als sichselbstgleiche, hier als unendliche sei. Aber, wie gezeigt, ist das Träge ebenso die sichselbstnegierende Bewegung; denn sie ist seine Beziehung auf das Andere; und ebenso ist das sich Bewegende die aufgehobene Bewegung, denn es ist die Beziehung auf das Träge, und dies sein sich Beziehen ist die negierte Bewegung. Wesentlich sind also beide schwer für sich, oder sich bewegend, als aufhebend die an ihnen gesetzte Bewegung, und schwer gegeneinander; indem sie schwer für sich sind, sind sie nur schwer / gegen Anderes, als träge ist ihnen das Bewegte ein Anderes, und sie beziehen sich darauf, als seine Bewegung aufhebend, oder sie sind in ihrem für sich Schwersein, schwer gegen ein Anderes, und in ihrem gegen anderes Schwersein, für sich schwer. Jeder dieser beiden Punkte fällt also in Wahrheit gegen den andern, und es ist in der Tat kein Verhältnis derselben gesetzt, die Entgegensetzung ist nicht an ihnen selbst, sie ist schlechthin eine äußere, eine Einschränkung, welche ihnen schlechthin nicht wesentlich ist; denn das absolute Einschränken, das in sich Zurückgehen der Bewegung ist ihnen gleich. Diese Entgegensetzung ist also Verschiedenheit der Größe, ein Inneres derselben, das keine Äußerung an ihnen selbst hat, oder ein Äußeres, das sich nicht auf das Innre bezieht, ein nicht Reflektiertes. Das Schwere sich so vom Andern unterscheidend, daß die Entgegensetzung schlechthin eine für sie

äußere ist, ist M a s s e ; die Form der Allgemeinheit ist das in
sich Fassen des Andern als ein Quantum, als Quantum über
es Hinausgehen; das Größere ist also das Trägere, und das
mehr Tätige, weniger sich Bewegende, und mehr die Bewegung in sich aufgehoben setzend. Das Leben der Masse ist allein ihre Größe, und ihre größere Schwere, wesentlich bestimmt als Einzelnheit, und die Bewegung nur aufhebend,
nicht die Bewegung positiv setzend; sie ist unendlich, negative Einheit, aber nur die Beziehung der Bewegung auf ihr Gegenteil, die Ruhe, so daß beide unabhängig voneinander gesetzt sind, und die Bewegung sich nur auf die Ruhe bezieht,
nicht sich gegen sie erhaltend, sondern nur negativ als sich
aufhebend; nicht eine Beziehung wie die der Sphären, daß das
Bewegte nicht in sich sich reflektiert, sondern Bewegung
bleibt; die Kreisbewegung, als die sich in sich reflektierende,
ist nur die formale Rückkehr, in der das Sichselbstgleiche
gleich ist, als Sichselbstgleiches, nicht als Unendliches. Die
himmlischen Sphären sind daher auch keine Massen gegeneinander; denn ihre Bewegung gegen einander, ist nicht die sich
aufhebende; aber zugleich ist ihre Bewegung gegeneinander
bedingt durch ihr Reflektiertsein in sich, dadurch daß sie absolute Einzelnheiten sind; als solche heben sie die Bewegung
an ihnen auf, aber nicht gegeneinander; sie sind als aufhebende und aufgehobene Bewegungen; aber dies, an ihnen selbst
unendlich die Einheit ihrer Einzelnheit und Bewegung zu
sein, fällt außer ihrer Seite der positiven Bewegung. Als himmlische Sphären gelangen sie nur zur Ruhe, aber nicht zum Falle, zur aufgehobenen Bewegung, aber nicht zur sich selbst
aufhebenden. /
Im Verhältnisse zu einander sind die Punkte Massen, sie
sind Ausgedehnte, gesetzt, als aufgehobene Vielheit, Konti-
nuitäten, zugleich wesentliche Einzelnheiten von uns erkannt, nur reflektierte Unendlichkeiten, nicht noch für sich
selbst, sondern an ihnen ist dies nur äußerliche Negation, als
Masse. Indem die Masse ein Schweres ist, das die Bewegung
nur als eine aufgehobene an sich hat, so ist die positive Bewegung außer ihm, ihm nicht wesentlich, sondern es ist ihm wesentlich, sie vielmehr aufzuheben; dies Aufheben ist, wie die
positive Bewegung durch ihr Negatives oder die Einzelnheit,
durch die positive Bewegung bedingt, aber in der Natur fallen

Bedingung und Bedingtes auseinander; der Masse ist die Bewegung ein Fremdes, sie ist gleichgültig dagegen, sie ist unendlich, nur als Einheit der Ruhe und des sich Aufhebens der Bewegung, nicht als der positiven Bewegung. Die himmlischen Sphären sich in sich reflektierend, sind zuerst rein nur als dieser Begriff, als dies Moment des Aufhebens der Bewegung gesetzt; und ihre beiden Seiten, sich durch sich selbst zu bewegen, wesentlich die Bewegung an sich zu haben, oder im Anders sich absolutgleich zu sein, und diese ihre Gleichheit im Anderssein zu erkennen, oder sich als unendlich zu reflektieren, die Bewegung, als eine aufgehobene zu setzen, — fallen noch auseinander: eben diese Einzelnheit, welche die Bewegung unter sich subsumiert, sie als eine aufgehobene an sich setzt, — und unter das Allgemeine subsumiert zu sein, oder daß das Allgemeine in ihnen ist, daß sie Bewegungen sind.

Die Masse fängt also weder die Bewegung an, noch endet sie sie; aber diese sich selbst aufhebende Bewegung ist so, indem sie ihre Realität nicht an ihr selbst hat, — nämlich weil sie einen Anfang und ein Ende, — in den Begriff der freien Bewegung zurückgegangen, und sie hat sich zu ihrem Begriffe hiemit erhoben, sie ist geradlinigte Bewegung, und existiert so, da diese vorhin nur jenseits der Realität war; sie ist noch nicht die Bewegung, welche den Gegensatz der Elemente, der Zeit und des Raums in sich vertilgt hat; aber die Mannigfaltigkeit des Raums, oder die Zeit insofern sie den Raum differentiiert; oder sie hat die Dimensionen des Raums, ihn in seiner Realität aufgehoben.

Dieser existierende Begriff der Bewegung, welcher seine Realität nicht an ihm selbst hat, muß sich realisieren, so daß er Begriff bleibt, oder mit der Bestimmtheit, eine nicht an sich selbst reelle Bewegung zu sein, sondern wesentlich eine Bewegung, welche sich aufhebt; die Realisation derselben kann nichts anderes sein, als die sich als Totalität aufgehoben setzende Bewegung, deren bloße Abstraktion der Punkt ist. /

Die gerade Linie des Falls stellt das Gesetz $c = \frac{s}{t^2}$ oder $y^2 = px$, indem $p = \frac{1}{m}$; ebenso $my^2 = x$, nur als ideelles, nur als Gesetz dar, ihre Linie ist nicht der Ausdruck desselben in seinem Verhältnisse; sondern es ist nur das Innere, oder Äußere, das durch Vergleichung der verschiedenen Geschwindigkeiten sich ergibt, d. h. sich nur als Wiederholung der Geschwindig-

keit darstellt; aber die Wiederholung ist ein Begreifen derselben, als eines in ihrer Verschiedenheit Unterbrochenen, sich
nicht durch sich selbst aufeinander Beziehenden; die Geschwindigkeit irgend eines Moments und die Geschwindigkeit
irgend eines andern, werden aufeinander bezogen, es ist
gleichgültig, welcher es sei, und sie werden als gleichgültig,
verglichen; so wie ihre Beziehung aufeinander ebendarum
nur die äußerliche, die der Größe wird. Dieses Gesetz, was das
Innere oder das Wesen dieser Bewegung ist, muß an ihr exi-
10 stieren, und als sein Ausdruck hervortreten. In Ansehung des
Bewegten, ist diese Realisation die Notwendigkeit, daß der
gefallene Punkt itzt mit der Masse, d. h. die es relativ auf ihn
ist, als eins gesetzt, diese Masse hiemit dazu macht, daß sie an
ihr selbst nunmehr als die reflektierte und sich in sich reflektierende Bewegung existiert; was wir als das Wesen beider erkannt haben, und was itzt als aus der Trennung dieser Bewegungen herkommend existiert. Die Masse ist so an ihr selbst
die aufgehobene und die sich aufhebende Bewegung; der fallende Punkt hatte das Positive der Bewegung als ein Fremdes
20 ihm Gegebenes an sich; die Masse setzt sie in ihm nur als eine
sich aufhebende; er war weder durch sich selbst, noch durch
die Masse, sich in dies Verhältnis setzend. Die Masse aber als
Einheit beider hat an ihr selbst die sich als Bewegung darstellende aufhebende Bewegung; sie selbst ist es, welche in dem
Punkte die Bewegung, nicht nur als eine sich aufhebende
setzt, sondern welche sie als dies Ganze, als sich aufhebende
Bewegung setzt. Es ist in der Masse das Prinzip, die Bewegung
anzufangen, nicht die positive als solche, sondern die sich
aufhebende Bewegung, die unmittelbar als positive selbst das
30 Prinzip der Schwere an sich hat, und in ihrem Freiwerden
fällt, als positive Bewegung von der Masse ausgeht, in ihr den
Anfang hat, und eben so in ihrem Freiwerden selbst fallend
ist; und diesen Gegensatz, den sie an sich hat, darstellt, als
einen Übergang der sich entfernenden in die fallende Bewegung; aber nicht so, daß beide etwa getrennt, in der Erscheinung, / oder als entgegengesetzte Kräfte wären, sondern unmittelbar eins, in jedem Momente dieses Übergehen sind.

[1]Die Wurfbewegung ist, in Ansehung des Bewegten, oder

---

[1] *Am Rande:* β)

der Momente, die Realisation des Falles, indem das Ganze, das der Fall darstellt, die sich an sich selbst aufhebende Bewegung, an ihr als dieses Ganze ist. Die Entgegensetzung des Tätigen, des Werfenden, und des Geworfenen ist ganz in ihr selbst befaßt, da hingegen der Fall die positive Bewegung voraussetzt, als jenseits seiner; dieses Beziehen auf eine fremde Sphäre ist in der Wurfbewegung abgeschnitten, indem sie nichts voraussetzt, sondern aus der Masse das Ganze der sich aufhebenden Bewegung herkommt.

Indem die Wurfbewegung wesentlich eine sich aufhebende bleibt, so tritt sie nicht aus dem Begriffe, und über das Gesetz $y^2 = px$; aber die Zeit, der Punkt ist nicht bloß als sich als Linie produzierend gesetzt, oder nicht als gerade Richtung, sondern als ein an ihm selbst Differentes, nicht ein in sich Reflektiertes, sondern sich in sich Reflektierendes; in seinem Einssein den Gegensatz an sich habend, oder ein Anderes als es selbst ist; seine Beziehung im Raume, als seine Selbstproduktion ist daher nicht die gerade Linie, sondern ein für es selbst Anderswerden; eine krumme Linie, und da es nur für sich selbst ein Anderes wird, und an ihm ebenso die Ruhe, oder die aufgehobene Bewegung hat, so hat es keinen Mittelpunkt der Bewegung außer sich. Der Mittelpunkt ist hier nichts anderes als die Masse, von der es ausgegangen, und zu welcher es zurückkehrt. Der Ausdruck der Bewegung, ist $y^2 = px$; der Punkt, y, stellt sich als ein Flächenverhältnis dar, denn durch seine Differenz setzt er die Differenz des Raumes, welche wir als Fläche gesehen haben. Als Größe ist er nicht y^2, sondern ein entwickeltes Quadrat; der Punkt y ist ein solcher, der ein plus an sich hat; und indem er als y ein Quantum ist, so ist sein Plus nur das Eins, das Element der Größe, und der durchlaufene Raum, in demselben Quantum y der Zeit, ist $(y^2 + 2y + 1)p$; oder in derselben Zeit, legt der Punkt einen um $(2y+1)p$ größern Weg zurück.

Die Wurfbewegung bezieht sich auf die Masse überhaupt, aber das Geworfene, als ein Punkt der Masse, ist ein Absoluteinzelnes gegen sie. Der Fall hat den Unterschied der sich Bewegenden als eine äußerliche Verschiedenheit der Massengröße; im Wurfe aber ist er absolut, das eine ist Einzelnes gegen das Andere, keine Masse / gegen dieses. Das Fallende wird erst dies für sich massenlose, oder das Existierende als Punkt

gegen die Masse; die Einheit von beiden ist das Aufgehobensein des bloßen äußerlichen Unterschieds, der Größe. Aber
der Fall ist ein bloß ideelles Moment, welches etwas voraussetzt, das nicht an ihm ist; diese seine Voraussetzung ist, daß
seine sich aufhebende Bewegung als positive Bewegung erscheinend gesetzt sei; sie ist aber positiv nur als schlechthin
ideell, als wirkliche Bewegung ist sie unmittelbar eine sich
aufhebende; das Positive ist nur ein schlechthin Negatives,
die reine Möglichkeit des Falles; eine Ruhe die nicht an ihr
10 selbst Ruhe ist; nicht eine positive Bewegung, sondern das
der negativen so Entgegengesetzte, daß es das sich selbst Negieren der Bewegung ist, da das Andere derselben, die träge
Masse das Negieren einer andern Bewegung ist. Dieses nun,
was der Fall voraussetzt, ist in seiner Realität, nämlich eine
Masse, die absolut Masse ist, an sich selbst das sich Negieren
der Bewegung und die absolut negierte Bewegung; diese Masse als Einheit ihrer selbst und des Falls, ist die Möglichkeit
des Falls; indem sie das Gegenteil ihrer selbst, der negierten
Bewegung und des Falles ist, ist der Fall die reine sich negie-
20 rende Bewegung ohne den Gegensatz, der am Wurfe ist, daß
der Punkt different an ihm selbst, und seine Bewegung ein
Übergehen ist; sondern der Fall ist nicht das Übergehen aus
der positiven in die negative, sondern rein die letztere. Aber
indem er hier seine Voraussetzung und Möglichkeit hat, so
ist der fallende Punkt an ihm als schwer sich aufhebend; oder
für sich eine Masse seiend; nur er ist das Fallende an sich, und
das Andere das Ruhende an sich, da dieses beides negierte
und sich negierende Bewegung ist, es ist die Totalität, jenes
nur Moment; jenes nicht ein Produkt dieser beiden, sondern
30 ein rein qualitatives, es hat keine Masse, oder keine Schwere
an ihm selbst; es ist schwer seinem Wesen oder Innern nach,
aber ebendarum ist die Schwere nicht an ihm. Hingegen im
Wurfe kommt der geworfene Körper aus der Masse, oder er
ist selbst an ihm die Einheit der sich negierenden und der negierten Bewegung, er hat die Wendung, das Übergehen an
ihm selbst, und ist Totalität oder einfache Einheit der positiven und negativen Bewegung, er ist Masse in Beziehung auf
ihn selbst, und in seiner Bewegung, so wie Schwere, und die
Masse ist ein Moment der Größe der Bewegung. Das Positive
40 der Bewegung ist nicht wie beim Falle ein nicht Gesetztes,

ein absolutes Jenseits, das als absoluter Anfang verschwindet,
indem es ist; sondern es ist als ein Übergehen, nicht als reine
positive Bewegung, als diese Abstraktion, auf welche das Andere, das Fallen, von außen her, als ein Zufälliges, Gleichgültiges folgte, sondern das unmittelbar Eins ist; die Wurfbewegung ist nicht eine Zentrifugalbewegung, gegen welche die
Schwere, als ein Äußeres, nämlich als / Widerstand des Mediums des erfüllten Raums gerichtet wäre, sondern dieser
Widerstand ist an dem Punkte selbst, und er geht als geworfe-
ner Punkt zur Ruhe, er würde sich ohne jenen Widerstand ins 10
Unendliche fortbewegen, heißt, dieser Widerstand ist ihm zufällig; aber er ist es nicht, sondern ist an ihm selbst als Schwere. Der Fall wird rein äußerlich unterbrochen, durch die Masse, aber es ist ihm ebenso absolut notwendig so unter dem
Scheine der Äußerlichkeit unterbrochen zu werden; denn wesentlich ist er sich auf dies Unterbrechen beziehend. Am Wurfe ist dies Unterbrechen als Ruhe ebenso äußerlich, ihm ein
anderes Fürsichseiendes. Aber das Geworfene ist zugleich
Masse an ihm selbst, und sein Unterbrochenwerden stellt
sich zugleich an ihm selbst dar, indem er für sich nicht eine 20
abstrakte Bewegung, sondern ein Übergehen ist, und als Bewegung selbst seine Schwere oder die Ruhe, die ihn als Bewegung erst unterbrechen wird, schon in der Bewegung an sich
hat. Den Wurf im leeren Raume zu denken, ist eine leere Abstraktion, so wie den Fall. Der fallende Körper erfährt als
Fallen keinen Widerstand; das Aufhören ist nicht an ihm
selbst. Hingegen der Wurf hat wesentlich einen Widerstand,
aber dieser Widerstand ist an ihm selbst seine eigene Schwere,
schlechthin nicht bloß ein äußeres. Insofern der fallende Körper Widerstand erfährt, so hört er schon auf zu fallen, und die 30
Verzögerung des Falles durch das Medium ist ein Verhältnis
mehrerer Körper gegeneinander, das hieher noch nicht gehört, indem der Fall noch auf den reinen Punkt sich bezieht,
von Körpern hier noch nicht die Rede ist, und im Wurfe der
Punkt der Bewegung erst Masse ist. Das Medium selbst ist
nichts anders, als daß die absolute Masse existiert nicht als
Entgegengesetztes, sondern als das Allgemeine, sich und sein
Entgegengesetztes Umschließendes, als Totalität. Für das Medium, oder die gleichgültige Beziehung der Momente der Bewegung ist diese ein Positives, oder Bewegung überhaupt, nicht 40

die als different, sich aufhebend gesetzte, sie ist dies insofern sie dem Medium gegenüber ist, welches so die Totalität der Masse ist, oder das Medium, und die positive Form der Bewegung ist das Moment der Allgemeinheit, des Fürsichseins der Momente der Bewegung, und die Bewegung hier ein Äußerliches, Zufälliges; die Totalität ist aber Schwere, oder negative Einheit der Bewegung und der Massen, und für diese Seite ist die Bewegung bestimmt; als aufgehobene. Dort ist die Bewegung mit den Momenten der Bewegung, welche so Massen sind, oder der Bewegung als einem Aufgelösten in den Gegensatz der / Einzelnheit, durch die Mitte der Allgemeinheit zusammengeschlossen. Hier ist sie es durch die negative Einheit. Dort ist die Bewegung das Allgemeine, das sich durch den bewegten Punkt auf die ruhige Masse bezieht, eine äußerlich synthetische Mitte; ein analytischer Schluß. Hier der absolute, in welchem die Bewegung die Mitte, die Extreme des Ruhenden, oder der Masse, und des Einzelnen zusammenschließt.

Die negative Einheit ist die Mitte, welche als die Bewegung die Masse und das Einzelne zusammenschließt, und das Allgemeine, oder die Masse ist selbst diese negative Einheit, oder die Masse ist die Einheit ihrer selbst, und der negativen Bewegung; im Wurfe wird sich die Masse zu dieser Einheit, welche sie im Falle nur ist; und als diese gewordene Einheit ist die Bewegung itzt auf die Masse als ein Eins bezogen; durch den Fall wird sie als dieses Eins bezeichnet; durch den Wurf, als das Eins, das sich zum Eins geworden ist, und die Masse ist der Bewegung des Wurfs nicht als Masse überhaupt entgegengesetzt, oder die Bewegung ist nicht von der Masse ausgehend, und bei ihr aufhörend, insofern sie der Masse entgegengesetzt ist; sondern in dieser Entgegensetzung selbst auf die Masse als auf ein Eins bezogen. Die Verdopplung des Punkts im Wurfe ist ein Zurückgehen desselben in ihn selbst, er ist als dieser zurückgegangene nur Ein Punkt; Mittelpunkt der Bewegung.

Auf diese Weise ist die sich aufhebende Bewegung das vollkommene Bild der Bewegung; und zwar so daß es ganz innerhalb der Masse fällt, oder die aufgehobene Bewegung, die Masse, an ihr selbst die ganze Bewegung ist. Es ist eine Masse, der allgemeinen Masse entgegengesetzt, sie ist auf die allgemeine Masse als einen ihr ebenso entgegengesetzten Punkt der Ruhe bezogen; und diese Beziehung ist die Linie der Entfernung, und das sich Anderswerden der vereinzelten Masse ist die negative Einheit ihrer Trennung von dem Ruhepunkte, so daß aber diese Trennung sich erhält; und das Bild der Bewegung bleibt. Zugleich aber ist der sich bewegende Punkt schwer; er ist wie der einzelne selbst in der allgemeinen Masse befaßt, und die Bewegung, als der Ruhe entgegengesetzt, oder als positive Bewegung, ist nicht an sich, sondern selbst innerhalb der Schwere, der aufgehobenen Bewegung, oder sie ist eine sich aufhebende Bewegung.

Die Pendelbewegung geht durch ihr Wesen in Ruhe über; diese Notwendigkeit erscheint äußerlich als Widerstand des Mediums, wie bei dem Wurfe; aber / auch als Reibung, oder Widerstand nicht des Allgemeinen nur, sondern der Einzelnheit, denn die Pendelbewegung hat das Allgemeine, die Schwere als Masse an ihr als Einzelnes gegenüber; die Masse ist selbst Punkt gegen sie. Aber dieses Erscheinen des Aufhebens der Bewegung durch ein Äußeres ist absolut an ihr selbst, indem sie schlechthin innerhalb der Schwere ist, oder ihr Allgemeines, die sich selbst aufhebende Bewegung.

Diese Totalität der sich aufhebenden Bewegung, stellt sich hiemit auf die Weise dar, daß dieselbe als Allgemeines Masse ist, in welcher der Punkt sich abscheidet, als ein ihr angehöriger fixer, hiemit die Masse an ihr selbst den Gegensatz der Allgemeinheit und der Einzelnheit hat; eben diese Unendlichkeit, welche an ihr als der Ruhe ist, ist ebenso als Bewegung, die die Einzelnheit des Mittelpunkts, und das Allgemeine des sich Bewegenden hat, und an ihr selbst ebenso das allgemeine beide Beziehende, dem Allgemeinen der Masse Entgegengesetzte, das Medium [ist]. Beide, die Bewegung als Ruhe und die sich aufhebende, sind zusammengeschlossen auf eben diese gedoppelte Weise, oder die Mitte beider ist ebenso doppelseitig; die eine Seite ist die Schwere, als das absolut Allgemeine ebenso der Masse, als des Mediums und des sich Bewegenden; die andere ist der negative einzelne Punkt, welcher das unter die Masse subsumierte Einzelne, und dagegen für die sich aufhebende Bewegung der Mittelpunkt ist oder das Allgemeine ist, seine Entwicklung, oder die Einzelnheit als Gegensatz in der schwingenden Bewegung, so wie das

Allgemeine sich als Allgemeines im Gegensatz, an der Totalität der Masse hat.

Die Pendelbewegung ist hiemit zugleich die als Totalität sich darstellende aufhebende Bewegung, für sich selbst werdend als sich aufhebende Bewegung; für uns die Totalität oder Realität; noch nicht für sich selbst. Aber sie in ihrer Realität ist wesentlich zur Ruhe gehend, und aufhörend; ihre Totalität ist, daß sie als diese ganze Darstellung sich zurücknimmt, und als dieses Zurückgenommene ist; das Moment des Wurfes ist der sich realisierende Fall, aber nur nach einer Seite, nämlich des Seins des Punktes, an der Masse selbst, und des Werdens desselben zum Mittelpunkte; wie der Punkt, als Aufhören des Falles, Prinzip des Wurfes, so wird das Aufhören des Wurfes Prinzip der Pendelbewegung; an dem Wurfe ist nur die Bewegung, die sich aufhebt, der sich bewegende Punkt; in der Pendelbewegung ist sie zugleich als Ruhe in sich zurückgenommen, die sich unmittelbar auf die Bewe-/ gung bezieht, als Mittelpunkt der Bewegung. Die Realität der Pendelbewegung ist das Ende derselben, daß sie sich in der Tat als das darstellt, was sie wesentlich ist, nämlich als aufgehobene Bewegung, aber als eine solche, als [in] welcher die ganze Totalität aufgehoben ist. Die Pendelbewegung ist in der Tat aufgehobene Bewegung; denn sie fällt ganz innerhalb der Schwere; das Prinzip des Falles fällt außer ihr, und der Wurf ist nur die unvollendete Pendelbewegung.

Diese Totalität als eine aufgehobene ist itzt so, daß die Masse einen Punkt an ihr selbst hat, der in ihr ist, absolute Einzelnheit, eine leere Negation, also in der Tat sie selbst, aber ebenso ihr entgegengesetzt, und zwar absolut; die Beziehung derselben als entgegengesetzter ist die Mitte des zur Ruhe gekommenen Körpers, der, sich auf den Punkt beziehend, Punkt, ein Einzelnes gegen die allgemeine Masse ist; aber ebenso auf die Masse sich beziehend, Masse und schwer ist. Diese Mitte, durch welche beide zusammengeschlossen sind, ist die synthetische; Punkt und Masse sind an ihnen selbst, jener absolut Punkt, diese absolut Masse; sie sind in dieser Mitte nicht negativ gesetzt, oder sie ist nicht negative Einheit, als in Beziehung auf sich selbst, aber nicht an ihr, sondern es ist ihr beides ein Äußeres, und dies selbst, daß in ihr beide zugleich sind, also in der Tat sich aufheben müßten.

Die Allgemeinheit fällt daher selbst außer ihr, sie ist das Medium aller drei Momente, deren jeder besteht, und gleichgültig gegen den andern ist. In dieser Darstellung ist aber in der Tat die Totalität der Bewegung aufgehoben, nicht eine aufgehobene; sie ist nicht darin ausgedrückt; die Mitte ist erstlich nicht an ihr selbst negative Einheit; und so sind die Extreme in ihr nicht als aufgehobene gesetzt; sondern sind vielmehr für sich; sie sind nicht zugleich Punkte, oder es fehlen überhaupt aus der Pendelbewegung diese Wendungspunkte, durch welche sie an ihr sich als eine totale, in sich zurückkehrende erweist, wo dann diese Punkte nur solche Rückkehrpunkte sind, d. h. sich aufhebend, indem sie sind, rein ideell. Die bestehende Masse und der ruhende Punkt, diese Gleichgültigen Extreme müßten selbst solche Punkte zugleich sein; jene dadurch eine aufgehobene, hiemit selbst diese Mitte, welche zugleich Punkt und Masse ist; dieser als Punkt aufgehoben, und somit selbst Masse; also dem andern gleich. Die synthetische Mitte tritt so vielmehr auf die beiden Seiten, die einander gleich sind. Aber ihre innere Gleichgültigkeit, ihre Auflösung ist zugleich so reell an ihr, sie ist gesetzt, als das, was sie an sich selbst ist, als eine gleichgültige Zweiheit, oder indem sie sich verdoppelt. Aber die Extreme zugleich [als] ideelle Punkte, oder in ihrer Verdopplung sich aufhebend, so ist ihre Mitte die nega/tive Einheit, der Mittelpunkt der Bewegung fällt in die vorher synthetische Mitte selbst hinein; sie war das Besondere, schwer an ihr selbst, und Masse, und Einzelnheit zugleich. Oder sie ist in der Tat Einzelnheit, negativer Mittelpunkt an ihr selbst, den sie mit der allgemeinen Masse gemein hat, und als Masse selbst, aber die an diesem Mittelpunkt ist, ist [sie] eine α) an ihr selbst entgegengesetzte, gedoppelte; bestehend außer dem Mittelpunkte, und subsumiert unter ihn, ideell, und β) der allgemeinen entgegengesetzte. Die Beziehung, die in der Pendelbewegung und wie sie unmittelbar aufhört, außer dieser synthetischen Masse fällt, die Linie, die den Ruhepunkt und das Besondere zusammenknüpfte, fällt in dieses selbst, dies ist eine Linie, aber eine schwere, und ebenso fällt jener Ruhepunkt in sie. Als schwer ist sie eins, Masse, aber als subsumiert unter die Einzelnheit ist sie ihr entgegengesetzt, eine differente, oder gravitierende Schwere; der Punkt ist in der Tat die Mitte. Aber als entgegengesetzt

der Masse, ist die Schwere zugleich auch nur das Gemeinschaftliche, oder sie ist Medium.

Im Hebel sind alle Momente der Bewegung als einer aufgehobenen, und sie ist als solche realisiert; sie selbst fällt innerhalb der Masse; aber die Masse selbst ist nur Allgemeines;
sie ist zwar zugleich negative Einheit, aber als diese ist sie sich
entgegengesetzt. Die Bewegung ist als Hebel sich selbst aufgehobene Bewegung; aber noch bestimmt, als Bewegung, entgegen der Masse, der Ruhe; sie ist Totalität für sich geworden,
10 aber nicht für die Masse; die Bewegung ist für sich selbst aufgehoben; aber sie ist unmittelbar nur dieses Negative, nicht
auch das Positive für sich; der Gegensatz, wie er an ihr selbst,
ist verschwunden, aber dieser Gegensatz an ihr selbst ist ursprüngliche Bestimmtheit, und so Unendlichkeit, so ist sie in
sich zurückgegangen, aus der Bewegung in die Ruhe; aber diese Ruhe ist so das Extrem der Bewegung, oder aus ihr herkommend. Die Bewegung der Ruhe zur Bewegung muß die
umgekehrte sein, und die Einseitigkeit jenes Übergehens aufheben, und die Ruhe sich ebenso als Bewegung [erkennen],
20 wie die Bewegung sich als Ruhe erkannte. Die zur Ruhe reduzierte Bewegung hat für sich selbst ihre ursprüngliche Entgegensetzung gegen ein Anderes noch nicht abgelegt; jene Reduktion war das Aufheben der Entgegensetzung an ihr selbst;
sie ist ein Anderes geworden, aber sich noch nicht anders,
und noch nicht aus diesem sich ein anderes Sein zu sich / zurückgekehrt; sie ist ein Erkennen, aber hat den Weg der Metaphysik noch nicht durchgemacht. Sie ist das Aufheben der
totalen Bewegung, und als solches für uns geworden oder der
Begriff.

30 *B. Der Hebel*

Der Hebel ist einzelner Körper, oder Körper überhaupt; er
ist Masse, die aufgehobene Bewegung, als sich selbstgleich;
oder er ist schwer; denn im Wurfe ist er von der Masse selbst
genommen. Aber dieser sein Anteil an dem Allgemeinen ist
zugleich nur ein Anteil, er ist beschränkte Masse, wesentlich
Einzelnheit; und in seiner Beschränkung an ihm selbst die absolute Einzelnheit, die Unendlichkeit ausdrückend als ein

Eins, welches an ihm selbst ebenso sich entgegengesetzt ist,
und darum das Schwere, das dem Punkte entgegengesetzt ist,
durch seine Natur, an ihm selbst als ein entgegengesetztes gedoppeltes hat, und so an seiner Schwere mit der Masse, dem
Allgemeinen, Eins ist; und ihr darin auch entgegengesetzt,
weil sie in der Bestimmtheit der Einzelnheit ist. Diese Einzelnheit, das Wesen der Entgegensetzung des Körpers, ist
aber unmittelbar das, wodurch er mit der Masse eins ist, er
ist Punkt der Masse, das in ihr gesetzte Negative, nicht die
Ruhe überhaupt, sondern die Ruhe der Bewegung; als Ruhe 10
dasselbe, was sie ist; aber ihr entgegengesetzt, das Wesen des
Körpers.

Der Hebel, wie er aus der Bewegung herkommt, ist zunächst
α) Masse, mit der allgemeinen Masse eins; als denn β) auf sie
nach seiner Masse durch den Punkt bezogen; die Beziehung
seiner Extreme ist auf diese Weise die gedoppelte; die erstere,
die reelle, oder ihr Sein als Masse; die andere die ideelle, die
Beziehung auf den Punkt. Beide unterschieden, so ist diese
reine Beziehung, lineare Beziehung; aber die Totalität der Linien; oder die Totalität der Beziehungen, wie sie als Raum- 20
ganzes ist. Der Körper ist totale Raumerfüllung; für sich; und
der Raum ist erst erfüllter Raum, indem die Masse sich selbst
als Allgemeines und als einzelner Körper entgegengesetzt ist;
die reine Masse als solche ist nichts als die Sichselbstgleichheit
des Raumes, sie ist der leere Raum selbst; sie ist erst Masse,
als der Bewegung entgegengesetzt. Aber so als aufgehobene
Bewegung ist sie wieder überhaupt nur aufgehobene Bewegung, oder sie ist dies für uns; nicht dies an ihr selbst und in
Wahr/heit, als insofern sie einzelner Körper ist, und sich setzend als [Einzelnheit,] in der die Bewegung als eine aufgeho- 30
bene ist, als einzelner Körper in der Masse; er ist zugleich bestimmter Raum und zugleich Raum überhaupt im allgemeinen Raume. Aber [er] ist eine wesentliche Abscheidung, absolute Trennung von dem Allgemeinen; der beschränkte Raum
als beschränkter Raum ist es nicht; denn seine Beschränkung
ist äußerliche, des Quantums, nicht absolute Einzelnheit,
oder Vertilgtsein des Raumes; der Punkt ist ein dem Raume
Fremdes, und seine Beziehung auf den Raum ist unmittelbar
selbst räumlich. Hingegen die aufgehobene Bewegung in ihrer
Totalität ist ein Aufgehobensein des Raumes selbst, so wie 40

der Zeit, welche Momente der Bewegung sind, in ihr zwar
selbst absolut eins, aber [nicht] nur für uns, sondern an der
Bewegung selbst, denn diese als Unendlichkeit bestimmt, ist
ebenso absolut ihr Auseinandertreten, als ihr Aufgehobensein. Hingegen im einzelnen Körper, oder vielmehr in der
Masse, insofern sie die Einzelnheit des Körpers an ihr hat, ist
Raum und Zeit überhaupt, nach ihrem sich Trennen, und
Abscheiden aufgehoben. Es ist in dem Raume die absolute,
reale Negation desselben; sie ist selbst räumlich, und ebenso
10 ist er unter sie subsumiert, und in der Einzelnheit der Masse
absolut vertilgt. Ebenso die Zeit, und der erfüllte Raum ist
die dauernde Zeit, oder die Zeit ebenso als aufgehoben. Aber
beide sind mit dem Unterschiede aufgehoben, daß der Raum,
nach seiner positiven Natur, als das Sichselbstgleiche, in seinem Aufgehobensein sichselbst gleich, und von seinem Gegenteil erfüllt ist; die Zeit hingegen als das Gegenteil ihrer
selbst, nur das Negative, die Totalität der Dimensionen des
Körpers, das Bild der Unendlichkeit darstellt, und als existierende Unendlichkeit, als solche, darin untergeht; indem
20 sie hier in der Bestimmtheit des Aufgehobenseins ist, der
wesentlichen Bestimmtheit des Raumes, aber der entgegengesetzten der Zeit.

Indem der Körper Masse ist, so ist er mit der allgemeinen
Schwere eins; er ist aber auch zugleich Punkt, und die Beziehung seiner Masse auf die allgemeine geschieht durch diesen Punkt, der insofern dieser angehört; aber der Punkt sich
auf seine Masse beziehend, subsumiert diese unter sich, sie
ist ein Negatives der Sichselbstgleichheit der Masse, und die
Beziehung die Abstraktion der Linie; denn sie als Beziehung
30 des Punktes ist Linie; und rein als diese ist an dem Körper die
Totalität der Dimensionen aufgeschlossen; diese, und zwar erfüllt als Masse, tritt an die Extreme dieser Linie; die beiden
Seiten stehen sich in ihrer Abstraktion gegenein/ander, und
der Hebel ist als die entwickelte Natur des Körpers. Seine
 * Masse, als unter der Einzelnheit gesetzt, drückt, wie gezeigt,
an ihr diese Differenz als eine Verdopplung aus; und dies
Gedoppelte der Masse ist ebenso eine Verdopplung der Beziehung derselben auf den Punkt. Diese bestimmte Masse in
dieser Abstraktion als bestimmte Masse, die also außer ihr
40 den Punkt des Eins hat, ist nicht mehr ein Körper, sondern

die Abstraktion einer bestimmten Schwere, oder das Gewicht, so wie die Beziehung die Linie ist; eben ein solches Gedankending, oder nur Moment, welche in der Tat nicht als solche sind. Sondern an sich ist diese getrennte an ihr selbst differente Schwere eins mit ihrer Beziehung auf den Punkt, und eins mit dem Punkt, der an ihr eben als diese Linie ist; ein Einssein, in dem die Eigentümlichkeit eines jeden sich aufhebt; sie haben kein Verhältnis zu einander; ihre Entgegensetzung ist rein außer ihnen; das Positive des Sichselbstgleichen, und das Negative der Dimension durchdringen sich vollkommen in diesem Aufgehobensein ihres Gegensatzes; ihr Ganzes ist ein Produkt, indem jedes als bestimmte Größe vorgestellt wird Me = me; und die Gleichheit ist schlechthin nur die Gleichheit dieser Produkte. Die Unterscheidung der Linie, und der Masse, ist eine dieser Einheit äußerliche, in welcher diese beiden sich vollkommen reduziert haben; es ist eine Unterscheidung der Größe, und die Linie so wie die Massen können jedes in Beziehung auf sein Anderes (Masse gegen Masse) ungleich sein; nur daß die Gleichheit des Produktes bleibt; und die Entfernungen stehen im umgekehrten Verhältnisse der Massen, ein Satz, der nicht mathematisch bewiesen werden kann.

Die Masse ist auf diese Weise äußerlich unterschieden, indem vorher die negative Einheit in ihren Dimensionen, an der Masse selbst war; sie ist der allgemeinen und der einzelnen entgegengesetzte, selbst einzelne. Die Entgegensetzung gegen die allgemeine als reine Masse überhaupt, ist die äußerliche, oder die des Quantums, und beide gemeinschaftlich sind so einer dritten, welche die allgemeine ist, entgegengesetzt. Diese mehrern einzelnen Massen sind als Massen zunächst gleichgültig gegeneinander, und nur in der allgemeinen Masse gemeinschaftlich oder aufeinander nur in dieser bezogen, gar nicht als einzelne. Sie sind ohne Bewegung auf diese Weise, sie sind vielmehr die aufgehobene Bewegung. Aber indem die allgemeine Masse ihre nicht nur gemeinschaftliche positive Einheit ist, so haben sie ebenso die negative Einheit gemeinschaftlich, und dieses ist zugleich wesentliches Einssein / beider, nicht ein ihnen fremdes; ein Aufheben ihres Fürsichseins, die Zeit, welche sich ihrer Räumlichkeit oder ihrer Gleichgültigkeit bemächtigt. Dies Aufheben ihrer Gleichgültigkeit ist wieder Bewegung; denn das Bestehen derselben, das was als Eins gesetzt wird, ist die Räumlichkeit. Diese Bewegung ist die, als welche sie sich von der Masse vollkommen losreißt, oder ebenso diese absolut für sich wird. In der Masse, welche an sich aufgehobene Bewegung wird, und es als Körper ist, ist die Bewegung noch so der Masse wesentlich, daß nur ihr Anfang ein Jenseits ihrer ist; aber angefangen ist sie Bewegung, obzwar sich selbst aufhebende; hier aber ist sie als aufgehobene, oder als vollkommen äußere. Nämlich sie ist nicht mehr Bewegung des Einzelnen gegen das Allgemeine, die Masse, wo sie eine Seite hat, von welcher sie dieser entgegengesetzt, und für sich ist. Hier aber [ist] sie Bewegung Einzelner gegen Einzelne, welche schlechthin mit der Masse eins, in der Bewegung selbst nicht ihre Freiheit von ihr aufhebende sind, sondern sie schon aufgehoben haben, nicht fallen, oder geworfen werden, oder sich schwingen, sondern schlechthin nur eine Freiheit nicht von der Masse, sondern von ihr als einer vereinzelten, in Beziehung auf den Raum, vom Orte darstellen. Das Aufheben des Fürsichseins der Einzelnen ist ebenso, wie im Raume, ein Entstehen des aufgehobenen Raumes; er wird nur gesetzt als aufgehobener. Ebenso verhält sich hier die Bewegung des Einzelnen, nur gegen Einzelnes, und sie ist wesentlich Bewegung des Einzelnen, als solchen. Das Einzelne, das aber Vereinzelung des Allgemeinen ist, und unter dieses subsumiert, nicht aus seiner Kontinuität tritt, bleibt also für sich, und das Aufheben ist nur das ideelle Aufheben des Orts. Die Bewegung als reelle Bewegung, wirkliches Aufheben des Einzelnen, ist Bewegung von Einzelnem gegeneinander, das wesentlich solches ist.

Die absolute Bewegung hatte sich von dem Begriffe ihres sich Aufhebens, dem Falle, in dem einzelnen Körper als aufgehobene Bewegung realisiert, welcher dieses an sich selbst, aber nicht für sich selbst [ist]; hier wird er es für sich selbst; d. h. dem einzelnen sich als Bewegung aufhebenden, tritt ein anderer ihm gleicher gegenüber, da er bisher das Ungleiche, die Masse, sich gegenüber hatte, und dies Andere, ihm für uns itzt nur Gleiche, setzt er sich als ein Gleiches, als dieselbe Einzelnheit.

Beide sind schwer, Masse, ihre Bewegung ist nur reelle gegeneinander, nicht gegen das Allgemeine, und sie trennen sich

nicht von ihm ab. Sie verhält sich gegen / diese selbst als eine
vereinzelte, und das sich Aufheben der Bewegung gegen sie
erscheint als Reibung; ihre Vereinzelung, die außer einander
ist, wird durch die Bewegung des einzelnen Körpers in Beziehung gesetzt, aber es ist eine Beziehung, die ebenso unmittelbar verschwindet, als sie ist, und die Kontinuität der Masse
ebenso wenig unterbricht, als die Vereinzelung. Hier erscheint
die Schwere der Masse als wirklicher Widerstand; das Subsumiertsein des einzelnen Körpers unter das Allgemeine, das
sich Aufheben der Bewegung durch sich selbst, als Schwere, 10
als ein reelles Aufgehobenwerden, oder durch Äußeres; die
Schwere in Form einer Ursache. Die allgemeine Masse selbst
als Totalität der Dimensionen, aber die ebenso äußerlich an
ihr sind, nämlich die Fläche, als Oberfläche, als Verhältnis
nach außen, auf welcher sich die gerade Linie der Bewegung
zeichnet, durch ein Anderes als sie ist, und dies Andere ist
der Punkt. Es fangen an der Masse selbst an, die Dimensionen
zu erscheinen, aber äußerlich, die bisher nur am Einzelnen
sind. Sie ist ebenso äußerlich vereinzelt Punkt, aber durch
eine andere, absolute Vielheit von Punkten. 20
Die Bewegung ist eine sich durch sich selbst aufhebende,
als Schwere, und die vollkommenglatte Oberfläche würde
nicht sie ins unendliche fortsetzen, so wenig als der Wurf
u.s.f.; aber sie ist itzt auch eine sich durch sich selbst so aufhebende, daß dieses, wodurch sie sich aufhebt, nicht mehr ihr
Inneres oder Wesen ist, sondern ein Existierendes, ihr Gegenüberstehendes; oder das Einzelne selbst als solches. Das Allgemeine, oder die Masse als Vereinzelung, leistet nur als Reibung Widerstand, oder in ihrer Einzelnheit selbst als Allgemeines. Wenn der Widerstand auch eine höchst vereinzelte 30
Form hat, und der rollende Körper auf eine, aber absolut ruhende, senkrechte Fläche trifft, so ist dies ein absolutentge-
gengesetztes Ruhendes, immer unter der Allgemeinheit Fixiertes, nicht ein Einzelnes als solches, das beweglich sein
und sich als Einzelnes muß aufheben können. Das Aufhören
der Bewegung durch reines Reiben, ist nicht ein solches, in
welchem das Schwere, das die Bewegung des Einzelnen aufhebt, dieses selbst ist. Das Aufhören durch Reibung ist nur
der Begriff dieses sich Aufhebens; dasselbe an ihm selbst, ist
eine Bewegung ganz Vereinzelter, dem Fixiertsein in der 40

Schwere Entnommener, so daß der Punkt der Ruhe, / (der
Schwere) in ihnen selbst ist, wie er in der Totalität als Pendelbewegung noch an der Masse ist, und nur als Beziehung
durch das Pendel hindurchgeht.

Die sich aufeinander beziehende Bewegung solcher Einzelner ist eine Beziehung Schwerer, gegeneinander Gleichgültiger; ein Ausschließen gegeneinander; und in ihrer Beziehung
selbst, welche ihre Einzelnheit aufhebt, bleibt dies Fürsichsein derselben gegeneinander; denn sie sind für sich als Schwe-
10 re eins wie das andere; hierin schlechthin gleich, und keins
vermag darum über das andere etwas hierüber. Worin sie
einander entgegengesetzt sind ist Ruhe und Bewegung; (ob
beide sich bewegen, einander entgegengesetzt, oder in derselben Richtung mit ungleicher Geschwindigkeit, oder das
eine ruht, und das andre sich nur bewegt, ist gleichgültig;
denn auch jene einander entgegengesetzte Bewegung ist unmittelbar die eines jeden, Ruhe des andern, und die in gleicher Richtung mit ungleicher Geschwindigkeit, ebenso in
Ansehung des Überschusses der einen über die andere Ruhe
20 des einen.) Die Bestimmtheit, unter welcher sich die beiden
Einzelnen einander entgegengesetzt sind, ist die der Ruhe und
Bewegung, aber so daß weder das eine noch das andere an
ihm selbst Ruhe oder Bewegung ist; sondern sie sind beide
nur an der Einzelnheit, oder gesetzt als ideelle Momente; die
Bewegung ist überhaupt nicht mehr absolute, positive Bewegung, und die Ruhe, als Ruhe des einzelnen Körpers, ist ebenso an ihm als aufgehoben gesetzt, nur als eine mögliche, als
different, oder bezogen auf das Entgegengesetzte; der einzelne Körper ist wesentlich: negatives Eins, in welchem die Be-
30 stimmtheit nur als eine aufgehobene ist. Beide im Verhältnisse zu einander, erscheint an dem einen die negative Einheit
als Bewegung, an dem andern die Ruhe; sie sind aber wesentlich beide dasselbe, daß sie beide die aufgehobene Bewegung
sind, und als Einzelne, ebenso der Masse, der absoluten Ruhe,
entrissen, nur eine relative Ruhe haben, oder wie die Bewegung ebenso die Ruhe ein an ihnen nur Aufgehobenes ist; sie
ist nur Möglichkeit der Bewegung, wie die Bewegung nur
Möglichkeit der Ruhe. Die mögliche Ruhe, als Bewegung, und
die Ruhe als mögliche Bewegung einander entgegengesetzt,
40 heben sich aneinander auf; oder die Einzelnen in ihrer Berüh-

rung stellen sich dar, als was sie wesentlich sind; ihre Berührung ist, daß indem das eine Bewegung ist, das andere ebenso
sich ausdrückt, daß sie nur als die Bestimmtheit des einen zu
sein aufhört, und die Bestimmtheit beider ist, und so an beiden in die Ruhe übergeht, indem diese Bewegung an ihr selbst
aufgehobene Bewegung ist. /

Die Bewegung des Einzelnen gegen das Einzelne ist an ihr
selbst eine aufgehobene; ebenso die Ruhe des Andern nur die
Ruhe der Einzelnheit; dies nur bestimmt als ein entgegengesetztes; aber ebendarum in der Berührung durch das Andere 10
sich aufhebend; die Bewegung ist das Einfache beider, in welchem ihre Entgegensetzung aufgehoben ist; denn ihre Einzelnheit ist durch Ruhe und Bewegung verschieden; mit dieser
Bestimmtheit hebt sich das Getrenntsein ihrer, als Einzelner
auf. Aber diese Bewegung ist an ihr selbst eine entgegengesetzte, und die gemeinschaftliche Bewegung beider geht in
Ruhe über.

In dem himmlischen Systeme ist Ruhe und Bewegung absolut Eins, und die letztere ist in ihrem Sein gesetzt, das aber
in Ruhe übergeht; diese ist im irdischen Systeme jenes sich 20
selbstgleiche, ansichseiende sich nur auf sich selbst Beziehende; und dann die aus der Bewegung zurückgekommene Ruhe,
als negatives Eins. Dieses wird sich an sich selbst aufhebende
Bewegung, oder der Kreislauf des aus der Ruhe in die Bewegung, und aus dieser in Ruhe Übergehens; und endlich wird
ebenso die Ruhe ein Ideelles, ein nicht sich auf sich selbst,
sondern nur auf Bewegung Beziehendes; und sie treten beide
in das ursachliche Verhältnis zu einander, in welchem das
Einzelne nur ein solches ist, das aus der Ruhe in die Bewegung gegangen, und in jene zurückkehrt, und das Andere ein 30
Ruhendes, das aus der Bewegung in die Ruhe, und aus dieser
wieder in jene übergeht; jedes als absolute Einzelnheit, unendlich, und der Kreislauf und der Gegensatz nur die Zufälligkeit oder Äußerlichkeit, welches für jedes als Ausgang gesetzt
werde; in der Tat aber ist jedes der ganze Kreislauf. Die Bewegung Einzelner gegeneinander ist das Gesetztsein dieser Zufälligkeit; ihre Einzelnheit ist, ganzer Kreislauf zu sein, oder
eben die Einzelnheit selbst ist das Aufheben der Entgegensetzung. Die Bewegung der einen gleichfalls Bewegung der
Andern; sie teilt sich absolut mit; es bleibt dasselbe Ganze 40

Sichselbstgleiche der Bewegung, und diese mitgeteilte Bewegung ist ebenso die mitgeteilte Ruhe des Andern; das Ganze
der Bewegung ist als Bewegung, so wie die Ruhe beiden mit-
geteilt. Jedes Einzelne nimmt diese Bewegung in sich auf, und
hebt sie in sich auf, das, was dem Einzelnen als Einzelnen
bleibt, ist das Äußere, die Größe seines Gewichts, d. i. die
Größe seiner Ruhe im Verhältnis zu der Größe der Bewegung, überhaupt das sich Selbstgleiche, die Schwere; welche
am Einzelnen eine bestimmte ist, sich als diese bestimmte
10 selbst aufhebt; die Bewegung ist mit der bestimmten Schwere
eins; und als diese Einheit der Bestimmten Geschwindigkeit
und der be/stimmten Masse ist das Ganze der Bewegung; und
dies Ganze ist es, was in die Ruhe, als allgemeine Schwere
zurückgeht; die sich aufhebende Bewegung geht in ihrer Mitteilung durch diese Verteilung hindurch, wie die Entfernung,
das Ideelle, am Hebel mit dem Gewichte eins, das Ganze der
aufgehobenen als different erscheinenden Bewegung, oder
Schwere ist. Die Ruhe, oder die Schwere ist itzt eine solche,
welche nicht nur eine aufgehobene Bewegung, sondern auch
* eine aufgehobene Ruhe ist. Die Schwere war bestimmt als
Ruhe, gegen die Bewegung; diese ganze Bestimmtheit ist itzt
außer sie getreten und zu ihr zurückgekehrt; sie war als sich
aufhebende Bewegung das Gegenteil ihrer selbst geworden
und zu sich zurückgekommen, itzt als sie selbst ihr Gegenteil,
nämlich als Bestimmtheit der Ruhe außer ihr selbst; dort in
ihrem Gegenteil, sichselbst gleich für uns; hier für sich selbst,
und als dieses zurückgekommen. So ist sie erst absolut unendlich; indem sie nicht bloß aus einer Seite, ihrem Gegenteil,
sondern der ganzen Unendlichkeit, die ihr Gegenteil und sie
30 selbst als die Bestimmtheit dagegen ist, zu sich zurückgekommen ist.
    Die Materie oder das Schwere ist so unmittelbar sichselbst-
gleiche Kontinuität, Raum, aber erfüllter Raum, als aufgehobene Bewegung, worin der Raum selbst aufgehoben ist. Sie
ist als diese Sichselbstgleichheit unendlich, oder eine Sichselbstgleichheit des Einzelnen. Durchaus Einzelnheit, welche
ebenso durchaus eine sich aufhebende Einzelnheit, absolute
Mitteilung ihrer Bewegung ist, als sie absolut Bewegung, Aufheben der Sichselbstgleichheit ist. Dies ist die Realität der
40 Materie, das Element der Erde, das Element der Einzelnheit,

welche ihre Einzelnheit in der absoluten Mitteilung ebenso
unmittelbar aufhebt, als sie ist, oder die absolute Flüssigkeit, die wahrhaft reelle irdische Materie.

Diese absolute Flüssigkeit ist die Mutter aller Dinge, sie
hat die Unendlichkeit, das Prinzip des Erzeugens in ihr selbst.
Die Sichselbstgleichheit ist nicht mehr der Einzelnheit entgegengesetzt, nicht mehr für sich; sondern an ihr selbst absolute
Einzelnheit; die Bewegung ist an ihr rein in sich selbst zurückgegangen, ein vollkommen Einfaches des sich in [sich] selbst
Bewegens; das nicht eine Ortsveränderung, in der Materie, 10
nicht itzt hier ist, und ein vor und nach sich des bewegt Gewordenen und des zu Bewegenden, sondern die schlechte
Realität der Zeit, als ein Außer/einander ihrer Momente, die
in ihrem Aufgehobenwerden außer einander entstehen, in
Eins zurückgenommen hat; dieses Einfache als unendlich,
oder die Unendlichkeit als dies Einfache ist das Prinzip des
Geistes. Die Bewegung so an ihr selbst sich bewegend, und als
einfach sich unmittelbar aufhebend, ist ein Erzittern in sich
selbst; eine Achsendrehung, in welcher der Mittelpunkt sich
nicht mehr von dem Umkreise, als seine Ruhe unterscheidet, 20
sondern in welcher das Ganze Achse und Mittelpunkt ist. Diese als in sich zurückgenommene Bewegung sich bewegende
Bewegung ist der einfache Ton. Er ist für uns Ton, nicht für
sich selbst, daß er dies sei, muß er sich von der Flüssigkeit befreien, in welche er itzt noch ganz versenkt ist; er muß als
Ton sich das Andre sein, und so sich selbst werden. Itzt ist
er nur erst für uns geworden. Die Materie, die absolute Flüssigkeit ist diese Einheit des Tons und des Sichselbstgleichen;
itzt erst ist die Bewegung, welche zuerst das Äußere, oder
das Innere, Latente der Bewegung [war], an und für sie 30
selbst, und das Bisherige war die absolute Konstruktion der
Materie.

Unter den Sphären war die Erde die Einheit der sich auf
sich selbst und der sich auf einen andern Mittelpunkt beziehenden Bewegung; sie war auf eine synthetische Weise, indem
die beiden Bewegungen außer ihr ein Bestehen hatten. Hier
ist sie absolute Einheit; die sich auf sich beziehende Bewegung ist es erst wahrhaft als Ton, und er ist ebenso die auf
Anderes sich beziehende, denn als unendlich ist er das sich
auf sich Selbstbeziehende sich entgegensetzend, und es hie- 40

mit als ein Anderes setzend, und dies Andere und hiemit sich
selbst ebenso absolut aufhebend.

Das Element der Einzelnheit ist dieser Kreislauf, welcher
die beiden entgegengesetzten Kreisläufe in sich als Eins setzt.
Es ist als unendlich ein Anderes als es selbst ist, sich selbst
gleich, und dieser seiner einfachen Sichselbstgleichheit entgegengesetzt; dies Einfache, worauf es sich bezieht, als darin
ein Anderes seiend, ist das Licht oder die Sonne, different dagegen setzt es dasselbe in sich selbst, und sich als Einheit des
10 Lichts und der Finsternis; es ist die Nacht, oder die negative
Sichselbstgleichheit, welche das Licht in sich absorbiert. Als
diese Einheit wird es sich aber auch selbst; das Einzelne, diese Einheit jener beiden, das reale Unendliche ist ihm itzt auf
die entgegengesetzte Weise, nämlich als dem sich Selbstgleichen entgegengesetzt, und es hebt ebenso jene Farbe in sich
auf, es hebt ebenso wie seine Finsternis und das Licht in der
Farbe, so sich als Einzelnes, oder als Farbe in der Farblosigkeit auf, in der absoluten Durchsichtigkeit. /
Die Bewegung als aufgehobene Totalität war der einzelne
20 Körper, oder der Hebel; diese Einzelnheit sich wieder aufhebend, ging als Unendlichkeit in den Ton zusammen, als Sichselbstgleichheit in eine negierende, die Einzelnheit ebenso als
sich selbst aufhebende [Flüssigkeit], sie ist Flüssigkeit, die
sich vereinzelnd absolutes Eins, Ton ist, einfach, und ebenso
diese Vereinzelung in der Allgemeinheit aufhebt. Die Flüssigkeit ist die lebendige, tätige Schwere, in welcher die Einzelnheit sich absorbiert, wie sie ist, und die Mitte, wodurch sich
das Einzelne mit diesem Allgemeinen zusammenschließt, ist
die absolute Einzelnheit, welche unmittelbar an ihr selbst ein-
30 fach, das Aufheben des Unendlichen, als Einzelnen ist.
[1]Diese Idee der realen Materie muß sich, wie sie für uns geworden ist, sich selbst werden, oder realisieren; wie in ihrer
Konstruktion für uns die Momente ideell sind, so sind in dieser
ihrer Konstruktion die Momente für sie, sie selbst oder reell.

---

[1] *Am Rande:* I. Konstruktion der realen Materie, oder Mechanik
          α) Fall bis Hebel oder einzelner Körper
          β) bis Flüssigkeit und Ton.
      II. Prozeß

II. Prozeß der Materie

A. *Idealer Prozeß*

Die reale Materie, wie sie konstruiert worden ist, ist absolut für sich, sich selbst gleich, nur auf sich bezogen, und vollkommen in sich. Sie ist die Totalität der Momente, oder die absolute Kreisbewegung entgegengesetzter Kreisbewegungen.

Als dieses Ganze ist sie die Einheit der Schwere und des einzelnen Körpers, des Tons und der Flüssigkeit; die Schwere, welche sich zur Schwere geworden, ist einzelner Körper, und dieser, der Schwere sich entgegensetzend, und sich selbst wer-   10 dend, kehrt aus der Schwere in sich vollkommen als Einzelnheit zurück, und wird ein sich in sich selbst Bewegen, und darin absolutes Aufgehobensein seiner Einzelnheit oder Flüssigkeit und Rückkehr in die Schwere. Die Schwere ist das Allgemeine, das sich in die allgemeine Masse, und in den einzelnen Körper dirimiert, zugleich / aber Bewegung ist, Aufheben dieses Gegensatzes, oder das durch die Bewegung zur Einzelnheit des Körpers herabsteigt, so daß dieser sie subsumiert, selbst als Moment an sich hat; und dann ist sie nur das Gemeinschaftliche; der einzelne Körper [aber] das, was durch   20 die Bewegung an ihm selbst, in der umgekehrten Richtung wieder die Schwere herstellt, indem er als absoluter Ton sich in die Allgemeinheit auflöst, welche itzt Flüssigkeit ist.

Die Schwere, als die sichselbstgleiche, nicht reflektierte Materie ist sich so ein Anderes geworden. Sie ist selbst nur ein Aufgehobenes; gesetzt als ein Moment der Unendlichkeit, subsumiert unter dieselbe; sie hört so auf, absolute Schwere zu sein, und ist als Moment ein Bestimmtes überhaupt, so wie ihr gegenüber der Ton, also auch ein Bestimmtes ist. Aber die Bestimmtheit beider ist es nun nicht mehr der Schwere gegen   30 den Ton, des Tons gegen die Schwere, sondern der Schwere gegen eine Schwere, des Tons gegen einen Ton; oder die Schwere wird eine Schwere, der Ton ein Ton, dadurch daß sie beide ideelle, formellallgemeine sind.

Die reale Materie nämlich, als Einheit der Schwere und des Tons, setzt sich unmittelbar einem Andern gegenüber; sie ist absolut Negatives, in sich selbst Zurückgenommenes; sie ist Negation ihres Andersseins oder ihrer Negation; und dies ihr

Anderssein ist sie selbst; denn sie ist absolute Einheit, in sich geschlossen und vollkommen; es ist daher in der Tat kein Anderes für sie; oder was dasselbe ist, das Andere ist sie selbst. Sie ist, für uns, sich selbst gleich. Die Notwendigkeit ihres Anders ist ihre negative Natur, wodurch [sie] überhaupt in ihrem Sichselbstgleichsein ausschließend ist; das Ausgeschlossene ist sie selbst, aber nicht für sich selbst; sie ist schlechthin das Allgemeine, welches, indem es ausschließt, und ein Bestimmtes ist, sich einteilt, und als Bestimmtes überhaupt, selbst die
10 Glieder seiner Einteilung ist. Die Bestimmtheit überhaupt ist unmittelbar sein Sein als Vielheit überhaupt.

Die reale Materie ist nicht ein Absolutvieles als Atomen, sondern als Materie; die Schwere ist eine an sich bestimmte, durch den Gegensatz gegen den Ton; aber sie ist in der Bestimmtheit, als einem Allgemeinen, ebenso als Schwere bestimmt, gegen eine andere. Die Bestimmtheit oder ihr Subsumiertsein ist, daß sie spezifische Schwere ist, und ihre Bestimmtheit als eines Allgemeinen ist, daß diese spezifische / Schwere gegen eine andere bestimmt, die Bestimmtheit die
20 Form der Äußerlichkeit hat, und ein Quantum ist. Das Wesen des einzelnen Körpers als eines solchen ist das Spezifische der Schwere, es ist seine absolute Bestimmtheit, nicht ein Äußerliches, sondern wodurch er dieser ist; nicht etwas, das von ihm abgestreift werden kann. Dies Spezifische ist die Bestimmtheit als ein rein Einfaches; die Größe als Intensität; die Einheit des Tons und der Schwere als Einfachheit beider. Diese einfache Unendlichkeit ist aber ebenso unmittelbar, Extension; der Ton, wie er die Schwere in den Punkt der spezifischen Schwere zusammenzieht, ebenso verbreitet er sich
30 in sie als ausgebreitete Kontinuität, und wie dort als einfache Zeit, die Einheit beider existierte, so ist itzt sie als Ausgedehntes. Aber nicht mehr erfüllter Raum, oder Masse überhaupt, oder unbestimmt, sondern bestimmter Raum, und zwar durch die Unendlichkeit des Tons als an sich unterschiedene. Diese Bestimmung ist das Sein der Dimensionen der Raumtotalität, als Punkt, Linie und Fläche, die Beziehungen derselben als solcher aufeinander, oder Winkel, in dem Raumganzen. Die Unendlichkeit des Tons ist hier noch in dem Begriffe der realen Materie, sie ist selbst nur in ideeller Form gesetzt, ihre
40 Momente sind nicht selbst reale Materie, sondern ideelle oder

räumlich; und diese Momente derselben sind die Dimensionen
des Raumes.

Diese Einheit der Schwere und des Tons, und zwar die Einheit der gedoppelten Einheit, nämlich derselben als spezifischer Schwere, und derselben als Ausdrucks der Raumdimen-
sion seiner Unendlichkeit, oder der Zeit an ihm selbst, ist die
Gestalt; sie ist die reale Materie, als diese reale in sich zurückgekehrt, oder dieselbe in der Bestimmtheit der Einfachheit. Das Flüssige, wie es fest ist; wie die Schwere sich Einzelnes geworden, und diese Einzelnheit absolut eins mit der
Schwere ist, und die beiden Momente des Tons, der die
Schwere als Masse bestimmt, und umgekehrt, wie er in der
Einfachheit der Schwere selbst das Einfache der spezifischen
Schwere ist, nur Seiten des Flüssigen sind, Unterscheidungen, welche nicht Momente an ihm selbst sind, oder an ihm
nicht auseinandertreten, und sich nicht gegen dieses Ausein-
andergetretensein aufheben, sondern schlechthin als aufgehobene sind; das Flüssige, welches sich kristallisiert hat. Diese
Gestalt ist in ihrer Bestimmtheit schlechterdings nach beiden
Seiten eine und dieselbe Bestimmtheit; der Ausdruck der spezifischen Schwere ist einfach; aber der Ausdruck der Gestalt
ist eine Totalität / von Verhältnissen. Die spezifische Schwere
vorgestellt, als Verhältnis der empirischen (oder absoluten,
was dasselbe ist) Schwere zum Volumen, ist eine Nominal-
definition; die Schwere ist das Allgemeine, das Volumen ist
die Idealität, das Negative; aber diese selbst nur in der Form
eines Allgemeinen; es ist als das Moment des Negativen, an
welchem die Schwere zur Unendlichkeit, oder der Entfaltung
des Volumens in der Totalität der Dimensionen, übergeht,
und zu dem Ausdruck der Bestimmtheit des Ganzen an dieser. Das Volumen als Moment der spezifischen Schwere ist
notwendig einfach, es ist gesetzt nach der Seite des Allgemeinen; die ganze Bestimmtheit ist die Bestimmtheit der spezifischen Schwere selbst; und die absolute Definition des einzelnen Körpers als Gestalt, muß auf einer Seite die spezifische
Schwere als Verhältnis des Gewichts zu seiner Idealität, als
einem Allgemeinen, oder dem Volumen [haben]; die andere
Seite aber die ideale Realität, oder das Volumen als Verhältnis seiner selbst, als des Allgemeinen, des Volumens zu seiner
Bestimmtheit, oder wie es als durch Punkte, Linien, Flächen

und Winkel bestimmte Oberfläche ist, und beide Verhältnisse müssen dieselbe Größe haben[1].

Die Gestalt, oder Kristallisation ist die reale Materie, als sichselbst gleich; als Flüssigkeit, welche ist. Aber das Wesen derselben ist, daß sie sei dieses Übergehen aus Ruhe in Bewegung und umgekehrt, sich selbst das Gegenteil der Gestalt werdend, und aus diesem zu sich zurückkehrend; aber diese Rückkehr in sich selbst, ist ebenso das Aufgehobenwordensein der Gestalt als ihres Andersseins oder ihres Prozesses. Sie
10 [ist] sich gegenüber im Prozesse, muß als dieses beides wieder zusammen, als unendlich in sich zurückkehren.

Das Anders- oder Flüssigwerden der Gestalt ist zunächst der ideale, oder formale Prozeß, in welchem sie in ihm sichselbstgleich ist, und dieses Sichselbstgleichsein als Rückkehr in die vorige Gestalt ausdrückt, ihr Selbsterhaltungsprozeß; worin also das Flüssigwerden, und der ganze Prozeß eine bloße Idealität ist, ein Negatives der ausgedrückten Dimensionen, und der spezifischen Schwere, welches Aufheben sich wiederherstellt, so daß nicht das Wesen der Ein-
20 zelnheit angegriffen wird, sie nicht zurückkehrt, als Eins mit einem realen Andern, sondern mit einem idealen; oder der ganze Prozeß bleibt innerhalb des Einzelnen. Sein Anderssein ist sein Flüssigwerden, aus seiner Starrheit, der Prozeß ist selbst ein ganz Allgemeines, / oder das Flüssigwerden, und die Rückkehr zur Starrheit, so daß er in der Tat nur Prozeß für uns ist, die Momente nur für uns sich entfalten; der einzelne Körper aber nicht selbst ein anderer für ihn selbst wird, oder dieses ganze des Prozesses außer sich hat.

Diese Notwendigkeit des Flüssigwerdens des Körpers ist in
30 seiner Natur; aber indem sie in ihm als Gestalt absolut Inneres ist, so ist sie für ihn ein Äußeres; überhaupt das Allgemeine, oder die Natur des Körpers, wie er seinem Wesen nach zu sein erkannt ist, das Flüssige, welches different gegen seine Einzelnheit, nicht an sich selbst flüssig, sondern flüssig gegen die Starrheit ist, und sie in sich auflöst; aber so daß sie immateriell, nur die ideelle Flüssigkeit ist, durchaus nicht selbst

---

[1] *Am Rande:* Ist innere und äußere Gestalt, *Forme primitive* und *secondaire* verschieden, oder jene nur den Zuspitzungsflächen korrespondierend.

körperlich; der Prozeß des Körpers würde durch die Körperlichkeit des Auflösenden aufhören, dieser ideelle zu sein.

Das fürsichseiende Allgemeine, als dieses die Einzelnheit
des Körpers auflösende ist das Licht, insofern es Wärme ist,
oder es ist nur Licht, als absolut äußerliches, oder was dasselbe ist, als Absolutinnerliches des Körpers, als der Gestalt. Diese Äußerlichkeit des Körpers ist eine ebensolche allgemeine,
indifferente gegen ihn, ein Medium der Einzelnheit, welches
als Medium das innre Wesen des Körpers als eines an sich seienden ist, oder seine absolute Einzelnheit; der Ton, welcher   10
für sich noch nicht Ton ist, oder er als absolut Innerliches
oder Äußerliches, das Licht. Aber die Natur des Körpers als
ihre Einzelnheit ideell aufhebend, so ist diese äußere, oder
innere, different gegen die Gestalt, es setzt sie, welche Einzelnheit ist, in der Form der Sichselbstgleichheit, und löst sie
auf, oder ist Wärme.

Dieses ideale Auflösen hebt ebenso sich selbst auf und
wird sein Gegenteil; die absolute Einzelnheit ist der Ausgangspunkt, und der Punkt der Rückkehr, und die Erwärmung geht in Kälte über. Die absolute Einzelnheit, subsu-   20
miert unter die auflösende Auflösung, nimmt sich aus derselben in sich zurück, und [wird] seine vorige Kristallisation.
Wärme und Kälte sind der Gegensatz des Übergehens der Auflösung in ihr Aufheben, oder zurück zur Gestalt, welche als
solche keine Temperatur hat, sondern ihre Temperatur ist
erst diese Beziehung auf ihr sich selbst Auflösen; ob von den
Entgegengesetzten der Wärme oder Kälte, ihrer in dieser Bestimmtheit, das eine oder das andere an der Erscheinung das
erste, das Auflösende, und das andere das Negative des Auflösens ist, ist an sich gleichgültig; an sich aber ist die / unmit-   30
telbare Weise, wie das Licht gegen die feste Gestalt wird, die
Erwärmung, das Auflösen.

Dieser ideale Prozeß der Selbsterhaltung muß aber absolut
in den realen übergehen; oder das Einzelne kann sich nicht
selbst erhalten; in jedem ist das Andere desselben nur ein Zustand an ihm, der verschwindet, aber sein Anderes ist in der
Tat selbst ein Einzelnes; die Bestimmtheit des Einzelnen ist
eine gegen anderes Einzelnes, und die Rückkehr desselben in
sich selbst ist eine Veränderung, in welcher die beiden, wel-

che als für sich seiend in den Prozeß treten, ideell, oder als
aufgehobene werden.

II. Realer Prozeß, Chemismus

Der reale Prozeß macht das Einzelne sich selbst unendlich;
oder seine Unendlichkeit ist für es selbst, und es setzt sich als
Gestalt, und sich als unendliches darin sich selbst gleich. Die
Unendlichkeit des Einzelnen ist, daß es das Gegenteil seiner
selbst, Bestimmtheit, und absolute oder unendliche Bestimmtheit ist. Als Bestimmtheit steht ihm die entgegengesetzte als
10 ein anderes Einzelnes gegenüber; und die Unendlichkeit als
Einheit ist außer ihnen; sie zusammen sind die beiden Momente des Unendlichen; aber dies Zusammen, die Einheit, in
der sie sich aufheben, sind sie insofern nicht selbst. Zugleich
ist aber jedes an ihm selbst unendlich, an sich selbst das Gegenteil seiner selbst, die Darstellung der Unendlichkeit ist die
Entwicklung seines Wesens; sie ist als unentwickelt sein Inneres; entwickelt bisher nur in der Totalität der Gestaltdimen-
sionen, als eine Idealität, nicht frei, nicht entlassen in die
Form des Fürsichselbstseins. Beides fällt zusammen; die Un-
20 endlichkeit als die Bestimmtheiten der beiden Einzelnen, und
die beiden äußerlich ist, und die Unendlichkeit, als das Innerliche beider. Jene Seite ist die Konstruktion, diese der Beweis
des Prozesses. Die Einzelnen als für sich in ihrer Bestimmtheit
seiend, kommen in den Prozeß als verschiedene spezifische
Schwere, die sich ebenso in der Bestimmtheit der Gestalt ausdrückt. Die Bestimmtheiten als diese, gegen einander, sind in
der Form der Zahl, jede für sich, indifferent gegen die andere;
aber das Einzelne, als an sich unendlich ist an sich selbst Differenz der Momente; es ist dies als Totalität nur, indem es
30 sich als das reale Gegenteil seiner selbst setzt; sich als Unendlichkeit über sich erhebt, jene gleichgültige Bestimmtheit subsumiert, und sie zu einer idealen macht; dies geschieht dadurch, daß es sie setzt als das, was sie an sich ist, / nämlich als
sich aufhebend; als seiende Bestimmtheit hebt sie sich nur an
ihrer entgegengesetzten auf, oder derselben, als einem andern
* einzelnen Körper; denn für die seiende Bestimmtheit ist die
entgegengesetzte ein anderes Einzelnes. Die Unendlichkeit

des Einzelnen so über dies Einzelne als ein bestimmtes erhoben, hat es zu einem Momente, das Einzelne ist sich selbst Moment, aber die Unendlichkeit ist nicht mehr Unendlichkeit dieses Einzelnen, sondern beider, welche nur ideelle sind, und von dem Fürsichsein in die Differenz übergegangen sind.

Es ist nun zu sehen, wie der einfache Ton, oder das Licht als die ausgedrückte Unendlichkeit sich entfaltet; wie das Spezifische reell wird. Zuerst konstruieren wir dasselbe in der Bestimmtheit seiner Momente, alsdenn wie sie als negative Einheiten sich im Prozesse aufheben[1].

[2]Das Spezifische oder der Ton ist es, der einfach in der Gestalt, seine Momente nur als Raumdimensionen entfaltet; nicht als erfüllten Raum. Das Freiwerden derselben ist unmittelbar dies für sich Bestehen, als Materien, als erfüllter Raum, oder als Schweres. Die Schwere ist die allgemeine Realität dieser Potenz, oder überhaupt das Element, das für sich Bestehen, die Substanz, und die Momente sind frei, oder sind für sich, heißt in dieser Sphäre, sie sind schwer.

Diese Schweren, oder Materien, sind aber zugleich ideelle Schweren, an ihnen sich selbst gleich; losgebunden, aus der absoluten Innerlichkeit, sich nur auf sich selbst Beziehen, sie sind Allgemeine, im Gegensatze gegen die Einzelnheit; oder solche, welche an ihnen selbst die Einzelnheit vertilgt haben. Die Schwere ist als reale Materie nicht bloß Schwere, sondern welche durch die Einzelnheit hindurchgegangen, sich als Schwere und als Einzelnheit ideell ist, oder Flüssigkeiten, und reine Flüssigkeiten, welche ohne Einzelnheit nicht Einheiten entgegengesetzter Bestimmtheiten sind, sondern ebenso reine einfache Bestimmtheiten.

Diese Flüssigkeiten sind die chemischen Elemente, und ihre Natur ist unmittelbar durch die Natur der Momente der Unendlichkeit bestimmt; und es kommt hier zunächst auf diese Bestimmtheit an.

Die Unendlichkeit ist die Einheit der Momente des Sichselbstgleichen, des Sichselbstgleichen im Verhältnisse oder der Differenz, und der Einheit dieser beiden. Jene sichselbst-

---

[1] *Am Rande:* die Gestalt, als einfach, reine Abstraktion, Bestimmtheit, gegen Anderes
[2] *Am Rande:* chemische Elemente

gleiche Flüssigkeit, welche träg und passiv sich auf sich selbst
bezieht, ist das Stickgas. Dieses Sichselbstgleiche aber ist
ebenso notwendig außer sich, als unendliches, das sich selbst
Moment ist, und sich als differenter Einheit entgegen/steht;
so daß es nur ist, als das, auf welches gewirkt wird, ein sich
auf sich Selbstbeziehendes, das sich als solches aufhebt, und
da seine Bestimmtheit das Beziehen auf sich selbst, so ist diese Unendlichkeit außer ihm, ein Anderes, das unendlich zu
dem Momente des sich auf Sichselbstbeziehens jenes hat, und
10 sich selbst als negative Einheit. Das Stickgas als jenes Passive,
das sich aufhebt, oder auf welches ein Anderes different ist,
ist das Wasserstoffgas, das Differente selbst aber das Sauerstoffgas; beide zusammen machen das Moment der Unendlichkeit in der Unendlichkeit aus. Für uns ist Stickgas
einerseits, und Sauer- und Wasserstoffgas andererseits, die beiden Momente, jenes das sich Selbstgleiche, dieses das Differente. Für das Stickgas ist das zweite Moment die beiden Momente; es ist als Differentes an sich selbst, oder wie es das Entgegengesetzte des Stickgases ist, selbst in sich geteilt, und das
20 Stickgas ist in ihm sich selbst als ein Anderes, oder mit der
Bestimmtheit der Passivität, die es als Stickgas nur für uns hat,
an ihm selbst gesetzt. Endlich die sichselbstgleiche Flüssigkeit
sich in sich resumierend, den Gegensatz des Wasserstoff- und
Sauerstoffgases, an ihm selbst, oder für uns den des Stickgases, mit diesem Gegensatz in Eins zusammennehmend [ist]
das kohlensaure Gas, oder die Flüssigkeit der Einzelnheit.
Das Stickgas ist der reine Begriff der freien Flüssigkeit, ihre
Realität ist sie selbst mit der Reflexion an ihr gesetzt, daß sie
Bestimmtheit ist und somit im Gegensatze, der nach der Form
30 der Unendlichkeit ist, als Wasser- und Sauerstoffgas, und der
die Differenz in sich zurücknehmende Begriff, die Flüssigkeit
mit der Bestimmtheit der Einzelnheit. Diese Flüssigkeit tritt
als Flüssigkeit der Einzelnheit unmittelbar aus der Natur der
Flüssigkeit, als Totalität derselben ist der Begriff sich ein Anderes geworden, und noch in der Gestalt der Flüssigkeit ist sie
nur als eine trennbare Synthese; in dieser Totalität ist die
Flüssigkeit, als Allgemeines der Sphäre, als das Gemeinschaftliche der drei ersten oder als erstes Moment, und als negative
Einheit ihres Begriffs, als selbst negative Einheit des Ganzen,
40 oder als zweites Moment sich selbst eins, oder ihr Begriff ist

selbst ideell; die Flüssigkeit ist an ihr selbst Moment geworden.

Als das Allgemeine dieser Sphäre haben wir das Flüssige
überhaupt gesetzt; es ist das Element der Bestimmtheiten,
oder ihre Substanz, ihr Bestehen. Der Begriff des Flüssigen,
der sich realisiert hat, d. h. wie er gegen die Gestalt ist, und
sie ihre Momente befreit, und ihnen das Bestehen gibt, ist die
Wärme, und mit Recht ist daher als / die imponderable Base,
als immaterielle Materie der Bestimmtheiten, der Wärmestoff　*
erkannt worden. Jedoch ist weder er Materie ohne diese Be-　10
stimmtheiten, noch sind diese Bestimmtheiten, der Stick-
u.s.w. Stoff, Materien ohne jene Flüssigkeit. Sie so getrennt
sind sie Abstraktionen, Gedankendinge. Sie sind einfache
Einheiten, die Bestimmtheit ist in das Allgemeine unmittelbar aufgenommen, ohne Vermittlung, sie sind als Qualitäten; und erst diese Einheit beider ist Materie; das Gas, als Gas
ist nur Zustand, so wie der Stickstoff u.s.f., es gibt weder reines Gas, oder ein Gas an sich, noch einen Stickstoff u.s.f. an
sich; das Reelle, Existierende ist Stickgas u.s.f. welches nicht
eine Synthese, des Stickstoffes und des Gasstoffes oder Wär-　20
mestoffes, ist, sondern unvermittelte Einheit beider. Die Unterscheidung der Bestimmtheit, und des Allgemeinen, macht
beides nicht zu Materiellem, oder zu Dingen; sondern die Unterscheidung für das Stickgas u.s.f. ist außer ihnen, oder ihr
absolut Inneres, ein Subjektives. Diese Unterscheidung itzt,
für das Stickgas u.s.f., ist eine nichtseiende, oder ihr Inneres,
muß an ihnen äußerlich werden, oder diese Trennung muß an
ihnen selbst sein; das heißt, diese Bestimmtheiten werden im
Prozesse als differente sich darstellen, und ihre Selbständigkeit
verlieren, aufhören, als Flüssigkeiten zu sein; diese Allgemein-　30
heit verschwindet; aber die Einzelnheit, oder das Unendliche,
dessen Momente sie alsdenn sind, ist alsdenn ihre Substanz,
sie werden nicht als Stickstoff u.s.f., sondern nur Momente,
da sie itzt Bestehende sind. Diese Elemente sind einfach, als
Stickstoff u.s.f. so wie die Flüssigkeit als solche einfach ist;
aber diese Einfachheit, ist eine bloße Abstraktion ohne Realität; die Natur kommt schlechthin nicht bis zu der einfachen,
leeren Einfachheit; die Zeit und der Raum, die Einfachsten
der Natur, als Bestimmtheiten, sind an ihnen unmittelbar Totalitäten, oder als einfache, jene die sich aufhebende Unend-　40

lichkeit, dieser die aufgehobene; sie sind selbst unvermittelte, einfache Einfachheit ideeller Momente.

Die chemischen Elemente sind so einfach, als reelle Materien; ihre Einfachheit ist, daß ihre ideellen Momente ohne Vermittlung sind, daß ihre Trennung bloß eine innere ist, erst sie getrennt, so tritt ihre Einheit zugleich als eine ihnen entgegengesetzte, und damit als eine vermittelnde auf. Eine andere Einfachheit, die ohne Möglichkeit der Unterscheidung wäre, würde die reine Abstraktion, die reine Einheit, ohne alle Bestimmtheit sein. Die einfache Einheit der chemischen Elemente ist die höchste Einfachheit im Irdischen.

Die Flüssigkeit der chemischen Elemente ist nicht Luft, die hier in dieser Sphäre keinen Platz hat, sie ist latente Wärme, wie die Chemie es ausdrückt, aufgehobene / Einzelnheit, Wärme; aber diese ist selbst aufgehoben, oder sie ist nicht als ein Aufheben, was ihr Wesen ist, und daher selbst ein Aufgehobenes; dieses Flüssige ist die Rückkehr der Gestalt zu sich selbst; sie kehrt notwendig als eine aufgelöste in der Wärme zurück, aber so daß dieses Zurückgekehrtsein ebenso das Aufgehobensein der Wärme als auch der Kälte ist, die nur das unmittelbare Aufheben der Wärme ist; aber das Aufgehobensein ist die Indifferenz beider. Die so zurückgekehrte Gestalt hat ihre Einzelnheit verloren, und sich in ihren Momenten in die Flüssigkeit ausgebreitet, es ist der Übergang der Zeit in den Raum, deren Momente in diesem Dimensionen werden, bestehende unterschiedene Momente.

Das Bestehen der chemischen Elemente ist die einfache Flüssigkeit; sie sind durch sie gleichgültig gegeneinander, verschiedene Flüssigkeiten, und ihre Verschiedenheit, oder ihr Fürsichsein ist die Auflösung. Das Aufheben ihres Bestehens ist die eigene Dialektik ihrer Natur, indem sie an ihnen selbst das Sichselbstgleiche der Flüssigkeit, und die Bestimmtheit sind, in einer unmittelbaren Verknüpfung, die sich unmittelbar aufhebt. Indem dieses ihre innere Natur ist, so ist das Aufheben für sie ein äußeres; es ist die negative Einheit, oder die Gestalt, welche sie unter sich zurückführt. Als aufgelöste Realität ist ihr für sich Bestehen ein gewaltsames, und sie sind durch sich selbst getrieben, sich ineinander zu stürzen, und sich in dem Körper zu reduzieren. Der Prozeß ihres Werdens ist selbst der Prozeß ihres sich Aufhebens; das

Sichselbstgleiche des Stickgases löst sich auf in das differente
Verhältnis des Wasser- und Sauergases, und dies reduziert
sich in die synthetische Einheit der Kohlensäure, welche hiedurch ebensosehr die Einheit dieser letztern allein, oder dieser letztern und des Stickgases ist. Die Macht ihres Werdens
ist die Macht des Auflösens der Gestalt, die Wärme, aber
diese war vorhin selbst nur ideell, ohne Realität, oder eigene
Substantialität; die Rückkehr der Auflösung der Gestalt in
die chemischen Elemente unter die Gestalt ist unmittelbar
die reale Wärme. Die Kohlensäure als synthetische Einheit
muß als Gegenteil ihrer selbst, oder des Begriffs der Flüssigkeit, absolute Einheit sein; nicht eine, welche außer den andern fällt, sondern welche eben dieser ganze Gang der Auflösung der Gestalt, und der Rückkehr ist, deren reines Produkt,
oder gleichgültiges, nur die Kohlensäure ist. Das Reale ist dieser ganze Gang. Die Einheit der Momente der aufgelösten Gestalt ist nicht nur diese außer ihnen fallende, oder welche Einheit für uns ist, nicht dies Gleichgültige, gegen und außer welchem sie bestehen, sondern jene Verwandlung derselben in
einander oder ihr Prozeß ist das Reale, die in sich selbst unendliche Materie, an wel/cher die Gestalt sich aus ihrem Auflösen resumiert; diese Gärung, welche das Zerfließen der Gestalt in die chemischen Elemente ebenso als Eins zusammen
hält. Die Auflösung, die Wärme ist als allgemeine Flüssigkeit
eine verschiedene, aber die Verschiedenheit ist, an sich, Differenz der Verschiedenen gegeneinander, oder jene Allgemeinheit ist nicht eine gemeinschaftliche Einheit, das hieße eine
Einheit, die als solche außer ihnen ist, sondern sie ist an ihr
selbst Einheit, sie ist nichts anderes als Einheit; die Bestimmtheiten, welche an ihr gesetzt sind, sind also in der Tat aufeinander bezogen, und in dieser Beziehung sich aufhebend, indem sie sind, oder in ihrem Entstehen vergehend, und in ihrem Vergehen entstehend, und ihr Wesen ist dieses Einssein.
Dies Einssein aber ist das physikalische.

III. Physik

Aus der Mechanik geht die Gestalt hervor, als die einfache,
sich auf sich selbst beziehende Totalität; ihre Bewegung an

ihr selbst ist ihre Auflösung, die Befreiung der Momente des Unendlichen, oder das Sein ihrer als Flüssigkeiten; aber eine Befreiung, welche an sich selbst unendlich ist, nicht ein Auseinanderfallen, sondern dieselbe Einheit der Gestalt, aber dieser als der einfachen Einheit, als unendliche Einheit entgegengesetzt. In dieser unendlichen Einheit ist die Gestalt als solche sich ein Anderes geworden, oder sie ist im realen Gegensatze. Die formale Auflösung ist nur ihr Zustand, das Anderssein nicht als ein Anderssein an ihm selbst, sondern worin sie

10 sich selbstgleich bleibt; die Auflösung, in eine Vielheit von Flüssigkeiten zerfallend, ist das ganze Anderssein der Gestalt, ohne Gegensatz, oder vielmehr für uns, der entwickelte totale Zustand; das Anderssein an ihm selbst ist das Andre eines Andern, dieser Prozeß ist daher notwendig das Andre der Gestalt, oder ihr entgegengesetzt; das Andre an sich selbst ist, ebenso wie sein Anderes außer ihm ist, an ihm selbst das Andre seiner selbst; es ist die Vielheit der Flüssigkeiten, und ihre Einheit, in der sich jenes Bestehen derselben das Gegenteil seiner selbst ist.

20 Die Gestalt auf diese Weise sich selbst entgegengesetzt, als der unendlichen Ein/heit, oder die Totalität der Mechanik der Totalität des Chemismus [entgegengesetzt,] ist different gegen diese unendliche Einheit; die Gestalt ist das sich auf sich selbst beziehende Moment, das als diese Bestimmtheit sich nicht mehr selbst erhält, sondern in diesem Prozesse als dieses Passive zu Grunde, aber als unendlich aus sich hervorgeht.

Die unendliche Einheit, oder die chemische Totalität ist wieder diese Totalität für uns nicht an ihr selbst, oder sie ist

30 nur der Begriff dieser Totalität, nicht reell an ihr selbst. Wie die Gestalt sich in sich selbst ausbildete, so auch das ihr Entgegengesetzte; denn hier in der Realität überhaupt, ist jede Totalität es an ihr selbst, frei von unserer ideellen Konstruktion. Ehe diese Totalität eine Macht gegen die Gestalt hat, muß sie für sich sein. Sie als sich in sich resumierende Auflösung ist ideell konstruiert, ihr Begriff ist bewiesen; aber sie muß sich an ihr selbst konstruieren, und als Totalität in ihren Teilen sich darstellen; so daß sie dieses Totalitätsein an und für sich ist, oder so daß sie die Momente derselben als sich selbst anschaut; jedes Moment selbst diese Totalität ist. Der

Prozeß gegen die Gestalt setzt voraus, daß sie der Prozeß an sich selbst ist; nicht das Auflösen und die Resumtion desselben in sich, als herkommend aus der Gestalt, sondern [daß sie] diesen Übergang, die ideelle Konstruktion, die Deduktion abbricht, und sich für sich selbst als diese Totalität des Prozesses [ist], ohne die Gestalt, oder etwas anderes, als ihren Begriff vorauszusetzen.

Der Begriff der chemischen Totalität sich selbst als Prozeß darstellend, indem er sich konstruiert, ist in allen Momenten diese ganze chemische Totalität; die Momente selbst, oder diese sich entgegengesezten chemischen Totalitäten, sind, wie die ideellen Momente der chemischen Totalität, chemische Elemente hießen, so sind diese Momente, die physikalischen Elemente, oder sie sind erst wahrhaft reale Elemente, indem sie an ihnen selbst Totalitäten sind. Sie sind selbst an sich jedes jener ganze chemische Prozeß des Übergehens aus der Gestalt in die chemische Auflösung, und ihre Wiederherstellung zur negativen Einheit. Aber dieser ihr innerer Kreislauf ist immer Deduktion, indem sie Momente sind; die Gestalt, von welcher sie ausgeht, ist ein gewordenes Element, oder dasselbe, als sich auf sich beziehend, sich selbst gleich, es löst diese seine Gestalt auf, und nimmt die chemischen Elemente wieder zusammen, aber diese Rückkehr zu sich selbst ist das Gewordensein eines andern Elementes, einer Gestalt, die ebenso wieder eine andere wird. / Jede entsteht wieder, denn sie wird aus einer andern. Der Kreislauf eines jeden als sich selbsterhaltend ist der Kreislauf des Ganzen, denn jedes kehrt nicht in sich selbst zurück, sondern nur im Ganzen wird es erhalten, das heißt, sein Sichselbstgleichsein ist sein Gewordensein aus einem andern. In diesem absoluten Kreislaufe verliert also die Einzelnheit als ein Dieses, die bestimmte Gestalt als ein Gewordenes, vollkommen seine Bedeutung; es ist nur absolute Einzelnheit, welche sich als Dieses, als für sich seiende, gegen Anderes indifferente Einzelnheit, immer aufhebt, und die Schwere realisiert sich als vollkommene Flüssigkeit, oder die Flüssigkeit ist als an sich selbst unendlich.

α) [1]Der Begriff dieser unendlichen Einheit, ist die einfach-gewordene Bewegung, der Ton, oder das Licht (als ein Äußeres, oder Inneres,) das sich in die Totalität der chemischen Elemente aufgelöst [hat], in der Gestalt als das Allgemeine dieses Auflösens Wärme war, sich aus dieser Auflösung zurücknimmt, und diese für sich bestehenden Flüssigkeiten, aufhebt, welche in ihrem Vergehen ebenso absolut entstehen, und das absolut sich verwandelnde Gegenteil ihrer selbst sind. Diese absolute Unruhe läßt als an sich existierend die Flüssigkeit des Stickgases, oder des sich auf sich Selbstbeziehens nicht als diese Gleichgültigkeit, sondern es ist nur als differente Passivität oder als Wasserstoffgas; es ist immer werdendes Stickgas; denn in seinem Vergehen entsteht es, oder es setzt sich als für sich seiend; und dieses Moment der Selbständigkeit ist ebenso absolut als [das] seines Vergehens; aber als die Einheit von diesem beiden, als ein vergehendes sich auf sich Beziehen und als ein sich auf sich beziehendes Vergehen, ist es Wasserstoffgas, das ebenso wenig als solches besteht, denn seine Natur ist seine absolute Unruhe, sein Aufhören zu sein. Dies sein Aufhören, das Andre seiner selbst, ist die ihm entgegengesetzte Flüssigkeit des Sauerstoffgases; als die an sich selbst unendliche; aber diese ist ebenso eins mit der andern; oder das Anderssein des Wasserstoffgases ist unmittelbar an ihm selbst. Das Sauerstoffgas und das Wasserstoffgas sich so ineinander aufhebend, reduzieren sich sowenig zur Kohlensäure, als das Wasserstoffgas als Stickgas ist; sondern ihr sich aufheben ist wieder ihr Erzeugen; und das Ganze ist diese Unruhe des unmittelbaren aus seinem Anderssein Hervorgehens, und die Unmöglichkeit / für die chemischen Elemente, frei zu werden. Aber diese Unruhe ist selbst bedingt durch die freie Selbständigkeit der chemischen Elemente, d. i. derer, die für sich bestehen, und die Unruhe des physischen Elements wird ebensowohl aus den freien chemischen Elementen, als sie in dieselben übergeht; sie ist rückwärts bedingt, durch den gleichgültigen Gegensatz, dessen Aufheben sie ist, sie kommt daraus her, als sie denselben zur Folge hat, oder in ihm erlischt. Das Feuer ist dies unendlich und absolutunruhige Licht. Es ist nicht in der Sonne, sondern erst im

---

[1] *Am Rande:* Konstruktion der physischen Elemente

Elemente der Einzelnheit, an der Erde. Es ist das Licht, das absolute Einzelnheit, als der Ton der Gestalt geworden, und als
formale Auflösung, oder als Wärme seine in sich verschlossene
Unendlichkeit ausgelegt, und sich so realer, mit enfalteten
Momenten sich in sich selbst bewegender Ton ist; es ist das
Licht, als seiend, was es an sich selbst ist, oder als Totalität,
das Licht, das sich selbst geworden ist und sich gefunden hat.

Im Feuer erkennt sich nun erst, was die chemischen Elemente überhaupt an sich selbst sind, Abstraktionen, ideelle, unter-
gehende. Von den Einzelnen ist im Feuer nur das Element des
Wasserstoffes und des Sauerstoffes; das Stickgas und die Luftsäure sind nur die erst in dasselbe übergehende und aus ihm
herkommende. Dies Sein der chemischen Elemente am Feuer
ist ihre Realität, oder das, als was sie existieren; und erst im
physischen Elemente, oder in ihrem Prozesse, erkennen sie
sich nach ihrer Realität, wie in der Konstruktion des physischen Elementes ihr Begriff, ihre Bestimmtheit in der ideellen
Totalität. Hier sind sie in ihrer Realität, das heißt in ihrem
Einssein mit dem Entgegengesetzten. Aber das Feuer ist nur
der Begriff des physischen Elementes, oder damit nur Ein
Element, und an jedem werden sie also sich in einer anders
bestimmten Seite darstellen. Diese Realität der chemischen
Elemente ist hiemit eine Bestimmung derselben nach ihren
verschiedenen Eigenschaften; ihr Begriff, als ihr Allgemeines
erfüllt sich mit diesen verschiedenen Bestimmtheiten. Diese
Bestimmtheiten oder Eigenschaften sind nur von Einer Seite
aus dem Begriff zu begreifen, von einer andern aber nicht;
nämlich von jener ist bestimmt, was sie im Feuer und den
andern Elementen sind, welches Moment sie in dieser Totalität, dem physischen Elemente, darstellen; aber es ist aus der
Bestimmtheit ihres Begriffes nicht dieses verschiedene Sein
derselben in den physischen / Elementen zu begreifen; es ist
nicht durch den Begriff, der Einteilungsgrund ihrer Eigenschaften gesetzt, sondern dieser ist ein ihm fremder; das physische Element teilt sich selbst, und seine Realität, oder Vielheit geht nicht aus dem chemischen Elemente hervor. Der
höhere Grund ist, daß dieses nur ein Allgemeines, eine Abstraktion ist, nicht in sich real unendlich, also auch sein Sein,
seine Eigenschaften, oder reale Teile nicht sich selbst gibt;
oder es ist real, nur in einem Andern, und die Momente der

Realität sind also nur das Sein in Andern, welche real sind, und für und aus sich die Totalität ihrer Momente entwickeln.

Das Wasserstoffgas in seiner Realität, im Feuer, ist das Moment seines auf sich selbst Bezogenseins, das unmittelbare Brennen, und insofern [es] für sich existiert, so ist es im Verhältnis zum Feuer, und dies Verhältnis als ein Entzündetwerden. Aber dieses Brennen, so wie das Entzündetwerden, ist nicht für sich; das Wasserstoffgas entzündet sich auf einmal, ohne Substanz fällt seine Abstraktion, oder sein Selbständig-, sein Flüssigsein zusammen, da nichts an ihm ist, aus dem es sich wiederherstellen könnte, oder [es] keine Realität des sich selbst Erhaltens für sich hat. Das Brennen, oder auch sich unmittelbar zusammenstürzende Entzünden, das Moment dieses Fürsichseins des Feuers, oder sein reines Erscheinen, sein reiner Begriff, ist selbst ein differentes; es ist schlechthin nur als Eins mit dem Sauerstoffgas. Dieses in seiner Realität, im Feuer, ist das Differente, das dem Brennen sein Leben oder die negative Einheit gibt. Das Wasserstoffgas ist erst ein Brennen in Berührung mit diesem, jenes ist das sich auf sich Selbstbeziehen des Feuers, und daher sein sich Verzehren, was die Flamme oder das Erscheinen des Feuers nicht überlebt, denn es selbst ist dies Erscheinen, es wird als Werden der Flamme, und ist nicht, außer als sie. Das Phlogiston ist dies Latentsein des Wasserstoffgases, das, weil es das sich auf sich Selbstbeziehen des Feuers ist, vor ihm und nach ihm nicht ist, oder als das sich auf sich Beziehen absolut geboren wird, und absolut verschwindet, ohne als solches vor oder nach aufgezeigt werden zu können; denn was es vorher und nachher ist, wäre ein Fürsichseiendes, oder in entgegengesetzter Bestimmtheit, als das Wasserstoffgas in seiner Realität im Feuer ist, und zwar in gleichgültiger Bestimmtheit, und also ein Anderes als es. Das Sauerstoffgas hingegen ist das Moment der Unendlichkeit des Feuers; im Prozesse des Feuers ist es das unmittelbare Verhältnis des Feuers zu dem Anderssein, und der Sauerstoff ist als dieses Moment auch unmittelbar außer / dem Feuer; nicht als eine Materie, ein Stoff, ein Reales für sich, sondern als Moment. Indem das Feuer als der Begriff des Prozesses gegen die Gestalt gekehrt, aber von dieser selbst das ganze Unendliche, Licht und Wärme, ist, so ist es nur gegen die andere Abstraktion derselben, gegen die Schwere gekehrt. Das Brennen, das Wasserstoffgas ist das sich der Schwere Entziehen, das aber, bedingt durch sie, doch nicht von ihr sich befreien kann, und daher selbst schwer ist, daher nur die spezifische Leichtigkeit, die Leichtigkeit dieser bestimmten Gestalt ist; das Wasserstoffgas überhaupt, als Flüssigkeit hat nur eine Leichtigkeit der Größe nach, da sie selbst Materie ist, und daher nur sehr leicht. Das Sauerstoffgas dagegen als Moment der Unendlichkeit, ist die unmittelbare Schwere, die sich ein Anderes im Feuer wird, oder auch die aus der Flamme zurückkehrt; von Seiten des Sauerstoffgases macht das Verbrennen einen Unterschied der Schwere. Das Spezifische der Gestalt ist es überhaupt, was im Feuer gegen die Gestalt selbst frei wird, und das Verbrennen ist als Sauerstoffgas diese sich auf die Schwere beziehende unendliche Seite, die gegen die absolute, d. i. empirische Schwere des einzelnen Körpers als Wägbares, obzwar schlechthin nicht als Materie erscheint[1]. Die Seite des Wasserstoffgases ist also überhaupt die Beziehung des Feuers auf sich selbst, das Brennen; und verglichen mit dem dem Feuer Entgegengesetzten, das Leichte; das Sauerstoffgas aber ist das sich Beziehen des Feuer auf sein Entgegengesetztes, die Gestalt, und dieselbe als ein Schweres, und die Gestalt Veränderndes; das Tätige, das aber die Tätigkeit des Feuers am Feuer, nicht ein auf dasselbe [Gerichtetes], oder das Feuer als so tätig, oxydierend, sondern seine tätige Seite an ihm selbst [ist]; hier unbestimmt, nach welcher Seite das Feuer das Wägbare vermehrt, oder vermindert, nach der Seite der Gestalt, gegen die es gekehrt ist, oder der Seite des Gestaltlosen, in welchem das Feuer erlöschen wird.

Wie Sauer- und Wasserstoffgas unmittelbar am Feuer selbst sind, das Besondere in ihm, oder ihre Einheit es als Mitte ist, dieses das, woran es sich entzündet, das Phlogiston der Gestalt, oder ihre Sichselbstgleichheit, insofern sie nicht die Schwere, sondern die Sichselbstgleichheit des Unendlichen ist; jenes die Unendlichkeit, als different gegen die Schwere als solche — so ist dagegen Stickgas und Kohlen/säure das, worin das Feuer erlischt, oder die Extreme seiner als Mitte, die es von sich ausstößt, das eine das der Sichselbstgleichheit, oder das Allgemeine, das andere das der Einzelnheit; beide

---

[1] *Am Rande:* Schwerer glühender Körper; Magat.

unverbrennlich; oder was dasselbe ist, absolut verbrannt; jenes das reine sich auf sich Selbstbeziehen als einfaches, das verbrannte oder aus seiner Differenz in Freiheit gesetzte Wasserstoffgas, das eben darum itzt als gleichgültiges, freies wieder in einfacher Einheit mit dem Sauerstoffgas, als das nicht in die Trennung der Leichtigkeit und Schwere gegangen, wieder schwerer ist. Die Kohlensäure aber ist die synthetische Einheit, das einzelne Extrem, das darum zum Teil das Unzerstörbare der Gestalt, als einfache Kohle, und die Einheit des Sauer- und Wasserstoffgases, als eine auflösbare Einheit (wie wir sehen werden, das Wasser) und endlich als Einzelnheit die Differenz nach außen als Säure an sich haben muß. Die letztere kann an ihr aufgehoben werden, indem sie selbst als Einzelnheit überhaupt, die Gleichgültigkeit der Gestalt an sich muß haben können, aber die Einheit von jenen ersten muß sie notwendig sein.

Die Natur des Feuers ist also seinem Begriffe nach das Einssein des Lichts und der Wärme; seiner Unendlichkeit nach der Begriff des Prozesses, der aus der Gestalt [herkommend], die sichselbstgleiche Unendlichkeit als Einfaches ausgedehntes, was nachher Wasserstoffgas ist, Phlogiston, als Eins setzt, durch die unendliche Differenz des Sauerstoffgases sich auf die Schwere und Gestalt, insofern die Schwere an ihr selbst in der Unendlichkeit, der Form ist, bezieht, und diese beiden als durch sich hindurchgegangen, wieder die Schwere, das Sichselbstgleiche als Allgemeines, und die Gestalt, die Einzelnheit als Kohlensäure heraus stößt. Die Einzelnheit als brennende Gestalt geht so durch die Mitte des Feuers, und dirimiert sich in Kohlen- und Stickgas; die beiden ideellen; jenes das Einzelne, dies das Allgemeine. Es ist noch übrig, das Feuer als sich selbst unendlich werdend oder als erlöschend zu erkennen, d. h. als sich realisierend in den realen Elementen.

Das ruhige Unendliche der Gestalt ist im Feuer sich unendlich geworden; oder die einfache Einheit des Lichts und der Wärme hat sich in ihm entfaltet; es ist Mitte, die aus Gegensätzen sich zusammennimmt, den Momenten der Gestalt, die seine Extreme sind, welche es erst negiert, das Phlogiston, und die Schwere Sauerstoff, und die es als negierte, als aufgehobene setzt, als Stickgas und Kohlensäure; jene macht es /

durch sich durch gehen, und hebt sie auf, diese erzeugt es.
Diese von dem Feuer Gesetzten werden unmittelbar gleichgültig gegen dasselbe, sie werden frei von ihm; und das Feuer
vermag nichts mehr über sie. Aber diese Freien [sind] sich
chemische Elemente, oder physische Abstraktionen, welche
in ihrer Freiheit nicht für sich sein, noch [sich] als die negative Einheit an ihnen selbst darstellen können; sie müssen notwendig an einem Andern, einem Reellen sein; ebenso knüpft
das Feuer das Phlogiston, oder die einfache Unendlichkeit
der Gestalt mit dem Sauerstoffe oder der durch das Unend-   10
liche bestimmten Schwere zusammen; aber die Auflösung der
Gestalt in diese setzt ein von der Gestalt Verschiedenes voraus, in welchem das der Gestalt als solcher Entgegengesetzte,
oder vielmehr sie sich selbst als eine andere, als ein Aufgelöstes, als einfache Einheit der AuflösungsMomente, als ihre absolute Flüssigkeit existieren. Das Feuer ist der Begriff des Prozesses, und hat deswegen seine Realität außer sich. Seine Deduktion aus der Gestalt ist sein ideelles Herkommen aus derselben, und seine Realität ist eben dieses, daß das, was in seiner Deduktion vorangeht, als seine Voraussetzung und Be-   20
dingung für seine Realität notwendig, oder daß sich jenes, das
ideelles Moment war, reelles wird. Hiedurch befreit sich das
Feuer von seiner Voraussetzung, oder es wird an ihm selbst,
es realisiert sich, indem dies, woraus es herkommt, dasjenige
wird, worein es übergeht, oder zu was es wird.

Der Begriff des Prozesses als Feuer setzte die formale Auflösung voraus, und aus ihm selbst geht eine solche hervor. Er
hat die beiden Seiten, deren Mitte er ist, und jede dieser Seiten ist selbst eine gedoppelte. Der Prozeß des Feuers verknüpft
alle vier Momente in sich; als unmittelbarer Prozeß oder als   30
bedingter, als selbst Moment, führt er die erste Seite durch
sich hindurch, als die allgemeine, die als vereinzelt, aus der unendlichen Einheit hervorgeht; das Feuer ist die beiden Seiten
entgegengesetzte Mitte; aber es ist in der Tat nicht nur ihr
Durchgangspunkt, sondern ihre Einheit selbst; diese seine
beiden Extreme, welche es zusammenschließt, sind subsumiert unter dasselbe. Es ist als entgegengesetzte Mitte unter
das Allgemeine subsumiert die Auflösung, aber dies als sein
Begriff ist zugleich an ihm selbst, und ebendarum selbst ein
Moment desselben, und ideell; die Auflösung als Begriff des   40

Feuers, ist das einfache Ineinssein des Lichts und der Wärme,
aber da diese die Entfaltung der Momente des Lichtes ist, so
ist die Wärme nur die absolute reine Form der Sichselbstgleichheit, und das Licht ist diese Momente, die in dieser
Gleichgültigkeit eins, wie das Besondere im Allgemeinen, die
Dimensionen des Raumes im Raume sind. / Es ist die aufgelöste Gestalt, als das Allgemeine des Feuers, oder wie dieses
an ihm selbst sein Begriff ist, aber als Realität, so daß dieser
sein Begriff zugleich ihm entgegengesetzt außer ihm, frei von
ihm ist; es erschien vorhin als Voraussetzung des Feuers, aber
der Erweis, daß es an dem Feuer selbst ist, macht das Feuer
zugleich frei von seiner Voraussetzung, für sich seiend, und
zugleich erst hat sie hiedurch Realität, indem sie als der Begriff des Feuers, ihm als einem Realen zugleich gegenübersteht. Das Feuer aus seinem Begriffe sich realisierend, ist derselbe, aber als Totalität zugleich ein Anderes desselben, und
durch dies sein Anderssein ist der Begriff als solcher ihm entgegengesetzt, und reell, oder das passive, sich auf sich selbst
Beziehende gegen ihn als Prozeß.

20 Auf der andern Seite subsumierte das Feuer das Einzelne,
oder es war das Allgemeine der aufgelösten Gestalt, welche
als einzelne aus ihm hervorging; diese Einzelnheit ist ebenso
umgekehrt nicht bloß das subsumiert Gesetzte, sondern auch
der Mitte entgegengesetzt, ein Extrem; und es ist ebenso, indem es eins mit dem Feuer ist, oder der Begriff des Feuers
als des Allgemeinen, ebenso in ihm ist, der Begriff oder das
Wesen des Feuers selbst, ihm als Einzelnes entgegengesetzt,
so jedoch, daß es nur die Form der Einzelnheit hat, nicht die
absolute Einzelnheit ist, in welcher das Feuer selbst wieder
30 untergegangen, oder nur Moment wäre; sondern wie jenes
Allgemeine, so dies Einzelne sind sie nur ideelle, jenes weder
absolut Allgemeines, noch dies absolute Einzelnheit. Indem
so die beiden Seiten des Feuers selbst sein Begriff sind und
das, worin es dasselbe ist als Begriff, aber nicht für sich selbst,
sondern sie ihm entgegengesetzt sind als Extreme, so ist das
Wesen dasselbe, aber die Existenz, d. i. es für es selbst, ist
nicht dasselbe.

Jedes dieser beiden, in welchen das Feuer ist, [sind] selbst
als Feuer, dieselbe Einheit der chemischen Elemente, beide
40 sind dieselben verbunden, aber nicht zur Einzelnheit, sondern

da sie Momente sind, auf eine ideale Weise, oder im Begriff,
sich aufzulösen; das eine dieselben als Verbranntes, aus dem
Feuer herkommend, das andere in dasselbe gehend, ein zu
Verbrennendes, und Brennbares, jenes das Allgemeine, dies
das Einzelne; aber so daß beide unmittelbare, und zwar die
realen Momente des realen Feuers sind; so daß jedes unmittelbar in dasselbe eingreift, das Gegenteil seiner selbst, und
sich aufhebend ist; jedes ist darum an ihm selbst ein nach aus-
sen Gekehrtes, oder an sich differente Einheit, aber so daß
diese existierend, oder reell sich das Andre werdend, das Feu- 10
er ist. Diese differente Seite ist das chemische Element, das
Sauerstoffgas, an jedem hervortretend. Das eine die Einheit
dieses / Sauerstoffgases und des Stick- und luftsauren Gases,
die Luft, das Element, in welchem die chemischen Elemente
auf eine einfache Weise ineinander sind; das Feuer als einfache, als gewordene Flüssigkeit, oder überhaupt, insofern die
Elemente für sich sind, das Feuer, als die formale Allgemeinheit, als die absolute Gemeinschaftlichkeit, oder sein paralysierter Begriff, in welchem die negative Einheit, als das Gegenteil seiner selbst, als schlechthin in einem Andern seiend 20
ist. Das Wasser dagegen ist das Element, in welchem das Feuer so ist, daß ebenso wie im andern die negative Einheit, das
Sauerstoffgas ist, aber als an ihm seiend; als sich selbst unmittelbar ändernd, und nicht in sich bleiben könnend; das
Gegenteil der Luft, die die Seite der absoluten Selbständigkeit, des Bestehens, oder das Element selbst darstellt, und nur
different ist, damit das Feuer bestehen könne; und deswegen
ebenso das, als was das Feuer erlischt, oder die beiden Extreme seines Untergangs, seiner Auflösung, der freigewordenen
chemischen Elemente darstellt; das Wasser hingegen ist die 30
entgegengesetzte Abstraktion, nämlich das sich Ungleichsein
des Feuers, das immer Ändern, und die chemischen Elemente
erscheinen in ihm deswegen als Sauerstoffgas, und Wasserstoffgas; wie der Luft die negative Einheit, so fehlt dem Wasser die positive Einheit, das Indifferentsein. Das Feuer Element legt sich also in diesen zweien Elementen nach den entgegengesetzten Bestimmtheiten [auseinander], in einem nach
seiner sich selbst gleichen Natur, mit der Freiheit der chemischen Elemente; in dem andern, in seiner sich absolut ungleichen Natur; jenes das Aufgelöste, dieses das sich Auflösende. 40

An ihr selbst ist also die Luft Stickgas, Sauerstoffgas und Kohlensäure, denn ihr Ansich ist nur das Hervortreten als ein aufgelöstes; ihr Wesen ist das einfache Einssein der chemischen Elemente, aber dann ist sie das Einssein aller, d. i. sie ist gar keins; denn ihr Wesen, ihre absolute Einheit ist die leere Allgemeinheit; sie ist reell nur als das Aufgelöstsein darstellend; daher kann nur Stickgas und Luftsäure an ihr erscheinen, als die chemischen Elemente, welche indifferent sind, das Sauerstoffgas als die Seite der Luft, nach welcher sie eine Abstraktion des Elements ist, und unmittelbar in den Prozeß eingreift, sich zum Aufgelösten eines Andern wird. Das Wasserstoffgas kann deswegen nicht an ihr hervortreten, denn dieses ist das Gleichgültige, insofern es unmittelbar in seiner Passivität sich aufhebt, und im Prozesse ist, sich verwandelt; die Luft aber ist nicht die sich verwandelnde Gleichgültigkeit, sondern die gewordene Gleichgültigkeit; das / Stickgas ist gleichsam die zur Vergangenheit werdende Gegenwart, das Wasserstoffgas hingegen die zur Gegenwart werdende Zukunft. Die Luft ist das dem Prozeß Entgangene, das Wasser das Moment seiner Unruhe, seines sich Auflösens. Aber die Luft als ihm entgangen bezieht sich auch auf ihn; dies ist die ihr nicht wesentliche Seite, oder ihre Beziehung auf ein Anderes, ihr Sauerstoffgas; das Wasser ist ebenso für sich selbst, es ist daher an ihm selbst der ganze sich auf sichselbst beziehende Prozeß, Identität des Wasser- und Sauerstoffgases, dieses nicht das Gekehrtsein des Wassers gegen ein Anderes als es ist, sondern gegen sich selbst, oder das Wasserstoffgas. Es ist für sich nicht nach einer Seite, wie die Luft, und gegen ein Anderes, nach einer andern Seite; sondern in der Luft sind diese verschiedenen Seiten, in der Gemeinschaftlichkeit der Luft, und als ebenso gleichgültige Synthese, als Luftsäure aufgelöst, auseinanderfallend; in dem Wasser sich aufeinander schlechthin beziehend, und different, oder unruhig.

Die Luft, dem Prozesse entronnen, kehrt als dieses gleichgültige Element nicht in ihn zurück, das Wasser als die Unruhe des Prozesses, kommt nicht aus dem Prozesse. Das Feuer verzehrt in dem Prozesse nur Wasser, und es entsteht keines, es erzeugt nur die Luft, und sie wird nicht wieder verzehrt; die differente Seite des Wassers ist nicht sein Entstehen, sondern sein Vergehen; die differente Seite der Luft ist nur ihr Entste-

hen, nicht ihr Vergehen. Das heißt der Prozeß ist nur, aber
er ist noch nicht Totalität, nicht in sich zurückgegangen, so
daß er auch sich selbst erzeugte, und das Wasser und die Luft,
die auf die eine bestimmte Weise einander entgegengesetzt
sind, auf die entgegengesetzte Weise beziehen.

Die chemischen Elemente sind in der Realität des Feuers
erkannt worden, was sie in diesem sind; in den Elementen des
Wassers und der Luft sind sie, da diese Elemente die Bestimmtheiten des Feuers ausdrücken, unter diesen Bestimmtheiten
auf diese besondere Weise. Indem wir sie betrachten, was sie
in jedem einzelnen sind, so werden sie überhaupt jedes als für
sich seiend betrachtet, und sein Sein in den physischen Elementen hat die Form, daß die Bestimmtheit dieser an ihnen,
oder ideell ist. Aber die chemischen Elemente sind im Begriffe
des Prozesses selbst schon bestimmt, als das, was sie in ihm,
d. i. in ihrer Realität sind, und ihr Sein im Wasser und in der
Luft, da dieser ihr Wesen der Prozeß selbst ist, kann eigentlich keine neue Bestimmtheit, als die formale, hinzufügen.
Die Bestimmtheit der / Luft ist die Form der Allgemeinheit,
das an sich Flüssige, und hiemit auch die Form der Raum der
chemischen Elemente überhaupt. Das Stickgas, Sauerstoffgas
und die Luftsäure treten an ihr als Realem hervor;[1] das Wasserstoffgas hingegen verschwindet in ihr, d. i. kann nicht als
solches aus ihr hervortreten, es in die Luft gesetzt ist das Moment des Stickgases, welches überhaupt das wesentliche Moment der Luft, oder ihres Fürsichseins ist. In der Luft ist überhaupt erst das Moment der Flüssigkeit, des reinen Aufgelöst-
seins reell. Im Wasser hingegen das Moment der chemischen
Elemente, sich aufzulösen, in absoluter Unruhe zu sein, die
Flüssigkeit als different, als das an sich Nichtbestehen. Für sie
ist Luft sowohl als Wasser das Hervorgehen und das Verschwinden, im Feuer sind sie in ihrer Realität, das was sie an ihnen
selbst sind, der Begriff, der sie alle setzt, wie sie sind. In den
differenten, Luft und Wasser, kommen und verschwinden sie;
Wasserstoff- und Stickgas kommen, jenes aus dem Wasser,
dieses aus der Luft, und jenes verschwindet in dieser, und
dieses in dem Wasser; Sauerstoffgas kommt und verschwindet
aus beiden; die Luftsäure als das synthetischchemische Ele-

---

[1] *Am Rande:* die EINZELNEN chemischen Elemente als Prädikate

ment hingegen ist eigentlich in ihnen ganz verschwunden, oder es ist das Ganze eines jeden physischen Elements selbst, sie ist ihr Begriff, als das Wesen derselben, unter welchem ebenso das Feuer steht.

[1] Das Feuer ausgespannt in die Differenz der Luft und des Wassers, ist einzelnes Element und ihnen entgegengesetzt. Sie sind durch eine leere Mitte bezogen, oder ihre Einheit ist der Begriff des Elements überhaupt, welche für uns Einheit, indem sie das Wesen aller ist, es nicht an sich selbst ist, indem
10 die Elemente so im Allgemeinen des Begriffes jedes für sich ist. Ihr Wesen aber ist diese Einheit des Begriffes, nur zu sein als aufgehoben, und ihr absolut Reelles ist diese Allgemeinheit, welche zugleich negative Einheit ist, so daß sie als abgesonderte in ihr nur als mögliche sind; diese wahre Mitte derselben, als ihre vermischte Einheit, in welcher sie zur Ununterschiedenheit reduziert sind, ist das Vierte Element, die Erde, welche auf diese Weise ihre Totalität, die chemischen Elemente ganz aufhebt; denn die / Realität dieser sind die physischen; ihr Hervortreten und ihr Verschwinden; mit diesen,
20 da sie die Momente derselben sind, sind sie ganz verschwunden; die physischen Elemente selbst sind an der Erde nur als Eigenschaften.

Das Feuer, in Luft und Wasser ausgespannt, ist die negative Einheit, das Tätige gegen sie; sie sind dasselbe, als passiv, als sich auf sich beziehend, und das Passive drückt die Unendlichkeit nur als Verdopplung an sich aus. Das Feuer in seiner Tätigkeit gegen sie, ist eins mit ihnen, und es ist, wie sie, nur in der Getrenntheit, ihr Einssein reduziert sie miteinander zur Erde; die Totalität, oder die sie zusammenschließende Mitte,
30 als ihr Nichtgetrenntsein, als Mitte, die das einfache Eins derselben ist.

Aber die Erde als diese einfache Einheit derselben ist ebenso ein Passives, bezieht sich nur auf sich selbst, und ist nicht absolut unendlich; sie ist als die Einheit derselben bedingt durch sie, nicht für sich selbst, denn diese Beziehung ist aufgehoben, sie ist das Nichts derselben, aber dieses Nichts, diese reine Beziehung auf sich selbst, ist das Gegenteil seiner selbst; sie sind in der Tat ebenso, als die Erde für sich ist; dies durch-

---

[1] *Am Rande:* Prozeß der physischen Elemente

sichtige Nichts läßt sie durchscheinen, in seiner Reinheit treten sie in ihm hervor. Das Fürsichsein des Nichts ist [nicht nur] das Nichtsein desselben, sondern [auch] das Sein der für sich bestehenden Elemente. Oder die Erde, als das Nichts der Elemente, ist ebenso ihr Sein; und sie ist diese Unendlichkeit ihres Seins und ihres Nichtsseins; die Totalität, welche sich selbst zum Momente des sich auf sich Selbstbeziehens wird, und aus diesem Momente ebenso unmittelbar sich in den Gegensatz zerstreut hat, und aus ihm ebenso absolut zurückkehrt, als sie zurückgekehrt ist. Die Erde als das Redukt der Elemente ist passiv sich auf sich selbst beziehend, und damit selbst Bestimmtheit, oder die Unendlichkeit als Verdopplung, und sie ist in sich und in Luft und Wasser zerfallen; aber sie ist einfache Unendlichkeit, und das Feuer bricht unmittelbar, als einfache Unendlichkeit, gegen ihre Verdopplung hervor, die Unendlichkeit ist itzt das Verdoppelte, Feuer einerseits, und die Erde, Luft und Wasser andererseits sind die beiden Momente; aber diese Verdopplung ist ebenso wieder einfache Einheit; dieser differente Gegensatz verzehrt sich in den indifferenten, in welchem das Feuer verschwunden ist, und der Gegensatz nur Luft und Wasser — und Erde ist, der unmittelbar sich gegenüber die einfache Unendlichkeit erweckt.

Dieser Kreislauf des Prozesses, das Verschwinden des indifferenten Verhältnisses zum differenten, und dieses zu jenem, ist die absolute Erde. Sie ist nicht jenes passive / Moment, als dieses ist sie selbst nur Moment ihrer selbst; sie ist als Totalität jener ganze Prozeß; absolut für sich selbst, denn der Prozeß ist nicht mehr dasselbe in allen Elementen, ihr Begriff, sondern der Prozeß ist als das Ganze derselben, als Erde, und dieses Ganze ist dem Ganzen der Erde entgegengesetzt.

Die ideellen Momente dieses Prozesses sind die Mechanik und der Chemismus; jenes die Gestalt, dieser ihre Auflösung; ihre Realität ist das physische Element; ein Gestaltetes in der Auflösung der Gestalt, ein sich in seiner Auflösung Gestaltetes. Der Prozeß der Erde hat zu seinen Momenten solche Totalitäten jener beiden. Jene ideellen Momente sind nicht besondere Betrachtungsarten dieses absoluten Prozesses, so daß alle drei gleichsam Hand in Hand gingen und, indifferent gegen einander, jedes für sich den ganzen Prozeß darstellte. Der absolute Prozeß wäre so ein Gestalten und ein Auflösen; und

allerdings ist dies Allgemeine sein Begriff, oder es ist das leere
Allgemeine, welches nicht an ihm selbst das Besondere an
sich hat; denn es ist das Ideelle, unverbunden, jenseits des
Durchgangspunktes des Gestaltens und Auflösens durch die
Null der Unendlichkeit; es fehlt ihm der Inhalt, die Materie,
welche sich auflöst und sich gestaltet, und welche erst in jenem Einswerden des Gestaltens und des Auflösens ist. Dies
formal Allgemeine begleitet also den realen Prozeß allerdings,
aber auch nur als formell Allgemeines, als sein Wesen, oder
10 vielmehr seinen Inhalt, seine Realität nicht in sich enthaltend,
und also nicht ausdrückend. Die wahre Materie des Prozesses,
welche sich im Prozesse auflöst und gestaltet, ist nicht im
Auflösen und Gestalten selbst enthalten; insofern sie sich gestaltet und auflöst, ist sie dort Bewegung und tote Materie,
hier chemische Elemente; oder sie ist in beiden nur nach der
Weise des Allgemeinen, in welchen sie ist. Aber das Allgemeine erteilt dem Inhalte allein diese seine Form, und da er so
geformt, selbst ein Mannigfaltiger und ein bestimmter ist, so
ist diese Bestimmtheit als das Besondere ein schlechthin Ge-
20 gebenes für das Allgemeine; denn das Entstehen desselben ist
die Veränderung des Elements, als eines physischen, welche
schlechthin nicht in jenem Allgemeinen ist.

Der Prozeß der Erde selbst, oder ihre Realität, wie sie für
sich ist, ist schon in seiner Bestimmtheit ausgedrückt, und
seine Erscheinung kann nur ausführlicher ausgesprochen werden.

Die Idee des Elements, des Feuers, ist, als Idee, selbst das
erste Moment; es bezieht sich nur auf sich selbst; aber diese
Idee ist an ihr selbst Prozeß, ein Unendliches, das sich durch
30 sich selbst auf sich als auf ein Anderes bezieht; und das Feuer
in seiner / Beziehung auf sich selbst, ist vielmehr nicht es
selbst, es ist nicht Passives, sondern auf das Passive, Luft und
Wasser, bezogen, und es ist das Unendliche dieser beiden,
oder des passiven Unendlichen. In seiner tätigen Beziehung
auf sie, gehen beide Seiten unter; das Feuer als die absolute
Einzelnheit zusammengeschlossen mit dem Allgemeinen, Passiven, ist Eins mit ihm, und in der Tat ist nur die Mitte, in
welcher beide Seiten reduziert sind. Aber diese Mitte ist so
sehr als sie die Idealität beider ist, ebenso ihre Realität; oder
40 sie ist zugleich das Allgemeine der Extreme, ihr Bestehen, ihr

Begriff; und nicht das Feuer als solches beginnt den Prozeß, oder ist der reale Begriff des Prozesses, sondern diese absolute Mitte, welche wie der übrigen Elemente, so auch das Allgemeine des Feuers ist, das in seiner Realisation aus dem Allgemeinen in die Bestimmtheit zurückgetreten und sich in sich gekehrt hat, oder ein Ideelles geworden ist.

[1]Die absolute Idee des Elementes, oder der Prozeß an sich selbst ist die Erde, sie ist absolute Allgemeinheit und negative Einheit. Als ihre Idee, oder als der noch nicht dargestellte Prozeß, tritt sie in der Bestimmtheit der Allgemein- heit oder des indifferenten Verhältnisses auf, und als einfache Erde den andern Elementen gegenüber, als das Redukt derselben ist sie nicht mehr für sich als jene; sie ist als einfache Gestalt, aber itzt absoluterfüllte, ihrer Auflösung gegenüber. Wir sind in der Konstruktion von dieser Auflösung zur Gestalt übergegangen; diese als die Totalität, ist aber in der Tat die Realität, oder Substanz jener Elemente, und diese sind vielmehr nur als aufgelöste Erde, so wie die Erde nur als reduzierte Elemente. Die Auflösung der Erde in die Elemente ist ihr sich Anderswerden; aber sie als reale Erde ist einfache Gestalt, insofern jene Elemente aus ihr hervorgehen; denn ist sie schon als das Eins derselben, als die erfüllte Gestalt gesetzt, so ist sie schon ein Erkanntes, oder bestimmt jenes Redukt der Elemente; für das Hervorgehen dieser aus ihr bleibt nur das formelle, daß sie die Realität derselben ist, oder sie selbst, das absolute Erkennen, die Totalität der Elemente.

Dies Erkennen so sich auf sich beziehend, als das in sich zurückgekehrte Erkennen, hat unmittelbar die Elemente der Differenz, Wasser und Luft sich gegenüber, diese außer sich, so wie das Feuer dagegen in dieser Indifferenz das Verschwundene, Erloschene ist; das Innere der Erde, oder was dasselbe ist, das absolut Äußere, nicht Existierende.

Aber die negative Einheit, oder das Feuer ist das Innere, heißt nichts anderes als, indem es wesentlich der Erde, und den ihr gegenüberstehenden Elementen ist, so / sind diese in ihrem gleichgültigen Sein gegeneinander gespannt, sie sind an ihnen selbst nicht gleichgültig, sondern in diesem Fürsichsein getrieben, es aufzuheben; sie sind in dem Übergehen aus dem

---

[1] *Am Rande:* Totalität ist Erde

gleichgültigen Verhältnisse in das Aufheben ihrer selbst; oder sie sind schon im Verhältnisse überhaupt, different, so daß es als Aufgehobensein, oder als Feuer noch nicht existiert. Diese Spannung der Erde gegen Luft und Wasser ist ein Aufgelöstwerden der Gestalt der Erde, ihr Werden zur Luft, die Verwandlung des Verhältnisses der Erde zu Luft und Wasser in das der Luft zum Wasser, die Existenz des rein differenten Verhältnisses, als ein solches, dessen Momente aber auseinandergehalten sind, daß sie nicht zusammenstürzen. Die Erde,
10 gespannt gegen Luft und Wasser, wird zur bloß abscheidenden Mitte, welche sie zusammenschließt, so daß sie zu selbständigen Extremen sich machen, und die Erde ihre unkräftige leere Beziehung ist, jene aber sich in sich selbst kehren, und isolieren.

Luft und Wasser, welche sich so von der Erde befreien, setzen die Indifferenz des Verhältnisses an ihnen selbst[1]. In der existierenden Beziehungslosigkeit werden diese Elemente selbständig; sie machen nur als beide zusammen eine Totalität aus, und als diese konstituieren sie sich.

20 Das Feuer ist Sonne, ein Äußeres, das Wasser ruhig an der Erde, die gestaltlose Seite ihrer Gestalt, die Differenz, welche sich auf sich bezieht, passiv ist, und darum dem Passiven, der Erde als Gestalt überhaupt angehört, die Luft das ebenso gleichgültige Allgemeine, die leere reine Form der Auflösung, das leere Medium, in dem das Feuer ebenso gleichgültig ist, als Licht, wie die Erde für das Wasser. Sonne und Erde werden durch die Luft gleichgültig verbunden, und von der Erde ist es eigentlich nur die Seite des Wassers, welche in dieser Beziehung ist; die Erde ist der passive Schoß, in welchem sich
30 Licht und Wasser durch die Luft beziehen; Licht das Einzelne, Wasser das Allgemeine, Erde und Luft die beiden Seiten der Mitte, dieses das allgemeine, dies das einzelne Medium, aber beide ebenso gleichgültig.

Auf die verhältnis- und wesenlose Weise scheinen die Elemente in den Prozeß zu treten, oder diese Weise ist es, wie sie aus der Konstruktion herkommen. Aber das Licht ist in Luft und Erde tätig auf das Wasser, oder die Beziehung desselben auf das Wasser ist die negative Einheit, der Schoß und

---

[1] *Am Rande:* Die Elemente sind Substanzen.

Mittelpunkt der Erde. Das Licht wird hierin zur Wärme, eins mit dem Wasser, zur negativen Flüssigkeit, zum Aufheben der gesonderten spezifischen Schwere, oder zur Auflösung der Gestalt. Diese Erwärmung oder Auflösung ist die Spannung der Erde, oder das Zerfallen / in einen Gegensatz, welcher nicht bestehen kann. Die Erde [ist] als diese reine Gestalt, als das passive Moment, auf welches die Einwirkung der Sonne geschieht, und welches das Wasser als ihre auflösliche, sich selbst aber als die Seite der Mitte darstellt, welche absolutes Element der Einzelnheit wird, und darein in ihrer Trennung von der Flüssigkeit der Gestaltung, oder in ihren Begriff zurückgeht. Denn die Erde ist Totalität oder Erkennen nur, indem sie so in die Elemente selbst sich auflöst; dieses Hervorgehen aus ihr selbst ist der Prozeß, das Umgekehrte des Vorigen, wo sie aus ihnen herkommt; das Hervorgehen derselben aus ihr hat seinen Grund darin, daß, indem sie die einfache Totalität derselben ist, sie die differente Einheit, das Bewegende, die Bewegung des Erkennens, aus der sie herkommt, die aber in ihr aufgehoben ist, ebendamit als ein Äußeres oder Inneres an sich hat; und es so an sich habend, es äußern, oder an ihr selbst darstellen muß. Die gestaltete und erfüllte Erde, die Unendlichkeit, oder das Erkennen, den Prozeß der Elemente als ihr Wesen in sich habend, erscheint dies Unendliche als außer sich, als auf sie wirkend zu haben, oder als Licht, das sie sollizitiert.

Die Erde, erwärmt oder aufgelöst, stellt die Differenz des Erkennens an ihr dar; sie trennt sich, die, die Mitte ist, in die beiden Extreme der Einzelnheit, und der Allgemeinheit; sie hat als Mitte beide an sich als feste Erde und als Wasser. Die Trennung ist, daß die Unendlichkeit äußerlich wird, oder die Erde sich umkehrt, und sich in die Momente der Unendlichkeit, die an ihr ideell waren, als selbständige verdoppelt. Dieses Reellwerden der Momente, die Auflösung der Gestalt, ist, daß das Feuer als die vorhin getrennte Unendlichkeit in die Erde selbst einkehrt, und ebenso in sie hineinwurzelt, als sie ein anderes Extrem heraus in die Höhe treibt. Die Gestalt der Erde nimmt sich in die Einzelnheit aus der Flüssigkeit, in welche der Ton seine Momente verbreitete, zusammen, und wird absolut spröde, ein absolut Verbrennliches; sie tritt auf die Seite der Einzelnheit; sie zerreißt als Mitte. Auf der andern

Seite tritt ihr anderes Moment, das Wasser, auf die Seite der
Luft, und wird in dieser selbständig; die Flüssigkeit in der Gestalt, vom Tone beherrscht, wird frei hievon, und eins mit der
Luft; sie nimmt die Bestimmtheit des Gestaltlosen als absolute Form an, und wird selbständig in dieser ihrer Bestimmtheit; sie hört auf, Wasser zu sein, und wird Luft, oder vielmehr eins mit der Luft, sie wird zu einem freien für sich um-
herschweifenden Kometen;[1] so wie auf der andern Seite die
Erde zu / einem wasserlosen Monde, oder es herrscht itzt
eigentlich der Mond; wie vorhin die Sonne; die Erde ist sich
als ein Starres äußerlich, eine andere geworden.

Dies Auseinanderfallen der ganzen Totalität ist erst das
Sein des Prozesses an der Erde selbst, oder die Unendlichkeit
in der Form des Fürsich ihrer Momente. Das Licht ist verschwunden, und in ihr selbst als Wärme; das Wasser ist mit
der Luft eins; das Moment der Differenz überhaupt, hat sich
zum Kometen befreit, der sich gegenüber seinen Gegensatz,
den Mond, hat. Beides zusammen macht die ausgespannte
Unendlichkeit [aus], in welcher itzt weder Sonne noch Erde
existiert, sondern Mond und das sich in sich hinein, zum unabhängigen Wesen bildende Wasser, indem es das Allgemeine
an sich genommen hat, und hiedurch an ihm selbst [ist]. Aber
diese Substanz ist nur ein Dunstbild; und jenes spröde, starre
Wesen verschließt das Feuer nur noch in sich, das es verzehren wird. Dies Auseinanderfallen ist in der Tat die höchste
Spannung, welche sich in sich selbst auflösen wird.

Denn das freie Wasser, das in sich geht, und zur Substanz,
zu einem einfachen absoluten Punkte der Einheit wird, wird
in dieser Einheit mit der Luft unmittelbar das Nichts der
Selbständigkeit; es ist das Flüssige, das sich gestaltet, und in
seinen Gestalten zur Erde wird, zu dem ruhigen Momente der
Auflösung an ihr; es wird zu einer Flüssigkeit, welche nicht
ihre Substanz an ihr selbst, sondern in einem Andern hat;
oder vielmehr es wird die Flüssigkeit dieser Gestalt. Diese
ebenso sich des Flüssigen befreiend, und spröde geworden,
gespannt gegen den Kometen, bricht an sich in ihre Realität
aus; als spröde ist sie das sich Verzehren des Flüssigen, und
als absolut spröde, als dieses bis zur Idealität gediehene Ver-

---

[1] *Am Rande:* verbrannt

zehren ist sie zur Idee des Prozesses zurückgegangen, und als
Feuer ausgebrochen. Das Licht, zur Wärme in der Erde geworden, hat an ihr seine Realität, oder das Material des Brennens, und die Erde so zum Feuer, dem wesentlichen Prozesse
werdend, ist wahrhaft unendlich, nicht nur sie selbst das Moment ihres Verzehrens, sondern auch ihres Gegenteils der
Wolke; der Kern, der sich in dieser als der Punkt der Selbständigkeit bildet, ist jenes Feuer selbst, und die ganze Wolke in
diesem Verbrennen das andere Moment, das mit der spröden
Erde, welche das reale Feuer, seine Totalität, und Moment ist, 10
zusammengeht, und in eins gesetzt zur einfachen Gestalt der
Erde sich aufhebt; und diese, die befruchtete Erde, hat erst
als dieses Erkennen die Elemente ideell an sich, und ist ihre
absolute Einheit, welche in ihrer / Konstruktion zuerst für
uns, und dann für sich selbst, als dieser Prozeß geworden ist,
indem sie als sich auf sich selbst beziehend, die Totalität ihrer Elemente außer sich setzt, und die Luft, das Allgemeine,
das Herrschende ist, und sie die andere Seite der Mitte, welche das Licht, die Seite ihrer Einzelnheit, und das Wasser,
die Seite ihrer Allgemeinheit zusammenschließt; diese beiden 20
sind relativ Allgemeines und relativ Einzelnes; das Absoluteinzelne ist die Mitte, die Erde, so wie das absolut Allgemeine die Luft, die reine formale, leere Auflösung, die, welche
als das gleichgültige Element hier das Herrschende ist, und
Erde, Feuer und Wasser ebenso in dieser Form setzt, oder das
Allgemeine ist, weil diese in dieser Form sind; und das Feuer
nur Licht, die Erde eine Mitte, an der die Extreme für sich
sind, das Wasser ein eigenes von der Gestalt der Erde noch getrennte Element.

In diesem Verhältnisse ist die Erde, als realer Prozeß, nur 30
für uns das Allgemeine aller dieser Elemente; für sie ist es ihr
Gegenteil, die Luft, die Auflösung, das Auseinanderfallen aller; und die Ordnung ihres Verhältnisses, welches Moment
jedes Element in ihm sei, ist ebenso unsere Ordnung. Aber
die Unendlichkeit ist die Erde selbst; die Elemente sind
schlechthin ihre Momente, das Ansich derselben ist ihre Beziehung auf die Erde, und dies Vorstellen, oder das Fürsichsein der Elemente in ihrem Bezogensein auf die Erde ist eben
diese Ordnung; dieses Verhältnis überhaupt, als noch nicht
realisierte, nur formale Unendlichkeit. Es ist die erste, forma- 40

le Spannung; indem der ganze Schluß an sich ebenso unend-
lich ist, als allgemein, so geht die Herrschaft des allgemeinen
Elementes, der Luft, in die entgegengesetzte Herrschaft, der
* Einzelnheit über, und wie das Formalallgemeine vorhin das
Subsumierende war, so ist es itzt im Gegenteil das Einzelne.
Die Erde wird an sich selbst unendlich, das Licht, das vorherige Moment der Einzelnheit, kehrt in sie ein, und wird in ihr
zum innern Feuer. Das Unendliche ist sich selbst ebenso das
Moment, als es das Allgemeine ist; die spröde mit dem Feuer
10 eins seiende Erde ist das Unendliche als Moment, als eine Seite des Gegensatzes, welcher hiemit die andere, Luft und Wasser absolut gegen sich hat; welche ebenso itzt in der Form der
Unendlichkeit in eins zusammengehen, und zur Selbständigkeit des Kometen sich zusammeneinen. Die Erde ist so für
sich selbst, als ein Anderes ihrer selbst, sie ist in dem absoluten Gegensatze; der Schluß ist aufgehoben, es stehen absolute
Substanzen einander gegenüber; es ist das Moment des Andersseins, der Unendlichkeit. Die Erde ist sich absolut anders,
sich in sich nicht erhaltend, sondern sich verzehrend, die for-
20 male / Unendlichkeit, welche absoluter Gegensatz ist; indem
die Vermittlung so verschwunden, und ein absolut inneres
oder äußeres geworden ist, so ist die Spannung unmittelbar
zum höchsten Auseinandergehen der Extreme gediehen, und
beide [sind] absolute Negationen an ihnen selbst, das Aufheben ihrer selbst. Diese sich auf sich selbst beziehende Unendlichkeit, oder die Idee des Prozesses ist hiemit gesetzt, oder es
bricht an beiden das Feuer aus, das gemeinschaftliche Verzehren beider. Aber dies Gemeinschaftliche ist in der Tat das absolut Allgemeine, oder die absolute Einheit beider; es ist das
30 Wesen ihrer Spannung gegeneinander; denn ihre Negativität,
ihr sich in sich selbst Verzehren ist, daß sie in diesem reinen
Fürsichsein wesentlich nicht an ihnen selbst, sondern an ihrem Gegenteile sind. Das ausbrechende Feuer ist das Sein der
reinen Unendlichkeit als solcher, ein ebensolches Fürsichsein
derselben als ihre Momente, ihr Gegensatz es ist, das aber
ebenso unmittelbar sich verzehrt. Es ist die wieder als negative Einheit hervortretende Mitte; oder die Herrschaft der
Einzelnheit; das im Gegensatze an sich selbst unendliche Moment, die sich in sich verzehrende Erde, verzehrt nicht nur
40 sich selbst, sondern ihr Gegenteil, sie ist diese Mitte des Feu-

ers, die aber ihre Extreme, sich selbst und ihr Gegenteil ideell macht, ihr Anderssein an ihr [hat] und als ein entgegengesetztes Fürsichseiendes aufhebt, und so als sie selbst, für sich selbst zurückgekehrt, und absolute Totalität ist; als dieses reale sich auf sich selbst Beziehende, in sich Geschlossene aber ebenso unmittelbar wieder der Anfang des Prozesses, ihr Indifferentsein, und damit das Indifferentsein der Unendlichkeit, oder der andern Elemente gegen sie ist.

Definition der Erde

Der Prozeß der Erde, wie er erkannt worden ist, ist die Bewegung ihres Sichselbsterkennens, aus der unmittelbar ihre Definition hervorgeht; oder wie sie als die Totalität der Elemente ist. Diese aus den chemischen hervorgehend, waren allgemeine; im Prozesse sind sie besondere; itzt, als reelle sind sie Einzelne, in sich selbst reflektierte; denn der Prozeß, die absolute in sich selbst Reflexion des Prozesses, ist die Substanz, welche ihr Sein ist, und sie sind itzt als solche selbst reelle, in sich reflektierte Elemente. Aus ihrem Begriffe kommen [sie] durch den Prozeß zur Einzelnheit; sie sind reale Elemente an der Erde; aber ihre Einzelnheit ist zugleich ihr Aufgehobensein an ihnen selbst, und sie sind Eigenschaften oder vielmehr als sich / reflektierende, in ihrem Sein an der Erde außer sich seiende, und zugleich reflektierte oder Sinne. Die Erde als ihre Substanz hat sie als jene ihre indifferenten Elemente, ihre Begriffe an sich, so wie zugleich als in sich reflektierte, sie sind selbst als ebenso viele Prozesse, die in dem allgemeinen, absoluten Prozesse ihre Realität haben, und erst als solche Realitäten in ihn treten. Denn indem der allgemeine Prozeß das ist, woraus die Elemente entstehen, und sich aufheben, so sind sie in ihm wesentliche Momente, welche als solche an sich selbst sind, nicht itzt seiend, und dann nicht seiend; sondern an ihnen selbst diese Unendlichkeit, also an und für sich seiend; und in dem Prozesse nicht bloß in Bezug auf das Entgegengesetzte seiend, sondern als die Realität des Prozesses an sich habend, auch an ihnen selbst in sich zurückgehend. Der Prozeß, die Erde selbst, ist als die Substanz, oder die Reflexion ihrer Elemente in sich selbst, das

Allgemeine, das sich in ihnen Gleiche; sie ist der Begriff derselben in der Bestimmtheit seiner Momente, nicht der Begriff,
wie er aus ihnen herkam, und selbst in den Prozeß einging,
sondern der Begriff als vollendete Reflexion in sich selbst,
oder als Idee; diese Idee ist durch ihre Realisation sich das
absolut Allgemeine, die Gattung geworden, und als Gattung
ist sie so in ihre Arten eingeteilt, und auf diese Weise existierend und reell, daß sie in ihnen sich selbst gleich, aber es nicht
für sich ist; und erst als unendlich, als die Gleichgültigkeit der
10 Arten aufgehoben, sie als ihre Sinne an sich setzend, ist sie für
sich die Totalität.

Die aus den Elementen kommende Erde ist ihre Deduktion, der absolute Prozeß ihr Werden als Erde, als die Totalität der Elemente, als dies Deduzierte für sich selbst. Dieser
Prozeß, oder die gewordene Totalität geht eben diesen Kreis-
* lauf durch, in welchem sie, wie sie vorhin für sich Erde wird,
und für uns Totalität, itzt für sich Totalität wird; oder sie erkennt sich als absolutes Erkennen; sie hat sich erst als Erkennen erkannt, itzt erkennt sie sich als absolutes Erkennen.
20 [1]Die Erde für sich absolutes Erkennen werdend, ist es zuerst für uns, sich selbst gleich in den Elementen; oder diese
sind itzt selbst reell, in sich zurückgehende Substanzen, Kreise innerhalb des allgemeinen Kreises. In dem Prozesse stellt
sich ihr Sein, ihre Realität, und ihr Verschwinden, ihre Idealität, getrennt dar, als ein Kommen und Gehen. Dieses beides
sind sie nur als Einheit, oder ihr Wesen, ihre / Substantialität
ist dieses an ihnen selbst, in ihrer Idealität reell, und in ihrer
Realität ideell, oder Kreise der Reflexion zu sein.

Das Element des Feuers hat aber diese Realität nicht erst
30 gleichsam zu seiner Basis erhalten, denn es ist an ihm selbst
als bestimmtes Element nicht im Prozesse nur ein Moment
desselben, wie die andern erschienen sind, sondern auch als
Moment nur der Prozeß als Begriff; es ist das Licht, welches
sich in die Flüssigkeit verbreitet und in der Gestalt so erstarrt
ist, und die Dimensionen derselben, oder das Negative, Beschränkende derselben ist. Dieses tote Licht der Gestalt ist
das Innere derselben, und ebenso außer ihr; diese seine Tren-

---

[1] *Am Rande:* Substantialität der Elemente in der Erde; und
Werden derselben an ihr, als irdischer Körper

nung ist eine absolut ideelle; das Licht ist sowohl als ein an
sich Inneres, wie als ein an sich Äußeres gesetzt, als Nichts an
sich selbst; und dies sein Setzen hebt sich unmittelbar auf.
Dies Aufheben eines solchen Setzens ist die Auflösung des in
der Gestalt Gebundenseins des Lichts, ein Flüssigwerden der
Gestalt, als ein negatives die Gestalt aufhebendes, nicht die
erste durch das Licht bestimmte Flüssigkeit. Licht als das
Äußere, und Ton als das Innere so in eins gesetzt, ist Wärme;
das rein negative Moment des Lichts oder Tons, oder ihr Sein
gegen die Gestalt, wie sie als Negierendes für sich selbst das 10
Andere ihrer selbst sind; Licht ist als Ton nur für uns das Andere seiner selbst. Als Wärme aber negiert es seine Ungleichheit, es ist negative Einheit. Dies Negieren seiner Ungleichheit
ist unmittelbar sein Sichselbstgleichsein; aber als Totalität,
als Feuer; als existierend, wie es der Prozeß an ihm selbst ist.
Die Realität, welche es im absoluten Prozesse der Erde erhält,
ist nicht seine formale Realität, Prozeß, das Ganze an ihm
selbst zu sein, denn es ist dies durch sein Wesen; sondern die
materiale Realität, den Stoff seines Brennens, sein Sein, das
Bestehen überhaupt [zu haben]. Das Allgemeine des Prozesses 20
ist ein Verbrennen, und dies Allgemeine ist der Boden, die
Substanz, zu welcher das Feuer wird. Vorhin hatte [es] nur *
die chemischen Elemente zu verzehren, Abstraktionen, die
selbst ohne Substantialität sind. Itzt sind seine Momente
selbst Prozesse, Realitäten an ihnen selbst. Seine an sich differente Natur wurzelt in die Erde und erhebt sich in die Luft,
dies sind seine beiden Arme, die reell sind. Sein Auflösen der
Gestalt der Erde, oder das Oxygen, welches an sich unendlich, das Gegenteil seiner selbst ist, hat das Feuer am Wasser,
welches Erde und Luft als seine entgegengesetzten Möglich- 30
keiten hat, welche durch das Feuer wirklich werden, indem
das Wasser auf die entgegengesetzte Weise, aus seiner vergäng-
lichen Neutralität gerissen, mit beiden als Eins gesetzt wird,
wodurch zwei Körper entstehen, welche das reale sich / selbst
anderswerdende Feuer sind, oder die Darstellung seiner Notwendigkeit. Das Wasser ist das, was vom Feuer verzehrt wird;
das Verzehren desselben ist aber das Aufheben seiner synthetischen, zerfallenden Einheit; und das Entstehen zweier syn-
thetischer Einheiten, in deren jeder es eins der Momente ist.
Die entgegengesetzte Weise, in welcher das Wasser gesetzt 40

wird, ist, in der Luft absolut aufgelöst zu werden, in der Form des Allgemeinen zu sein, das eine synthetische Einheit in sich knüpfend, unmittelbar in sich zerfällt; in der Erde wird es zur absoluten Einzelnheit, zur Sprödigkeit; in beiden ist es als aufgelöst, ideell, es ist gar nicht mehr als Wasser vorhanden, in völlige Imponderabilität, oder in bloße entgegengesetzte Form der Ausspannung und der Sprödigkeit übergegangen. Das Feuer in diesen entgegengesetzten Formen existierend, ist die Auflösung der Gestalt, die absolute Wärme, als Span-
10 nung; Wärme, welche so erst als solche reell ist, indem sie nicht bloß das Negative, das Aufgehobensein, sondern das Setzen des Aufgehobenen als eines solchen, als absolut Entgegengesetzten ist, des Gestaltlosen in dem gedoppelten Extreme, der Sprödigkeit, in der sich die Gestalt zu Punkten zusammenzieht, und der Ausdehnung worin sie sich in die kontinuierliche Flüssigkeit, Negation der Punktualität ausspannt; diese das absolut Verbrannte, Feuerlose, ohne negative Einheit, jenes das absolut Verbrennliche, die Konzentration des Feuers. Diese Entgegensetzung sich an ihr selbst setzend, was
20 sie ist, als zusammenstürzend, ist das reale Feuer selbst; das in dem absolut Verbrannten, der gespannten Luft, und dem absolut Verbrennlichen sein Material hat, indem es diese Synthesen wieder auflöst, und zum Wasser zurückführt. Das Ausgespannte ist als Negation der negativen Einheit selbst ein Negatives an ihm selbst, wie das Spröde als Negation der Kontinuität. Das Feuer verzehrt auf die entgegengesetzte Weise sei-
* ne Extreme; wie es vorhin diese produzierte, und das Wasser verzehrte, so verzehrt es itzt jene, und produziert dieses, und dies zweite Verzehren ist, wie jenes sein Werden, so dies das
30 Verzehren seiner selbst, das Erlöschen des Feuers, oder die Rückkehr zur Gleichgültigkeit der Elemente, und der Wiederherstellung der Gestalt. Die ausgespannte Luft wird zur Wolke, zum entstehenden Kometen, vielleicht geht sie selbst bis zu einem Kerne, einem Atmosphäril fort, der Bildung einer Erde, die aber sich von der entgegengesetzten nicht losreißen kann oder ein Mond ist, ein so gewordenes Atmosphäril, ein zur absoluten Sprödigkeit Zusammengegangenes, die Erhaltung dieser Form der aufgelösten Gestalt. / Oder was wir Herrschaft des Mondes nennen, ist nichts als das Werden der
40 Erde zum Monde selbst, der den Komet, die Wolke, das Ge-

staltlose, wie es in die Neutralität zurückgeht, sich gegenüber hat, und gleichsam der Mittelpunkt seines Werdens und seiner Bewegung ist. Sonst, indem die spröde Erde sich nicht so fixiert, sondern als reale Erde an sich unendlich, die Einheit ihrer Sprödigkeit und der kometarischen Bildung bleibt, so verbrennt sie als Feuer diese entgegengesetzten Formen, und verwendet jene Ausspannung zur Ausdehnung der Gestalt, welche auf diese Weise die reale Einheit der Elemente ist, worin das Feuer sich selbst verbrannt hat, und das Innere der Erde wieder geworden ist.

Die Realität des Feuers ist also der ganze Prozeß selbst, [ein Feuer,] das als reelles Feuer nur als dieser ist. Seine Idealität, oder sein in sich Zurückgekehrtsein gegen diese Bewegung seines lebendigen Kreislaufes, ist sein Sein als Sinn der Erde, und gehört zur Seite derselben, nach welcher sie für sich selbst diese Totalität wird, wie sie es itzt an sich ist.

Das Feuer als dieser Prozeß des Ganzen, insofern es in die Erde wurzelt, und diese zur absoluten Sprödigkeit wird, muß an dieser als ein Teil derselben sein; dies daß die Momente als Teile an ihr sind, ist diese Weise der Indifferenz derselben, nach der sie das Ganze der als Teile d. i. als bestehenden Elemente ist. Das Feuer, als dieser Prozeß ein Teil der Erde, ist Punkte derselben, welche an ihr in diese Sprödigkeit sich zusammenziehen, und sie über die Kristallisation hinaus bis zur Verbrennlichkeit treiben; oder vielmehr in denen das Element der Einzelnheit sich nicht bis zur Kristallisation der Gestaltung aufschließt, sondern in seiner Geburt in diese Spannung gegen die Luft durch das Wasser sich treibt, und gegen das Gewitter, den sich bildenden Kometen, zum Vulkan wird, einem Monde, der in der Erde bleibt, wie umgekehrt das Atmosphäril und die Trabanten in der Luft sich gestalten, und aus dem Brande ein festes Residuum herabwerfen; so [ist] der Vulkan der umgekehrte in der Erde gebildete spröde Punkt, welcher nicht ein unterirdisches Gewitter, sondern sein Gegensatz, statt in die Neutralität des Wassers, zur neutralen Einzelnheit, zum Glase übergeht. Die Verbrennung der Wolke wird überhaupt, an der Seite der Gestalt der Erde, das neutrale, auflösliche Wasser; sie kann wohl auch in sich den ganzen Prozeß darstellen, und auch bis zum Gegenteil einer ausgebrannten Erde, dem Atmosphäril oder dem Monde, kommen.

Aber der Sitz dieser Seite des Prozesses ist eigentlich in der
Erde, das reale Verbrennen, die sich auf/lösende Sprödigkeit,
in welcher das Gestaltete sich dem Flüssigsein entgegenstellt,
und in seiner absoluten Austrocknung sich selbst verzehrend
in die Flamme ausbricht, und in verbranntes Sprödes, in die
Gestaltlosigkeit desselben übergeht. Die Monde und Trabanten können nicht Eruptionen von Vulkanen ihre Entstehung
verdanken, sondern sie sind vielmehr Atmosphärilien, Kome-
tenkerne, die sich vom Kometarischen gereinigt, und es auf
10 ihrer Erde, als das Meer derselben haben, aber in diesem Verhältnisse immer gegen dasselbe bleiben.

Das Wasser ist ebenso ein Teil der Erde, und für sich, durch
diese seine Substantialität, Teil zu sein, der ganze Prozeß an
ihm selbst. Die Erde in sich selbst jenen allgemeinen Gegensatz des Spröden und ausgedehnten Flüssigen darstellend,
schließt aus ihren kristallisierten Momenten, den Bergen, den
Punkten einer gestalteten Sprödigkeit, die Abstraktion des
Neutralen aus, dem sie ihre Kristallisation entgegensetzt, deren Erhaltung nichts anderes ist, als das beständige Ausschei-
20 den des Wassers, des sich an ihm selbst Auflösenden. Das
Wasserwerden ist ein Ausschwitzen aus dem Gestaltungspro-
zeß der Erde, welche erwärmt an ihr selbst, immer zwischen
dem Flüssigen und der Sprödigkeit schwankend, die Tätigkeit
ihres Kristallisierens ausübt, und sich durch diese Hervorbrin-
gung des Absolutsynthetischen, des auflöslichen und zerfallenden Wassers, abkühlt, und die Gestalt erhält. Der absolute
Prozeß geht so in die Gleichgültigkeit des Neutralen und des
Gestalteten über, und indem in ihm das erstere die flüchtigere
Synthese der Wolke wird, so ist an der Erde diese Entstehung
30 des Gegensatzes aus der Spannung selbst die Erhaltung des
Kristallisierten, und die Produktion des Neutralen. Das Wasser so entstanden, ist süßes Wasser, sein Begriff, unmittelbar
entstehend; oder die einfache Einheit der chemischen Elemente, — nach dieser Bestimmtheit der Einheit. Von der andern Seite aus dem großen Prozesse als die neutrale Seite hervorgehend, hat es auch als bleibend, sich zur Luft ausspan-
nend, wo es sie berührt, die absolute Unruhe des Fallens an
sich, und seine Bewegung absolut mitzuteilen. Aus der Erde
kommend und ihr angehörend, selbst eine Totalität, ist es die
40 Neutralität der Erde in ihrer Auflösung; aus dem Kristall der

Erde überhaupt ausgeschieden, ist es die aufgelöste, ideelle
Kristallisation derselben, das neutrale, salzige Meer, das, der
Erde angehörig, zugleich der Freiheit des differenten Momentes, des Verhältnisses des Spröden zum Aufgelösten, dient,
und sich also auf den Mond bezieht, und um ihn sich bewegt.
Das Wasser schwankt zwischen der Auflösung, seinem Werden zu Luft, und zur Gestalt, es steht neutral zwischen / beidem, und an ihm selbst dieses Schwanken habend, wird es
auf einer Seite Kristall — auf der andern Luftgestalt anneh-
men.

Das Wasser nach den beiden Seiten der Erde und Luft vergehend, entsteht auch nach diesen beiden Seiten; das Feuer
der Erde, an dieser sich als Notwendigkeit oder in seiner Gedoppeltheit darstellend, setzt den Kristall der Erde, und ihre
Neutralität, als salzigte Auflösung einander gegenüber; ebenso die Luft, als freie atmosphärische Luft, ihrer Neutralität;
hier ist die Neutralität der höchste Punkt der Kontraktion,
der Sprödigkeit (wenn es nicht bis zum Atmosphäril fortgeht), und die Luft das Aufgelöste, wie umgekehrt an der Erde die Neutralität des Wassers das Aufgelöste, die Erde selbst
aber das Spröde ist; wie es sein muß, daß das Wasser, als die
Mitte des Prozesses, an sich die beiden Extreme darstelle. Das
Verbrennen des Feuers im absoluten Prozesse ist diese Auflösung der beiden synthetischen Arme desselben, und das Hervortreten einer andern Mitte als es ist, nämlich der neutralen
des Wassers. Das Frieren, Tropfbar- und Dampfsein ist der
formale Prozeß des Wassers an ihm, sein realer ist, auf die gedoppelte Weise zu verschwinden, nämlich in der Luft und im
Kristall der Erde, als deren Kristallisationswasser, in welchen
beiden es latent nicht ist, und auf die gedoppelte Weise her-
vorzutreten. In dem einen durch die Luft ist das Meer der
Ausgangspunkt, das zu Luft verdünstet, und so sich ein Anderes geworden, durch die Kristalle, oder vielmehr durch ihr
Sprödegewordensein in der gegenseitigen Spannung, wieder
zu sich zurückkehrt, wieder zu einem Teil der Gestalt gemacht
wird, und in diesem Gewordensein nicht mehr neutrales irdisches, sondern rein neutrales, süßes Wasser wird, nämlich als
in der absoluten Beziehung auf den Kristall, und unter ihn
subsumiert, wie es nur für ihn sein kann, als klare unirdische
Neutralität, als reine Auflöslichkeit, indem in dem Kristall,

unter welchen es subsumiert ist, selbst alle Realität des Irdischen, oder was dem Elemente der Einzelnheit zugehört, ist.
Auf der andern Seite entsteht es umgekehrt aus dem Kristall.
Seine Entstehung aus der Wolke ist nicht ein unmittelbares
[Entstehen] seiner als des süßen Wassers, das nur niedergeschlagen an den Kristallen, den Bergen sich sammelt. Sondern
aus der Wolke durch die Kraft der Berge zum Wasser der Gestalt erzeugt, wird es das Kristallwasser derselben, verschwindet in ihnen ganz als Wasser, und aus diesem seinem Nichts
10 wird es von der Erde sich selbst entgegengesetzt, aus ihr aus-
geschwitzt; es ist durch sie hindurchgegangen, und in bestän-
digem Wechsel des Verdünstens und sich Ernährens strömt es
dem Meere zu; worin es nicht bloß vermischt mit dessen Sal-
zigem ist, / sondern selbst dem Kristall der ganzen Erde entgegen, frei für sich geworden, als die reale irdische Neutralität sich erhält, als ein der Erde überhaupt untertaner Komet,
der für sich ihr sich entziehend, Salz zu seinem Kerne haben
würde.
Das allgemeine Element der Luft, für sichselbst seiend, ist
20 an ihm selbst Prozeß, aber als Allgemeines, das in jedem seiner Momente schlechthin als ein in sich Zurückgekehrtes sich
darstellt. Die ruhige Umgebung der Erde als Form ihrer Auflösung, geht sie im allgemeinen Prozesse in absolute Spannung über; ihr sich anders, aus dem Allgemeinen Absolutdif-
ferentes zu sein, hat sie als dieses selbst die Form der Einfachheit, oder ihr Anders ist absolute Intensität, bleibt absolut Inneres, Gestaltloses, sich nicht Produzierendes; und im
Fortgang des Prozesses, der diese Innerlichkeit entwickelt,
und sie als sich bildenden Körper darstellt, erscheint dieses
30 Gebilde unmittelbar als in der Luft seiend, als ein ihr Fremdes; aber sie in der Tat diese ganze aufgelöste Körperlichkeit,
und die Rückkehr des in ihr Entstandenen zur Erde, ist das
Realisieren der Luft, oder ihr zur aufgelösten Erde Gewordensein, welche die Besonderung dieses Elementes der Einzelnheit, als Einfaches, Allgemeines, als den Geruch in sich
hat; den bestimmten Ton des Körpers, wie er aus der Realität
der Gestalt, diese ganz in Eins zusammennimmt, und sie in
ihrem Bestehen zugleich als dieses Ganze die Form des Auf-
gelöstseins an sich trägt; diese Form ist nicht das chemische
40 Element, das vielmehr nur ein ideelles Moment, das Gegenteil

des Körpers als eines ganzen ist; auch nicht die Neutralität des irdischen, salzigten, oder reinen Wassers; denn dies ist das Aufgelöstsein des ganzen Erdkristalls, nicht desselben in der Besonderung seiner Kristallisationen, die als solche Besondere in der Form der Auflösung wären; die reale Luft hat als die Bestimmtheit der reinen formalen Einheit das Besondere in sich, aber vielmehr als dasselbe nach seiner Bestimmtheit bestehend; so daß diese Auflösung ganz formell für dasselbe ist, und vielmehr ein reiner Ausdruck, d. i. einfacher Ausdruck seiner ganzen als existierenden Natur; die Erde in ihrer Be- 10 sonderung existiert in der Luft; da hingegen die Salzigkeit die Auflösung der Besonderung der Erde ist.

Die Erde selbst hat ihre Realität darin, daß sie das Allgemeine, dies Fürsichsein oder die Substantialität der Elemente ist, dies daß jedes so an ihm selbst Prozeß ist.

[1]Aber die Elemente, solche in sich zurückgekehrte, sind einzelne, und in dieser / Einzelnheit an ihnen selbst ideell, und die Erde ist nicht nur ihre Substantialität, als allgemeine Sphäre, sondern als negative Einheit, in welcher sie gesetzt sind als aufgehobene, und als diese das Besondere des Allge- 20 meinen, oder die Eigenschaften derselben, als der absolut einzelnen. In diesem Aufgehobensein sind sie in ideeller Durchdringung, die Substanz faßt sie auf eine gegeneinander gleichgültige Weise, sie sind in der Form der Allgemeinheit, haben die Substantialität nicht an ihnen selbst, sind also nicht als Substanzen mehrere, sondern nur Eine Substanz. Als diese allgemeine sind sie zugleich in Beziehung auf ihre ganze Realität, oder auf [den] ganzen Kreislauf der Rückkehr in sich selbst; an der einen Substanz, der absoluten Einzelnheit, sind sie ideelle, aber eine Idealität, die sich auf ihre eigene Sub- 30 stantialität bezieht, oder die ebensowohl als für sich selbst Sein gesetzt [ist], und aus diesem sich in seine Besonderheit, das Sein an einer andern Substanz zurückgenommen hat. Die Wechselwirkung dieser beiden Formen des Seins des Elements ist der Prozeß der Substanz selbst an ihnen. Als Allgemeine der Substanz hat auf diese Weise der Begriff derselben als solcher seine Wirklichkeit, und sie sind als solche, die aus dem

---

[1] *Am Rande:* Die Erde ist unendliche Substantialität, und die Elemente sind ihre ideellen Momente.

chemischen Momente herkommen; dieser ihr Begriff bezieht sich auf ihr Sein als realer freier Elemente, und sie sind als diese Beziehung, als Werden ihres Begriffes zu ihrer Realität, und umgekehrt, das Übergehen ihrer Realität, ihrer Substantialität zur Eigenschaft oder zum Begriff, der Prozeß auf eine andere Weise.

Ihr Begriff, als Einheiten der chemischen Elemente erhielt seine Realität im Prozesse der Erde, wodurch sie Substanzen wurden; umgekehrt werden sie hier aus Substanzen wieder ihr Begriff, aber der Begriff als seiend, als an der Einen Substanz itzt seinen Halt habend. Wir waren vorhin in ihrer Deduktion diese Substanz, welche ihren Begriff hielt, itzt ist diese an sich selbst, und dieser ihr Prozeß nicht der ihrer Substantialität, in welchem das physische Element [als] solches in den Formen seines Durchgangs blieb, sondern das [,was] itzt aus dem physischen sich in die chemischen Momente auflöst, und aus ihnen als sein Begriff zurückkommt.

Der Begriff des Prozesses, das Feuer, wie es aus dem Chemismus herkommt, wird durch Luft und Wasser zur Erde; diese Erde als reell ist der absolute Prozeß, und dies die Realität der Elemente, welche, so selbst Prozesse, zuerst sich im Prozesse erhalten, oder sich als irdisch darstellen, aus ihrem Begriffe zur Einzelnheit, wie die Erde ist, herabsteigen; so daß in diesem Prozesse die Momente des Prozesses / ideelle an ihnen sind, und sie [sie] gleichsam oberflächlich an sich haben, und in ihnen dieselbe existierende Substanz bleiben. Oder die Elemente angeschaut im Realen, wie sie selbst real werden, die Luft die Fülle der Gerüche, das Wasser Salzigkeit, das Feuer Vulkan. Aber diese Substanzen müssen noch zu ihrem Begriffe sich erheben, wieder von den Einzelnheiten zu ihrer Allgemeinheit aufsteigen, so daß sie an ihnen selbst der Begriff sind, aus sich selbst, wie vorhin aus einem Andern der Begriff werden, und hiemit absolut in sich zurückgegangen sind.

Das Feuer als Substanz für sich, oder die Flamme verzehrt sich, indem das Fürsichsein ihres Materials aufhört; sie ist die Negation der Substanzen, und indem diese negiert sind, so ist sie selbst nicht mehr. In der Gleichgültigkeit der Elemente ist sie ein absolut Äußeres, Sonne, die als ebenso gleichgültige Beziehung als Licht erscheint, als das ganz befreite Feuer, wie

die Sprödigkeit sich im Monde befreit hat. Die Substanz des
Feuers zehrt sich auf, heißt nichts anderes, als, indem sie das
Wasser getrennt, und zwei synthetische Körper oder es eben
so wieder reduziert, und auf andere Weise Andere gesetzt hat,
so wird sie der Gestalt innere negative Einheit, sie ist in dieselbe eingegangen, und das, welches deren heterogene Elemente in Eins setzt, und das absolute Erhalten dieser Einheit
ist. Der Prozeß dieser ihrer Rückkehr ist, sich als Substanz,
nicht als Feuer ein Anderes zu werden. Das Anderswerden
der Substanz als solcher ist, sich in ihre Akzidenzen aufzulö- 10
sen, sich auf ideale Weise zu zerteilen, und diese ihre Momente sind die chemischen Elemente. Das Feuer wird sich selbst
erstes Moment oder es macht sich zum Begriffe, indem [es]
für sich als Feuer Einheit Entgegengesetzter, der chemischen
Elemente, ist, es [sich] analysiert in Abstraktionen; seine
einzelne oder negative Seite ist der Sauerstoff, wodurch es
sich als Substanz auf seine entgegengesetzten Substanzen bezieht. Das Eingreifen der negativen Einheit des Sauerstoffes
ist es itzt in Substanzen, da es in dem unmittelbaren Begriffe
des Feuers nur das Postulieren einer Realität war, welche 20
noch nicht existierte. Die Substanz des Feuers ist an sich eine
solche, welche die negative Einheit Anderer ist, hat die Substanz der Erde als ihre wahrhafte, deren ideelles Moment sie
selbst ist; die negative Einheit des Feuers ist seine ihm eigene,
die es als Substanz für sich hätte, aber es hat eine solche nur
als sich auf sich selbst beziehend, oder als sein Begriff. Als
dieser aber wird es eben unmittelbar ideell; seine eigene Substantialität, oder absolute Einzelnheit ist unter das Allgemeine subsumiert, und dies ist sein Erlöschen; die Mitte, oder die
Besonderheit, zu welcher es wird, ist der absolute Prozeß, die 30
wahrhafte Substanz, aber an ihm selbst als formaler Prozeß, /
als sein Prozeß in ihm selbst. Seine Mitte an ihm selbst ist, als
Einzelnes zu sein, das aus sich sich in die Extreme ausbreitet,
das eine seiner Beziehung auf sich selbst, oder seiner reinen
Allgemeinheit, das andere seiner Einzelnheit; jenes das Sein
seines Wasserstoffes, als Stickstoff, dies das Werden seines
Sauerstoffes zum gesäuerten. Das Feuer ist als diese Mitte zugleich Realität oder Substanz, und es kann nur jene Mitte
sein, indem es diese ist. Es ist die gedoppelte Beziehung gegen seine Extreme, sie zu subsumieren, Allgemeines gegen sie 40

zu sein, so wie von ihnen subsumiert zu werden; sie zu verzehren, und sich selbst; beides ist eins und dasselbe. Es verzehrt die realen Extreme, indem es gegen die Seite ihrer Einzelnheit, oder ihres Gesäuertseins sich als Stick- oder Wasserstoff verhält, und ihre Sprödigkeit in dieser Allgemeinheit
aufhebt; und gegen ihre Allgemeinheit oder Beziehung auf
sich selbst, ihren Wasserstoff, sich als Oxygen, oder Einzelnheit. Dies Entgegengesetzte der realen Extreme ist seine Nahrung, oder Erhaltung, denn es ist nur Feuer als dies Gekehrt-
10 sein als Allgemeines und Einzelnes, und es kann nur diese
Differenten sein, insofern sein Allgemeines sich auf die Einzelnheit, seine Einzelnheit aber auf ein Allgemeines bezieht;
es nährt sich, indem es die Allgemeinheit des realen Extrems
durch seine Einzelnheit, und umgekehrt auf der andern Seite: aufzehrt, und es zehrt sich hiemit darin zugleich selbst
auf. Indem es überhaupt gegen die Schwere gerichtet ist, so
hat es an ihm selbst in seiner entgegengesetzten Richtung die
entgegengesetzte Beziehung auf diese; und es erscheint nach
einer Seite als schwer, nach der andern als leicht machend,
20 jenes als negativ wirkend, als oxidierend, dies als desoxidie-
rend; denn der ursprüngliche Unterschied, oder vielmehr der
oberflächlichste ist die verschiedene Schwere; so daß dieser
Übergang des einen Extrems in die Seite des andern selbst
notwendig eine Veränderung der Schwere ist, und die Vereinzelung, oder die Oxydation, als das Negative, ein verstärk-
tes Losreißen von der allgemeinen, unterschiedslosen Materie
ist, ein stärkeres ihr, innerhalb ihrer, Entgegengesetztes; eine
größere Schwere also des Einzelnen; die Desoxydation hingegen vermehrt das spezifische Gewicht, wie jene es vermin-
30 dert; das an ihm selbst Sein des Negativen, die spezifische
Schwere, die in der Form des Allgemeinen, des sich auf Sichselbstbeziehens des Körpers ist, weicht dem durch ein Anderes negativ Gewordensein; und dieses ist selbst ein Besonderes, der allgemeinen Schwere Entgegengesetztes. /
Das Feuer so sich auf die gedoppelte Weise verzehrend zur
Form der Sprödigkeit, der Einzelnheit, an dem Passiven sich
auf sich Selbstbeziehenden werdend, zur Form des Passiven
aber an dem Differenten, Spröden, Einzelnen, ist in die Materie zurückgekehrt; zum Tone, der ursprünglichen negativen
40 Einheit der Gestalt geworden. Aber nicht als jenes Prinzip,

sondern als das, welches Feuer gewesen ist, und an der Einzelnheit des Körpers itzt selbst als Moment ist; oder es ist als
Sinn an ihm vorhanden, der sich als Substanz außer sich hat,
und für diese eben dasjenige ist, was sie verzehrt, womit sie
sich nährt, so wie es selbst das Erlöschen derselben ist; es ist
jene Extreme des Feuers als Substantialität außer ihm habend.

Das zum Momente des realen Körpers gewordene Feuer ist
es nach seiner ganzen Totalität, und bezieht sich so auf alle
Momente des Feuers; es ist als seine Gleichgültigkeit, als
Licht, als sein Auflösen, als Wärme, und als die Differenz des 10
Feuers gegen die Gestalt, oder als die Extreme desselben, wie
sie an dieser sind.

Als Licht ist es in der Finsternis des Körpers gebrochen,
oder mit ihr synthesiert, es ist bestimmte Farbe. Die Neutralität des Körpers, oder seine Auflöslichkeit in Entgegengesetzte, Ideelle macht ihn durchsichtig. Die einfache Materie
ist das Finstere, welches sich selbst gleich sich rein auf sich
bezieht, und das Licht unter seine Herrschaft subsumiert hat,
und es nicht rein läßt, sondern sich mit ihm synthesiert, und
ein Mittleres bildet. Die Finsternis ist dem Lichte nicht so 20
entgegengesetzt, daß sie nur das Nichts desselben wäre, welches gar keine Entgegensetzung, oder die reine Negation wäre, sondern die Finsternis ist so reell als das Licht; sie ist die
Sichselbstgleichheit des Elementes [der] Einzelnheit, wie das
Licht die Sichselbstgleichheit der idealen Elemente der Einzelnheit, oder des Begriffs derselben. Das Irdische, das Licht
unter sich subsumierend als die negative Einheit seiner selbst
als des Finstern und desselben, ist es als Farbe, und zwar in
diesem Einssein wieder selbst Totalität der Momente des Verhältnisses beider; ist das Finstere das wesentliche, so ist die 30
Synthese die blaue Farbe; ist das Licht das wesentliche die
rote. Aber die Farbe als Einfaches, so daß die beiden sich das
Gleichgewicht halten, und nicht neutral, sondern auf eine einfache Weise eins sind, der unmittelbare Begriff der / Farbe ist
das Gelb, so wie sie in eben diesem Gleichgewichte, aber in
Neutralität oder der auflöslichen Synthese das Grün.

Das Feuer als Wärme ist ebenso ideell unter die Einzelnheit des Körpers subsumiert. Aber indem die Wärme, das negative Moment der spezifischen Schwere, das Flüssigwerden
der Gestalt ist, so ist sie an ihr nur überhaupt als eine be- 40

stimmte Temperatur, aber als eine bestimmte Möglichkeit,
die Fähigkeit, sich die Wärme auf eine besondere Weise an-
zueignen, Wärmekapazität. Die Wärme ist als solche an dem
Körper, denn sie [ist] das Sein des Feuers in dem Gestalteten
überhaupt; das Feuer ist als Wärme unmittelbar das Moment,
subsumiert zu sein unter die Gestalt, oder sein Sein aufs Irdische bezogen, als ein äußeres. Als Wärme ist das Feuer nicht
auf eine andere Weise Substanz gegen den Körper, sondern
sie ist das Flüssigsein des Feuers selbst; das von Seite des Feu-
10 ers Negative [der] Flüssigkeit, Flüssigmachen, sowie von Seite
des Körperlichen dies, daß es ein Kontinuierliches, als Aufheben der Einzelnheit aber ein mit dem Irdischen in eins Zusammengegangenes ist; seine Mitte, oder Besonderheit. Diese
ist also an dem Körper nicht auf eine eigene, dem Feuer als
Substanz entgegengesetzte Weise, denn sie ist vielmehr dies
Einssein beider Weisen; der Körper verhält sich nur als Einzelner darin, und seine Beziehung als eines einzelnen ist die
rein äußerliche der Größe, oder die ganz formale Besonderung. Die Wärme ist in jedem Körper in einer bestimmten
20 Größe vorhanden.
Wie das Allgemeine des Feuers, das Licht als Farbe, seine
Besonderheit als bestimmte Wärme, so ist endlich seine Einzelnheit seine Substantialität als das Verhältnis des irdischen
Körpers zum Prozeß des Feuers an ihm nach der Unterschie-
denheit der Momente des Prozesses selbst; als spröde gegen
seine sichselbstgleiche Seite, als sichselbstgleich gegen seine
spröde, und als neutral gegen es als Einheit von beiden, als
auflöslich, aber auch als einfach, als seinen Begriff als Prozeß
ausdrückend, und selbst brennend. Indem das Feuer als Sub-
30 stanz nach diesen seinen Momenten an dem Körper ist, so
ist dies die Hauptbestimmtheit desselben, indem er insofern
ist, als sich gegen den Prozeß überhaupt verhaltend; oder wie
er sich darstellt, insofern er belebt an ihm selbst die Bewegung des Prozesses hat.
Das im Körper erloschene Feuer ist eigentlich die Totalität
desselben, oder sein / Sein als beruhigter Prozeß, und Luft
und Wasser sind an ihm gleichsam weniger reelle Formen, da
sie selbst als Elemente nur die ideellen Momente sind; oder
sie sind nicht anderes, als die Momente der Einzelnheit des
40 Feuers; das sich zerlegende Feuer, oder es als Momente der

negativen Einheit. Dieses seinen Momenten Entgegengesetzt
ist es selbst, einfache Einheit, die sich selbst ein Moment
seiende negative Einheit. Diese Gediegenheit, absolute Kontinuität, die wir schon als die einfache Einheit des Lichts und
der Finsternis haben kennen gelernt, ist als einfache Einheit,　*
die zu sich selbst zurückgekehrte, einfach gewordene Schwere, so daß sie als solche die absolute Untrennbarkeit in die
Elemente ist; die Metallität, oder die Flüssigkeit, die mit dem
Tone absolut eins, ihn in sich genommen hat. Diese absolute
Kontinuität ist die Vernichtung aller Differenz in sich selbst,　10
unfähig, als Neutralität in differente Elemente sich aufzulösen, oder als absolute Sprödigkeit in indifferente zurückzuge-
hen. Die Metallität ist darum an dem Körper notwendig als
Farbe bezeichnet; denn sie ist nichts anders [als] die Einfachheit des Lichts und der Finsternis, welche ihre Rückkehr in
die Schwere, als aufgehobene Sprödigkeit oder Punktualität
der negativen Einheit, und vergrößerte spezifische Schwere
bezeichnet, an der Farbe zugleich die Darstellung derselben
als absolute Leichtigkeit, oder Immaterialität hat; wodurch
jene einfache Einheit, die Momente, deren Einheit sie ist, als　20
rein allgemeine, als bestimmte Farbe und bestimmte Schwere, welche so selbst einfach sind, daß sie nicht der körperlichen Entgegensetzung oder als Teile dieses Körpers als differente gegeneinander, die für sich sein können, darzustellen
sind, weder als reine Materie, noch als reine Farbe.

Die andern Momente aber des reduzierten Feuers sind die
im Körper gesetzte Luft und Wasser, oder Sprödigkeit und
Neutralität. Die Luft nämlich, als freies Element, ist für den
Körper selbst die einfache Form seiner bestimmten Natur,
oder seiner als einer einzelnen Substanz; nicht wie die Metal-　30
lität die Abstraktion der Einfachheit, oder das Vertilgtsein
des Prozesses, als einer differenten Bewegung; sondern der
Körper ist in der Luft dieses Ganze seines bestimmten Prozesses, als Individuum, das er nicht in einfacher Form gesetzt
[hat]. Die Metallität ist die individualitätslose einfache Einheit; die zwar selbst eine bestimmte ist, aber diese Bestimmtheit nicht als Einzelnheit oder Individualität an sich hat. Wie
die Luft das Element des Körpers ist, worin er sich gleichsam
sein ganzer Charakter ist, so ist / diese Individualität an ihm
selbst, als seine Eigenschaft, seine Sprödigkeit, die negative　40

Einheit als solche, welche als Metallität vielmehr nicht negative Einheit, sondern reine Sichselbstgleichheit ist. Diese Sprödigkeit, rein als solche, ist unmittelbar die Möglichkeit, selbst als negative Einheit, oder als Feuer zu existieren; sie ist die absolute Brennbarkeit, nicht diese, wie die Kontinuität, die Möglichkeit ist, sich auch aufzuheben, und in Sprödigkeit überzugehen; aber nicht Flamme zu sein; sondern die Flamme selbst zu sein; denn die Flamme hat die beiden Momente der negativen und positiven Einheit; sie ist selbst als die Einheit beider
10 das Ganze, und selbst an ihr sich als negative Einheit Moment; die Sprödigkeit ist dieses Moment des Feuers, das zugleich als reales Feuer selbst auch das Ganze ist.

Hingegen das Wasser ist das Moment der Neutralität des Feuers, das Moment seines Erlöschens, seines sich Selbstauszehrens, oder seines sich Selbstnegierens; das Feuer, das Kontinuierliche verzehrend, und die Seite der negativen Einheit zum Ganzen erhebend, geht an sich selbst ebenso in sein Entgegengesetztes über, und macht die positive Einheit zum bestimmenden Allgemeinen, d. h. zehrt sich als Feuer auf; dies
20 Allgemeine, das Redukt desselben, ist die Auflösung seiner negativen Einheit, und das Allgemeine als eine solche Einheit Entgegengesetzter eine synthetische, zerfallende Einheit. Dies Element der Neutralität an dem Körper oder in der Einzelnheit, das Kristallisationswasser, ist die der Metallität entgegengesetzte Möglichkeit, in sich in Entgegengesetzte zu zerfallen; die Auflöslichkeit, Farblosigkeit, oder Durchsichtigkeit als bloße Form, oder vielmehr die Durchsichtigkeit, als Mangel der Finsternis, und darum auch der Farbe; es gibt noch eine andere Farblosigkeit, die des absolut Spröden, welche nicht
30 aus Mangel des Finstern ist, sondern vielmehr die einfache Sprödigkeit selbst, oder in welcher das Finstere, sich Selbstgleiche mit dem Lichte so in eins gesetzt, daß vielmehr das Licht das Wesentliche ist, und nicht das Gelbe und der Glanz, sondern ein Blitzen aller Farben hervortritt; beides ein völliges formelles Einssein, das Gegenteil der Einfachheit des Gediegenen, Metallischen; ein einfaches Einssein von solchem, das seiner Natur nach nicht einfach, sondern individuell oder neutral ist. Ohne Zweifel beruht die doppelte Strahlenbrechung auf der Neutralität des Mediums, oder seiner in sich
40 zweifachen, zerfallenden Natur.

Dem Spröden ist das Neutrale, als Synthetisches dem Individuellen entgegengesetzt, es ist das Verbranntsein des Feuers, aber das das Feuer nicht wie Erde als Moment in / sich hat, sondern das Negative des Feuers, als diese Bestimmtheit der Negativität desselben, als Aufgehobensein seiner negativen Einheit. Das Neutrale, oder Synthetische, rein zerfallend, ist unmittelbar die Gedoppeltheit Differenter, in jener Einheit ist das Bezogene nur in Beziehung auf sein Entgegengesetztes, und schlechthin als für sich seiend aufgehoben; die Neutralität ist nicht eine Vermischung, sondern die Bezie- 10 hung ist an sich als Beziehung der Einzelnheit überhaupt, negative Einheit; aber eine auflösliche, welche in der Auflösung ihre Momente verteilt; da das Spröde hingegen unauflöslich ist, und verbrannt erst zur differenten Natur durch ein Anderes belebt sein muß, welches Andere nicht ein Moment des Spröden selbst war, das auf sich bezogen ist; das Neutrale hingegen ist in seiner Neutralität die Beziehung entgegengesetzter Substantieller aufeinander, die im Spröden rein ideell sind.

Die Elemente auf diese Weise in der Realität, der Erde als absolutem Prozesse, ebensowohl als Substanzen, — der Pro- 20 zeß ist ihre Substantialität, — wie als Eigenschaften ideell gesetzt, sind dieser Prozeß selbst, oder sie sind die reale einzelne Erde. Die beiden Seiten, daß die Elemente Substanzen, die Erde die allgemeine Sphäre derselben und ihr gemeinschaftliches Wesen ist, und daß sie ideell [sind] und die Erde als einzige Substanz ist, sind im Prozesse, die Erde als zurückkehrende aus ihm, oder wie sie in den Prozeß eintritt, ihre Idee, wie sie sich als reine einfache Substanz auf sich selbst bezieht, oder als negative Einheit der ideellen Elemente. Aber in dieser Beziehung auf sich selbst ist unmittelbar auch sie als 30 Totalität auseinandergeworfen, sie ist ein System von Bewegungen oder Prozessen, und sie der Begriff eines jeden, oder das Allgemeine derselben; sie ist ebenso ihre einfache Sonne, die reine sich auf sich selbstbeziehende Bewegung, als die Einheit dieser Achsendrehung, und der in einem Andern ihren Mittelpunkt habenden entgegengesetzten Bewegungen. Die freie Achsendrehung ist das Element des Feuers, das, in sich der reine Kreislauf, die Idee des Prozesses, seinen Wirbel in sich vollendet, indem es ebenso die Andern in sich hereinzieht, als sie von sich ausschleudert. Diese Andern sind die ih- 40

ren Mittelpunkt in einem Andern habenden Prozesse, der eine,
der an ihm selbst Kreisbewegung ist, sich auf sich selbst bezieht, aber die negative Einheit als Mittelpunkt außer sich hat,
die Luft, das gleichgültige Element, die Allgemeinheit; der
andere, der den Mittelpunkt der Allgemeinheit außer sich hat,
in sich different ist, aber als Neutralität oder als eine zerfallende Zeit, wie jene ein leerer Raum. Diese freien Bewegungen sind es / nur als die Erde ihre Substanz ist, und sie selbst
ebenso die Sonne als der Mond und Komet; oder ihr Prozeß
10 ist, an ihr selbst diese Momente zu sein, und sich als Sonne
an sich selbst, oder das Feuer in sich habend, sich als Totalität zu verzehren, und sich zum Begriff, oder Moment zu werden, der den entgegengesetzten gegen sich spannt. In dieser
Spannung selbst zur absoluten Sprödigkeit werdend, hat sie
das Feuer an ihr, oder es ist in ihr erloschen; sie ist die absolute Einzelnheit und das Wesen des Feuers, das aber keine
Nahrung in sich hat, sondern diese, oder das Allgemeine, außer sich setzt, Mond ist gegen die itzt ebenso ideell gewordenen Luft und Wasser; sie verlieren ihre Freiheit, indem sie sie
20 erhalten. Sie erhalten die Realität, indem sie die Momente
der Differenz, in negativer Einheit sich einen, und als Komet
zu einem selbständigen Gebilde sich machen; aber ihre Einheit wird nur eine aus durch ein Fremdes zur Differenz be-
lebten zusammengesetzte, und eine auflösbar bleibende Einheit; die Erde sich auf einer Seite zur Sprödigkeit, auf der andern zur Neutralität geworden, ist itzt in absolute Extreme
auseinandergegangen, die an sich selbst, ihrem Wesen nach
nur Begriffe, als ideelle, [ins] Nichts zusammenstürzen, d. h.
das Feuer realisiert haben, das so als Flamme ausbricht; aber
30 unmittelbar auch wie es diese, so sich selbst verzehrt, und zur
Farbe und Metallität oder zur Gediegenheit übergeht, wodurch die Erde die Idealität der Elemente an sich vollendet,
und Sprödigkeit neutral und Gediegenheit an sich ist, und gewesen ist, und sein wird.

[1]Die Erde als diese absolute Idealität der Elemente an ihr
selbst, ist unmittelbar absolute Einzelnheit, und zwar abso-
lutgeteilte, eine in absolute Vielheit der Atome zerfallende.
Daß nämlich die Erde wirkliche Totalität sei, ein Absolutall-

---

[1] *Am Rande:* Einzelner irdischer Körper

gemeines, so ist notwendig, daß die Elemente, welche an ihr,
und zwar als allgemeine [sind], zugleich, da sie formell allgemeine sind, als einzelne seien, wie sie gesetzt worden sind.
Die Einzelnheit des Formellallgemeinen ist selbst eine formelle, oder sie ist Bestimmtheit; es ist formell Allgemeines,
weil es die absolute Substantialität nicht an ihm selbst hat,
und seine Einzelnheit ist darum nicht die Substanz, sondern
die Bestimmtheit, aber als eine allgemeine, d. i. als die Vollständigkeit der Bestimmtheit; die Substanz würde die Totalität derselben sein; was die Elemente als freie Elemente / sind; 10
diese ihre Freiheit aber ist fürs Ganze, für den absoluten Prozeß das Moment der formalen Allgemeinheit, in welchem er
Eins der Elemente ist. Diese Einzelnheit der Elemente also,
die Bestimmtheit ist negativ, so daß sie ihre entgegengesetzte
von sich ausschließt; und so existierend, oder als [an] der absoluten Substanz seiend, die dies nur ist als Idealität, oder als
diese Einzelnheit der Elemente, ist die Substanz selbst eine
absolut vielfache Substanz; sie ist dies durch sich selbst als
absolute Substanz, denn ihre Unendlichkeit, oder ihr Ichsein,
ist ihr absolutes Selbsterkennen, oder dies, daß sie nicht im 20
Entgegengesetzten sich selbstgleich ist, sondern das [sie] in
ihm, für sich sich selbstgleich ist; oder als unendlich sich
selbst Moment, Allgemeines ist, welches als Unendliches, als
Substanz oder Individualität, außer sich selbst ist. Diese Umkehrung, oder absolute Wendung, worin die Erde, als ganze
Substanz sich ein Anderes ist, ist unmittelbar die Idealität
der Elemente, der absolut einfache Mittelpunkt, der negativ
als solcher an sich das Nichts, also als reell außer sich, ein
Anderes ist. In diesem Außersichsein ist er wieder dasselbe,
was außer ihm ist; oder er bleibt Mittelpunkt, und der außer 30
sich seiende Mittelpunkt ist selbst ebenso sich gegenüber jener erste. Die Erde erkennt sich selbst als die absolute Vielheit dieser Mittelpunkte; aber diese absolute Vielheit, oder
daß die Substanz Moment ist, [ist] formale Allgemeinheit,
formelle Idealität; der Mittelpunkt, das Eins, das so außer
sich ist, ist ideell, Allgemeines, und das Eins im Allgemeinen
ist absolute Vielheit. Bis hieher ist zunächst die Erde im
Geist Werden gekommen; sie ist es an sich; dies daß sie es nur
an sich, nicht für sich ist, ist daß die Einzelnheit, das Eins
derselben, der Geist, erst in absoluter Vielheit ein Allgemei- 40

nes ist, daß ihr Außersichsein als Geist, was sie als Begriff des Geistes unmittelbar sein muß, an sich ist, und nicht für sich ist, oder daß das Einzelne der Erde als formale Allgemeinheit ist, nicht als Ideelles, nicht an ihm selbst als Aufgehobenes, wodurch sie also nicht absolut Allgemeines, nicht die Einheit der vielen solchen Begriffe des Geistes ist. Das Selbsterkennen der Erde ist also es nur für uns, oder die totale Substanz als vielfache ist nicht zugleich gesetzt als eine an sich selbst aufgehobene; die Allgemeinheit ist nicht in Wahrheit eins mit
10 dem Eins der Substanz; denn eins mit ihr ist sie als einzelne Substanz an ihr und für sich selbst aufgehoben.

Diese Einzelnheit des Körpers ist es, welche itzt erst dem idealen Momente der Gestalt, der Mechanik, Realität gibt. Die Bewegung, die dort als das Unendliche, außer dem Einfachen gesetzt wurde, hatte keinen Halt, keine Substanz; die selbständige himmlische Bewegung hat sich einen Punkt der Einheit, und eine außer / sich seiende Allgemeinheit gebildet; sie selbst ist sich Moment geworden, aber die Realität, oder dasjenige, dessen Moment sie ist, ist es, was noch nicht war;
20 sie ist eine Abstraktion, ein Gedankending. Erst indem die absolute Erde sich zu einer Vielheit Einzelner macht, ist dieses Allgemeinheit, das sich zum Punkte wird, den sie von sich abtrennt, und aus seiner Abtrennung ebenso absolut zurückruft, d. h. es ist die Bewegung des Einzelnen gegen das Allgemeine reell; das Einzelne ist die Substanz, welche sich bewegt, oder die Realität der Bewegung, welche außer dem Allgemeinen ist; aber indem diese Substanz nicht auch Absolutallgemeines ist, so bewegt sie sich nicht aus sich selbst, sondern immer noch durch ein Anderes; denn sie denkt sich
30 nicht, oder sie ist nicht die Einheit ihrer selbst als eines Individuellen und eines Allgemeinen; so daß diese beiden als Unterschiedene an ihr existierten, und zugleich aufgehoben, sie als diese einzelne, als Eins verdoppelt und entgegengesetzt, und diese Entgegensetzung an sich ideell wäre.

Die Erde nun ist diese Vielheit der einzelnen Substanzen, deren jede die ganze Erde, die Einheit und Idealität der Elemente ist; aber zugleich eine absolutbestimmte, oder die Elemente, indem sie an ihr als allgemeine sind, sind als bestimmte, und die einzelne Substanz drückt an sich das Element als
40 allgemeines, und nur irgend eine Bestimmtheit von ihm aus;

sie ist insofern gleichsam eine Sammlung verschiedener Bestimmtheiten, deren jede einem besondern Elemente angehört; sie ist aber zugleich allgemeine Bestimmtheit, welche
die einzelnen Bestimmtheiten der Elemente regiert, oder in
der die Elemente diese ihre Bestimmtheit des Seins haben.
Beides zusammen macht die Definition des einzelnen Körpers
aus. Die Erde aus ihrem Begriffe zum Einzelnen geworden,
ist zugleich an ihr selbst Allgemeines, das seine Besonderheit,
oder seinen Prozeß, die Elemente an ihr selbst so hat, daß sie
als Ganzheit der Erde, in ihrer Form existiert, oder die einzel- 10
ne Erde, die absolute Individualität ist umgekehrt auch Allgemeines, das sich konstruiert, oder einteilt. Ihre Einteilung
ist der entgegengesetzte Gang ihres Herabsteigens von dem
Begriffe durch den Prozeß zur Individualität, das Heraufstei-
gen dieser zur Allgemeinheit. Als Formalallgemeines teilt sie
sich zunächst so ein, daß ihre Momente Teile, d. i. an ihnen
selbst die ganze Erde sind, nicht wie die Elemente, die nur als
ihre ideellen Momente sich erwiesen. Aber die Bestimmtheit
dieser Teilung ist wieder nichts anderes, als die Bestimmtheiten der Elemente selbst; welche itzt auf eine andere Weise 20
ausgefüllt / werden, als vorhin, da die Erde nur ihr Begriff, ∗
nämlich der Prozeß war; hier waren sie als Substanzen auch
Prozesse; itzt in der Erde zu ihren Sinnen geworden, sind sie
selbst als diese Ganze Erde, welche jedes in seiner Bestimmtheit ausdrückt; die Eigenschaften sind Körper, deren jede alle
andern unter sich befaßt, oder sie sind reell Allgemeine, sie
sind Gattung; und die Bestimmtheit ist in der Definition des
einzelnen Körpers, sein wahrhaft Allgemeines, die bestimmte
Gattung; diese ist die Totalität ihrer selbst als eines Ideellen
und der Andern; oder sie ist negative Einheit; das Prinzip der 30
negativen Einheit der ErdSubstanz hat itzt diese Bestimmtheit; die negative Einheit ist sich selbst, in formeller Allgemeinheit, Moment, d. h. sie ist eine bestimmte; diese bestimmte negative Einheit bestimmt das Element ihrer Bestimmtheit, und die andern; die Bestimmtheit des Elements,
in der jedesmals die Erde ist, ist die Null, die Mitte, durch
welche hindurch die andern negativ, oder als allgemeine, vereinzelt werden; sie ist die Besonderheit der andern Elemente.
Das bestimmte Element ist das allgemeine, die andern durch
seine Bestimmtheit vereinzelnde; es ist an sich Absolutallge- 40

meines, und steht sich entgegen als Formalallgemeines in den vereinzelten Elementen; in diesen erweist es sich dadurch als absolut Allgemeines, daß sie so auseinandergeworfen, vollständig alle sind; insofern sie in formaler Einheit sind, ist das absolut Allgemeine eigentlich das Extrem der Einzelnheit, oder Substanz als Erde, und die Mitte ist hier eigentlich die Erde selbst, das absolut an sich Allgemeine; sie ist negative Einheit gegen diese Vielheit der Elemente, sie ideell in sich setzend, oder diese vielen [sind] ihr Formalallgemeines und
10 selbst Vereinzeltes, in dem Elemente der Gattung unter es subsumiert, indem sie nur Begriff ist, das GattungsElement aber gegen sie die Einzelnheit, die reale Substanz. Dieses ist aber auch bestimmtes Allgemeines, und insofern sie, die andern Elemente, selbst bestimmte; jenes das Extrem der Allgemeinheit; die Mitte seine Bestimmtheit, welche das Allgemeine für die andern, das sie Subsumierende ist. Es ist also hier die gedoppelte Richtung am Elemente vereinigt; es steigt in die Vereinzelung herunter durch seine Bestimmtheit, und ist die Vielheit der bestimmten Eigenschaften als bestimm-
20 ter; es steigt hinauf zur Allgemeinheit und ist die Totalität, die Vollständigkeit der Elemente; jenes durch die Mitte, als seine Bestimmtheit, dieses durch die Mitte, als den Begriff der Erde. Der / einzelne Körper [ist] für das Element das Extrem der Allgemeinheit, die in eins gebrachte Einzelnheit der durch das andre Extrem bestimmten Elemente. Das Ganze aber ist die Sphäre der Einteilung der Erde, daß sie ist, als Totalität, d. h. Begriff als Mitte, das Wesen des GattungsElements, so wie des einzelnen Körpers.

Die Erde als diese in Gattungen, welche die Bestimmtheiten der Elemente sind, ausgeteilte Totalität, wie sie vorhin die
* Metallität, Sprödigkeit und Neutralität an sich hatte, ist itzt metallisch, spröde und neutral, und wieder als eigentliche Erde die Einheit von diesen. Sie ist Metall, die einfache Gediegenheit und Einheit ihrer Elemente, ein Untrennbares nach den beiden Seiten der Sprödigkeit, und Neutralität, unfähig in sich weder zu brennen, d. h. an ihm selbst wahrhafte Flamme zu sein, in die ideellen Momente des Prozesses sich auseinanderzulegen, und zur Kohlensäure und dem Stickgase zu zerfallen, ebenso als in die differenten der Neutralität sich aufzu-
40 lösen oder in solche, die für sich zu sein, als physische Körper

zu sein vermögen. Es ist Einheit der Schwere und Farbe, oder das Element des Prozesses ist auf die ideelle, einfache Weise, als das Synthetische des Lichts und der Finsternis an ihm gesetzt; die Farbe ist eigentlich seine Unendlichkeit, oder seine Kohäsion. Das edle Metall hat den Prozeß eigentlich nur als Feuer, als Begriff an sich. Das Feuer erhitzt dasselbe, hebt seine spezifische Schwere auf, sein Anderswerden ist nur dieses Aufheben im äußerlichen Flüssigwerden, da es an sich selbst absolut flüssig, die Sprödigkeit, das absolut Gestaltete an sich schon aufgehoben hat; und das an ihm selbst Anders- 10 werden sind seine Farbenwechsel, deren Kreis es zu durchlaufen pflegt. Aber der Prozeß ist auch nur dies reine Feuer an ihm, und das Metall kehrt unverändert aus ihm zurück; die Momente des Prozesses fixieren sich nicht, und seine beiden Verhältnisse, das Auseinandergehen in Momente, und das Aufheben, Ideellsetzen derselben ist ein und derselbe Verlauf.

Diese Gediegenheit der Erde schließt sich in das Spröde und Neutrale auseinander. Das Spröde, oder das Brennliche ist zunächst das Absolutindividuelle, das an sich selbst zum realen Feuer, zur Flamme wird, indem es als Reinindividuelles als 20 different, nur in absolutideellen Momenten ist. Auf der andern Seite, das Neutrale oder das Salz, zerfällt in Entgegengesetzte, welche obzwar wesentlich auch different, doch für sich mehr physikalische Natur haben, und eigene Körper sind.

Das Erdige selbst wieder als die Einheit dieser Abstraktionen hat sie auf eine formale / Weise an sich; die Metallität ist überhaupt formale Sichselbstgleichheit, wie auch am Spröden und Neutralen, welche bis zur Farblosigkeit, wenn sie rein ist, fortgeht, oder die Gestalt des Erdigen ganz aufgehoben hat. Das Spröde nämlich ist ebenso formell, nicht das Brennliche, 30 sondern das individuelle Vielgeteilte, oder Absolutunterbrochene, das Gegenteil des Durchsichtigen, es ist das Erdigte, Zerreibliche, an dem ebendeswegen auch das Metallische, als ein Trennbares, Verschwindendes, als besonderes Färbendes sein kann. Die Neutralität gehört der Erde mehr als solche an, indem [sie] das Zerfallen des Neutralen in solche ist, die für sich sind, oder wenigstens als die Kohlensäure selbst als chemisches Element selbst das Synthetische, Erdigte derselben ist.

Die Erden werden also ebenso jene Dreiheit bilden, der 40

Kiesel, das Metall der Erden, faßt, wenn er auch sonst neutral sei, diese Zerfallenden in einfache Einheit zusammen, und wird, indem er in seiner Gediegenheit nicht metallisch, sondern innerhalb des Erdigten ist, hiedurch selbst spröde; das an sich Spröde, das Verbrennliche, wie der Diamant ist, gehört nicht dem Kieselgeschlecht an, indem es nicht flüssig, sondern fest und gestaltet, seine Individualität in diese hohe Einheit, bis zur Durchsichtigkeit, bis zur Vertilgung aller Ungleichheit an sich, oder synthetischen Farbe zusammenge-
10 nommen und selbst bis zur Regelmäßigkeit des Bruchs, des Flächendurchgangs sich vereinfacht hat. Ob zwar durch seine Individualität nicht den Steinen angehörig, ist er gleichsam ein Mittelpunkt, der ebenso das Erdigte der Erde bis zur höchsten Einheit, der Brennlichkeit treibt, als er wieder auf der andern Seite ebendiese Sprödigkeit, wie die Naphte so sehr vernichtet, daß er nicht nur wie diese bloß durchsichtig, und flüssig, zur Gestaltlosigkeit fortgeht, sondern selbst das Kristallwasser gleichsam an ihm habend, die Individualität zu den Dimensionen der Gestalt, Winkeln, Flächen und Linien
20 auseinandertreibt, und die Sprödigkeit also durch die Gestalt vollkommen beherrscht.

Die Kieselgestalt ist neutral an ihr selbst, sie ist nur als das Kristallisationswasser in sich habend, und diese wenigstens ideelle Neutralität ebenso spröde, aber nach der Weise der Erdigkeit; die Neutralität ist als reines Kristallwasser die einfachste, / reinste; das Spröde ist im reinen Kiesel ebenso diese einfache Erdensprödigkeit; eine aufgeschlossenere geht mehr in die reelle Neutralität über; unter dem Neutralen, in das sie zerfällt, kann sie selbst das Metallische an sich haben,
30 und es bis zur Durchsichtigkeit vernichten.

Das tonigte oder eigentlich erdigte Geschlecht ist das Zerreibliche, das erdigte in Gestalt des Spröden, und darum die Gediegenheit nur als äußern Zusammenhang an sich habend; von ihr selbst aber als Reellem, oder Metallität gern durchzogen. Das aufgeschlossenere Tonigte scheint gleichsam in seinem Übergange zur Neutralität diese selbst in seiner Herrschaft zu behalten, und als Talkgeschlecht eine Art [von] reinem erdigten Salz zu bilden, das sich übrigens einfach bleibt, und das Synthetische nur als Farbe des Grüns an ihm zu haben.

40 Das neutrale aber ist das kalkigte Geschlecht, das, in sich

zerfallend, die Gediegenheit nur als Form an sich hat, bis zur farblosen Durchsichtigkeit; seine differenten Momente werden durch den Prozeß für sich bestehende physische Körper, aber sie sind zugleich an ihnen selbst wesentlich nur in Beziehung auf ihre entgegengesetzten; eine Säure und Kali, die sich für sich in diesem differenten Zustande nicht erhalten können, sondern an der Luft wenigstens sich zur Neutralität integrieren.

Diese mineralogischen Elemente sind die Einteilung der Erde, aber indem sie Teile sind, fallen sie auseinander; die Erde ist nur ihr Begriff, ihr Allgemeines; sie ist aber wesentlich ihre absolute Einheit, und das Sein der Erde kann nicht das Gesetz dieser Einteilung als Gesetz äußerlich machen, und ihre Existenz darnach sondern; denn dies Auseinandergehaltene der Bestimmtheiten ist gleichsam ein unwillkürliches Resultat für die Natur, die in ihrem Fortgehen, oder in ihrer Entwicklung nicht durch die Reinheit dieser Abstraktionen fortgeht, sondern sie sich gleichsam nur entfallen läßt, und in dem Prozesse ihrer Existenz als eines Ganzen nur oberflächlich ihrer Vermengung jene Bestimmtheit der Teilung aufdrückt, und an diesen nicht durchgegriffenen Momenten von der Bestimmtheit hie und da jene Teile rein ausbildet. Sonst aber sind sie nur in dem Prozesse verworrene Elemente; die Erde ist ihre Einheit, welche ihre Unterschiede verwischt, und als die Ganze Einheit derselben zwar eben die Momente in ihrem Prozesse durchgeht, aber so, daß die ganze gemengte Masse nur oberflächlich die Charaktere derselben aufgedrückt hat, und sie sich nur in einzelnen Massen zu der Reinheit jener Bestimmtheit erhebt. Die ganze in eins / gemengte Erde muß sich auch in dem Prozesse ihrer Gestaltung darbieten, denn in ihrer Einteilung ist sie nur ihr Begriff. Die Erde in ihrer Geschichte oder als existierend muß dieses Ganzsein und ihre Einteilung in ihr aufgehoben haben, und nur als dieses Aufgehobensein derselben existieren. Das Verhältnis der Teile zur Erde ist nicht diese oberflächliche Einheit, daß sie das Wesen derselben, sondern daß sie das Eins derselben als unterschiedener sei, und indem sie als Element der Einzelnheit nur bis zur Vervielfältigung der Einzelnheit, nicht zu ihrer Wiederzurücknahme in die absolute Allgemeinheit fortgehen kann, so ist sie als Totalität nicht die dem Begriffe gleiche

Einfachheit ihrer Teile, sondern das Gemengtsein derselben,
und ihre Einfachheit ist eine Abstraktion von den übrigen,
oder eine untrennbare, welche die Teile nicht als solche an
sich hat; ihre Einfachheit ist die Idealität des Moments, der
nicht an ihm selbst die Totalität des Ganzen, sondern nur
sein Begriff in einer Bestimmtheit ist. Die existierende Einfachheit hat nur in dem Sinne einer Abstraktion statt, und
einfache Erden, Metalle u.s.w. sind vielmehr das Gegenteil
eines Grundes, sondern sie sind Elemente, deren Grund der
10 Begriff der Erde, und sie die Momente desselben als eines
realen sind. Der Prozeß der Erde als der Totalität dieser Elemente ist der Prozeß ihrer Gestalt, und ebendarin ein Prozeß
ihres sich auf sich selbst Beziehens, oder ihrer Ruhe. Die Erde als diese Totalität ist der existierende Geist, aber der es
nicht für sich selbst, und also nicht an sich Geist ist, sondern
nur für uns es [ist], oder das Anderssein des Geistes. Dieser
Geist als Begriff ist darum nur die Beschreibung dieses Geistes, nur eine Gestalt, welche sich nicht ein Anderes wird und
aus diesem in sich zurückkehrt, und zwar so, daß ihr Begriff
20 und ihr Anderssein und das Zurückkehren sich unterscheiden, und in ihrer Unterscheidung sich aufheben; sondern als
Einheit dieser Totalität ist die Erde ein Vermischtes; als Einfachheit der der Totalität entgegengesetzte Begriff, als exi-
stierender Begriff eine Abstraktion; als Moment ihres Kreislaufes ist die Erde sich ein Erstarrtes, aus dem Prozesse schon
Hergekommenes; sie ist in diesem Momente selbst reell das
Ganze, das den Charakter der Bestimmtheit sich aufgedrückt
hat; aber eine Bestimmtheit, die an ihr dauert, der Zeit sich
entzogen hat, und ohne die Existenz dieser negativen Einheit
30 ist, in welcher die Erde sich als Ganzes ideelles Moment ein
Absolutallgemeines, in seinem Sein an sich Aufgehobenes
wäre. Diese Dauer der Momente, das Aufgehobensein der Zeit,
ist die formale Allgemeinheit, in welcher die Erde existiert
als solche; sie ist sich absolutselbstgleiche Totalität, welche
zwar als / diese Totalität die Momente ausfüllt, aber so daß
sie nicht als Momente ideelle für die Erde sind. Die formellste
Macht, oder negative des Einzelnen, als eines solchen, wie es
das Element der Erde, nicht Geist ist, wäre die Zeit, welche
als Zeit das himmlische System regiert; die Macht der Erde,
40 oder die irdische Zeit ist das Feuer; und das Regierende, oder

der Begriff des Prozesses der Erde selbst. Aber dieser Prozeß
als sich Selbstgleiches ist dem Prozesse als solchem, der Darstellung der Unendlichkeit, die nur als absolute Ungleichheit
existiert, entgegengesetzt; weil die Erde nicht als Geist existiert; oder diese beiden, die absolute Sichselbstgleichheit und
die Bewegung, selbst auseinanderfallen, oder sie nicht absolute Allgemeinheit ist. Die Erde also als diese Totalität stellt
nur das Bild des Prozesses, ohne den Prozeß selbst dar; das
Feuer desselben ist verloschen, und die Zeit hat keine Macht
über die Gebilde, als die allgemeine äußere, welche sie über
das Einzelne als solches hat, aber nicht über sie als allgemeine,
denn ihre Allgemeinheit ist die indifferente. Der lebendige
Prozeß der Erde als solcher, ist nur in ihren Elementen, die
nicht ihre Totalität selbst sind; derselbe, als Totalität der Momente, ist ein höherer; aber die Erde muß an ihr selbst diese
Darstellung der Momente als ihrer Totalität haben, obzwar als
der Bewegung des Prozesses selbst entgegen, und rein nur sich
selbst erhaltend. Dieses Selbsterhalten ist aber als sich auf
sich beziehender Prozeß der Prozeß der Elemente, aber als
das allgemeine Leben der Erde, das die gewordene Erde, allgemein durchdringt, und ihre Substanz oder Seele ist, aber als
eine gleichsam nur vorstellende Seele, deren Inhalt ihr ein
schlechthin gegebener wäre, über welchen sie nichts vermöch-
te. Der Prozeß selbst ist also für diesen Inhalt eine Vergangenheit; ihn durch die Zeit zu beleben, und die Momente
seines Bildes als eine Folge vorstellen, greift nicht in den Inhalt derselben selbst ein, denn die Zeit ist der ganz leere Prozeß, eine Abstraktion desselben, für welche die realen Momente desselben etwas absolut Besonderes sind, ein Inhalt, der
nicht die Idee der Zeit selbst ist. Die Gegliederung des Bildes
in die Zeit setzen, bringt vielmehr nur den falschen Schein des
Begreifens herein, indem das Entstehen, und das Nacheinander der Folge eine Beziehung zwar setzt, aber eine absolut
beziehungslose; indem das so in der Zeit sich Beziehende gerade nicht durch seinen Inhalt, nicht durch das, was es ist,
sondern auf eine ganz leere Weise sich bezieht, der Inhalt in
diesem Beziehen das absolut Gleichgültige, er also an ihm
selbst nicht als bezogener ist. /

Die Bestimmtheit also, in welcher das Bild dieser Totalität
ist, ist nur ein Bild, nicht als Prozeß selbst zu existieren, in

welchem die Momente ebenso das Verschwinden und Entstehen an sich haben als das Bestehen, es ist nicht ihr Nichts an ihnen; und jedes Moment ist die Totalität der Erde, an welcher sie als Begriff dieses Moments nicht existiert, sondern dies Hinaufsteigen aus ihrer ganzen Substantialität durch das Besonderheitsein derselben zum Begriffe als getrennte Momente auseinanderlegt. Die Besonderheit der Erde ist es, zu welcher wir in dem Bilde dieses Prozesses von dem Begriffe oder den Elementen herabsteigen, und die Substantialität der
10 Erde so als ihre seiende Totalität erkennen; denn sie ist dies nur, indem sie in den Elementen als dem Begriffe sich zur Besonderheit ausdehnt, und die Einheit dieses Besondern ist, das selbst nicht jener Begriff, sondern als Mitte der Begriff an dem Ganzen ist.

Dieser prozeßlose Prozeß, oder das organische Bild der Erde, kann in seinen Momenten nichts anders als die Individualität, die Erde als einzelne darstellen, wie sie sich zum Allgemeinen fortbildet. Ihre Individualität ist, wie gezeigt, die bewegungslose, welche die Momente der Totalität als Teile, als
20 auseinanderfallend, an sich darstellt; so die Erde als ganze Individualität, so dieselbe, als Begriff der Individualität gegen sich selbst als Ganzes.

Dieses Individuelle hebt sich aus dem formell Allgemeinen als ein Besonderes, aus der ununterschiedenen Oberfläche als ein Unterschiedenes, als der Kern eines Gebirges hervor. Dies Individuelle ist das Ganze in getrennten Teilen; die einfache, die Sprödigkeit sowie die Neutralität in sich vertilgende Erde, als denn das Unendliche, die Mitte, welche für sich in die Extreme der Abstraktion die ideellen Momente zu zerreißen
30 fähig ist, endlich die dritte, die formell allgemeine Erde, als das Moment der realen Besonderheit, das als Besonderes ein Geteiltes sein würde, geteilt in das Spröde und Neutrale, aber hier als Formellallgemeines existiert, und darum beide in sich zugleich zusammengenommen hat, und also mehr nach der Seite der Sprödigkeit geneigt ist, und darum mit der Weise, in der die Mitte existiert, näher zusammentrifft, aber darum in der Gestalt, so wie in der Realität, oder der Entwicklung sich unterscheidet. Das erste ist daher das Durchsichtige, das andere, als absolutes Entwicklungsprinzip, das Schwarze, und
40 das dritte, als ebenfalls die Indifferenz der Farbe wie die an-

dern, aber die positive, das Weiße; das erste Quarz, / das andere Glimmer, das dritte Feldspath, das Ganze derselben der Granit. Dieser Kern der sich bildenden Erde, oder der unmittelbare Begriff der Individualität, erhebt sich nach der Seite der Gestalt zum Allgemeinen, von seiner Körnigkeit aus durch die Fläche zur Punktualität, welche ebensosehr absolute Kontinuität ist, nach der Seite seines realen Seins, von der Trennung der Momente, die als Teile sind, zu der absoluten Vermischung derselben. Wie für die Gestalt die Entwicklung das Fortbilden nach den entgegengesetzten Seiten des Zusammenziehens des Körnigten in den Punkt, das absolut Unterbrochene, und des Aufhebens seiner absoluten Unterbrechung in der absoluten Kontinuität ist, so ist ebenso die Entwicklung des Inhalts die entgegengesetzte, der Bildung der Teile des Granits zu ihrer Vermengung, so wie zum Auseinanderfallen der Abstraktionen dieses Inhalts. Das Individuelle des Granits wird zum Absolutallgemeinen nur dadurch, daß es nicht die Individualität als ein Ideelles in der Allgemeinheit aufhebt, sondern sie selbst in ihr erhält, und sie darein aufnimmt; und die formale Allgemeinheit, welche das Individuelle als Begriff an sich hat, ebenso zur Individualität herabsteigen läßt, als es seine Individualität in die Allgemeinheit erhebt. In dem Kreise der Rückkehr in sich selbst ist das Moment der Differenz, die Fläche von Seiten der Gestalt, ebensowohl die aufgehobene Körnigkeit, oder Körperlichkeit der Teile, das Zusammennehmen derselben, als die Form noch nicht der innern Punktualität gleich ist, oder der Übergang zur Kontinuität; indem es ein Aufheben der körnigten Unterbrechung ist; dieses Moment ist in Ansehung des Inhalts ebenso ein Aufheben des Fürsichseins der Teile, der Konstruktion des Begriffes, und die Vermengung derselben, oder das Aufheben der getrennten Besonderheit, oder formalen Allgemeinheit, als sie die Wurzel der Wiederherstellung derselben ist, indem aus dieser Vermengung unmittelbar das Mannigfaltige wieder hervorblüht, als Abstraktion, indem sie das Aufheben der Allgemeinheit, des ein Ganzes Sein ist. Der Granit als die Totalität der Momente wird vermengt, d. h. einesteils er wird als Totalität aufgehoben, und hieraus gehen die Abstraktionen, die Begriffe der Mineralien hervor; er wird aber auch als seine Momente aufgehoben, und hieraus geht das Vermengte heraus. Als Gestalt wird seine Körnigkeit verflächt, hieraus geht ebensowohl der Punkt, als die Dichtigkeit, / das absolute Unterbrechen, und der absolute Zusammenhang hervor. Dies Hervorgegangene ist die Einheit von beidem, die wahrhafte Totalität.

Die Körnigkeit des Granits schließt sich in die Differenz der Fläche auf, oder schränkt sich in dieselbe ein; der Glimmer als die Mitte seiner Momente, oder die differente Seite, setzt das Ganze des Granits unter die Herrschaft seiner Flächengestalt, und macht sie zum Übergreifenden, und verwischt hiemit die Körnigkeit. Die verborgenen Schichtungen des Granits, über welche das Körnigte dominiert, werden zum Bestimmenden der ganzen äußeren Gestalt, und die körnigte Kerngestalt verschwindet.

Diese Vertilgung seiner Mannigfaltigkeit ist zugleich unmittelbar ein Übergehen durch den Gneuß und Glimmerschiefer, überhaupt zunächst ohne große Veränderung der Teile, als in Ansehung ihres Gestaltverhältnisses, das zunächst als äußerliches vorschneller ist, vor der Veränderung der Masse selbst.

Der Kern der Masse, der Granit geht in eine Rinde von Gneuß, Glimmerschiefer aus; aber der Glimmer ist das, was als das Unendliche unmittelbar an sich die Veränderung hat, und in Hornblende, eine bestimmtere Tonform, die aber dem Einfachneutralen des Salzigten, nämlich dem Talke zugeht, und in Serpentin einerseits die vertilgte Körnigkeit, und in der Austrocknung zu Asbest die Fläche zur Linie der Faser forttreibt. Ebenso aber fängt der Glimmer vorzüglich an, sich in die Abstraktion der Metallität aufzutun, und zunächst, als das Metall, das am unmittelbarsten aus der Erde geboren [ist], und in seiner metallischen Kontinuität selbst die Differenz der Verflächung an sich trägt, als Eisen durchaus verbreitet, wenn es auch nur als Farbe ist, und so zur hervortretenden Kontinuität wird. Wie der Glimmer einerseits zur Kontinuität wird, so hat er in der Fortbildung der Hornblende seine Entwicklung als ein besonderes Fürsichseiendes gehabt, das zur Einzelnheit an sich herabgestiegen, und als Individuelles überhaupt abstrahiert davon, daß es Mitte ist, seinen Prozeß und Realität gehabt. Aber der Glimmer ist nicht nur die Seite der Unendlichkeit als Kontinuität, sondern als Gegensatz, und sie

entwickelt einerseits die Neutralität des Feldspaths, sowie sie
andererseits die Abstraktion des Kiesels auf/hebt. Das Ganze
wird einerseits zum Porphyr, indem der Glimmer als Farbe
die Masse durchdringt, und die entgegengesetzte Kristallisation des Feldspaths und des Quarzes als solche noch ausgedrückt läßt, aber sie nur als Gemengteile einer tonigten Masse
in diese aufnimmt; auf der andern Seite indem er nicht als
Farbe, als unmächtige Kontinuität, sondern als selbständige
negative Einheit die Extreme in sich vermischt, hiedurch für
sich selbst ist, aus der Hornblende hervorgeht, aber in der   10
Vermischung selbst die absolute Kontinuität des Punktuellen
ist, und dem Porphyr die Trappformation entgegensetzt, welche beide mit dem Granit wieder ebendiese Dreiheit ausmachen, die er für sich hatte, indem er sich in die Extreme der
Herrschaft des Tonigten [und] Spröden, in den Porphyr
[teilt], welches Spröde ebendarum den Quarz und Feldspath
selbst noch neben sich als bestehend hat, und alle zusammen
in der bloß formalen Kontinuität stehen; diese zwei in der
Masse des Tonigten; dieses selbst sie nur als Farbe und Zusammenhang des Punktuellen hat; — [wird es] zur Herrschaft 20
des Neutralen, aber selbst Einfachen, das als Neutralität die
GranitMomente ideell gesetzt, sie als bestehend ganz aufgehoben hat, aber selbst noch einfach die Neutralität selbst in
der Form der Sprödigkeit, aber einer absoluttonigten, und die
Kontinuität als negative Farblosigkeit des Schwarzen, die in
die neutrale des Grün spielt, an sich hat.

Im Gneuß und Glimmerschiefer, so wie überhaupt in dem
sich verflächenden Granit, ist die Fläche nur das oberflächliche, nicht das die Masse selbst durchdringende Negative;
der zum Porphyr und Trapp ausgebildete Granit aber ist es als 30
durchgedrungenes, die Fläche realisierendes, welche itzt dieser ganzen dem Granit untergeordneten Formation, die innerhalb seiner stehen bleibt und die Entwicklung noch unter
sich befaßt, gegenübertritt.

Die eigentliche selbständige Flächenformation hat die Teile des Granits aufgehoben und seine Körperlichkeit, und ist
die einfache Einheit desselben; darum das Moment der Differenz, die aufgehobene Individualität, und darum ihre Zer-
streuung ihrer Momente in Begriffe, denn die Vereinfachung
muß zugleich als Totalität existieren, und sie kann dies nur, 40

indem sie als einfache Totalität ist, die Momente derselben aus sich ausschließt, und sie als Selbständigkeit neben sich hat.
* Hier treten dann die obigen Begriffe der Erde frei hervor, oder sie haben hier ihre reale Existenz. / Der Glimmer selbst als die freigewordene Mitte breitet sich im Schiefer aus, der die verflächte Einfachheit des Granits ist, nicht aus Glimmer besteht, sondern die Vermischung der Momente des Granits ist. Als die Mitte, die sich in ihm verselbständigt, hat er die Metallität, Sprödigkeit und Neutralität an sich; zuerst ist er
10 die negative Einheit, das Spröde, Punktuelle in sich; dies ist seine wesentliche Bestimmtheit; aber dieser unmittelbar entgegengesetzt, die Metallität; und die Neutralität nur Neutralität des Spröden und Metallischen. Der Schiefer als spröde durchläuft alle Stufen von der bloßen Erdigkeit an zur Verbrennlichkeit der Steinkohle; so wie er auch die Metallität zunächst neutralisiert mit dem Verbrennlichen als Schwefel, und unter dieser Vererzung zuerst das Eisen an sich hat. Seine Form als Erdigkeit aber, das Prinzip, von dem er ausgeht, ist ein zu Sand gewordener Granit, die Grauwacke, welche
20 den körnigten Kern noch in dieser Formation repräsentiert. Beide sind die Hauptlagerstätte der Erze, die sich aber ebenso zurück, in die verflächte unmittelbare Granitformation, den Gneuß, den Porphyr u.s.f., so wie auch vorwärts verbreiten.

Die Metalle fangen notwendig in ihrem Vorkommen von dem Durchdringen des Gesteins, als Farbe, Selbständiger, von dem Eingesprengtsein an, als zur Metallität geläuterter Glimmer; aber von Nestern, Nieren, und dergleichen, der Weise der beginnenden Selbständigkeit sich herausbildender Gesteine, gehen sie zur Existenz als eigener, mit den andern Schichtun-
30 gen bald gleichgeschichteter, vorzüglich aber sie durchschneidender Flächen, welche die der allgemeinen Verflächung entgegengesetzte und die reine Ausbildung dessen [sind], was im Schiefer in eins gemischt ist; der mit der Metallität des Eisens versetzte Schiefer, vom Eisen anfangend, reinigt sich durch die Erze des Braunsteins, Kobalds zu den Blei-, Zink- und Silbererzen; und wie hier das Metallische und Spröde, das letztere als Schwefel, oder als Oxydation überhaupt, und jenes so neutralisiert, oder auch bis zur Reinheit fortgehend, sich herausbildet, so auf der andern Seite der reine Kiesel, und / Kalk-
40 spath; es ist der zu den Begriffen seiner Momente emporge-

hobene Granit; dessen Quarz, selbst in ihm schon das Moment der erdigten Einfachheit, auch hier die wenigste Veränderung erleidet, der Feldspath aber sein neutrales Prinzip vollkommen entwickelt, und der Glimmer, als selbst das unendliche Moment, überhaupt die Form dieser vereinzelten Entwicklung ist, für sich aber zum einfachen Begriffe des Metalles und Erzes sich herausgehoben hat.

Der Schiefer, so der zu seinem einfachen Begriffe und zur Ausbildung seiner Momente gelangte Granit, ist als dieses Ganze selbst wieder das Moment des Ganzen, der Begriff, außer den seine ausgebildeten Momente fallen, die als Kalk- und Basaltformation, jene die Neutralität, diese die einfache Verbrennlichkeit in ihren Abstraktionen darstellen. Wie der Schiefer der Gestalt nach als Fläche sich in sich aufschließt, so die Neutralität des Kalkes ebenso, wenn sie zu der reinen Form der sie beherrschenden Flächenform gelangt, sonst aber [ist der Kalk] um seiner Neutralität willen das ununterbrochenste, gleichförmigste Gestein, das sich nur in der Vernichtung der Punktualität auf eine höhere Weise aufschließen kann. Hingegen die Kontinuität des Basalts ist von der Punktualität des Verbrennlichen bestimmt, und als Abstraktion, der die Differenz der Neutralität mangelt, als Basalt und als Mandelstein vorzüglich, nur einer körnigten Unterbrechung, und dieser einer mannigfaltigen kieseligen und kalkigten Körnung fähig.

Das Ganze dieser Differenz ist wieder das Bild des Granit, der Glimmer, als ausgebildeter Schiefer; der Kiesel ist als rein Einfaches, sich als solcher nicht Aufschließendes, als Charakterisierendes verschwunden, der Feldspath aber hat sich in die Neutralität des Kalkes herausgebildet, und der Basalt ist der Rückgang der aufgeschlossenen Unendlichkeit des Schiefers in die einfache Form des einfachen Verbrennlichen oder Spröden. Die ganze Sphäre ist überhaupt die Herrschaft des Erdigten, oder Spröden; in der der Kalk deswegen als Moment in der Totalität zwar auftritt, aber als Gegensatz gegen die Schieferformation, die als dieses Ganze im Basalte in sich zurückgeht, und die Körnigkeit des Granits als eine mannigfaltige aufgehoben, zugleich auch diese Aufhebung von der Flächenform und dem Aufgeschlossensein des Schiefers befreit hat.

Der Basalt ist der Wendungspunkt, auf welchem der Begriff der Individualität zur Allgemeinheit übergeht, und indem sich hier die Individualität auf absolute Weise realisiert, in vollkommene Zufälligkeit und Willkür übergeht, und in dieser Unbestimmtheit an ihm selbst der Boden des Organischen wird. /

Die Basaltische Vermengung oder Einfachheit löst sich itzt auf einer Seite ebenso vollkommen auf, als sie in dieser Auflösung sich vermengt, und auf eine Grenze kommt, an der die

10 Einzelnheit der Erde, als ein rein Gemengtes, unmittelbar eine höhere es zusammenhaltende Einheit erhält; so wie es auf dieser Grenze beides, die Vermengung und diese Einheit, in sich vereinigend, schon über sich hinausgetreten ist, und an ihm selbst auf eine andere Weise existierend, indem vorhin die Einheit eine abstrakte der Verbrennlichkeit, Neutralität, oder Metallität war, hier aber sie als getrennt, in der Vermengung doch in einer einfachen Einheit sie zusammenhaltend, das Prinzip der Erde als solcher überschritten hat, Totalität ist, aber ein anderes als ihr Begriff.

20 Die drei Momente, die Mitte des Glimmers, Feldspath und Quarz lösen sich hier in das Formlose auf. Der zum Schiefer gewordene Glimmer wird hier, in die basaltische Einheit zurückgekommen, itzt aus ihr herkommend, ebenso zum aufgeschlossenen Schiefer, aber seine innere organische Teilung, die in die Gangverflächung und in ihr sich entfaltende Totalität sich spaltende Verflächung des Ganzen hört auf; er läßt die Momente der Neutralität und der einfachen Erdigkeit rein aus sich hinaus fallen und ist in eins die negative Mitte, die Sprödigkeit oder Verbrennlichkeit, welche mit der Metallität

30 und Neutralität sich zusammenhält, die einfache Abstraktion, und die Unendlichkeit in der einfachen Form als Verbrennlichkeit, und das Entgegengesetzte der Kalkigkeit in sich verbindend. Der Quarz frei geworden, und aus seiner Einfachheit zugleich durch die Negativität, das Prinzip der Einzelnheit durchgegangen, sich als sogenanntes Konglomerat, soweit seine Natur es zuläßt, sich in sich teilend, und körnend, bis er diese Körnigkeit gänzlich zum Sande auflöst, wird zum Sande; so wie der Kalk überhaupt an sich sich mehr vereinzelt.

Jener verbrennliche metallische und neutrale Ton-, Stein-

40 kohlen- und bituminöser Mergelschiefer, nach beiden Seiten

die gewaltigen Sand- und Kalkmassen ausschickend, sinkt
noch tiefer herab, indem er sich zu seinem Begriffe der Erdigkeit überhaupt erhebt, und Tonlagerung wird, welche das
Verbrennliche, als die bindende / Mitte, in ihrer Auflösung
ganz zurückläßt, und nur das Neutrale zum Entgegengesetzten hat, ein Neutrales, das, indem die reine Erdigkeit auf eine
Seite getreten, ebenso zur neutralen Abstraktion, zum Salze
wird, das der Ton, wie es im allgemeinen Prozesse der Erde
produziert wird, so als die zu ihrem Begriffe gewordene Erde
aus sich erzeugt; das Verbrennliche, als das allgemeine bele- 10
bende Feuer seines Prozesses in sich habend, ebenso zum Begriffe zurückgetreten. Wie hier das Neutrale seine Erzeugung
hat, ebenso das Verbrennliche im Torfe, der wie jenes als neutrales nur aus dem Bilde des Prozesses zum Prozesse selbst
fortgeht, aber zum Erdenprozeß als solchem; so hat dieses, da
es das Verbrennliche ist, einen höhern organischen Prozeß unmittelbar an [sich], die Steinkohle wird hier lebendig, und das
Verbrennliche, und mit ihm das Einfache des Metallischen,
im Sumpferz, erzeugt sich hier, indem es unmittelbar seinen
Begriff überschreitet; bis es endlich als die Vermengung des 20
Mergels, Leimens, Dammerde einen ganz andern Prozeß in
sich empfangen hat.

Indem diese Bildungen der Erdindividualität ihre Momente,
als ein vergangenes Werden, in der Form der Indifferenz, nebeneinander gleichgültig darstellen, so fällt zunächst ihre differente Beziehung aufeinander als Prozeß hinweg, die differente Beziehung ist vielmehr das paralysierte; durch die Natur, Momente oder Begriffe zu sein, sind sie von einander abgeschnitten, und ebenso mangelt ihnen die ideale Einheit der
Begriffe, die Vermischung derselben im Prozesse. Jenes Ab- 30
geschnittensein läßt ihre Einheit nur als eine synthetische
Einheit, als eine Vermengung, eine bloß äußerliche Verbindung zu, welche von ihrer absoluten Beziehung nichts darstellt. Aber diese, der Grund der Lagerung und der äußerlichen Weise ihrer Existenz muß zugleich erscheinen und vorhanden sein an dem Getrennten selbst, weil die Natur nicht
als reiner Begriff existiert, sondern in der Gleichgültigkeit der
Momente die Grenze, das Negative derselben als ein Positives,
ebenso gegen das Begrenzte Gleichgültiges, und selbst als ein
solches Existierendes [ist]. Diese Grenze als existierende Ein- 40

heit beider ist ihr Übergehen in einander, die Vermischung
des Abgeschnittenseins des Begriffes. Dies Übergehen ist das
Verschwinden der einen Form, oder daß ihre entgegengesetzte in ihr selbst schon erscheint. Die Art des Übergehens ist
aber als Grenze zugleich nicht die Äußerlichkeit der Vermengung der entgegengesetzten, das quantitative Vermindern des
einen und Vermehren des andern, sondern ein selbständiges
Bilden, oder Formänderung. Das in ein Anderes übergehende
Gestein nimmt seine Kontinuität zusammen, und unterbricht
10 sie, oder läßt seine / an ihm selbst verstecktere Unterbrechung bemerkbarer in die Existenz treten; das Vermehren
seines Unterbrechens ist als Unterbrechen nicht ein quantitatives, sondern ein qualitatives; es formt sich in Kugeln, oder
Flächen, Trümchen, Fäden oder die Nieren, das Mittelding
von beiden; je nachdem es aus der körnigten-, oder Flächenform übergeht. Dieses Übergehen, vermischt mit der Vermengung, ist zugleich bestimmt in ihren Gebilden davon unterschieden; aber es selbst hat auch seine Grenze; so wie es zuerst das Mechanische des Vermengens verwirrt, so wird es
20 selbst durch den Begriff aus dem Vermengen ganz herausgehen, und durch seine Indifferenz, oder für sich Bestehen,
tritt zwischen es und das von ihm Begrenzte nicht ins unendliche wieder solche neue Grenze, denn diese Unendlichkeit
der Vermittlung ist die schlechte formelle, in welcher die absolute nicht gegenwärtig wäre, die es aber ebenso in der Individualität der Natur sein muß. Die Entgegengesetzten erscheinen darum ebenso scharf abgeschnitten, als sie auch übergehend scheinen; und wie dieses letztere existiert, so auch als
absolutgeschieden, oder nur als vermengt, und rein äußerlich
30 zusammenhängend; die Einheit ebenso verborgen, als seiend;
zusammengesetzt, und eine positive Grenze, und auch rein
abgeschieden.

Die positive Grenze oder der Übergang, indem er die Einheit der entgegengesetzten hier auseinanderfallenden Momente ist, hebt eigentlich unmittelbar die Weise auf, in welcher
das prozeßlose Bild der Erde ist, und er entfernt sich hievon
um so mehr, je mehr die entgegengesetzten, deren Einheit er
ist, absolut entgegengesetzte Begriffe für einander sind, und
die Einheit also ebenso sehr negative als allgemeine Einheit.
40 Solche Grenzen schon sind unmittelbar organische Gebilde,

und der Sitz der Versteinungen, deren Ursprung nicht aus
einem Tiere, das gelebt hat, sondern dessen Leben ein absolut vergangenes ist, auch daran sich darstellt, daß die Form
ganz zwischen der unorganischen, den abstrakten Dimensionen des Raums, und der organischen Gleichheit der Einteilung und Gleichmäßigkeit der Übergänge schwankt. Die letzte Grenze vor der vorhin angezeigten, welche schon in den
Prozeß selbst übergeht, ist diejenige, steht jenseits desselben,
und hat den organischen Prozeß auf diese Weise als eine Vergangenheit. Der Kalk Ton u.s.f., welche der Bestimmtheit der
individuellen Lagerung entgangen, und schon jener / der Ba-
saltischen Einheit, mehr der Vermengung sich nähern, der
Kalk ebendarum das gegenteilige Prinzip der Neutralität, die
negative Einheit, der Schiefer dagegen die Neutralität in sich
empfängt.

Der Vergangene Prozeß der Erde, oder ihr Bild als einer
ganzen Individualität geht an dieser Grenze, indem es zu seinem Begriff zurückkehrt, über sich hinaus, indem dieser hier
als solcher existiert, seinen Momenten als für sich seienden
als für sich seiend gegenübertritt.

Die Erde, den Prozeß auf diese Weise als Ruhe in der Form
der Indifferenz an sich habend, ist als diese Totalität die Realität des einzelnen Körpers; er ist als Erde überhaupt diese
Totalität selbst seinem Wesen nach; aber indem diese Totalität als Totalität der Ganzen Erde ist, so ist sie als existierende
Totalität außer dem einzelnen Körper; alle Momente der Totalität sind in der Gleichgültigkeit des Bestehens, und die Einzelnheit ist nur als Punkt der Substantialität, aber als erfüllter, welcher nur seinem Wesen, nicht seiner Existenz nach
Totalität ist, denn diese ist nur als das Allgemeine der Erde,
als Element der Einzelnheit, nicht als Einzelnheit selbst, d.h.
welcher die Totalität selbst wieder ein Äußerliches, Anderes,
Moment geworden wäre; unmittelbar aber indem die Erde
sich in ihrem Ausbreiten der Momente reell ist, oder als ganze Erde selbst in jedem Momente ist, und dieser als absolute
Substantialität ist, ist er seinem Wesen nach die Totalität,
aber nicht an ihm selbst, sie ist nur sein Inneres, oder was dasselbe ist, sein Äußerliches; und die Erde ist hiemit als der Begriff ihrer Totalität sich als Realität ein Anderes geworden,
und das Einzelne ist als die Realität des Bestehens, als Sub-

stanz, das, was die Totalität nur seinem Begriffe nach an ihm
hat, als reale Totalität aber außer sich; welche nicht die Gleichgültigkeit der Elemente ist, ihr Fürsichsein, — die Form der
Totalität, insofern sie der Erde, als dem Begriffe, der negativen Einheit derselben, als Individualität, entgegen ist; sondern
selbst als diese allgemeine Individualität, die Totalität der
Elemente als ideeller oder als Eigenschaften; es ist zunächst
eine Vielheit solcher einzelnen Körper. Als diese Einzelnheit,
außer welcher ihre reale Totalität ist, ist ihre Substantialität
10 die Unendlichkeit, der die Totalität zum Momente wird; ihr
Wesen oder die Totalität als Begriff ist dadurch itzt gesetzt als
Begriff, daß die Totalität als Realität ist, und die Totalität das
Allgemeine, vielen Zukommende. Als solche dem Einzelnen
Zukommende ist sie als für sichseiende Substanz aufgehoben,
und die Substanz das höhere Ganze als sie ist. Die Substanz
des einzelnen Körpers, indem sie auf diese Weise sich über
ihr Wesen erhebt, ist eine leere geworden; denn es [ist] / nichts
als dieses einfache unverdoppelte, und aus ihrem Außersichsein nicht zurückgekehrte Wesen gesetzt. Sie ist damit zu-
20 gleich eine rein bestimmte, denn jene ihre leere Unendlichkeit ist absolute Bestimmtheit, oder die Unendlichkeit als ein
seiendes ist eine Bestimmtheit, die die entgegengesetzte außer
sich hat, aber als diese reine Bestimmtheit zu sein aufhört,
indem sie ist. Die Substantialität ist auf diese Weise eine Bestimmtheit, die ihr wesentlich ist; ihr Wesen als Totalität ist
das ihr äußerliche; der einzelne Körper ist nur als in der Beziehung auf einen andern, und indem so sein Wesen die Bestimmtheit ist, so hebt er sich als Bestimmtheit auf. Wie ihm
aber die Totalität als reelle äußerlich ist, so ist ihm auch die-
30 ses äußerlich, daß er so als Form gesetzt ist, denn mit der
realen Totalität ist ihm auch dieses Sein als Unendlichkeit
außer ihm. Er ist aber, da die Bestimmtheit ihm wesentlich
ist, unmittelbar als diese Unendlichkeit, indem er in die Sphäre der ihm entgegengesetzten kommt. Die Berührung des andern, das Setzen dieser Unendlichkeit ist nicht die quantitative Äußerlichkeit, welche [als] das Setzen der Bestimmtheit
nicht als eine wesentliche, sondern in ihrem Gesetztsein selbst
eine absolut zufällige, äußerliche, Gleichgültige bleibt, und
nicht zum Begriffe des Körpers wird; die Bestimmtheit [ist]
40 dies hier, weil er als Totalität seinem Wesen nach sich auf die

Totalität bezieht, und als diese Beziehung unendlich ist; er ist die Mitte zwischen dem Begriffe derselben, und ihrer Realität; der Begriff realisiert, setzt sich als Totalität in der Menge der einzelnen Körper, er ist beides, Begriff, und ein einzelner, nicht die Totalität des Einzelnen.

Die Berührung zweier einzelner Körper, welche auf diese Weise die entgegengesetzten Bestimmtheiten zu ihrem Wesentlichen haben, hebt beide als diese einzelnen auf, es ist die Unendlichkeit, welche reell ist, als negative Einheit rein ideeller, oder absoluter Bestimmtheiten, und als positive Einheit, als Allgemeines, der Begriff der Totalität, welcher in den für sich seienden Substanzen, das gemeinschaftliche, ausgeteilte formal Allgemeine ist, itzt aber als Eines wird, das [als] Allgemeines die entgegengesetzten Bestimmtheiten nicht mehr als Substanzen, sondern als ideelle, als Eigenschaften hat, und ihre synthetische Einheit ist, aber so, daß sie einfach geworden, nicht ein Geteiltes derselben ist, sondern wieder zum bestimmten einfachen Begriff der Totalität zurückgegangen, eine unendliche Bestimmtheit ist, welche selbst eine allgemeine, alle Elemente, deren Einheit der Begriff durchdringt, / ist, die Bestimmtheit der Art, oder die ganze entfaltete Totalität, zusammen auf die Seite des Allgemeinen, als ein Einfaches (spezifische Schwere) ist; als solche sind auch jene ersten sich aufhebenden Bestimmtheiten zu nehmen; nicht die Bestimmtheit Eines Elements, sondern die in der Form der Allgemeinheit gesetzte Bestimmtheit des ganzen Körpers, welche alle Elemente des Begriffs bestimmt; nicht ein Überwiegen des einen und Mangel des andern, sondern ein Bestimmtwerden aller. Diese einfache Bestimmtheit ist Bestimmtheit des Allgemeinen oder die spezifische Schwere, aber zugleich nicht diese Seite der Abstraktion der Schwere, sondern wesentlich ist das Spezifische als solches für sichseiend, als Begriff der Bestimmtheit. In der spezifischen Schwere ist die Bestimmtheit als Zahl; als Koeffizient der Schwere, und in ihr als Allgemeinem ein äußerlich die Bestimmtheit Darstellendes, eine bestimmte Menge; aber das Spezifische als solches, der Koeffizient der Schwere, muß ebenso für sich sein; und als solcher ist er rein qualitativ, die Bestimmtheit des Moments, und da sie das Wesentliche ist, ist die bestimmte Größe der spezifischen Schwere nur ein untergeordneter

Ausdruck der Bestimmtheit, der nur innerhalb der Sphäre, die jene Bestimmtheit ist, eine Bedeutung hat.

Der chemische Prozeß überhaupt ist diese Berührung einzelner Substanzen, in welcher die Unendlichkeit sich realisiert, und die Bestimmtheit derselben aufgehoben, aber eben eine solche von neuem wird; oder er ist das Werden des einzelnen Körpers als eines so bestimmten einfachen; die Realisation jenes Begriffs des einzelnen Körpers. Der in den Prozeß als Moment tretende einzelne Körper und [der] das Produkt des Prozesses bilden helfende Körper ist eben ein solches Produkt des Prozesses, oder er ist an ihm selbst das Erkennen; er ist als Begriff der Totalität zugleich wesentliche Bestimmtheit, d. h. er ist sich ein Anderes als Totalität, als Begriff, Gewordenes, und in diesem seinem Anders-, oder Bestimmtheitsein sich selbst gleicher Begriff der Totalität; der chemische Prozeß ist nichts anders, als diese Darstellung des Erkennens, oder der Totalität des Körpers, welche ein Anderes als der Körper selbst wird, der so absolute Bestimmtheit, oder leere Substantialität ist, und aus dieser Idealität in jene Totalität zurückkommt. Der in den Prozeß tretende Körper ist so das Ende des Prozesses selbst; der Begriff dieses einzelnen Körpers ist deduziert in der Realisation der Erde; er ist für uns geworden, aber nicht an ihm selbst, und daß er in dem Prozesse auf die formale Weise in sich zurückkehrt, und seine / Realisation wieder dem deduzierten Begriffe gleich wird, oder daß er wieder das ist, als was er in den Prozeß eintritt, dies ist nur Eine Seite, die eine andere hat, und das Auseinanderfallen dieser beiden Seiten ist die wesentliche Bestimmtheit dieses Prozesses; dem Inhalte nach wird der aus dem Prozesse tretende Körper ein anderer, aber sein Begriff ist derselbe, oder der Körper als der ruhende Prozeß fällt selbst außerhalb der Bewegung oder Realität des Prozesses; was also aus diesem hervorgeht, ist nur von einer Seite die Einheit des Begriffs des einzelnen Körpers, und des Prozesses, von der andern aber nur seinem Inhalte nach veränderter Körper, und hiemit selbst nur der Begriff jener Einheit, welche dadurch deduziert, eine höhere Stufe, die ihre Realität ist, herbeiführt.

Der chemische Prozeß als absoluter Prozeß war das Setzen der Erde und Luft als differenter gegeneinander, das Tätige die negative Einheit derselben, das Feuer, das Passive, Diffe-

rentiierte, das Wasser; das Gesetztsein der Erde und Luft als differenter ist das Feuer selbst, so wie das Wasser das Sein derselben als entgegengesetzter, ihr Bestehen, oder das Werden ihrer Selbständigkeit, so daß sie ebenso sehr seien durch die Indifferenz, Passivität des Wassers, als sie durch das Feuer nicht sind. Die Substantialität ist eine durchs Wasser erhaltene, oder sie ist selbst eine absolutbestimmte, und der reale Prozeß ist, wie das Entstehen dieser fremden Substantialität, so die Reduktion, das Aufheben derselben; und die itzt in ihre Gleichgültigkeit zurückgefallenen Elemente sind itzt gleich- 10
falls wieder bestimmte, nämlich als gleichgültig bestehende.

Dieser absolute Prozeß als Prozeß des einzelnen Körpers ist zufällig in Ansehung des Differentgesetztwerdens der bestimmten Momente, ebenso wohl insofern als sie an ihnen selbst gleichgültig gegeneinander sind, und erst zu Differenz belebt werden müssen, als auch insofern sie an ihnen selbst different sind, aber sich nicht als solche berühren; im absoluten Prozesse sind die Auseinandergefallenen Momente als solche indifferente selbst, bestimmte; die Bestimmtheit ist eben diese Gleichgültigkeit, und das Feuer ist darum unmittelbar 20
in ihnen. Ebenso sind sie, nachdem das Wasser aufgelöst [ist], und sie die erhaltene, oder nur formale Substantialität empfangen haben, an ihnen selbst gegeneinander different, und ihre synthetische Substantialität löst sich auf.

Hingegen der einzelne Körper ist als Begriff der Totalität der Erde an ihm gesetzt, als gleichgültige Substanz, in seiner Bestimmtheit; er fällt für sich außer seinem / entgegengesetzten, und sein Treten in den Prozeß gegen den andern ist ein äußerliches für ihn, ebenso wohl als er als synthetisches oder mit erteilter Substantialität außer dem andern fällt; die Gleich- 30
gültigkeit nämlich, aus welcher er in den Prozeß tritt, ist selbst die absolute Bestimmtheit, und sein Werden im Prozesse zur Bestimmtheit ist also auch unmittelbar sein Gleichgültigsein; denn sein Unendlichsein ist Absolutbestimmtsein, indem er die Totalität als Realität außer sich hat.

Die bestimmten einzelnen Körper treten als solche aus dem absoluten Prozesse; ihr System ist durch ihn gesetzt. In dem chemischen Prozeß, worin sie einzelne sind, und als einzelne eintreten, sind sie als gleichgültige gegeneinander, und ihr System ist das vorausgesetzte; der chemische Prozeß ist darum 40

auch nicht die Totalität derselben; oder nicht ihr Werden als eines Systems, sondern ihr Werden als einzelner; und der Prozeß, oder die Darstellung des Begriffs der Totalität ist selbst der Begriff dieser Darstellung; es ist der absolute Prozeß gesetzt in einer Bestimmtheit, oder der absolute Prozeß, der sich so zu seinem Begriffe erhebt, als Allgemeines ist, wie der Begriff des Körpers als solcher wird. Der absolute Prozeß, in dem System der Erde eine Vergangenheit, ist als Prozeß des einzelnen Körpers als diese Vergangenheit, oder als sein Be-
10 griff, das Allgemeine der einzelnen bestimmten Prozesse. In diesem Prozesse steigt der Begriff des einzelnen Körpers zu seiner seienden Einzelnheit herab, und eben damit sein absolutes Wesen erhebt sich zum Begriffe, es wird, indem es Prozeß ist, durch diese seine Besonderheit hindurch zum allgemeinen; der Prozeß ist, daß der Begriff der Totalität für sich selbst seie, sich von der Bestimmtheit befreie, aufhöre, nur das Wesen zu sein, sondern sei als Aufheben der Bestimmtheit des einzelnen Körpers; der Begriff wird so an ihm selbst als Prozeß, dem einzelnen Körper gegenüber, und dies seine Exi-
20 stenz, so wie ebenso der Körper als ein einzelner seiender wird. Der einzelne Körper geht hier also auseinander in seine Extreme, daß sein Wesen ein für sich seiendes allgemeines wird, und auf der andern Seite er reale Einzelnheit; dieses ist die Realität seines Begriffs, oder vielmehr nur sein Sein, seine Existenz; jenes dieser Begriff, der sich Totalität geworden, absolute Reflexion in sich selbst, der von seiner schlechten Realität befreite und absolut gewordene Begriff, ein andres als er war.

Es ist nun die Bestimmtheit des Prozesses an den einzelnen
30 Körpern des bestimmten Systemes aufzuzeigen, wie an ihnen die Momente des Feuers, des Wassers, der Luft und der Erde im Prozesse gesetzt sind; auf welche Weise diese an ihnen gebundenen und ideellen Elemente zu ihrer Freiheit gelangen, und aus der / Entgegensetzung der einzelnen Körper werden. Die Abstraktionen dieser sind das Metall, das Verbrennliche oder Schwefel, das Neutrale oder Salz, und die Erde, welche wieder ebenso einfache Metallität als Kiesel, neutrale als Kalk ist; das Erdige der Erden fällt mit dem Verbrennlichen zusammen, das spröde Erde ist, Ton.

a) Der Prozeß des Metalls; dieses ist in seiner absoluten Bestimmtheit sich selbst gleich, einfach, absolutflüssig und die
Bewegung mitteilend; zu dem einzelnen Metalle muß der ganze Prozeß als Begriff desselben, als Feuer, als ein Äußerliches
hinzutreten; da es aber nicht neutral und nicht verbrennlich
ist, so bleibt der Prozeß in seiner Realität auch nur als Begriff
an ihm; als nicht neutral zerfällt es nicht in ihm, und bildet
also mit den entgegengesetzten Extremen nicht neue Synthesen, da es an sie nicht verteilt werden kann, sondern bleibt in
diesem Prozesse selbst in dieser Gleichgültigkeit gegen sie; 10
und als unverbrennlich unterliegt es auch nicht der Verteilung
in Indifferente aus sich selbst, oder in solche, welche für die
Extreme das Negative wären, und so Synthesen mit ihnen bildeten, wie für das Neutrale es die Extreme sind. Das Feuer
geht an dem Metalle selbst als solchem den Prozeß durch; das
Wasser des Metalls ist seine Sichselbstgleichheit, die in die ideelle absolute Ungleichheit der Bewegung kommt. Die Verbrennlichkeit ist seine Kohäsion, der Zusammenhang seiner
Teile, oder vielmehr die Bestimmtheit der Gestalt, und das
bloße Auseinander derselben. Das Feuer wird im Metall zur 20
Wärme; und macht es flüssig, d. h. stellt es als neutrales dar;
indem es die Verbrennlichkeit, welche an ihm ist, nämlich die
Kohäsion zersetzt; die zersetzte Kohäsion läßt die Teile als
sichselbstgleiche metallische; die Ungleichheit ist die aufgehobene gleiche spezifische Schwere, die sich selbst absolut
ungleich, nur reine Bewegung der unzersetzten Teile ist; es
ist ein bloß ideelles Aufheben der spezifischen Schwere, ein
Bewegen durcheinander, ohne allen wirklichen Unterschied,
ein Gesetztwerden desselben, das sich ebenso unmittelbar
aufhebt. Dies Aufgehobenwerden der spezifischen Schwere 30
ist das Aufheben der einfachen absoluten Bestimmtheit des
Körpers, seiner Ver/brennlichkeit, denn diese ist die Bestimmtheit als absolut einfache oder rein unendliche; aber es
ist in dem Metalle ein bloß ideelles Aufheben, denn es kommt
nicht zu der Existenz des Unendlichen als eines realen oder
notwendigen, das in entgegengesetzte Bestimmtheiten ausein-
andergeht; weil seine Verbrennlichkeit als Absoluteinfaches
ist, sich nicht Selbstaufhebendes ist; sondern ihr Aufheben
wird nur zur Flüssigkeit und der absoluten Bewegung der bestehen bleibenden Teile. Das Verbrennen, oder die wesentliche 40

Bestimmtheit, welche als die Negativität nicht zur Realität oder einem neutralen Produkte gelangt, hat als Moment der Neutralität nur das formale Flüssigsein; die wirkliche Neutralität wäre, daß die Extreme, die äußern gleichgültigen Momente sich des Aufgelösten bemächtigten, und mit ihnen verschiedene synthetische Produkte bildeten; so aber ist diese ideale Neutralität des Flüssigseins nur das äußerliche mechanische Bestimmtwerden der Teile zu ihrer Gestaltung. Wie das Verbrennen innerliche absolute Bewegung, reines mechanisches
10 Moment, so auch die Neutralität, das Vernichtetsein der Bewegung, das Erkalten, das Hervortreten der Gestalt, in welcher die Bewegung vernichtet ist, aber einer Gestalt, welche gestaltlos, sichselbstgleich, ohne sich zu differentiieren ist, und als diese reine Flüssigkeit schlechthin sich auf sich bezieht, ohne Sprödigkeit und passiv ist, oder eine zur Rundung zu kommen suchende, aber zugleich ganz von außen bestimmt wird. Der Körper hat nichts an seinem Inhalte verändert; der Prozeß ist ein ihm Fremdgebliebenes, sein sich Anders Werden, als Aufheben seiner spezifischen Schwere, das
20 Negative, kommt nicht zur Realität, sondern nur die Gestalt, das dem metallischen Körper Äußerliche, ist verändert, d.h. es ist von außen bestimmt worden, oder sie hat sich dargestellt als eine durch außen zu bestimmende, ohne innere Kristallisation, so wie die Sichselbstgleichheit im Prozesse bewährt und das Metall, als das, was es ist, sich dargestellt hat.

In diesem ideellen Prozesse ist die Bestimmtheit der Begriff der Unendlichkeit, der nicht reell wird, oder sie ist darin nicht als Bestimmtheit, sondern als Unendlichkeit. Aber das Metall als bestimmtes Metall gegen andre ist auch eine reelle Be-
30 stimmtheit, eine existierende Bestimmtheit, welche als solche den Prozeß darstellen, oder in ihm sich aufheben muß; so daß, wie der Prozeß das nur Ideelle, und der / bestimmte einzelne Körper das Reelle war, so ist [nun] der Prozeß [das Reelle], und die Bestimmtheit stellt sich dar als das, was sie an sich ist, Ideelles, Aufgehobenes.

Das Bestimmte gegen ein anderes bestimmtes Metall in Beziehung gesetzt, so haben sie das Feuer nicht mehr als ein äußeres hinzutretendes; sondern das Feuer hat die Sichselbstgleichheit seiner Unendlichkeit, seine absolute Flüssigkeit
40 und Mitteilung an der Metallität der beiden Metalle; seine Un-

endlichkeit selbst aber, die Negativität, oder die sich unmittelbar aufhebenden Differenzen, an den durch ihre Metallität
oder die absolute Flüssigkeit in einander fließenden, sich aufeinander beziehenden Differenzen. Diese Differenzen aber
sind zugleich als die wesentlichen Bestimmtheiten einzelner
Körper, als diese Differenzen bestehend, substantiiert; ihre
Berührung ist also nicht das unmittelbare Negiertsein derselben, sondern in ihrem sich Aufheben auch das Bestehen ihrer
als Substanzen, oder es ist das reelle sich selbsternährende
Feuer hier durch die Metalle gesetzt; es fehlt aber noch, da-   10
mit das Feuer wirklich, oder der Prozeß sei, das Moment der
Neutralität, des Wassers; denn die Flüssigkeit oder Sichselbstgleichheit der Metalle ist die einfache unauflösliche Sichselbstgleichheit, nicht eine neutrale; die Berührung der Metalle ist zwar die Neutralität beider, aber nur eine ideelle,
oder das sich nur aneinander Aufheben der Bestimmtheiten
eine Synthese derselben, aber nicht die Darstellung derselben
als neutraler, oder als in entgegengesetzte synthetische Produkte zerfallender. Daß die Neutralität reell werde, muß wie
vorhin das Feuer, so hier das Wasser, eine fremde Neutralität   *
hinzukommen, ein Auflösbares; die Verschiedenheit muß
sein als eine existierende, — dies ist die der Metalle, — und als
eine mögliche, als neutral, — diese haben sie nicht an sich.
Diese Form des Prozesses ist eine reale, es ist der galvanische Prozeß. Das Metall, in seiner Substantialität gesetzt als
Gleichgültiges, sich Selbstgleiches wird durch das Feuer ein
Synthetisches; das Wasser [wird] dargestellt als Neutrales,
dessen ideelle Momente auf entgegengesetzte Weise mit den
entgegengesetzten Substanzen verbunden [sind], und es entstehen zwei neutrale synthetische Produkte; deren eines das   30
oxydierte Metall, oder mit der negativen Seite des neutralen
Wassers, das andere mit seiner positiven Seite als eins gesetzt
ist. Der Prozeß, auf diese Weise in Salze zerfallend, hört hier
auf, das Feuer erlischt, denn es war nur die Differenz von Me-
tallen, deren Metallität und Flüssigkeit so wie ihre Differenz
in der Neutralität eines / Salzes verschwunden ist; das Andersgewordensein derselben hebt sich nicht durch sich selbst [auf];
oder die Salzigkeit beider ist nicht ein Gespanntwerden derselben gegeneinander, sondern ein Auseinanderfallen, denn
hier ist die Differenz, die Momente des Feuers als Substantia- 40

lität gesetzt, als eigene Körper, das Feuer nicht als die an sich
selbst seiende Substantialität, so daß, indem diese Differenz
als solche wegfällt in der Neutralität, das Feuer nicht mehr
ist, und sie auch nicht mehr als differente gegeneinander belebt sind, und der Prozeß nicht aus diesem Moment des Reellen, oder Andersseins sich in sich zurücknimmt.

Dieser zweite Prozeß ist, obgleich real, doch innerhalb der
Idealität; das Wasser ist nämlich wohl ein neutrales, aber nur
das neutrale Element, nicht ein neutraler einzelner Körper,
10 sodaß die Momente, in welche es zerfällt, nicht wieder Körper, sondern chemische Elemente sind, und die synthetischen
Produkte nicht wahrhaft neutrale Körper, die in physische
Körper zerfallen, sondern Halb-Körper, die in einen physischen und chemischen Körper zerfallen, oxydierte und hydrogenierte Metalle.

Das Metall setzt mit dem andern von entgegengesetzter Bestimmtheit das Feuer unmittelbar dadurch, daß es flüssig,
sich selbst gleich ist; und die Bestimmtheiten ebenso unmittelbar sich berühren, als sie für sich sind. Aber das Metall mit
20 dem Erdigten überhaupt in Berührung gebracht, als mit dem
absolut Unterbrochenen, Individualisierten, kann, weil sich
beide so nicht in die flüssige Einheit setzen, nicht seine Bestimmtheit berühren; die reinen Erden, welche sich auf sich
selbst beziehen, können nicht durchs Feuer jene Flüssigkeit
erhalten oder schmelzen, denn als diese reinen Abstraktionen
der Einzelnheit sind sie dessen unfähig. Sondern daß das Erdigte different gegen das Metall sei, muß es durch sich selbst
different sein, oder selbst in der Form des Feuers gesetzt sein,
so daß das Metall das Moment der Flüssigkeit zund zugleich
30 der Indifferenz als einer Bestimmtheit ist. Das an sich selbst
als different Gesetzte, das konkrete Feuer ist nicht das Verbrennliche, denn dies ist selbst für sich seiende Substanz, die
nicht nur wesentliche Bestimmtheit ist, sondern als solche
existiert, so daß sie zugleich Körper ist, sich aufzehrt, und
mit dem andern zum Neutralen wird. Die Säure oder die Kaustizität ist das Verbrennliche, das an sich selbst als Feuer ist,
das unendliche Negieren des Andern und seiner selbst. Das
Metall, / im galvanischen Prozesse nur mit dem andern zusammen das sichselbstgleiche, flüssige Moment der Mitte, ist es
40 hier als Metall überhaupt; so wie die Säure oder die Kaustizi-

tät das Moment der Unendlichkeit. Zugleich, indem beide so
das Feuer bilden, sind sie auch die reellen Glieder derselben
durch ihre Körperlichkeit, und ihre entgegengesetzte Bestimmtheit, ihre Idealität ist die reichere, sie ist nicht Bestimmtheit überhaupt, sondern die Bestimmtheit, als Totalität, die Indifferenz als Sichselbstgleichheit überhaupt, da diese Totalität wieder alle Momente in sich vernichtet, die Säure
aber als Unendlichkeit, oder ihre Bestimmtheiten sind als Bestimmtheiten der Mitte. Der Schmelzungsprozeß ist der rein
ideelle, der Galvanische der vermischte, das Metall tritt zur 10
Bestimmtheit zurück, aber die Momente sind nur diese reinen
Bestimmtheiten; hier sind sie reale Bestimmtheiten.

Indem so beide zusammen das Feuer und die realen Momente ausmachen, so fehlt ihnen noch das differente Moment
des absoluten Prozesses, die Neutralität des Wassers, und der
gleichgültige Raum der Luft, die einfache Indifferenz, das Bestehen aller Momente; denn die körperliche Substantialität,
so wie die metallische Indifferenz, sind nicht frei, sondern gebunden an ihre Bestimmtheiten; die Neutralität des Wassers
ist zugleich an dem Feuer der Säure, das erst mit jener und 20
der Luft auf das Metall als Feuer wirkt; am Metalle kann sie
nicht sein; ihre erste Berührung ist die der Säure, deren Feuer
erst an der Neutralität seine Extreme findet, an denen es sich
reell setzt.

Das Feuer, das so als Säure oder Kaustizität existiert, und
reell ist durch die Einfachheit der Metallität, und die Neutralität des Wassers, wurzelt so auf einer Seite in das Metall, auf
der andern erhebt es sich in die Luft. Die beiden physikalischen Extreme, welche sind, und aus denen es herkommt,
sind das Wasser und die Säure; die beiden aber, welche es er- 30
greift, sind das Metall und die Luft, oder die indifferenten
Momente, gegen welche es tätig ist. Der Begriff des Feuers ist
in der Metallität und Säure geschlossen, derselbe, als sich durch
die Mitte hindurch einerseits individualisierend an seinen Produkten, andererseits zum Allgemeinen werdend und erlöschend, hat das Wasser zur Mitte, und itzt das Feuer, das diese Mitte ist, ist es reell unendlich, oder entzweit sich unmittelbar in synthetische Produkte. In die Mitte / gelangt in diesem Prozesse des Erkennens, erkennt es sich selbst, ist im
Wendungspunkte, und als diese Totalität ist es auf die gedop- 40

pelte Weise zusammenschließend; die ideellen Momente des
Neutralen, — dies die Seite seines Begriffs, oder die Seite seines Gewordenseins, seiner Deduktion; — und die realen Momente des Metalls und der Luft. Hier ist die Luft das andre
Extrem, indem das Körperliche der Säure selbst die Körperlichkeit des Feuers ist, nicht ein indifferentes Moment. Dieser Schluß ist das Werden des Feuers zur Individualität in seinen Produkten, und seiner zur formalen Allgemeinheit, oder
des Erlöschens. Das Feuer subsumiert in diesem Schlusse die
10 beiden Momente, die indifferent sind, unter sich, die Luft
und das Metall, indem diese in seinem Begriffe das Allgemeine, Positive, für sich Bestehende sind; es aber das Negative, die Einzelnheit; es bildet das Metall zu einem Salze; zu
einem Negativen, oder Vereinzelten, oder hebt seinen metallischen Zusammenhang auf, und setzt es als ein mit der Säure
Neutrales, so aus der Abstraktion, die das Metall ist, es zu
einer Form der Realität der Erde herunterbringend; als denn
auf der andern Seite hebt es ebenso die Allgemeinheit der
Luft auf, indem es die Bestimmtheit, es sei nur des Wasser-
20 stoffs oder der Säure, selbst in sie setzt; die Säure wird so innerhalb dieser Vereinzelung selbst ein Entgegengesetztes, so
wie die Produkte; an dem Metalle neutral, an der Luft in formaler Allgemeinheit, dem Phlogiston des Metalles, verbrennlich oder überhaupt einfach gegen die Neutralität [werden];
und die beiden Produkte stehen sich so gegeneinander über;
das Feuer selbst, die Mitte ist in ihnen Reelles, Einzelnes, und
zugleich Allgemeines, Gemeinschaftliches geworden, und so
erloschen.
  Die Auflösung des Metalles in der Säure ist die Mitte des
30 Prozesses, in welcher das Feuer als einfache Totalität des Prozesses existiert, und sich alle Momente konfundieren, das
Chaos, aus welchem seine Realität, als geschiedene Momente
hervorgehen, deren jedes itzt nicht mehr eine Abstraktion,
sondern die Natur des Prozesses auf entgegengesetzte Weise
an sich hat. Der Auflösung ist diese Diremtion in die synthetischen Produkte entgegengesetzt; in welcher sich die Bestimmung der indifferenten Momente durch das Negative darstellt; das Auflösen geht in die vollbrachte, neutrale Auflösung, und in das Gas über; diese erste Trennung ist nur die
40 formale Wiederherstellung der Momente der Indifferenz, oder

der synthetischen als die gleichsam materielle Bestimmtheit
an sich habenden, und noch nicht zur Individua/lität gelang-
ten. Das Gas, daß es für sich reell sei, muß seine Bestimmtheit
verlieren, und zur reellen allgemeinen Luft werden; die metallische Auflösung dagegen zur Gestalt, zum Neutralen, das
nicht nur gesättigt ist, sondern das, um Gestalt zu sein, auch
die formale Neutralität des Wassers aus sich so weit ausschließt,
um fest zu sein, und sich den Ausdruck der Bestimmtheit, die
es seinem Wesen nach ist, zu geben. Der Prozeß des Abschei-
dens in flüssige Auflösung und Gas ist das Werden der synthe- 10
tischen Produkte, als Einheiten entgegengesetzter, oder ideeller Momente; ihr Fürsichwerden ist ihre Reflexion in sich
selbst; die Substanz des Gases, das reelle Gas ist die Luft; wie
es geworden ist aus dem Prozesse, ist es chemische Bestimmtheit, die die Luftform an sich hat, seine Substantiierung ist,
diese Bestimmtheit als solche zu setzen; entweder als Subli-
mat sich zur irdischen Substanz zu verdichten, oder wenn es
rein chemischer Natur ist, die nächste Realität derselben anzunehmen, nämlich Luft zu werden; die rein chemische Bestimmtheit kann sich als solche nicht erhalten, oder nicht als 20
solche zur physischen Substanz werden, sondern sie hebt sich
hierin ganz auf, und wird darum auch das allgemeine Gleichgültige der Luft. Hingegen die Substantiierung des aufgelösten
Metalls ist die umgekehrte; es ist ein physischer Körper, der
sich nicht von seinem Inhalte zu befreien hat, der physisch
ist, nicht eine sich aufhebende Bestimmtheit; aber er ist in
der Form eines nicht physischen einzelnen Körpers, sondern
als ein Aufgelöstes, Formloses; die Substantiierung kann nur
seine Form betreffen; die Gestaltung ist die Kristallisation,
welche das formell Neutrale ausschließt. Diese Scheidung ist 30
ein positiver Prozeß, wie das sich zur Luft aufhebende Gas
ein negativer. Der erste Prozeß im ganzen Prozesse war das
Aufheben der Substantialität des Metalls und der Luft; indem
jenem das Phlogiston, sein reines Fürsichsein, dieser ihre Totalität, ihr Bestehen als Nichtbestimmtheit entrissen, jenem
die Form, dieser der Inhalt verändert wurde; hier, wie sie aus
dem Prozesse als synthetische herkommen, hebt die Luft ihren Inhalt wieder auf, oder die freie Substantialität des Metalls kommt als Bestimmtheit aus dem Prozesse, aber daß sie
freie sei, wird sie Luft; hingegen die durch die Säure gebunde- 40

ne Luft wird mit ihr zu einem Momente des neutralen Körpers, und die unkristallisierte Flüssigkeit des Metalls, die das Negative an sich empfangen hat, wird zur Gestalt; die Erdigkeit, die in es gesetzt worden ist, ist nicht die absolute / Sprödigkeit, Punktualität, sondern eine neutrale, die das Negative deswegen entwickelt darstellt, als Totalität der Dimensionen des Raums.

Die Säure, die Feuer ist, als ein Ding, ist selbst noch nicht deduziert. Der galvanische Prozeß ist der, worin es als Verbrennliches, als sich auf sich selbst beziehendes Feuer wird; das hydrogenierte Metall, als für sich selbst, in einfacher Substantialität ist nichts anderes als der Schwefel; das andere Produkt ist die formale Neutralität des Oxyds. Der galvanische Prozeß ist der erste reale, indem in ihm die differenten, ideellen Momente des Feuers als Substanzen reell sind; das Feuer ist auf diese Weise als Einheit physischer Körper, und sein Erlöschen im idealen Prozesse des Metalls ist, daß es die substantielle Bestimmtheit sei; es ist als die Einheit solcher Bestimmtheiten in seinen Momenten an ihm selbst reeller Prozeß; und sein Produkt ist der Schwefel; die ruhige Einheit beider Bestimmtheiten, wie es vorhin nur die eine als Substanz war. Das Verbrennliche ist das sich auf sich selbst [wendende], aber untätige passive Feuer; und als diese Bestimmtheit des Indifferenten sich als dem als unendlich Existierenden entgegengesetzt. Das Feuer so als Element sich als Ding gegenüber getreten und sich auf sich selbst tätig wendend, ist das Verbrennen des Verbrennlichen; das unendliche Feuer ist für dasselbe ein äußeres; und es hat als das andere der indifferenten Momente nichts nötig als das formale Element der Luft; das Verbrennliche ist die Seite der Bestimmtheit als unendliches Moment. Das freie Feuer schließt diese Momente zusammen, indem es die Passivität des Verbrennlichen aufhebt, und das Negative der Luft an ihm setzt; das Brennen selbst, die Flamme ist die als Feuer gesetzte Luft, die Luft ist der Raum, das Indifferente, die Substanz des Brennens; das freie Feuer existiert in ihm, oder das freie Feuer als die Mitte, ist in seiner Existenz selbst auf einer Seite, und notwendig auf der allgemeinen positiven; das Passive, Verbrennliche ist das, was aufgehoben wird; sein Aufgehobenwerden ist aber ein rein formales, da es seinem Wesen nach das Feuer

selbst ist, was die Mitte ist; es hebt sich nichts auf, als der formale Gegensatz der Passivität und Tätigkeit. Die Produkte
des Prozesses sind das zur Einzelnheit gewordene Feuer als
Einheit der Substantialität und der Unendlichkeit, ein Ding
und freies Feuer zugleich zu sein, und auf der andern Seite
das Entgegengesetzte der / absoluten Abstraktion der Passivität, die aus dem Schwefel weicht, reines sich auf sich selbst
beziehendes Phlogiston, die Abstraktion, die getötete Luft,
das ganz Negative, Entgegengesetzte des als Ding seienden
Feuers, das Stickgas. Jenes ist Säure, welche als ihr Entgegen- 10
gesetztes hier das Stickgas, nicht eine Base, oder Kali hat;
denn diese wäre ein differenter Gegensatz; die Säure ist aber
hier unmittelbar Totalität, oder das Gewordensein, das Her-
untergestiegensein der Allgemeinheit des Feuers zu seiner Einzelnheit und Existenz, und das ihm hier Entgegengesetzte ist
es in der Allgemeinheit oder Gleichgültigkeit, und ein rein auf
sich Selbstbeziehendes; das rein Allgemeine. Der Schluß, mit
dem der Prozeß beginnt, hat zu Extremen Formalgleichgülti-
ge, aber ihrem Wesen nach sich aufeinander Beziehende; sie
werden gesetzt, als das, was sie an sich sind, im Prozesse; und 20
dies ihr Ansich, indem es sich hier noch nicht als bleibend, als
Substanz erhält, fällt auseinander in die Extreme des Verhältnisses des Denkens; der Schluß als einfacher Totalität, als
Säure, Substantialität; und der zum Begriffe gewordene Begriff; der leere Begriff, der als Bestimmtheit seiner gewordenen Realität gegenüber steht; er ist als Begriff in sich selbst
zurückgegangen, oder er hat alle Differenz, Unendlichkeit in
sich getilgt; er ist Formalallgemeines, hiemit als Akzidens, nur
an einem andern.

Aber dies andere, der Säure Entgegengesetzte ist als Stick- 30
stoff chemisches Element, das als solches nicht für sich sein
kann, sondern in die Luft zurückgeht; dieses Produkt ist also
nur ein formal vom Prozesse gewordenes; als reales ist es unmittelbar wie es aus dem Prozesse kommt, ein physisches, das
als solches bleiben kann und muß, und ein anderes ist, als es
in den Prozeß eintrat, der ein bloß formaler ist, indem er eins
der Momente wieder zu sich zurückkehren läßt; der wirkliche
Prozeß hat dies so, aber die Idee, der Prozeß als absoluter
muß ein Irdisches aus sich hervorgehen lassen. Die Wirklichkeit ist die Seite seines Formalismus; aber aus ihm als absolu- 40

tem Prozesse geht das andere Moment als sich auf sich selbst
beziehend hervor, und zugleich als ein reales, als einfache Realität, oder welche Erde, individuell spröde, aber als rein passiv
oder unbrennlich ist, als Kiesel. /

Die Säure ist itzt das reale Feuer, welches gegen die einfache metallische Base sich wendet, und sie verbrennt, als das
Einfache, das eine wesentliche Bestimmtheit und formales
Verbrennliches ist; es bezieht sich auf sich selbst, und ist
doch zugleich in seiner Substantialität selbst eine Bestimmt-
10 heit. Dieser Prozeß hat das Neutrale zu einem Produkte, und
das Phlogiston des Metalls, als Wasserstoffgas, das zur Luft
wird, zum andern; aber das Neutrale ist die Einheit nicht des
Metalls und der Säure, sondern des Metalloxyds, oder indem
dieses physisch, für sich unauflöslich ist, des Kalischen. Die
Säure, welche sich auf diese Weise realisiert hat im Neutralen, hat zum andern Extreme dieses Schlusses sich als in sich
zurückgegangenen, leeren Begriff; als Wasserstoffgas, das passive Differente; aber als ein physisches dies passive differente
als Erdigkeit überhaupt, oder den Ton; welcher das Feuer,
20 oder das Negative nur als eine absolute Zerteilung, oder Punktualität ist, und so als passives Differentes mit der Säure wieder sich zu neutralisieren vermag.

In dem Neutralen ist das Feuer das Andre seiner selbst geworden; die Elemente überhaupt zu individuellen Dingen,
und das System derselben. Diese Realität des physischen
Körpers, als die Einheit solcher, welche für sich als physische
Körper zu sein vermögen, ist darum eine Zusammensetzung
derselben, aber wesentlich eine solche, in welcher sie die Bestimmtheit, die sie an ihrer Körperlichkeit haben und die ih-
30 nen zugleich wesentlich ist, zu haben aufhören. Diese Realität
ist die der Chemie, und ihr Geschäft die Körper, als solche
zusammengesetzte darzustellen, oder sie in die Momente zu
 * analysieren, welche von ihnen aufgezeigt worden sind. Diese
Reduktion der neutralen Produkte zur Einfachheit ihrer Momente, die sogenannte Analyse des Neutralen, ist der eigentlich physisch reale Prozeß in der Sphäre der Einzelnheit, oder
der vollkommene Prozeß, der alle seine Momente als physische Körper ausdrückt, und sich der chemischen Abstraktion
ganz entzogen hat. Der Prozeß als das sich anders Werden des
40 Feuers, ist die Produktion einzelner physischer Körper, deren

anderes Moment ein ideelles, ein chemisches ist, das keine
Substantialität für sich hat; denn sein Anderswerden ist sein
Erlöschen, sein sich Aufheben, als die Einheit differenter Momente, welche als solche ein Bestehen gegeneinander haben.
Seine Sichselbstgleichheit in seiner Darstellung wäre, daß die
entgegengesetzten synthetischen Produkte als Substanzen be-
stünden, als einzelne, physische Körper, zugleich in ihrem
sich Aufheben. In jenem Prozesse ist nur das sich Aufheben,
und das Moment / des Bestehens entgegengesetzter Syntheti-
scher ist nur angedeutet; es kommt aber nicht zu seiner Rea-   10
lität oder Vollendung beider; sondern das andere fällt weg als
einzelner Körper, und wird ein allgemeines.

Das Feuer, das sich im Neutralen ein Anderes geworden, ist
in demselben sich zwar gleich; das Neutrale ist seinem Begriffe nach; der Begriff des Feuers, aber für uns; die Trennung
der im Neutralen in eins Gesetzten ist nämlich nicht gesetzt;
und sein Begriff existiert nicht in der Entfaltung seiner Momente. Dieser Prozeß ist eigentlich derjenige, in welchem die
vorhin deduzierten Momente reell werden; das Metall, das   *
Verbrennliche, die Säure und das Neutrale sind im vorigen   20
Prozeß als Einheit Entgegengesetzter geworden, sie setzten
diese als für sich seiend voraus, aber sie sind dies noch nicht;
sie sind als getrennte nur in der idealen Einteilung. Dieser
Prozeß aber ist die reale Einteilung, worin die Momente nicht
abstrakte physikalische Körper, sondern neutrale sind, und
die vorhin deduzierten, Metall, u.s.w. selbst wieder ideell werden.

Das Neutrale nämlich ist absolute Indifferenz des Metalls,
des Verbrennlichen und der Säure; von diesen existiert in ihm
weder das eine noch das andere; sie sind, als das, was sie we-   30
sentlich sind, schlechthin aufgehoben. Ihre Möglichkeit, oder
die Zusammengesetztheit ist ein Gedanke, oder es nicht die
Existenz derselben. Diese Neutralität ist erst die gewordene
reale Substanz des physischen Körpers; derselbe als das Sichselbstgleiche, welches aber nicht eine Abstraktion ist, sondern
das aus der Negation der abstrakten physischen Körper herkommt, oder das Sichselbstgleiche, als Allgemeines, als negative Totalität der Momente, als erloschenes Feuer: Es ist Feuer, die negative, reale Einheit, oder erloschenes reales Feuer,
dessen Momente selbst schon physische Körper sind. Diese   40

Neutralität aber ist zugleich erloschenes Feuer; die Unendlichkeit desselben existiert nicht als Unendlichkeit, indem die ideellen Momente des Neutralen weder bestehen noch ihre Bewegung, ihr sich Aufheben, entgegengesetzt ihrer Neutralität, und dies beides zugleich als sich als absolut einfach, oder sich selbst gleich [ist].

Das Neutrale ist als die einfache Einheit des ganzen Prozesses absolutpassiv, auf sich selbstbezogen, es hat keinen realen Gegensatz, oder nicht als Substanz eine wesentliche Bestimmt-
10 heit; sondern seine Bestimmtheit ist die, dies Indifferente zu sein; eine Bestimmtheit, welche außer ihm fällt; daher ist [das] gegen dasselbe Tätige, das Unendliche, es selbst dieselbe Substanz; und der Gegensatz reiner Gegen/satz der Form, der sich nicht auf das Wesen bezieht, und in welchem Prozesse es daher nur darstellen kann, was es schon an sich, seinem Begriffe nach ist. Der Prozeß ist allein zwischen Begriff und Existenz; der Sichselbstgleichheit und der seienden Unendlichkeit. Das Feuer, in dem Neutralen ohne Existenz, ist ein absolut innerliches, oder absolut äußerliches, es ist ganz körperlos, der rei-
20 ne Begriff. Das Neutrale als zusammengesetztes betrachten, ist, seine Vergangenheit, oder seine Zukunft [betrachten], seine Gegenwart ist einfach; und die Unendlichkeit, daß sie sei, muß die Gegenwart selbst als Einheit der Vergangenheit und Zukunft, als Zeit an ihm selbst darstellen, und die hervorgehenden Momente aus der Neutralität, zu ihrem Wesen diese Sichselbstgleichheit habend, und also sie im Prozesse behaltend, haben den Prozeß selbst als etwas Formales an sich; diese Seite des Neutralen ist die Metallität, aber sie haben als neutrale, sich darstellend, ihn zugleich in seinen entfalteten
30 Momenten an sich; dasselbe Einfache stellt sich in ihnen allen dar, ohne ein anderer physischer Körper zu werden.

Der vorhergehende Prozeß war der Prozeß der Idee, worin jedes Moment als besonderer physischer Körper herausfiel, der das Moment zur wesentlichen Bestimmtheit hatte; indem er aber neutral ist, so ist der Prozeß an ihm als Ganzes; in ihn gesetzt hat es ihn nur als unendlichen an sich, oder ihn durch sich selbst ganz durchlaufend; es existiert als ein sich Selbstgleiches; ebenso wie es als Unendliches existiert.

* Der physische Prozeß, der, wie wir gesehen haben, von dem
40 Begriffe herunterstieg, von der einfachen Einheit der Elemen-

te zur Substantialität, wurde hiedurch als Neutrales selbst
wieder Allgemeines; er wurde sich als Inhalt, als sich Selbstgleiches. Der Prozeß als Allgemeines; das physische Feuer,
oder vielmehr die Totalität der Erde war das Allgemeine,
worin das Individuum formale Einzelnheit; oder die Einzelnheit nur als Element war; das Einzelne ist reale Einzelnheit
als Prozeß, an sich unendlich. Wir ließen das Metall durch den   *
Prozeß hindurch gehen, und zum Neutralen werden, es ist
aber neutrale Substanz nur, indem dieser Prozeß nicht ein
ihm Fremdes, sondern an ihm selbst ist, oder indem es we-   10
sentlich nur als Prozeß ist. — Die Erde ist einfache Totalität
der Elemente; dies neutrale Einfache wird sich System der
ganzen Erde, es ist nur Ein Individuum; sie ist aber unendliche Punktualität, und jeder Punkt ist jenes System selbst;
dies, daß der Punkt System, ist die Darstellung des Prozesses
am einzelnen, einfachen Punkte, der als Punkt real existiert, /
nicht, wie die Erde, nur als Punkt vorgestellt ist. Die Konstruktion des Punkts muß ihn zuerst als neutral konstruieren;
so ist er absoluter Inhalt, der Prozeß sich selbst gleich geworden; und wie er in der Konstruktion außer ihm war, so ist er   20
im Neutralen so gesetzt; dies Auseinanderfallen beider, ihr Indifferentsein des Prozesses, als eines solchen und seiner als
Inhalts, ist in der Tat ein neues Gespanntwerden derselben
gegeneinander. Das Allgemeine beider ist, daß beide in ihrem
Wesen der Prozeß sind, und ihre Differenz ist der reine Gegensatz; die Realität dieses Ansich ist, daß das Neutrale als
solches selbst der Prozeß, und dieser neutral [sei], oder existiere, als Einfachheit.

Wie der Prozeß [als ein solcher] und er als Inhalt auseinandergefallen, so ist am Inhalte desselben; der absolute In-   30
halt, das Neutrale selbst außer den Momenten, dem Inhalte
als Totalität der Momente gefallen; und es ist gleichgültig zu
sagen, der Inhalt werde eins mit dem Prozesse, oder das Neutrale mit seinem andern außer ihm Gesetzten, als für sich
selbst seienden Momenten. Daß am Neutralen diese Momente
selbst als unterschieden [sind], oder es zugleich in seiner Neutralität der Prozeß, ihr Auseinanderfallen oder [die Differenz]
seiner und der Momente in Eins gesetzt, es different durch
seine Natur gegen den Prozeß ist, ist notwendig, damit es sei

als das, wie es entstanden ist, oder daß es seine Deduktion an sich ausdrücke.

Der Prozeß des Neutralen ist an diesem also unmittelbar gesetzt, und seine Passivität oder das Erloschensein des Prozesses ist vielmehr die beständige Gärung des Neutralen, das zerfällt, effloresziert, zerfließt u.s.f., es entwickelt überhaupt die Momente, in welche die Realität des Feuers sich dirimiert, aus sich selbst, der Inhalt ist nicht nach irgend einem Teile ein zu ihm hinzutretendes Fremdes.

10 Dieser Prozeß ist als Begriff, zuerst in der Form der Allgemeinheit, eine Einteilung, deren Momente in der einfachen Substantialität des Ganzen sind; die Konstruktion der Substanz, deren Momente selbst eben diese ganze Substanz sind. Das Metall, das Verbrennliche, die Säure und das Neutrale,
* waren vorhin diese einfachen allgemeinen Substanzen, deren jede nur Ein Moment des sich ein Anderes werdenden Prozesses darstellte; das Neutrale ist aber zugleich der Begriff der Einheit dieser Momente, der Prozeß als Inhalt, und das Anderswerden des Prozesses ist, daß der ganze Prozeß als Moment ist, und das Neutrale in seiner Realisation an ihm selbst seinen Begriff darstelle, und entfalteter Prozeß sei.

Das Neutrale als der ganze entfaltete Prozeß, muß sich selbst ein bestimmtes wer/den; seine Einteilung in Metall u.s.w. ist die Einteilung seines Begriffs, itzt teilen sich diese seine Arten ein; diese, welche die Realität des Begriffs ausmachen, unter ihn subsumiert sind, als seine Besondern, subsumieren hinwiederum den Begriff unter sich; sie sind individuelle Substanzen, und der Prozeß ist an ihnen; er die Substanz, das Wesen, der Begriff tritt zurück in die Akzidentali-
30 tät, er wird ein Ideelles, dem Inhalte Entgegengesetztes; der Inhalt ist nur als Moment des Begriffs, oder als Art, und die Art als bestimmtes Moment auf den Prozeß bezogen, die Einheit des bestimmten Begriffes und des Prozesses teilt sich selbst ein. Diese Einteilung ist zuerst selbst der Begriff dieser Einheit, oder als Allgemeines, als Substanz, welche die Momente der Art substantialisiert, und sie als selbständige auseinanderfallen läßt, welche nur zusammen das Ganze darstellen, oder in welchen die Substanz nur als allgemeine, positive Einheit, nicht als negative zugleich ist.

40 Die Einteilung der einfachen Neutralität, oder derselben als

sich vollkommen selbst gleich, wodurch sie nicht mehr Neutralität ist, sondern Metallität, gibt ein Metall des Metalls; oder ein Metall, das den Begriff des Metalls rein ausdrückt, ein absolut edles Metall, das den Prozeß des Feuers auf eine ganz formelle Weise an sich hat, d. h. in ihm unverändert bleibt, oder nur das Ideelle der Gestalt ändert; am wenigsten aus der Sichselbstgleichheit der Schwere heraustritt; die Luft und das flüssige Neutrale ist eine bloße Form an ihm.

Für die unedlen Metalle hingegen wird der ideelle Prozeß des Feuers ein reeller; zusammengeschlossen durch das Feuer mit der Luft, wird das Gegenteil ihrer Bestimmtheit, das Negative in sie gesetzt, und sie können sich gegen die Oxydation nicht erhalten; und gehen in der Verbrennlichkeit so weit, daß sie selbst ganz zur Natur des negativen Elementes, zu realem Feuer, oder zur Säure werden.

Diese Verbrennlichkeit, oder absolute Sprödigkeit muß von der metallischen Gediegenheit den Übergang machen; jene Sprödigkeit, als die unmittelbare Einheit der Entgegengesetzten, in der diese kein Sein haben, in jene Allgemeinheit oder die Metallität aufgenommen, stellt in ihrer Sichselbstgleichheit die Entgegensetzung der Momente dar; der Magnetismus des Eisens, Nickels ist nichts anderes als dieser Übergang von der Metallität, als Überwiegendem, oder Wesentlichem, zu der Sprödigkeit als Wesentlichem, für welches die Metallität nur Form ist, so wie dort die Sprödigkeit nur Form, Möglichkeit vielmehr ist. Die Metalle treten hier aus der Schwere heraus, aus dem Positiven in die spröde, erdigte Form. /

Dies ist die Bestimmtheit derselben, welche sie im Galvanischen Prozesse gegeneinander haben; es ist nicht die Bestimmtheit der Base und der Säure, welche hier gegeneinander auftritt, sondern der Base gegen Base, oder der Bestimmtheit, welche metallisch, sich auf sich selbst bezieht, in reiner Substantialität an sich hält, da die Säure und Base in ihrer Berührung unmittelbar sich aufheben; es kann im galvanischen Prozesse nur das in sich selbst zurückgenommene Negative, das Verbrennliche, aber zugleich als nicht spröde existierend, sondern als mitteilend, als flüssig mit der entgegengesetzten zusammengehend und sich erhaltend, als metallische Verbrennlichkeit gegen die einfache Metallität sich verhalten.

Die Art, welche sich in die metallische Kontinuität, und in

die Sprödigkeit dirimiert, dirimiert sich so der Gestalt nach;
die Natur des Körpers, nach ihrer Bestimmtheit ganz einfach
zusammengefaßt, ist die spezifische Schwere, und die Verschiedenheit das Absteigen an der quantitativen Leiter; diese
Verschiedenheit ist durchaus kein Gegensatz des Begriffes;
die Schwere ist das Absolutallgemeine des Körpers, das sich
nur einteilt, oder zum Gegensatze den Prozeß hat; die Bewegung.

Das Schwere als paralysierter Prozeß, ganz ideell das Nega-
10 tive darstellend, ist die Gestalt, die sich einteilt in die metallische Kontinuität, Flüssigkeit, und in das Spröde, Verbrennlichkeit. Am Neutralen sind diese beiden schon ideell geworden; das Neutrale ist ein Aufgehobensein spezifischer Schwere, so wie des Verbrennlichen, und der Säure, oder der absolut werdenden Bestimmtheit, der Bestimmtheit [, die] sich
zur Unendlichkeit geworden ist. Die Einteilung des Neutralen hat jene formalen Momente der Gestalt schon hinter sich.
Das Allgemeine der Form als Kontinuität oder Sprödigkeit ist
die Diremtion der Gestaltung, oder des gestaltenden Prinzips;
20 die Gestalt ist die Einheit von beidem; ein Gleichgewicht derselben. Die Entzweiung, der Prozeß des Gestaltens, macht das
eine oder das andere zum wesentlichen; aber die Gestaltende
Negativität ist itzt frei zum Feuer geworden; und jene erste
Spezifikation ist längst an den Elementen entfaltet; worin das
Verschiedene der aufgehobenen Gestalt, die Elemente jenes
Negative der Gestalt darstellen, oder sie [ist] in ihren idealen
Momenten realisiert. Die Einteilung der irdischen Körper
nach spezifischer Schwere und Gestaltprinzip ist ganz formell, allgemein; der Quotient der Formel, welche ihre Natur
30 als substantiierter reeller Prozeß ausdrückt.

Die Konstruktion der verschiedenen Momente, der Metallität u.s.f., war die Kon/struktion ebenso vieler Arten des
Prozesses; und indem der Inhalt und der Prozeß damit auseinander fiel, so ist das Moment, als Ding, Inhalt für sich, und
der Begriff des Prozesses an ihm; und es selbst hat die verschiedenen Arten des Prozesses an sich; und jede Art ist ein
eigener Einteilungsgrund; denn jede ist an dem Inhalte, Metall, Verbrennlichen u.s.w., indem dieses neutral geworden
oder die Einheit dieser Prozesse ist. Dieses Einteilen als ein
* Aufstellen der verschiedenen Einteilungsgründe, ist, wie vor-

hin der Prozeß als Moment, als ideell aufgestellt wurde, itzt
das Aufstellen desselben als ideellen in seinen Momenten. Der
Körper ist die Einheit seines Inhalts und seines Prozesses, und
als letzterer ist er die Möglichkeit der verschiedenen Arten
des Prozesses; so wie der Inhalt, das Neutrale, die Einheit der
verschiedenen Momente als Begriff ist, so ist er als die Möglichkeit der verschiedenen Prozesse zugleich. Jedes Moment,
als einzeln, war vorhin das Resultat einer besondern Art des   *
Prozesses, und der Anfang, der Gegenstand einer andern; die
bestimmte Bewegung ging in eine bestimmte Ruhe, und diese   10
in eine andere bestimmte Bewegung [über]; die bestimmte
Ruhe sowohl als Bewegung hatte ein anderes Vor und Nach,
und zwar war das Allgemeine, das Vor und Nach eines jeden,
das Entgegengesetzte von diesem selbst, Prozeß dem Ausgangspunkte, Gegenstande Inhalte, und dem Resultate. In der
Substanz des Neutralen aber ist dieses Übergehen vertilgt, es
ist nur in ihren Akzidenzen, zu denen die Momente und ihre
Bewegung geworden ist.

Indem nun an dem Körper sich innerhalb des Geschlechtes,
den vorhin aufgestellten allgemeinen Momenten, jedes Mo-   *
ment wieder als Bestimmtheit ist, so kann von den Entgegengesetzten das Untergeordnete gegen das Wesentliche des Ge-
schlechts nur auf eine formale Weise sein, wie z. B. die Metallität als Farbe in dem Neutralen, oder Erdigten. Wie jede Bestimmtheit so ideell wird, gesetzt nur als eine aufgehobene,
ist oben gezeigt.

Die Substanzen hienach sich einteilend, sind als ruhende,
seiende, welche nur auf eine oberflächliche Allgemeine Weise,
als eine Menge bestimmter Eigenschaften sich ausdrücken; was
sie in der Tat an ihnen selbst sind, ihre Totalität stellen sie   30
nur als Prozesse dar, und das Verhalten im Prozesse ist allein
ihre reale Definition.

Dieses Einteilen führt unmittelbar ein Einteilen ebenso der
bestimmten Prozesse mit sich; denn indem jene Körper, als
Momente des Inhalts, außer dem sich / auf sich selbst beziehenden Metalle auch differente Momente, oder als Momente
des Prozesses sind, so ist das Geschlecht des Prozesses selbst
auf verschiedene Weise gesetzt, und die Einteilung geht rückwärts so, daß aus der Verschiedenheit der Säuren, als der Weise, wie das Feuer existiert, verschiedene Weisen der Basen sich   40

deduzieren. Für sich selbst teilt sich das Geschlecht nur durch die Bestimmtheit der Momente ein; wie diese an ihm sich entgegensetzen können. Aber diese Eingeteilten sind dadurch wesentliche Bestimmtheiten, welche als Geschlecht der Bestimmtheit des andern Geschlecht entgegengesetzt bleiben, aber indem das erste für sich, durch seine Geschlechtsbestimmtheit, ein Moment nicht anders als ganz formal an sich haben kann, das andere hingegen dieselbe reell, so kommt es mit dieser erst in seiner Differenz in Beziehung. Das Metall kann als wesentliche Kontinuität, nicht die reelle Neutralität an sich haben; die Säure hingegen, als aus dem Verbrennlichen kommend, ist ihrer Natur nach als Einheit des Sichaufsichselbstbeziehens des Verbrennlichen und der Differenz neutral, und zu zerfallen fähig; das Metall, das für sich nur von der Kontinuität zur Sprödigkeit übergeht, und die Negativität der Säure nur als das letztere an sich haben kann, teilt sich, so auf die Verschiedenheit der Säuren bezogen, wieder verschieden. Das Metall kann sich nicht unmittelbar mit den Momenten der Säure und des Neutralen zusammenschließen, sie in sich aufnehmen, sondern nur mittelbar durch seine Geschlechtsbestimmtheit auf ein Anderes sich beziehend, das der andern Momente fähig ist; so sind diese andern Momente als diese Beziehung auf ein Anderes, und zwar als verschiedene an ihm; welche Verschiedenheit hiemit allein im wirklichen Prozesse existiert.

Jenes erste Einteilen ist daher unvollständig, es läßt nur die Verschiedenheit zu, welche ein Geschlecht als allgemeines Moment, an ihm als ruhend haben kann, oder den Übergang seiner wesentlichen Bestimmtheit in die entgegengesetzte, aber so daß es dieselbe unter sich subsumiert; d. h. es immer [das] wesentliche Allgemeine bleibt; nämlich nur die entgegengesetzte, welche gegen es als ein indifferentes ist, nicht die, gegen welche es different ist; denn in der Einheit mit dieser höbe sie sich nur auf. Aber indem es Bestimmtheit ist, ist es ideell, oder einer solchen entgegengesetzt, in der es sich aufhebt, und es ist so an ihm selbst nur die Möglichkeit seines Andersseins, und seine Einteilung ist diese Weise, wie es im Prozesse sein wird, und da das Entgegengesetzte selbst schon eingeteilt ist, so ist es auch außer der primitiven / Verschiedenheit, welche auch den Prozeß anders hat, wieder verschieden nach der verschiedenen Weise seines Entgegengesetzten. Und seine Diremtion ist allein aus diesem zu begreifen, und es ist allein wirklich, indem es so im Prozesse sich entfaltet. Das Metall gegen freies Feuer teilt sich in nicht Oxydierbares durch dasselbe, oder Oxydierbares. Die Oxydierbarkeit aber ist unmittelbar das sich nicht mehr Erhalten des Metalls; nicht am Metall als solchem erkennbar. Das Metall, für sich seiend, teilt sich nur in das Kontinuierliche und Spröde; und diese oberflächliche Einteilung aber wird schon im Verhalten zum idealen Prozesse des freien Feuers eine andere; und an 10 dieser schon kommt es (wie z. B. bei Blei) an den Tag, wie weit die metallische Flüssigkeit nur Form, oder wesentlich ist. Die Form der Kontinuität des passiven, sich auf sich Selbstbeziehenden ist gleichsam die Verstellung, das Gehaltene, das verbirgt, was es in der Bewegung ist; ebenso die spezifische Schwere, welche gleichfalls das in eins Zusammengenommene der ganzen Idee ist (Wolfram), gleichsam der Eigensinn einer Kleinigkeit, der Charakter heißen würde, wenn der Gegenstand groß wäre, aber formell dasselbe ist.

Die Konstruktion, das Auseinanderfallen der Teile als ge- 20 geneinander bestimmter und selbstständiger ist unmittelbar Prozeß, oder die Teile [sind] sich nur als Prozesse, indem sie, was sie sind, nur sind als ideelle, sich auf andere beziehende. Indem die Teile wesentlich Prozesse sind, oder sich nur als Prozesse darstellen, so gehen sie ihn durch, und dieser ihr Weg ist ihre Definition.

Der erste Prozeß wäre eigentlich der reine Prozeß der Metalle als solcher gegeneinander; und zwar ihr Verhalten im ideellen Prozeß, im Zusammenschmelzen, sowie als Zementieren, Amalgamieren. In diesem können sie sich nach allen 30 Momenten gegeneinander verhalten; als reine Base, Säure, Verbrennliches.

Die galvanische Form des Prozesses setzt eine reelle Neutralität zwischen zwei Metalle, und indem sie darin wesentlich als Fürsichsein der Bestimmtheiten sind, so drücken sie nicht die tätigen realen Momente des Prozesses aus, sondern sie als allgemeinen Gegensatz; das rein Metallische und das Spröde macht allein den Gegensatz aus, und Metallgemische treten daher völlig aus der Ordnung der Metalle, zu denen sie gehören. Ist aber das Feuer als Säure, so eröffnet sich hierin 40

die größte Mannigfaltigkeit, indem die Säure selbst ein Eingeteiltes ist, und sie in die ersten allgemeinen Verschiedenheiten
wieder Besondere setzt. /

Die Neutralität, welche den physischen Körper dirimiert,
daß er eine Menge wird, wird zu einer solchen realen Menge
allein, indem sie eine Bestimmtheit von Prozessen ist, aber in
denen der Körper sich selbst gleich bleibt; oder er selbst dieses allgemeine Neutrale ist. Seine Bestimmtheit, in die Neutralität aufgenommen, ist mit seiner Substanz oder Wesen eins,
aber als neutral, ist das Übergehen nur als Zustand, in dem er
sich selbst gleich bleibt, und aus dem er zurückkehrt. Die
Sichselbstgleichheit geht in die verbrennliche Form, die Oxydation, in das Erdigte, so wie als Verflüchtigtes in die Luftform, und aus beiden wird sie neutral, ist ihrer Indifferenz
entrissen, und different gegen ein Anderes, und wird neutral.
Das Verflüchtigte ist unmittelbar formale Neutralität, wie das
Erdigte als solches selbst die formale für sich seiende Neutralität, als verglast annimmt. Wie in der Einteilung überhaupt
das Neutrale das rein Allgemeine der Substanz war, das als
Einfaches keine Realität hatte, sondern als solches eine Menge von Eins wurde; so ist es, indem diese Menge der bestimmten Eins nur in der Beziehung sind, als Eine Einheit derselben; und diese neutrale Einheit ist als eins; sie existiert als
neutrale Einheit, indem die Vielheit der Bestimmtheiten aufhört, substantiell zu sein, und nur eine Vielheit von Zuständen; der Körper derselbe ist, der sie durchgeht, sich selbst
gleich bleibt; und ist die reale Einheit der existierenden Momente.

In dieser seiner Totalität ist er wieder unendlich, indem das
Entgegengesetzte eines jeden der Momente einer seiner eigenen Momente ist, und zugleich ein entgegengesetztes Fürsichseiendes ist; ein anderer Körper. Die Sichselbstgleichheit teilt
sich in die gleichgültigen Bestimmtheiten, [sie] als physischer
Körper, und sie als Zustände, und der Wechsel dieser ist zugleich ein Wechsel seines Verhältnisses zu einem Andern, oder
der Neutralität; ebenso wie das Sichgleiche derselbe Körper
ist, ebenso ist es ein Neutrales; oder die Trennung der Zustände ist zugleich eine der Substanzen. Das Besondere ist durch
das Einzelne, verschiedene Körper, mit dem Allgemeinen zusammengeschlossen (Induktion), das Besondere geht mit Ver-

schiedenem verschiedene Verbindungen ein, und als dieses
auf verschiedene Weise Neutrale ist es als das Bleibende, das
Absoluteinzelne, an welchem die andern Einzelnen vorbei-
gehen, und für das diese andern nur die Ganze Menge seiner
Möglichkeiten ausmachen; es ist für sie das Allgemeine; aber
sie, als diese vollständige Menge, sind die / Mitte, welche an
ihr das Allgemeine ist, das für sich als die Idee, außer dieser
Menge und an dieser nur als Vollständigkeit ist. Der Körper
ist aber ebenso wohl nach der Weise des einfachen Schlusses
zusammengeschlossen, durch den Begriff, den er unter sich 10
subsumiert, oder er hat zur Mitte ein Ideelles, jene Menge von
Substanzen sind seine Zustände. In diesem Schlusse aber hat
jeder Begriff, jede Bestimmtheit ein anderes Allgemeines; und
es ist wieder nur das Allgemeine, als zugleich negative Einheit, welche die Mitte als Menge von Substanzen zu ideellen
oder Zuständen macht, und als absolute Einzelnheit zugleich
ihr Allgemeines ist.

Hiemit ist das Neutrale realisiert; indem seine ideellen Momente selbst Substanzen sind, und der Wechsel nur in dieser
Substantialität und Idealität ist. Der Begriff des Neutralen 20
war die Einheit ideeller Momente; itzt sich realisierend wird
es zu realen. Dies sich aus sich Differentiieren; der Prozeß des
Niederschlagens aus der Auflösung, durch einen andern Körper, ist die isolierte für sich seiende Diremtion des Neutralen
in Substanzen; die andere Seite dieses Prozesses. Das Neutrale
wird aufgelöst, erhält als Neutrales die Form des Allgemeinen; es ist zugleich als dies Neutrale ein Bestimmtes; ein Salz
von bestimmter Säure und Base; d. h. die Neutralität erscheint
unmittelbar als Form, oder sie wird Formalallgemeines, und
indem eine andere Bestimmtheit zu diesem, das itzt nur der 30
Form nach neutral ist, hinzutritt, so ist die Einheit noch für
sichseiender Bestimmtheiten gesetzt; und das Feuer, die Bewegung statt des Neutralen; es entsteht wieder ein Neutrales,
als diese Einheit aufgehobener Bestimmtheiten; aber dieser
Prozeß hat itzt diese Wesentlichkeit, daß das Feuer, die negative Mitte, sich in die beiden Extreme, als in physische Körper entzweit hat, oder daß itzt das Einteilen eine reales Entstehen der Entgegengesetzten ist. Die Bestimmtheiten erscheinen als vorhergewesene, aber das Sein solcher Bestimmten,
die Einteilung, deren Mitte oder negative, trennende Einheit 40

der Gedanke war, ist itzt selbst existierend; das Sein der Bestimmten ist in ein Entstehen verwandelt; oder das Vorher,
die Voraussetzung der seienden Bestimmtheiten, ist itzt ein
Nachher, ein Resultat. Die Einteilung ist allein der Prozeß des
Neutralen, so wie der Prozeß des Neutralen allein durch die
Entgegensetzung dieses Eingeteilten; die Notwendigkeit des
Trennens ist die Notwendigkeit, daß das Mögliche des Neutralen als Wirkliches sei; oder das Unendliche zum Allgemeinen
werdend, die ideellen Momente aufhebend, ebenso sie als Substanz setze. Hier fällt denn das, woraus das Unendliche herkommt, die ideellen Bestimmtheiten, und das, woran es als
dieses Gewordene / seinen Begriff realisiert, nicht mehr ganz
auseinander; das Neutrale ist die Einheit der Säure und Base;
und das, worin es sich realisiert, ist ebenso ein Neutrales, und
sein Gegensatz ist der Gegensatz von Neutralen, am vollkom-
mensten zweierlei Salze (denn eine ausgeschiedene Säure ist
selbst nur ein ideelles Moment). Diese neutralen Produkte,
aber aus dem Prozesse herkommend, und auseinanderfallend,
sind in der Tat selbst differente; sie sind notwendig, ob zwar
die ideelle Bestimmtheit in ihre neutrale Substantialität auf-
und zurückgenommen ist, — dadurch, daß sie in der Auflösung, dem realen Momente ihrer Einheit als eins gesetzt waren, und ihr Fürsichsein aus ihrer Einheit hervorgegangen, jedes schlechthin in Beziehung aufs Andere geworden ist.

Dieser ihr Beweis, daß sie, obzwar neutrale Substanzen geworden, wesentlich aufeinander bezogen sind, setzt sich hiedurch mit ihrer Deduktion, des Neutralen als für sichseiend
gegen andere indifferente Neutrale, und dasselbe mit dem Begriffe, Einheit ideeller zu sein, gleich. Diese Substanzen sind
in der Tat ideelle, nur in der Entgegensetzung; und die ideellen des Begriffs sind neutrale Substanzen. Der Prozeß war das
Moment, Ideelle in Eins zu setzen, und dann das Moment, das
Neutrale in Substanzen zu trennen; beide Momente fielen auseinander, aber in der Tat sind diese Neutralen selbst ideell,
und beide Momente sind eins; und es fällt die Bewegung des
Prozesses, und seine Ruhe als Inhalt nicht mehr auseinander;
indem der für sich seiende, ruhende Inhalt an ihm selbst ein
Entstandenes, oder Notwendiges, Differentes ist; das erste
Moment ist das Vergehen, das andre das Entstehen, aber das
Entstandene ist an ihm selbst als solches ein auf ein Anderes

sich Beziehendes, oder Vergehendes; und so das Vergehende umgekehrt ein Substantielles, oder an ihm selbst ein Entstehendes. Die wahrhafte Substanz ist allein der Prozeß selbst; der an sich das Neutrale, das Bestehen, das Werden der ideellen Momente zu Substanzen, und das Negative, indem sie Substanzen sind, ideelle zu sein, die Einheit des Entstehens und Vergehens [ist]. Dieser Prozeß, der ebenso seine ideellen Momente als Inhalt hat, oder als Substanzen, und sie zugleich nur als sich aufhebend, und ihre Idealität, sowie ihr Bestehen, die sich selbstgleiche Substanz, oder die Bewegung vollkommen substantiell, ist das Organische.

[BEILAGEN]

[GLIEDERUNGSENTWURF ZUR METAPHYSIK]

Metaphysik

Die Idee des Erkennens ist das erste der Metaphysik. Im Erkennen ist α) das Erkennen außerhalb dem Erkennen — das Ding an sich außer der Vorstellung β) dasselbige auf das Erkennen bezogen, so wird es Inhalt, Tätiges gegen die Indifferenz des Erkennens. γ) Erkennen selbst; ist dies daß [das] in β als Moment Gesetzte das Allgemeine ist. In β ist es das Passive, in γ das Negative, das, in welchem dieser Inhalt verschwindet und ein anderer an seine Stelle tritt. Dies Erkennen γ ist selbst wie das Negative so das Positive, d. h. ein solches, das allgemein ist, und in welchem jenes α und β gesetzt ist; oder welches die Beziehung des α auf β, des Nichterkennens auf das Erkennen selbst aufhebt, und ebendadurch ein Nichterkennen setzt; sich selbst als in welchem abstrahiert ist.

Diese Idee ist die S e e l e ; die absolute Reflexion, die sich setzt als aufgehoben, anderes g a n z a u ß e r ihr; und sich beziehend darauf im Kreislaufe, jenes als Inhalt, der sichselbstgleich ein Anderes wird, verschwindet; — oder gesetzt als außer ihr ein Anderes wird, als bezogen auf sie, also das Außer, und das Bezogene aufeinander bezogen, und in sich zurückkehrt, d. h. das außer ihr itzt Bezogene wird wieder ein Außer ihr, d. h. eben das Erkennen geht in sich selbst zurück, wird sichgleich — denn das Außer ihr, oder ihr Innerliches ist dasselbe.

Das Dialektische der Seele ist die Beziehungslosigkeit vor und nach der Beziehung auf sie; die Indifferenz, sie gesetzt als Aufgehobenes; sie als Seele und das Außer ihr bezogen aufeinander, aber so daß die Seele nicht diese Beziehung ist, ist die Welt; die Beziehungen des Beziehungslosen, und die Seele selbst ist ein solches Ding, die / schlechte Notwendigkeit; sie ihm entgegengesetzt als Seele oder das erste der aufgehobenen Beziehung ist die Freiheit. Das in der Seele Kommen und Verschwinden ist eine innere, oder der Seele äußere Beziehung und diese als Welt gesetzt.

Diese Beziehung das Wesen Gott.

[ZWEI ANMERKUNGEN ZUM SYSTEM]

Anmerkungen

1. Die Philosophie hat sonst keinen Satz, als diesen einzigen; der ihren ganzen Inhalt ausmacht, so daß sie nie aus ihm heraustritt, oder zu einem andern übergeht. Ihre Organisation als ganzes System ist selbst nichts als der Ausdruck dieser ihrer Idee; da sie nichts ist, als die Erläuterung derselben, so kann hier keine Reflexion über ihn gemacht werden, als über die Bestimmtheit, mit welcher er hier erscheint, und diese ist, daß er den Anfang des philosophischen Systemes ausmacht.   10

Die Philosophie als das absolute Erkennen, ist unmittelbar als ein solches gesetzt, welches von keinem Andern, werde dies Andere als Erkennen oder Sein gedacht, abhängt, oder dasselbe voraussetzt. Sollte dies Andere das Fürsichseiende, Absolute sein, so müßte a) von diesem angefangen werden; es wäre das absolute Erkennen; b) aber wenn einmal das Erkennen von einem Andern abhängen sollte, so würde auch dieses, was dem philosophischen Erkennen vorausgesetzt würde, ebenso nur in einem Andern gegründet sein, und wir würden in die schlechte Unendlichkeit getrieben, deren jedes einzelne   20 gesetzte Glied ein bedingtes, d. h. außer welcher schlechthin das Anundfürsichsein wäre; oder es wird durch eine solche Vorstellung schlechthin das absolute Erkennen geleugnet.

Aber c) wenn auch zugegeben würde, daß ein absolutester Satz sei, von dem alle übrigen abhängen, so könnte diese Abhängigkeit selbst entweder die Form einer ebenso ins unendliche hinausgehenden geraden Linie oder die einer in sich zurückkehrenden Kreislinie haben. Jene Form setzte einen ersten Satz, der den Anfang machte, die übrigen bedingte, und von dem aus sie, da sie nicht in ihn zurückkehren, ohne Gren-   30 ze ins unendliche fortliefen; oder wenn eine Grenze, von der aber nicht abzusehen wäre, wo, gesetzt würde, so würde ebenso sehr jener erste Satz als alle folgenden, dieser ganze Zusammenhang schlechthin kein absolutes Erkennen / sein, denn außerdem, daß alle diejenigen Sätze, welche als folgend ange-

sehen werden, schon an und für sich nicht durch sich selbst, sondern durch ein Anderes wären, würde auch dasjenige, was der erste Satz hieße, nicht absolutes Erkennen sein, denn er wäre gesetzt mit der Bestimmtheit, ein Begründendes zu sein, und hätte das Begründete außer ihm, welches ein Anderes wäre als er selbst; er wäre nicht für sich, er hätte die Notwendigkeit in sich zu einem Andern fortzugehen, und wäre hiemit ebenso bedingt durch den folgenden, als dieser durch ihn; denn bedingt sein heißt nichts anderes, als die Notwendigkeit
10 eines Andern, als dieses an ihm selbst ist, was sich so auf ein Anderes bezieht.

Es erhellt hieraus der wahre Sinn dessen, was es heißt, daß eine Idee den Anfang der Philosophie mache; — es ist nur Schein, daß sie Anfang ist, sie ist schlechthin dasselbe im Fortgang und am Ende; die Philosophie enthält wesentlich nur Eine Idee. Daß die Philosophie absolutes Erkennen ist, so ist selbst das, was in anderer Rücksicht unterschieden wird, von einem andern, schlechthin in sich absolut, und allenthalben dasselbe. [1] Indem wir einsehen, daß die Philosophie we-
20 der mit einem rückwärts bedingt, noch mit einem vorwärts Bedingenden, welches ebenso ein Bedingtes wäre, anfangen kann, so haben wir unmittelbar den Schein aufgehoben, als ob dasjenige, was an die Spitze der Philosophie gestellt wird, ein Anfang wäre; aber die Philosophie muß diesen Schein durch sich selbst aufheben; er ist schon darin wesentlich aufgehoben, daß die Idee schlechthin in sich vollendet ist, und keines Vorhergehenden oder Nachfolgenden bedarf; wodurch auch die Widerlegung dessen, daß sie eines solchen bedürfe, durch die Tat geschehen ist. Aber in jener Rücksicht ist dieser
30 Schein nur für uns aufgehoben, oder in dieser ist das Aufheben nicht von ihr ausgesprochen, die Philosophie muß dieses auch an ihr selbst tun; sie muß ihre Idee selbst in Bewegung setzen, den dem ersten Schein des Anfangs entgegengesetzten Schein des Fortgangs hervorbringen, und dann dieses Aufheben des einen durch den andern darstellen; d. i. zeigen, daß ihr Letztes ebenso wohl ihr Erstes ist. /

---

[1] *Am Rande:* das Folgende bedingt das Vorherige und umgekehrt. Idee einmal das Ganze, insofern bedingend; einmal Bestimmtheit, insofern bedingt.

2. In der vorigen Anmerkung ist das aufgehoben worden, daß eine solche Trennung[1] in Beziehung auf die Idee der Philosophie statt finde, daß entweder vor ihr, oder ihr nachfolgend ein Anderes sein müßte. Aber die Trennung nimmt auch eine andre Form an, daß nämlich das Erkennen und der Gegenstand des Erkennens unterschieden und dann, wenn dieser Unterschied fixiert ist, beide als zufällig für einander gesetzt, und ihre Beziehung aufeinander zu einer nur relativen zum Teil eins, zum Teil nicht eins wird. Diese Trennung ist aber ebenso unstatthaft; wie sie auch gegeneinander bestimmt werden mögen, so müssen sie das Verhältnis von Einem und Vielem gegeneinander haben, in diesem heben sie sich aber gegeneinander auf, und werden, wie erwiesen worden, schlechthin Eins.

Von dem Fixieren aber dieses Fürsichseins des Erkennens und seines Gegenstandes ist das gemeine Denken schwer abzubringen;[2] die deutliche Erkenntnis, daß ein solches Fürsichsein Verschiedener sich zerstört, unterliegt der Gewohnheit des gemeinen Erkennens, die Entgegengesetzten zu substantiieren, und ihnen dadurch den Schein eines besondern für sich Bestehens zu geben, so daß es die GEWISSHEIT, als das Wissen um ein solches Fürsichsein setzt, aber die Gewißheit an die Form des abstrakten Fürsichseins so knüpft, daß es das Wissen um dasselbe von ihm trennt, und dann ebenso auch wieder dieses Gewisse und Gewußte so in sich teilt, als ob es eine Menge solcher Gewißheiten gebe. /

α) Was überhaupt jene Trennung des Erkennens und seines Gegenstandes betrifft, so ist schon der Beweis gegeben, daß sie an und für sich nichtig ist; die Idee der Philosophie selbst

---

[1] *Am Rande:* Das Resultat und der Gang des Erkennens. Als Inhalt, und Erkennen

[2] *Am Rande:* Immer die Frage, wie kommt ihr doch mit dem Begriff zu seinem Inhalte; zum Ekel wiederholt worden, besonders durch die Kantische Philosophie, ein subjektives; — im allgemeinen geantwortet, daß der Geist des Subjekts, des Menschen, als Geist der absolute Geist ist; — das Denken allgemeines, das Besondere, der Inhalt ihm nicht gegeben; im Gegenteil, Wissen ist Erkennen überhaupt als solches, eben in der Abstraktion von dem Inhalte oder im Gegensatze gegen dasselbe
α)

ist es, in welcher diese Trennung sich vernichtet, und dieses Vernichten kann darum auch so ausgedrückt werden, daß in ihr das Erkennen und das Erkannte schlechthin dasselbe ist. Das Erkannte, oder der Inhalt des Erkennens, ist nichts anderes, als daß der Gegensatz die Einheit selbst ist. Das, was aber Erkennen, unsre Tätigkeit genannt werden kann, was wir zu jenem Inhalt hinzutäten, ist ganz dieser Inhalt selbst. Reflektieren wir auf dieses Tun, so ist es nichts anderes als dies, daß wir die Einheit als Gegensatz setzen, und dann diesen Gegen-
10 satz aufheben, in der Einheit; dieses Erkennen ist das Setzen des Gegensatzes als Einheit, d. i. das Erkennen ist der Inhalt des Erkennens selbst. Darum eben ist es absolutes Erkennen, und absolute Gewißheit; wenn wir einen Unterschied machen unter dem Erkennen und seinem Gegenstand, so müssen wir von jenem Erkennen[1] sagen, daß er ein in ihm aufgehobener Unterschied ist, d. i. daß es ein WISSEN ist; denn Wissen nennen wir ein Erkennen, insofern wir jenen Unterschied gemacht, aber ihn als aufgehoben, nämlich den Gegenstand in das Erkennen, oder auch das Erkennen in den Gegenstand
20 setzen. Aber es ist in diesem Wissen das Ineinssetzen beider nicht ein zufälliges, sondern eben darum ein absolutes, weil das beides, was wir als Erkennen und seinen Gegenstand unterscheiden, schlechthin dasselbe ist, nicht eins irgendwoher für das andere gekommen[2], und beide auf eine unbekannte Weise sich verbunden haben.

b. [3]Aber andere lassen DIE GEWISSHEIT sowohl überhaupt, teils aber wenigstens für das, was sie ersten Satz der Philosophie nennen, dem Erkennen auf irgend eine Weise äußerlich, und ihn daher gegeben sein; sie haben eine GEWISS-
30 HEIT, welche nicht das Wissen selbst ist, zeigen den Inhalt des Wissens / auf irgendeine Weise außer dem Erkennen auf, zugleich aber, weil sie keinen Übergang von diesem so für sich

---

[1] *Am Rande:* Das Erkennen hebt
[2] *Am Rande:* durch die Tat erwiesen
[3] *Am Rande:* Vors erste nun muß bei dieser Trennung darum zu tun sein, die Realität dieser Glieder des Gegensatzes darzutun. Diese wird aber überhaupt aus der sogenannten Erfahrung vorausgesetzt; nämlich daß das Erkennen in einem denkenden Subjekte an und für sich, außer ihm aber der Gegenstand des Erfahrens für sich unabhängig von

Gesetzten zu dem Erkennen zu zeigen vermögen, eben weil sie getrennt sein sollen, keine Mitte haben, worin beide an sich vereinigt wären, denn eine /

demselben bestehe. Allein es ist damit wie mit allem sogenannten Erfahren beschaffen; nämlich es wird nicht die reine unmittelbare Erfahrung, sondern die begriffene Erfahrung ausgesprochen; und eine Erfahrung, welche angeführt wird, daß sie einer deutlichen Erkenntnis der Philosophie widerspreche, muß nur geradezu geleugnet werden; indem in der wahrhaften Erfahrung selbst auch nichts vorkommen kann, was in Wahrheit der Philosophie

[EIN BLATT ZUM SYSTEM]

Daß die absolute Totalität nicht als Resultat entstanden
ist, als ein willkürliches Kunststück, deren viele auf vielfache
Weise gemacht werden können, sondern das Ganze des Erkennens ist selbst dies Resultat;

a) das Anschauen ist die einfache Idee

b) der absolute Begriff ist ausgedrückt im realen Gegensatz
α) des differenten Bestehens der Glieder β) des indifferenten
Bestehens derselben.

10   Die Einheit aber ist α) in der Idee, in Beziehung auf sie
selbst, dann die Einheit mit dem realen Gegensatze, daß in
diesem selbst nichts gesetzt wird, was nicht in der einfachen
Idee selbst gefodert ist.

Alsdenn könnte das Bezogene und die Beziehung
unterschieden werden α) zwei Glieder des Gegensatzes
und β) zwei Beziehungen derselben αα) die eine, die nur auf
ihre Einheit reflektiert, die andere auf ihre Entgegensetzung,
aber eben diese Beziehungen sind selbst die beiden Glieder.

Derselbe Gegensatz, in der Form der Einheit [des] Zusam-
20 mennehmens, das Resultat — und der Bewegung des Erscheinens der Unterschiedenen, ist das Erkennen und sein Gegensatz; jenes die Tätigkeit, die Bewegung, das Unterschiedne
unterscheiden, und zusammenfassen; dies das Zusammen des
Mannigfaltigen des Erkennens. /

Da es ein so geläufiger Unterschied ist, so betrachten wir
näher; er ist besonders in neuen Zeiten eben in Beziehung auf
die Idee des Absoluten berühmt geworden; als die Frage,
wenn die Philosophie das Absolute erkennt, eben wie kann
sie denn, wie kann das Erkennen sich desselben bemächtigen.

ANMERKUNGEN DES HERAUSGEBERS

Die Anmerkungen bestehen aus einigen textkritischen Mitteilungen sowie aus Sachanmerkungen. Die Sachanmerkungen beschränken sich auf den Nachweis der im Text vorkommenden Zitate, Bezugnahmen und Verweise; sie sind nicht als Kommentar zu verstehen. Aus den Schriften, auf die sich Hegel explizit oder implizit bezieht, wird dann ausführlich zitiert, wenn (a) Hegel sich auf bestimmt zu lokalisierende kürzere Passagen in jenen Schriften bezieht, wenn (b) er sich durch Anführungszeichen zitierend auf Schriften Anderer einläßt, oder wenn (c) eigene Arbeiten Hegels zur Aufschlüsselung bestimmter Verweise herangezogen werden müssen. Zitiert wird in den Anmerkungen nach den Ausgaben, die Hegel mit einiger Wahrscheinlichkeit benutzt hat; sonst werden die jeweiligen Erstausgaben herangezogen. Die Ziffern am Anfang jeder Anmerkung verweisen auf die zugehörige Textstelle im vorliegenden Band. Öfter herangezogene Ausgaben oder Schriften werden wie folgt zitiert:

Hegel: Gesammelte Werke.	Georg Wilhelm Friedrich Hegel: Gesammelte Werke. Hrsg. im Auftrag der Deutschen Forschungsgemeinschaft. Hamburg 1968 ff.
Hegel: Werke.	Georg Wilhelm Friedrich Hegel's Werke. Vollständige Ausgabe durch einen Verein von Freunden des Verewigten. Berlin 1832–1845.
Kant: Kritik der reinen Vernunft. B.	Immanuel Kant: Critik der reinen Vernunft. 2. hin und wieder verbesserte Auflage. Riga 1787.
Kant: Metaphysische Anfangsgründe.	Immanuel Kant: Metaphysische Anfangsgründe der Naturwissenschaft. Riga 1786.
Newton: Principia mathematica.	Philosophiae naturalis principia mathematica. Auctore Isaaco Newtono, equite aurato. Editio ultima auctior et emendatior. Amsterdam 1714.
Schelling: Darstellung meines Systems.	Friedrich Wilhelm Joseph Schelling: Darstellung meines Systems der Philosophie. In: Zeitschrift für spekulative Physik. Hrsg. von Schelling. Zweyten Bandes zweytes Heft. Jena und Leipzig 1801.
Schelling: Ideen.	Friedrich Wilhelm Joseph Schelling: Ideen zu einer Philosophie der Natur. Als Einleitung in das Studium dieser Wissenschaft. Erster Theil. Zweite durchaus verbesserte und mit berichtigenden Zusätzen vermehrte Auflage. Landshut 1803.

3,3 /seiende] davor fehlen drei Bogen. Zur Gliederung innerhalb des verlorenen Textstückes s. Einleitung.

3,10–4,6 Hegel bezieht sich hier auf *J. G. Fichte: Grundlage der gesammten Wissenschaftslehre – als Handschrift für seine Zuhörer*. Leipzig 1794. Vgl. *Hegel: Gesammelte Werke*. Bd 4. 395–400; bes. 400, 3–16.

3,21 Um zu beurteilen, ob] lies: Ob

4,7–4,10 Vgl. vor allem *Kant: Metaphysische Anfangsgründe*. Zweites Hauptstück. Metaphysische Anfangsgründe der Dynamik. Vgl. auch Schellings ganz ähnliches Argument gegen Kants Konstruktion der Materie. *Schelling: Ideen*. 274 f.

5,33 sondern grammatikalisch bezogen auf nicht nur in Zeile 30.

9,17 Vorhin] Siehe 8,28–30.

11,31 oder] danach fehlt die innere Lage (2 Blätter) des Bogens 6. Zur Gliederung innerhalb des verlorenen Textstückes s. Einleitung

12,5 Zur Kritik der Atomistik vgl. z. B. *Kant: Kritik der reinen Vernunft*. B. 215 ff und *Kant: Metaphysiche Anfangsgründe*. Zweites Hauptstück. Metaphysische Anfangsgründe, der Dynamik., sowie *Schelling: Ideen*. Kap. 3 und Zusatz: Allgemeine Anmerkung über die Atomistik und Kap. 7.

12,8–11 Hegel bezieht sich hier u. a. auf die Konstruktion der spezifischen Verschiedenheit der Materie in Schellings *Ideen*. Kap. 6 mit Zusatz: Von den Formbestimmungen und der spezifischen Verschiedenheit der Materie., und wohl auch auf *Kant: Metaphysische Anfangsgründe*. (Vgl. vorige Anmerkung).

12,13 oben] Siehe 4,7–5,12.

12,35 der] danach fehlt der ganze Bogen 7. Zur Gliederung innerhalb des verlorenen Textstückes s. Einleitung

13,25 gezeigt worden] Die Ausführungen zum Verhältnis des Ganzen und der Teile standen wohl in dem verlorenen Teil des Manuskripts im Anschluß an 12,35.

15,25 Faktor genannt] Vgl. *Schelling: Darstellung meines Systems*. § 23 Zusatz u. ö.

16,38–17,2 Hegel bezieht sich hier offenbar auf Kant. Sein Zitat kann als eine Zusammenziehung aus Kants Widerlegung des Mendelssohnschen Beweises der Beharrlichkeit der Seele (*Kant: Kritik der reinen Vernunft*. B. 413–415) gelesen werden. Die Passage lautet: Allein er [Mendelssohn, d. H.] bedachte nicht, daß, wenn wir gleich der Seele diese einfache Natur einräumen, da sie nämlich kein Mannigfaltiges außer einander, mithin keine extensive Größe enthält, man ihr doch, so wenig wie irgend einem Existierenden, intensive Größe, d. i. einen Grad der Realität in Ansehung aller ihrer Vermögen, ja überhaupt alles dessen, was das Dasein ausmacht, ableugnen könne, welcher durch alle unendlich viele kleinere Grade abnehmen und so die vorgebliche Substanz (das Ding, dessen Beharrlichkeit nicht sonst schon fest steht), obgleich nicht durch Zerteilung, doch durch allmählige Nachlassung (remisssio) ihrer Kräfte, (mithin durch Elanguescenz, wenn es mir erlaubt ist, mich dieses Ausdrucks zu bedienen) in Nichts verwandelt werden könne.

Denn selbst das Bewußtsein hat jeder Zeit einen Grad, der immer noch vermindert werden kann, folglich auch das Vermögen sich seiner bewußt zu sein und so alle übrige Vermögen. (B. 414 f). Hegel kann sich aber auch an der Anmerkung zum Lehrsatz 2 der Mechanik in den *Metaphysischen Anfangsgründen der Naturwissenschaft* orientiert und folgende Passage zu seinem Zitat zusammengezogen haben: So hat nämlich das *Bewußtsein*, mithin die Klarheit der Vorstellungen meiner Seele und derselben zu Folge auch das Vermögen des Bewußtseins, die Apperzeption, mit diesem aber selbst die Substanz der Seele einen *Grad*, der größer oder kleiner werden kann, ohne daß irgendeine Substanz zu diesem Behuf entstehen oder vergehen dürfte. Weil aber bei allmähliger Verminderung dieses Vermögens der Apperzeption endlich ein gänzliches Verschwinden derselben erfolgen müßte, so würde doch selbst die Substanz der Seele einem allmähligen Vergehen unterworfen sein, ob sie schon einfacher Natur wäre, weil dieses Verschwinden ihrer Grundkraft nicht durch Zerteilung (Absonderung der Substanz von einem Zusammengesetzten), sondern gleichsam durch Erlöschen und auch dieses nicht in einem Augenblicke, sondern durch allmählige Nachlassung des Grades derselben, es sei, aus welcher Ursache es wolle, erfolgen könnte. *(Kant: Metaphysische Anfangsgründe.* Drittes Hauptstück. Metaphysische Anfangsgründe der Mechanik. 117 f.)

17,22—25 1696 gab der Marquis de L'Hospital eine an Leibniz anknüpfende populäre Darstellung des neuen Differentialkalküls in der Schrift: *Analyse des infiniment petits, pour l'intelligence des lignes courbes.* Paris 1696. Hegel bezieht sich auf die von der Berliner Akademie auf Veranlassung von Lagrange für das Jahr 1784 gestellte Preisaufgabe über das Wesen des Unendlichen: La Classe de Mathématique propose la question pour le Prix qui sera décerné en 1786. / L'utilité qu'on retire des Mathématiques, l'estime qu'on a pour elles, et l'honorable dénomination de *Sciences exactes* par excellence qu'on leur donne à juste titre, sont dues à la clarté de leurs principes, à la rigueur de leurs démonstrations, et à la précision de leurs théoremes. / Pour assurer à cette belle partie de nos connoissances la continuation de ces précieux avantages, on demande. / *Une théorie claire et précise de ce qu'on appelle* Infini en *Mathématique.* / On sait que la haute Géométrie fait un usage continuel des *infiniment grands* et des *infiniment petits.* Cependant les Géometres, et même les Analystes anciens, ont évité soigneusement tout ce qui approche de l'infini; et de grands Analystes modernes avouent que les termes *grandeur infinie* sont contradictoires. / L'Academie souhaite donc qu'on explique comment on a déduit tant de théoremes vrais d'une supposition contradictoire, et qu'on indique un principe sûr, clair, en un mot vraiment mathématique, propre à être substitué à *l'Infini,* sans rendre trop difficiles, ou trop longues, les recherches qu'on expédie par ce moyen. On exige que cette matière soit traitée avec toute la généralité, et avec toute la rigueur, la clarté et la simplicité possibles. / In: *Nouveaux Mémoires de l'Académie Royale des Sciences et Belles-Lettres.* Berlin 1784. 12 f. Den Preis erhielt S. L'Huilier mit der Abhandlung: *Principiorum calculi differentialis et integralis expositio elementaris ad normam dissertationis ab academia scient. reg. Prussica anno 1786.* Praemii honore decoratae elaborata auctore Simone L'Huilier. Tübingen 1795. Auch L. N. M. Carnot äußerte sich in einer Abhandlung, die er jedoch nicht vorgelegt hat: *Réflexions sur la Métaphysique du calcul infinitésimal.* Paris 1797. (Eine deutsche Übersetzung erschien unter dem Titel: Betrachtungen *über die Theorie der Infinitesimalrechnung.* Aus dem Französischen übersetzt und mit Anmerkungen und Zusätzen begleitet von J. K. Fr. Hauff. Frankfurt a. M. 1800). Ebenfalls äußerten sich mit Bezug auf diese Preisaufgabe *W. J. G. Karsten: Anfangsgründe der mathematischen Analysis und höhern Geometrie, mit Rücksicht auf eine Preisfrage vom Mathematisch-Unendlichen.* (Des Lehrbegriffes der gesamten Mathematik zweiten Theils zweite Abteilung.) Greifswald 1786. — *ders: Mathematische Abhandlungen, theils durch eine Preisfrage der Königlich Preußischen Akademie vom Jahr 1784 über das Mathematisch-Unendliche, theils durch andre neuere Untersuchungen veranlasset.* Halle 1786. und *M. N. Landerbeck: Disputatio solutionem quaestionis cujusdam de maximis vel minimis exhibens.* Upsala 1800.

17,28—32 *Chr. Wolff: Der Anfangs-Gründe aller mathematischen Wissenschaften letzter Theil, welcher so wohl die gemeine Algebra, als die Differential= und Integral=Rechnung, und einen Anhang von den vornehmsten mathematischen Schriften in sich begreift, und zu mehrerem Aufnehmen der Mathematick so wohl auf hohen, als niedrigen Schulen aufgesetzt worden.* Halle im Magdeburgischen 1750. 1800 f: 6. Merket aber wohl, daß eine unendlich kleine Größe nur in Ansehung einer andern für nichts zu achten, an sich aber wohl etwas ist. Denn bildet euch ein, ihr wollt die Höhe eines Berges messen, und indem ihr über der Arbeit begriffen wärt, jagte der Wind ein Körnlein Sand von der Spitze weg. So wäre der Berg um den Diameter eines Sandkörnleins niedriger geworden. Allein, da die Ausmessung der Höhe eines Berges so beschaffen ist, daß die Höhe einerlei gefunden wird, ob das Sandkörnlein liegen bleibt oder von dem Winde weggejagt wird: so kann man dasselbe, in Ansehung eines großen Berges, für nichts, und also seine Größe, in Ansehung der Höhe des Berges, für unendlich klein halten. Dieses hat man schon längst überall in acht genommen, wo man die Geometrie bei körperlichen Dingen in der Natur anbringt. Also setzen wir in der Astronomie, der Diameter der Erde sei, in Ansehung der Weite von der Sonne und noch mehr der Fixsterne, für einen Punkt oder unendlich klein zu halten, weil die erste Bewegung der Sterne sich eben so verhalten würde, wenn die Erde wirklich ein unteilbarer Punkt wäre. So halten wir in den Mond-Finsternissen die Erde für eine vollkommene Kugel und also die Höhen der Berge, in Ansehung des Diameters der Erde, für unendlich klein oder für nichts, weil der Schatten der Erde sich auf dem Monde nicht anders darstellen würde, wenn die Berge gleich nicht da wären und die Erde die völlige Gestalt einer Kugel hätte. Da man nun auch in der Geometrie großen Vorteil davon hat, wenn man die Größen in unendlich kleine Teile in Gedanken teilt, das ist in so kleine, welche in Ansehung ihrer für nichts zu halten sind, in-

dem man daraus die endlichen Größen öfters determinieren und ihre
verborgene Eigenschaften auf die allerleichteste Manier finden kann:
wer will es den Geometris verdenken, daß sie dergleichen vornehmen?

18,29—35 *Euklid's Elemente.* Fünfzehn Bücher, aus dem Griechi-
schen übersetzt von Johann Friedrich Lorenz. Zweyte durchaus verbes-
serte Ausgabe. Halle 1798. Von Hegel sind offenbar der 4. und der 8.
Satz gemeint. Die beiden Sätze haben den folgenden Wortlaut: *Der 4.
Satz. Lehrsatz.* / Wenn in zwei Triangeln, ABC, DEF, zwei Seiten, AB,
AC, zwei Seiten, DE, DF, jede für sich gleich sind, (die AB der DE, die
AC der DF) und ein Winkel, BAC, einem Winkel, EDF, gleich ist, der
nämlich, den die gleichen Seiten einschließen: so ist auch die dritte
Seite BC der dritten EF gleich; auch sind die Triangel, ABC, DEF,
selbst einander gleich; und von den übrigen Winkeln sind die, welche
gleichen Seiten gegenüber liegen, ABC, DEF, ACB, DFE, ebenfalls ein-
ander gleich. / Bringe den Triangel ABC auf den Triangel DEF, und lege
A auf D, und AB auf DE. / Da AB = DE, so fällt B auf E. Da BAC =
EDF, so fällt AC auf DF. Da AC = DF, so fällt C auf F. Nun fällt nach
Obigem auch B auf E. Folglich fällt BC auf EF. (Denn sollte BC über
oder unter EF fallen, so würden BC, EF, einen Raum einschließen,
welches (12. G.) unmöglich ist. Folglich ist (8. G.) BC = EF; △ ABC =
△ DEF; ABC = DEF; ACB = DFE. / *Der 8. Satz. Lehrsatz.* / Wenn in
zwei Triangeln, ABC, DEF, zwei Seiten, AB, AC, zwei Seiten, DE, DF,
jede für sich gleich sind, (die AB der DE, die AC der DF) und die dritte
Seite, BC, der dritten, EF, gleich ist: so ist auch ein Winkel, BAC,
einem Winkel, EDF, gleich, der nämlich, welchen die gleichen Seiten
einschließen. / Bringe den Triangel ABC auf den △ DEF, und lege B
auf E und BC auf EF. / Da BC = EF, so fällt C auf F. Nun ist BA = ED
und CA = FD. Folglich fällt (7. S.) A auf D und daher BA auf ED und
CA auf FD. Folglich ist (8. G.) BAC = EDF. / (8 f). Daß Hegel sich auf
diese beiden Sätze bezieht, geht unter anderem aus seinen geometri-
schen Studien der Frankfurter Zeit hervor, wo er dieses Verfahren
Euklids in seinem Kommentar zum 4., 5. und 8. Satz als Umweg kriti-
siert. Vgl. auch Hegels Ausführungen zum 6. Satz. *(Dokumente zu
Hegels Entwicklung.* Hrsg. v. *J. Hoffmeister.* Stuttgart 1936. 288—292.)

19,24—25 gezeigt worden] Hegel verweist hier auf Überlegungen,
die er wahrscheinlich im Zusammenhang der Teile des Kapitels Qualität
ausgeführt hat, die in dem verlorenen Anfang des Manuskriptes standen.

20,39—40 *Newton: Principia mathematica.* 24—34; bes. 32—34. Die
verschwindende Größe (quantitas minima) wird von Newton in dem
einleitenden Abschnitt: De Methodo rationum primarum et ultimarum,
cujus ope sequentia demonstrantur eingeführt. Vgl. auch *Hegel: Dissertatio philosophica de Orbitis Planetarum.* In: *Hegel. Werke.* Bd 16. 3 ff;
bes. 8, 11.

21,6 gezeigt worden] Siehe 16,16 ff.

26,18—22 Vgl. *Schelling: Darstellung meines Systems.* §§ 51—61;
bes. § 57.

26,30—37 Bei Hegel findet sich in der *Dissertatio philosophica de
Orbitis Planetarum* (siehe Anm. zu 20,39—40) die folgende Parallel-

stelle: Deinde si, nulla geometriae habita ratione, de ipsa vis centrifugae physica realitate quaeramus, a philosophia quidem illa experimentali, quam Newton seu potius omni aevo omnis Anglia longe optimam imo vero unicam et solam esse censuit, ne attendamus philosophicam vis centrifugae constructionem; hypothesin vis illius per experientiam solam firmare possunt et volunt; exemplis autem, quibus id efficere conantur, nihil tristius esse potest; afferunt praesertim Newton et qui eum secuti sunt, lapidem, qui in funda circumactus a circumagente manu abire conetur, et conatu suo fundam distendat, et quamprimum dimittatur, avolet; alio deinde vim centrifugam exemplo globi plumbei illustrant, qui data cum velocitate secundum lineam horizontalem a montis alicujus vertice vi pulveris tormentarii projectus pergeret in linea curva ad distantiam duorum milliarium, priusquam in terram decideret; et augendo velocitatem augeri posset pro lubitu distantia, in quam projiceretur et minui curvatura lineae, quam describeret, ita ut tandem caderet ad distantiam graduum decem vel triginta vel nonaginta; vel denique ut in terram nunquam caderet, sed in coelos abiret et motu abeundi pergeret in infinitum. Posterius exemplum rectilinei motus notionem praebet, quam sine exemplo unus quisque fingere potest, utrumque eam ab actione projiciendi depromit, unde brevissime ad illam notionem pervenitur, vim centrifugam definiendo: ut sit vis, quae corpus in lineam rectam projicit, neutrum autem exemplum talis vis ne vestigium quidem in natura monstrat. (*Hegel: Werke.* Bd 16. 8 f). Aus dieser Stelle geht hervor, daß sich Hegel hauptsächlich auf die Definitio V der *Principia mathematica* bezieht, in der Newton die Existenz der Zentrifugalkraft durch die von Hegel zitierten Beispiele zu erweisen sucht.

27,11—14   Vgl. *Newton: Principia mathematica.* Liber tertius. Propositio XX. Problema IV. 382—387.

27,18 unten] Siehe 52,4 ff.

28,3 gezeigt worden] Die Ausführungen zur extensiven Größe sind vermutlich in dem verlorenen Anfang des Kapitels C. Quantum zu suchen. Vgl. 11,31.

34,25 erinnert worden] Siehe 28,23—29,13.

35,9 vorläufig] Siehe 184,20—187,25.

39,26 vorhin] Siehe 38,31—39,10.

40,4 vorhin] Siehe 38,4—16.

45,20 früher] Siehe 9,27—10,8.

50,8—10   *D. Hume: Enquiry concerning human understanding.* Sections IV, V, VII, VIII; bes. Section V, part 1 u. Section VIII, part 1. In: *Essays and Treatises on several subjects.* Vol. III. London 1770.

50,30 Zu Hume vgl. die vorige Anm., zu *Kant: Kritik der reinen Vernunft.* B. 232 ff.

51,39 oben] Siehe 47,6 ff.

55,10 gezeigt worden] Siehe 46,20—47,5.

56,24 nachher] Siehe 58,35 ff.

57,31 gezeigt] Siehe 45,29—46,19.

58,32 Rede sein wird] Siehe 64,31—65,29.

62,4—6 Vgl. *Schelling: Ideen.* 251, 367 ff u. 332 ff.

62,22 erinnert worden] Siehe 45,3—29.

64,37 Anspielung auf den geläufigen Vers A. v. Hallers aus dem Ge-
dicht *Die Falschheit der menschlichen Tugenden* (1730). In: *A. v.
Haller: Versuch schweizerischer Gedichte.* Bern 1732. — 11. vermehrte
und verbesserte Auflage Bern 1777. — Vers 289 f: Ins Innre der Natur
dringt kein erschaffner Geist, / Zu glücklich, wenn sie noch die äußre
Schale weist! /

64,37 Materie,] besser: Natur, s. auch Anmerkung.

65,34 gezeigt] Siehe 43,2—33.

70,21 genannt haben] Siehe 66,1—34.

76,5 vorhin] Siehe 35,28—36,15.

78,32 gezeigt] Siehe 77,38—78,14.

83,16 dasselbe] d. i.: die Allgemeinheit

84,6 war] Siehe 83,11—36.

97,7 kann itzt nur,] lies: kann itzt nur [dadurch sein],

103,8 gezeigt] Siehe 7,13—29.

104,1—2 Besondere, durch . . . selbst] lies: Besondere, [sondern]
durch Dieses, das selbst

106,22—24 sondern, daß . . . und] diese Stelle scheint verderbt; eine
Möglichkeit, sie zu lesen, ist die: sondern [als etwas], das . . . Möglichkeit [ist,] bezogen . . . ihnen [zu sein], sondern . . . selbst [ist], und

109,27 vorhin] Siehe 105,31—107,24.

118,14 wurde aufgezeigt] Siehe 112,20—113,34.

126,13 aufgezeigten] Siehe 125,6—126,10.

126,37 selbst ein] lies: selbst [als] ein

130,13 noch] danach fehlt die innere Lage des Bogens 39 (2 Blätter); s. Einleitung

134,3 wie vorhin] Siehe 128,23—129,16.

136,5 Denken, auch] lies: Denken [war], [waren] auch

140,16 erwies] Siehe 129,39 ff.

143,2 war] Siehe 133,14—26.

144,16 zurück] Siehe 133,2—26.

148,17 sondern so] lies: aber so

151,31 vorhin] Siehe 143,4—26.

152,26—27 vorhin] Siehe 151,7—30.

154,20 Vorhin] Siehe 150,16—151,6.

156,5 vorhin] Siehe 146,15—31.

159,3 gezeigt] Siehe 157,23—39.

167,24 aufgehoben worden] Siehe 139,27 ff.

182,3 vorhin] Siehe 164,34—166,3.

184,13 es das] lies: es [als] das

186,34 vorhin] Siehe 37,31—38,2.

217,24—218,3 Vgl. *R. Descartes: Principia Philosophiae.* Dritte Auflage. Amsterdam 1656. Descartes stellt das Prinzip der Trägheit der Materie im zweiten Teil, Abschnitt XXXVII und XLIII der *Principia* dar.
Die beiden Abschnitte haben den folgenden Wortlaut: XXXVII. Atque
ex hac eadem immutabilitate Dei, regulae quaedam sive leges naturae

cognosci possunt, quae sunt causae secundariae ac particulares diverso-
rum motuum, quos in singulis corporibus advertimus. Harum prima est,
unamquamque rem, quatenus est simplex et indivisa, manere, quantum
in se est, in eodem semper statu, nec unquam mutari nisi a causis
externis. Ita, si pars aliqua materiae sit quadrata, facile nobis persuade-
mus illam perpetuo mansuram esse quadratam, nisi quid aliunde ad-
veniat quod ejus figuram mutet. Si quiescat, non credimus illam unquam incepturam moveri, nisi ab aliqua causa ad id impellatur. Nec ulla
major ratio est, si moveatur, cur putemus ipsam unquam sua sponte, et
a nullo alio impeditam, motum illum suum esse intermissuram. Atque
ideo concludendum est, id quod movetur, quantum in se est, semper
moveri. Sed quia hic versamur circa terram, cujus constitutio talis est,
ut motus omnes qui prope illam fiunt, / brevi sistantur, et saepe ob
causas quae sensus nostros latent: ideo ab ineunte aetate saepe judicavi-
mus eos motus, qui sic a causis nobis ignotis sistebantur, sua sponte
desinere. Jamque proclives sumus ad illud de omnibus existimandum,
quod videmur in multis esse experti: nempe illos ex natura sua cessare,
sive tendere ad quietem. Quod profecto legibus naturae quam-maxime
adversatur: quies enim motui est contraria, nihilque ad suum contra-
rium, sive ad destructionem sui ipsius, ex propria natura ferri potest. /
XLIII. Hic vero diligenter advertendum est, in quo consistat vis cujus-
que corporis ad agendum in aliud, vel ad actioni alterius resistendum:
nempe in hoc uno, quod unaquaeque res tendat, quantum in se est,
ad permanendum in eodem statu in quo est, juxta legem primo loco
positam. Hinc enim id quod alteri conjunctum est, vim habet nonnul-
lam, ad impediendum ne disjungatur; id quod disjunctum est, ad
manendum disjunctum; id quod quiescit, ad perseverandum in sua
quiete, atque ex consequenti ad resistendum iis omnibus quae illam
possunt mutare; id quod movetur, ad perseverandum in suo motu, hoc
est, in motu ejusdem celeritatis et versus eandem partem. Visque illa
debet aestimari tum a magnitudine corporis in quo est, et superficiei
secundum quam istud corpus ab alio disjungitur; tum a celeritate
motus, ac natura et contrarietate modi, quo diversa corpora sibi mutuo
occurrunt. / Zu Newtons Widerlegung der Cartesischen Erklärung der
Planetenumläufe durch Wirbel, die die Sonne umkreisen, vgl. *Newton:
Principia mathematica.* 6 ff, 328, 352—355, 368, 481 ff. Hegel verweist
in seiner *Dissertatio philosophica de Orbitis Planetarum* im Zusammenhang seiner Kritik an der Trägheit als einem Prinzip der Materie auf die
zweite und dritte regula philosophandi in Newtons *Principia mathematica. (Hegel: Werke.* Bd 16. 18 f). Der Teil der Definitio III, in dem
Newton seine These über die Trägheit der Materie entwickelt, lautet
wie folgt: *Materiae vis insita est potentia resistendi, qua corpus unum-
quodque, quantum in se est, perseverat in statu suo vel quiescendi vel
movendi uniformiter in directum.* / Haec semper proportionalis est suo
corpori, neque differt quicquam ab inertia massae, nisi in modo conci-
piendi. Per inertiam materiae, fit ut corpus omne de statu suo vel
quiescendi vel movendi difficulter deturbetur. Unde etiam vis insita
nomine significantissimo Vis Inertiae dici possit. Exercet vero corpus

hanc vim solummodo in mutatione status sui per vim aliam in se impressam facta; estque exercitium ejus sub diverso respectu et Resistentia et Impetus: resistentia, quatenus corpus ad conservandum statum suum reluctatur vi impressae; impetus, quatenus corpus idem, vi resistentis obstaculi difficulter cedendo, conatur statum ejus mutare. Vulgus resistentiam quiescentibus et impetum moventibus tribuit: sed motus et quies, uti vulgo concipiuntur, respectu solo distinguuntur ab invicem; neque semper vere quiescunt quae vulgo tanquam quiescentia spectantur. / (2).

218,14 gezeigt worden] Siehe 200,31—204,11 und 205,32—206,37.

221,39 vorhin] Siehe 210,17 ff.

224,7—11 Hegel mag sich hier auf Schellings Kritik an dem Versuch von le Sage, das Galileische Fallgesetz zu beweisen, sowie auf Kästners Kritik dieses Versuches bezogen haben. (*Schelling: Ideen.* 292 ff) Vgl. *G. L. le Sage: Essai de chymie méchanique.* Couronné en 1758, par l'Academie de Rouën, quant à la seconde partie de cette Question: „Déterminer les Affinités qui se trouvent entre les principaux Mixtes, ainsi que l'a commencé Mr. Geoffroy; et trouver un Système Physico-méchanique de ces Affinités." o. O. o. J., sowie *A. G. Kästner: Prüfung eines von Herrn le Sage angegebnen Gesetzes für fallende Körper.* In: *J. A. de Luc: Untersuchungen über die Atmosphäre und die zur Abmessung ihrer Veränderung dienlichen Werkzeuge.* Aus dem Französischen übersetzt von J. S. T. Gehler. Zweyter Theil. Leipzig 1778. 660—668.

225,40 ideell war] Siehe 220,14—221,11.

226,10 vorhin] Siehe 222,21—223,2 und 224,7—27.

226,13 vorhin] Siehe 223,3—224,6.

226,39 vorhin] Siehe 223,3—224,6.

230,36 Raume, der] lies: Raume [ist], der

232,8 erkannt] Siehe 218,36—221,11.

233,33 gezeigt] Siehe 218,36 ff.

236,23 bestimmt worden] Siehe 234,17 ff.

237,26 waren] Siehe 235,5 ff.

238,1 vorhin] Siehe 235,5—237,10.

245,6—7 vorhin] Siehe 235,5 ff.

246,18 gezeigt] Siehe 244,29—245,28.

248,22 vorhin] Siehe 224,28 ff.

259,35 gezeigt] Siehe 255,26—257,3.

265,20 war bestimmt] Siehe 244,29—245,28.

273,36 denn] lies: denn [als]

276,9 Vgl. zur Auseinandersetzung um den Wärmestoff *Schelling: Ideen.* 403 ff. Schelling verweist dort auf die Chemiker Richter, Macquer, Gren, Black und Piktet.

277,13—14 latente Wärme] Vgl. *Schelling: Ideen.* 398.

278,7 vorhin] Siehe 272,3—273,2.

278,35 III. *Physik.* versehentl. gestr. Vielleicht wollte Hegel die Gliederung nachtr. ändern; vgl. dazu *Jenaer Systementwürfe I* (Frgm. 10), wo die Physik erst beginnt mit der Idee des einzelnen Körpers.

285,11 sehen werden] Siehe 287,38—290,5.
287,10 vorhin] Siehe 281,1—282,7.
290,7 erkannt worden] Siehe 282,8—283,3.
297,10 vorhin] Siehe 295,20—33.
299,4 vorhin] Siehe 295,15—33.
301,16 vorhin] Siehe 292,23 ff.
302,22 Vorhin] Siehe 282,8 ff.
303,27 vorhin] Siehe 289,34—290,5.
309,11 vorhin] Siehe 298,30—300,8.
309,32 vorhin] Siehe 293,23 ff.
314,5 kennen gelernt] Siehe 265,32—267,18.
320,21 vorhin] Siehe 308,13—309,35.
321,30 vorhin] Siehe 312,7 ff.
331,3 obigen] Siehe 312,7 ff.
336,7 vorhin] Siehe 333,39 ff.
338,23 jene ersten] Siehe 273,3 ff.
339,22 deduziert] Siehe 301,12 ff.
339,38 war] Siehe 291,5 ff.
344,20 vorhin] Siehe 342,1—343,25.
349,21 vorhin] Siehe 342,1 ff.
351,33 aufgezeigt worden] Siehe 339,3 ff.
352,19 vorhin] Siehe 339,3 ff.
353,39 gesehen haben] Siehe 291,5 ff.
354,7 Wir ließen] Siehe 342,1 ff.
355,15 vorhin] Siehe 339,3—341,39.
357,40—358,1 vorhin] Siehe 342,1 ff.
358,8 vorhin] Siehe 342,1 ff.
358,20 vorhin] 309,18 ff.

SACHVERZEICHNIS

Das Sachverzeichnis bezieht sich nur auf die Texte Hegels und erhebt keinen Anspruch auf Vollständigkeit. Zahlen, die durch einen Gedankenstrich miteinander verbunden sind, verweisen nicht unbedingt auf eine zusammenhängende Erörterung des indizierten Terminus durch Hegel, sondern zunächst nur darauf, daß der verzeichnete Begriff in der angegebenen Passage wiederholt auftritt.

PERSONENVERZEICHNIS

Das Register gilt nur für den Textteil und nur für historische Personen. Stellen, die ausdrücklich auf eine bestimmte Person anspielen, sowie Zitierungen aus Werken, die ohne Nennung des Autors gebracht werden, sind in ( ) aufgeführt. Wendungen wie z. B. Cartesianische sind bei dem betreffenden Namen (Descartes) mit verzeichnet.